AKRON · JENSEITS DER SCHWELLE

HEINRICH HUGENDUBEL VERLAG

Kailash
Buch

AKRON

JENSEITS DER SCHWELLE

DIE SPIRITUELLEN ENERGIEN VON SATURN · URANUS · NEPTUN · PLUTO

HUGENDUBEL

Nicht der Mensch ist es
Der sich veranlaßt sieht aus freien Stücken
Die Summe seiner Worte zu addieren

Sondern die Zeiger der Planeten
Auf dem Zifferblatt des Sternbildkreises sind's
Welche die Worte schüren

Bis sie sich im Menschen erheben
Und durch die Formen seines Denkens
Heim nach der Quelle seiner Sehnsucht streben

Saturn, dem Hüter der Schwelle gewidmet
Und Pluto, dem Licht hinter der Schwelle geweiht

CIP-Titelaufnahme der Deutschen Bibliothek
Akron:
Jenseits der Schwelle: d. spirituellen Energien von Saturn,
Uranus, Neptun, Pluto / Akron. – München: Hugendubel, 1988
(Kailash-Buch)
ISBN 3-88034-367-5

Umschlaggestaltung: Dieter Bonhorst, München
Produktion: Tillmann Roeder, Buchendorf
Satz: Fotosatz Uhl + Massopust, Aalen
Druck und Bindung: Wiener Verlag, Himberg

ISBN 3-88034-367-5

Printed in Austria

Inhalt

Vom Sinn der Astrologie

Die Astrologie hat in den vergangenen Jahren einen wahren Höhenflug erlebt. Das mag auf den ersten Blick verwunderlich erscheinen in einer Zeit, da gerade die Heraushebung des bewußten Verstandes, die Abhängigkeit von intellektuellen Schlüssen, die sich am objektiv Gegebenen zu orientieren haben, von unserer Leistungsgesellschaft gefordert werden.

Oder hat die Astrologie gerade deswegen zu ihrer Renaissance gefunden, weil ihre Betonung der Individualität des einzelnen und das Bekräftigen seiner Persönlichkeit vor einem durch Symbole vertretenen Hintergrund sich gerade kompensativ zum betonten Realismus der Welt verhält?

Denn dem Triumph des rationalen und technokratischen Geistes stehen die innere Unsicherheit und die bedrängenden Zweifel des Menschen gegenüber: der Zweifel an den Werten der immer größeren Eingriffe in natürliche Lebensbedingungen und die innere Sehnsucht als kompensatorisches Ventil zu einem Verständnis zu sich selber, nach einem Weg zu der Begegnung mit sich selbst.

Die Erfahrungen der Astrologie wurzeln zwar nach wie vor im alten Sternenglauben der Babylonier und deren überlieferten Symbolen. Nur dringen ihre Interpretationen heute tiefer in die Schichten des Unbewußten ein. Dabei sollten wir jetzt aber nicht vergessen: Die Ursachen dieser Wirkungen sind nicht geklärt. Die Einwirkungen der Planetenstrahlungen auf den Menschen lassen sich aus der Perspektive unseres extrovertierten Denkens nicht erklären. Vielleicht empirisch belegen, das aber auch nur durch die nicht naturwissenschaftliche Brille der Psychologie.

Damit wollen wir hier klar zum Ausdruck bringen, daß ein Zusammenhang zwischen den Gestirnen und den Auswirkungen im Menschen objektiv nicht nachzuweisen ist. Das ist aber auch nicht weiter schlimm, wenn wir uns ebenfalls vor Augen halten, daß alles, was wir beweisen können, d. h. in die objektive Sichtbarkeit dieses Planeten bringen können, im Objekt selber angelegt bzw. von uns im Objekt erkannt werden muß. Da wir andererseits aber am Objekt nur das erkennen können, was dem Inventar unseres Erkennens an Wissen eingegeben wurde, können sich unsere eingegebenen Erfahrungen am Objekt entweder nur selber erkennen oder wir können umgekehrt behaupten, daß die extrovertierten Strukturen der Naturwissenschaft nicht geeignet sind, uns die Zusammenhänge zu erklären.

Die Naturwissenschaften zeichnen sich nämlich gerade dadurch aus, daß sie die objektive Orientierung übergewichten. Die esoterischen Disziplinen aber betonen die Subjektivität menschlicher Erfahrung und werfen den Wissenschaften vor, die Welt lediglich nach außen zu vermessen und die inneren Werte gänzlich unberücksichtigt zu lassen. Beide Standpunkte bekämpfen sich unaufhörlich, weil beide ihre Mitte verloren haben und in sich etwas verdrängen müssen, was in der Erscheinung des anderen gerade zum Ausdruck führt. Weil die Anerkennung dieser Tatsache aber vielleicht schon so etwas wie den Anfang einer Weisheit darstellt, wollen wir die wahre Wirklichkeit sich selber überlassen und uns nicht länger der Einsicht objektiver Wirklichkeit versichern.

Astrologie hat wie alles im Leben genausoviel oder genausowenig Bedeutung, wie wir ihr zu übermitteln verstehen. Es ist also weniger wichtig, die Astrologie auf ein theoretisches Fundament zu stellen, als zu lernen, mit ihren Kräften umzugehen. Die Zauberformel zum Öffnen dieser Pforte sind die planetarischen Symbole. Ihre Entschlüsselung zeigen uns die Lebensräume eines Menschen an und deren Gegenpol: die Träume.

Es ist noch gar nicht lange her, da die Lehrer in der Schule uns im Unterricht erklärten, daß Gott und Teufel um die Seele eines Menschen rängen und dieser nur die Beute jenes in der Welt sich abspielenden Kampfes wäre. Später verlegten sie den Schauplatz dieses Geschehens dann in das Innere der Psyche. Wir wollen also unterstellen, daß dieses vielzitierte Wassermann-Zeitalter, von dem man überall hört, etwas mit der Veränderung in unserem Bewußtsein zu tun hat. Ein neues Bild ist in unseren Köpfen entstanden oder wenigstens ein größerer Bilderrahmen, den es jetzt auszufüllen gilt und der uns befähigt, ein größeres Stück dieses Ausschnittes aus der Wirklichkeit zu integrieren, als dies uns bis jetzt möglich war.

Die neuen Perspektiven, die sich zu Beginn des Christentums auftaten, waren ebenso ein Zeichen dieser Veränderung, denn wenn wir bestehende Bilder ändern wollen, müssen wir auch die Perspektive, die zu den alten Bildern führte, ändern. Im Laufe der Geschichte läßt sich leicht verfolgen, wie die Götter immer menschlichere Züge annahmen, bis zu Beginn des christlichen Zeitalters der personifizierte Gott direkt in die Vorstellung eines Menschen projiziert wurde. Das war bereits ein mutiger Schritt, dem wir aber als Hintertürchen noch die janushafte Doppelköpfigkeit eines Gottessohnes (der Vater blieb im Himmel) offenhielten. Nun hat es aber ganz den Anschein, daß unsere kollektive Psyche reif genug ist, um diesen Hohlraum eines Gottes selber auszufüllen. Das heißt nichts anderes, als daß wir für die Bedingungen unseres Lebens die Verantwortung selber zu übernehmen haben. Was hat das aber jetzt für Auswirkungen auf unsere Gesellschaft? Denn wenn wir schon den Schöpfer wechseln, müssen wir auch die Perspektive ändern – und zwar nach den Bedingungen des neuen Gottes, den wir in unserer Psyche plötzlich entdeckt zu haben glauben. Wir brauchen uns also nicht mehr länger zu wundern, wenn wir uns plötzlich mit neuen Problemen auseinandersetzen müssen.

Der Mensch kann in so vielerlei Arten auf seine eigenen Erkenntnisse reagieren, daß erst das Verhältnis zu seinem inneren Rahmen etwas über deren Wert aussagt. Denn die Reaktionen hängen grundsätzlich von der persönlichen Erfahrung ab. Dabei dürfen wir vermuten, daß der Mensch immer nur das erkennt, was durch sein Bewußtsein ausgemessen werden kann. Wir dürfen also davon ausgehen, daß der Umgang einer Gesellschaft mit den Wirkungen dieser Welt Maßstab für ihre soziokulturelle Reife ist.

Diese Neuwertung (Neubeurteilung der Wirkungen) aber verknüpft die Suche nach den neuen Ufern mit der Hoffnung, diese wiederum in sich selber zu finden, was das derzeitig große Interesse an esoterischen Lehren erklärt. Gleichzeitig zeigen diese Bedürfnisse den gesellschaftlich-wirtschaftlichen Umbruch an, weil dieses Sehnen nach inneren Werten zu dem uns vertrauten Streben nach äußeren Dingen geradezu komplementär ist. Dies sind alles Zeichen ein und derselben Veränderung, und je schneller uns diese Zusammenhänge bewußt werden, desto mehr Vertrauen gewinnen wir zu jenem größeren Rahmen, in dem wir uns neu entdecken können.

Astrologie ist also eine Lehre, welche den Menschen in den Mittelpunkt seiner eigenen Weltanschauung stellt. Damit werden nämlich alle Religionen und Dogmen überflüssig, alle philosophischen Systeme relativ. Denn nur das, was man aus den eigenen Anlagen verwirklichen kann, wird von der eigenen Psyche auch angenommen. Umgekehrt wird alles, was man von den eigenen Anlagen nicht verwirklichen kann, von den eigenen Anlagen gegen einen verwirklicht. Denn die Astrologie geht davon aus, daß die Motivationen in uns, die wir nicht verwirklichen, über äußere Umstände gesucht werden, damit sie uns entgegentreten. Kurz: Die Ohrfeige, die man nicht austeilt, kompensiert sich dadurch, indem man sie erhält! Trotzdem kann man jetzt nicht davon ausgehen, daß das Geburtshoroskop alle Erklärungen für die Umstände abgibt, denen man im Leben begegnet, und daß diese in allen Fällen unverrückbar wären.

Man kann schon eher davon ausgehen, daß die Planetenstellungen im persönlichen Horoskop den individuellen Gesichtswinkel bestimmen, aus dem heraus wir die Umwelt betrachten. Also gewissermaßen einer Einladung gleichkommen, wie wir die an sich unbestimmten Eindrücke aus der Außenwelt zu erleben und für uns auszuwerten haben. Demnach ist unser Horoskop der Schlüssel, der uns aufzeigt, wie wir die Welt wahrnehmen, damit sie unserer Anlage entspricht. Nicht, weil dies der Wahrheit, sondern weil es der Perspektive unseres Bewußtseins entspricht. Denn einem reifen Menschen mag schon die Andeutung eines möglichen Ereignisses zum Erfahrungswachstum reichen, während ein anderer mit der Härte äußerer Bedingungen konfrontiert werden muß, um zur gleichen Erkenntnis zu gelangen.

Es sieht ganz so aus, als ob die Vorherbestimmung eines Menschen mit der Zunahme an Bewußtsein abnähme!

Zur Handhabung dieses Buches

Wir haben mit dieser Publikation weder die Absicht, die Notwendigkeit der Astrologie zu belegen noch ihre Überflüssigkeit zu bekunden. Dem interessierten Leser steht in beiden Richtungen genügend Literatur zur Verfügung, um sich eine eigene Meinung zu bilden. Die Publikation ist weder ein Leitfaden, wie man sein eigenes Horoskop erstellt, noch ein Orakel, in dem man die Rezepte der Aspekte einfach nachblättert. Für beides gibt es genügend Bücher auf dem Markt, dem wir nicht noch ein weiteres anfügen wollen.

Was dieses Buch ausmacht, ist sein Hinterfragen nach dem Faßbaren, nach der Struktur, um der Schwemme von psychologischen Ausdeutungen eine Alternative zu bieten. Und das nicht etwa deswegen, weil gegen die Psychologie innerhalb der Astrologie etwas einzuwenden wäre, sondern weil die psychologische Astrologie als Reaktion auf die Schwarz-Weiß-Visionen der Astrologiedramaturgen aus den 50er-Jahren nun den Spieß umdreht und alles ein bißchen aus der Warte des lieben Gottes sieht. Aber die Probleme sind nicht allein dadurch gelöst, daß man sie erkennt; und gut sind sie auch nur unter der Voraussetzung, daß man ihr Vorhandensein zum Ansporn nehmen kann, seine verlorene Mitte wieder zu erreichen. Wir halten es für genauso falsch, wenn man z. B. eine Saturn/Venus-Quadratur zum Positiven hochstilisiert, einen Wachstumsprozeß einzuleiten, wie wenn man in diesem Aspekt die bloße Verhinderung des persönlichen Gefühlsaustausches sieht.

Denn im Grunde genommen ist beides richtig, aber nur, wenn man beides in ein Verhältnis zueinander bringt. Gerade, weil der Gefühlsaustausch blockiert ist, bleibt einem zur Lösung dieser Schwierigkeiten nur die Möglichkeit, zu den Ursachen dieser Wirkungen vorzustoßen. Es ist mit ein Anliegen, gerade diesem dunklen Karma, das in der astrologischen Literatur ein hinter Symbolen getarntes Schattendasein fristet, ein verständliches Sprachrohr zu werden. Denn in der Tat können dessen innere Dimensionen nur in jenem Ausschnitt wiedergegeben werden, der in der Berührung mit den persönlichen Planeten hängenbleibt. Was wir über die spirituellen Kräfte erfahren, ist immer begrenzt von der persönlichen Sichtweise, welche durch den Planeten symbolisiert wird, der von Saturn, Uranus, Neptun oder Pluto berührt wird.

Im Bestreben, etwas über das Unfaßbare auszusagen, müssen wir den Weg über die karmischen Aspekte wählen, über die Schlüsselpunkte im individuellen Horoskop, wo die Ewigkeit in den Bezirk des Faßbaren hereinleuchtet.

Wenn eine spirituelle Energie (Pluto, Neptun, Uranus, Saturn) sich mit einer persönlichen (Sonne, Mond, Merkur, Venus, Mars, Jupiter) verbindet, wird ein inneres Verlangen spürbar je nach der Art der Kräfte, die durch die entsprechenden Planeten miteinander verbunden sind. Das heißt, unter der Prägung von spirituellen Kräften nimmt unser persönliches Wollen zeitweise Ausmaße an, die weder mit den individuellen Zielen noch mit unserem sonstigen Tun und Lassen zu vereinbaren sind.

Das ist der Mythos dieser Energien. Sie symbolisieren – wenigstens durch die Brille gesellschaftlicher Betrachtung – unkontrollierte Leidenschaften, psychische Blockaden, fixierte Wahnbilder und aufgelöste Wertvorstellungen. Jede Leidenschaft zielt gegen die errichtete Ordnung und bedeutet eine tödliche Gefahr für sie. Man kann es aber auch umgekehrt betrachten: Alle jene Kräfte, die eine Gefahr bedeuten, haben wir aus dem Inventar unserer Werte ausgeschlossen. Wir haben den Teufel, den wir nicht wollten, weil er ein Ausdruck kollektiver Kräfte ist und nicht den Forderungen unseres rationalästhetischen Bewußtseins unterliegt, buchstäblich »zum Teufel« (aus unserem Bewußtsein) gejagt und ihm dafür unsere Seele verkauft. Der Preis des Tausches aber ist die Macht, die er seither auf uns ausübt: Die Ohnmacht, mit der wir uns gegen unsere Dunkelheit jetzt wehren müssen. Durch die Verdrängung dieser dunklen Seite, die wir in uns nicht integrieren konnten, sind wir ihm aber schutzlos ausgeliefert.

Ein Horoskop besteht aus drei Lagen, welche ineinandergeschichtet die Grundstruktur der Psyche spiegeln. In der innersten Lage finden wir die Planeten als Symbole aller unbewußten und bewußten Triebe. In der mittleren Schicht ist der Tierkreis angesiedelt, welcher für die Temperaments- und gefühlsmäßige Einfärbung der Triebe zeichnet, und in der äußeren Lage sind die Häuser, welche die Bereiche anzeigen, in welchen die temperamentsmäßig eingefärbten Triebe in das Leben übertragen werden.

Dieses Spektrum entspricht der vollständigen Farbpalette eines Bildermalers, wobei die Verwendung der Farben und ihre Anordnung auf dem Bild der individuellen Stellung eines Horoskops entsprechen. Denn so wie die Farben auf der Leinwand zur Darstellung des Sichtbaren zueinander stehen, so weisen die Planeten in ihrer Stellung untereinander auf die Qualität des inneren Dialogs hin. Wir können uns die Aspekte als den Dialog auf einer Bühne vorstellen, das Bühnenbild dabei als Tierkreis und die Kostüme als die Häuser. Die ganze Szenerie spiegelt die Psyche wider, wobei alle auftretenden Personen nur im Gesichtswinkel des Betrachters existieren. Dieser ist aber nicht nur »Schneewittchen« und »die sieben Zwerge«, sondern auch Erzähler und Erzähltes, Beobachter und Autor gleichermaßen. So ist es wichtig festzuhalten, mit welchen seiner Figuren sich der Horoskopeigner gerne identifiziert und welche er verdrängt. Denn erstere glaubt er selber zu verkörpern, und letztere projiziert er auf die anderen, damit er sie dort bekämpfen kann. Damit bekämpft er aber seine Schattenseiten und hat sich dadurch vom eigenen Erkennen ausgeschlossen, weil es ihm unmöglich geworden ist, sich in dieser Auseinandersetzung als Gesamtes zu erkennen. Solche Spiegelfechtereien sind besonders bei Pluto-, Neptun-, Uranus- und Saturnaspekten zu erwarten, die in die persönliche Perspektive schwer zu integrieren sind.

Wenn zwei Gestirne einen Aspekt miteinander bilden, wird das Wesen ihrer Kräfte davon nicht berührt. Neptun bleibt also Neptun, ganz egal, ob es sich um eine Opposition oder ein Quadrat, ein Trigon oder eine Konjunktion handelt und wie genau der Winkel ihres Zusammentreffens ist. Nur die Möglichkeit einer Integration wird durch den Aspektwinkel bestimmt. Ein Trigon ist leichter in die Gesamtpsyche zu integrieren, weil sich die gegenseitigen Kräfte gewogener sind als bei einer Quadrat- oder Oppositionsstellung, wo sie sich gegenseitig bekämpfen. Das Prinzip der Energien und ihrer Austauschproblematik bleibt aber unangetastet, weil hier Schulden in die bewußte Personalität gehoben werden, die vom Verstand und von der Vernunft her gar nicht zu begleichen sind.

Aber auch Tierkreiszeichen und Häuser lassen sich in diesen Kreislauf einbeziehen, weil die von ihnen symbolisierten Kräfte identisch sind. Fische verkörpern, wenn auch in abgeschwächter Form, die gleiche Energie wie Neptun. Nur sind die vom Planeten symbolisierten Kräfte durch die Tierkreiszeichen bereits auf die Ebene gesellschaftlicher Anpassung reduziert. Verkörpert Neptun die ewige Sehnsucht nach Auflösung, so spiegelt sich in den Fischen gerade noch die Sehnsucht nach den inneren Mythen und Träumen wider, und im zwölften Haus das gesellschaftliche Realisieren dieses Sehnens in Form von Abkapselung, Meditation oder Inflation. Im Bestreben, die Wirkungen des Unfaßbaren möglichst wenig im Detail zu strukturieren, haben wir uns entschlossen, ähnliche Energien, wie sie durch die Planeten, Tierkreiszeichen und Häuser nur im Ausdruck verschieden symbolisiert werden, in der Ausdeutung miteinander zu kombinieren.

SATURN

Seit den Anfängen der Astrologie gilt Saturn als der Inbegriff des Bösen. Dies nicht etwa aus dem Grunde, weil Saturn ein Übeltäter wäre, sondern ganz allein, weil wir aus unserer Welt des Dualen, in der wir uns stets für das Gute und gegen das Böse zu entscheiden haben, der Wahrheit nicht gerne ins Gesicht schauen. Denn das ist Saturn gerade: nicht die transzendierende, höherschwingende Erlösung, sondern die sich zusammenziehende, pragmatische und eine die Bindungen unseres Planeten in den Mittelpunkt stellende Wahrheit, welche alle höherstrebenden Ideale, Hoffnungen und Wünsche auf ihre Verwirklichungsmöglichkeiten reduziert – auf ihre Umsetzbarkeit verkleinert oder auf die Sichtbarkeit ihrer Ewigkeit kristallisiert.

Saturn symbolisiert also die Reduzierung der menschlichen Bilder auf ihre Wirksamkeit. Das beinhaltet aber auch die Abwesenheit von idealistischen Hirngespinsten und geistig-verklärten Höhenflügen. Der Maßstab, mit dem alles ausgemessen wird, ist die Sichtbarkeit (im geistigen Bereich die Wirksamkeit), und diesen Wirkungen haben sich die Ursachen zu stellen. An ihren eigenen Folgen werden sie gewogen.

Durch seine Stellung (Aspektbild, Haus, Tierkreiszeichen) verweist Saturn auf den Bereich im Leben, wo jegliches Fließen der Lebensströme und jegliches Sichöffnen gegenüber den intuitiven Eingebungen der karmischen Bilder versiegt – wo die Bereiche des Lebens zur Bürde und die Schritte im Alltag zur Qual werden, kurz: wo jegliches Entfalten und Höherstreben der Seele schon im Keime erstickt wird, solange noch nicht alle Lektionen des Daseins integriert sind.

Die saturnale Lernerfahrung tendiert also zu einer Abwendung von der jupiterhaften Lebensfülle und vom irrealen Neptun-Zauber. Die verstandesmäßige Verarbeitung der Realität, die Strukturierung des Lebens und die Strategie im Bewältigen des Alltags sind hier angesagt, das Aufspüren der Vernetzung von Ursachen und Wirkungsgesetzen. Es gilt also von den angenehmen Selbsttäuschungen sich zu verabschieden, von den betörenden Illusionen der Gefühle, und sich statt dessen dieser zunächst bitter zu erfahrenden Strahlenkälte des kristallinen Geistes hinzugeben.

Die Erde ist ein Sündenpfuhl (so lautet wenigstens die Botschaft Saturns), und je weniger wir uns von diesem Pfuhl bestimmen lassen wollen, um so mehr müssen wir unsere subjektiven Gefühle durch eine objektive Beurteilung der Welt ersetzen. Diese Beengung empfinden wir Menschen aber gleichzeitig wieder als Zwang, und es ist nur natürlich, daß wir eine allzu pragmatische Lebensanschauung gefühlsmäßig ablehnen. Das ist nun aber gerade die Position Saturns in unserem Horoskop, die wir damit ablehnen, und da wir andererseits auch das, was wir ablehnen, ebenfalls selber sind, erkennen wir aus dieser Perspektive, daß der Zwang, den die Umwelt auf uns auszuüben vermag, in uns selber liegen muß, weil die Bereitschaft, uns diesem auszusetzen, sonst gar nicht ausgelöst werden könnte.

Aus diesem Gesichtswinkel heraus können wir erkennen, daß es hier um die Konfrontation mit unserem eigenen Schatten geht, dem Verdrängten, mit dem, was wir an uns nicht wahrhaben wollen. Und da wir das, was wir an uns nicht wahrhaben wollen, gerne auf andere übertragen, entspricht Saturn in unserem Horoskop bildlich gesprochen jenem Boten, der uns jetzt Nachricht vom vergessenen Bruder aus dem Kerker bringt. Da wir diesen Bruder im Kerker aber verdrängen müssen, weil wir sonst erkennen müßten, daß der Absender dieser Botschaft letztendlich wir selber sind, projizieren wir unseren Frust jetzt auf den Überbringer.

Doch ist die Position Saturns auch nicht als unbedingt hilfreich zu bezeichnen. Man könnte sie als einen Weg der Wahrheit umschreiben, als einen Drang vielleicht, hinter die Dualität zu kommen und den Mechanismus zu erkennen, der zu unseren Problemen führt. Die Folgerichtigkeit im saturnalen Denken geht dorthin, wo wir die Voraussetzungen zum Denken überwinden, weil wir erkennen, daß die Polarität des Denkens die Voraussetzung für alle Probleme ist. Das kristalline Denken führt über sich selbst hinaus: dahin wo sich das Nichts in allem findet, und dorthin, wo sich das All in nichts auflöst. Aus dieser bewußtseinsmäßigen Verzückung erhebt sich das rückblickende Haupt Saturns zu berstender Doppelköpfigkeit.

Kronos ist die Zeit (Kronos ist die griechische Bezeichnung des römischen Saturns). *A-Kronos* wäre demnach die Aufhebung der Zeit, ihre Überwindung. *Akron* ist der Brückenkopf zwischen dem steinböckischen Saturn und dem wassermännischen Uranus: er ist der wassermännische Saturn. Denn in seiner steinböckischen Verkörperung steht er zwar für das Sicherheitsbestreben unter der Voraussetzung, daß Grenzen auch Sicherheit und Struktur gewähren. In seiner wassermännischen Manifestation verkörpert er aber gleichzeitig die Überwindung dieser Grenzen, wenn sie erreicht und die Räume dazwischen erkannt und ausgemessen sind.

Die andere Seite des Saturns zeigt uns auf, daß wir uns trotz

Absicherung nicht an die äußere Form zu binden haben, um durch die Fixierung an veränderliche Werte keinen Schiffbruch zu erleiden, sondern an die innere, die sich trotz ihrer äußeren Veränderung nicht verwandeln kann, weil das Ewige in ihr davon unberührt bleibt. Wenn wir erst erkennen, daß echte Sicherheit nicht in den äußeren Verwandlungen der materiellen Welt zu finden ist, sondern nur in den Abläufen ihrer Gesetzmäßigkeiten, dann erst haben wir die Funktion Saturns als des Hüters der Zeit erfaßt. Er befindet sich als Wächter genau an der Grenze zwischen materieller und geistiger Welt, und läßt uns erst passieren, wenn wir in der Veränderung durch die Zeit gerade die Unveränderlichkeit des Ewigen erleben.

Die Relativität der Zwänge können wir erst dort richtig verstehen, wo wir auch erkennen, daß Zwang nicht nur Einschränkung, sondern im Gegenteil auch Freiheit sein kann. Nämlich die Freiheit, sich innerhalb von fest strukturierten Grenzen frei zu entfalten. Die Konsequenz liegt jetzt darin, daß bei Wegfall dieser Zwänge ein anderer Zwang an deren Stelle tritt, nämlich der Zwang, die Verantwortung für seine eigene Begrenzung selber übernehmen zu müssen. Und diese Verantwortung kann erst der übernehmen, der den Mechanismus in der menschlichen Psyche zur Schaffung der Bilder, die der Mensch dann als die erkannte Wahrheit bezeichnet, erkennt. Und zwar als das, was sie sind: nämlich die Relativität der Welt, geschaffen aus der menschlichen, begrenzten Perspektive.

Wer aber die Relativität der Welt, geschaffen aus seiner menschlichen, begrenzten Perspektive erkennt, der hat die Bedingungen seines Karmas erfüllt und die Schwelle passiert. Unsere Bilder der Vorstellung sind nichts anderes als der Versuch, sich innerhalb der Wirkungen des Ewigen einer eigenen, kontrollierten Wirklichkeit hier zu versichern, über die wir zu bestimmen glauben. Wir haben uns ans Inventar unserer Bilder ausgeliefert, welche uns Sicherheit und Ruhe garantieren. Das ist das weltliche Geschenk von Saturn. Der Preis aber ist die Angst um diese Sicherheit. Durch seine Position im Horoskop zeigt Saturn uns das Maß dessen, was wir bis zur Durchquerung dieser Pforte zu bezahlen haben!

Die Wirkungen sind abgestuft nach der Reihenfolge, indem von den disharmonischen Spannungen ausgegangen die Kräfte sich deutlich abschwächen.

Die Aspekte unter Stufe I sind also bedeutend stärker zu gewichten als die Stellungen unter Stufe II, und diese wiederum viel schwerer in die Gesamtpsyche zu integrieren als Verbindungen unter III resp. IV.

Spürbar sind sie aber alle. Mehrere Kombinationen erhöhen die Wirkung!

♄ ☉
Saturn – Sonne

Wirkungsstufe I	a)	Konjunktion
	b)	Quadrat
	c)	Opposition
II	a)	Saturn in Haus 5
	b)	Sonne in Haus 10
	c)	Sonne in Steinbock
	d)	Quincunx
III	a)	Hausspitze 5 in Steinbock
	b)	Hausspitze 10 in Löwe
	c)	Herrscher von Haus 5 in Haus 10
	d)	Herrscher von Haus 10 in Haus 5
	e)	Trigon
IV	a)	Saturn in Löwe
	b)	Herrscher von Haus 5 in Steinbock
	c)	Herrscher von Haus 10 in Löwe
	d)	Sextil

Sonne und Saturn stehen wie Gut und Böse, Tag und Nacht oder Gott und Teufel zueinander. Was dem geistig orientierten Menschen aber die verschiedenen Seiten einer gleichen Münze sind, macht dem Durchschnittsmenschen Kummer. Er, welcher nicht gewöhnt ist, diesen Gegensätzen die gleiche Bedeutung zuzumessen, kann kaum verstehen, daß das von Saturn verkörperte Dunkel in seinem Inneren gleichzeitig das von der Sonne symbolisierte Licht ist, und der Unterschied nur die verschiedenen Seiten aufzeigt, aus welcher eine in sich gleiche Sache gesehen werden kann.

Ein Berührungswinkel zwischen Sonne und Saturn weist dem Horoskopeigner die Aufgabe zu, seine Polaritäten zu entspannen. Und zwar zwischen dem, was er ist, und dem, was er zu sein glaubt. Sonst wird er das vom Schicksal Vorgegebene unbarmherzig auf das

18

reduzieren, was von der Gesellschaft akzeptiert wird. Saturn reduziert nämlich die ganze Potenz des Handlungsträgers auf das, was nach den Gesetzen der Gesellschaft geprüft und in seinen Werten auch verbrieft ist.

Das heißt nichts anderes, als daß alle Anlagen des Horoskopträgers, solange sie nicht in seine gesellschaftliche Umwelt übertragen und nach den gängigen Regeln fest mit seiner Person verbunden werden können, von ihm selber gegen sich verwendet werden. Daß ein vorhandener Autoritäts- und Führungsanspruch mit jungen Jahren z. B. auf den Vater oder Lehrer übertragen wird, die einen stellvertretend zwingen, die erwartete Leistung zu erbringen. Erst wenn diese Leistungen durch das Bestehen eines Examens oder das Erreichen einer Schlüsselposition verbrieft sind, kann die Projektion von der Umwelt abgezogen und die freigewordene Autoritätsstelle durch sich selber ausgefüllt werden. Gelingt dies nicht, wird man sich gegen seine eigenen Kräfte, die man auf die Umwelt projiziert hat, auflehnen, und einen ebenso unerbittlichen wie sinnlosen Kampf gegen die eigenen, unverwirklichten Autoritäten in der Welt aufführen – was natürlich nie zu einer Lösung führen kann, weil beide Polaritäten ja in einem selber liegen. Gelingt es aber, das Rollenverhalten umzukehren und die Autoritätsposition selber einzunehmen (sein Kindsverhalten dabei auf die Umwelt projizierend), will man die ganze Welt erziehen und belehren. Wie wir leicht ersehen können, führen beide Wege nicht zum Ziel, weil sie sich den Extremen verbunden geben, die zuviele Kompensationen wieder loswerden müssen und keine Zwischentöne kennen.

Bevor wir uns aber die Frage stellen, wie dieses Problem gelöst werden könnte, ist es durchaus sinnvoll, sich zu überlegen, was denn mit diesem Verhalten kompensiert werden will? Was also die Voraussetzung in der Psyche ist, um zu jenem fixen Gesichtswinkel zu kommen, der nur über dieses überdrehte »Lerne oder Lehre«-Prinzip wieder zu integrieren ist. Irgendwie hat es mit den Gefühlen und der Beziehung zu ihnen zu tun. Saturn ist der Sachwalter der Sichtbarkeit und mißtraut der Schwingung der Gefühle, die für ihn immer eine Spur von Unüberprüfbarkeit und Irrationalität verkörpern. So ist es auch eine unbewußte Angst vor Zurückweisung, die den Saturn-Menschen ausfüllt, ein Gefühl der Unbedeutendheit ohne die verbrieften Ehren der Gesellschaft. Es ist eine Angst vor sich selber, vor der Natur, deren Ziel und Absicht in sich selber liegen, vor der unschuldigen Kreativität, welche dieser Natur verbunden ist und natürlich auch vor dem Geborenwerden und dem Tod, deren Sinn und Ziele nicht zu kontrollieren sind.

Es ist im Prinzip das Mißtrauen gegen sich selber, weil man das Ziel und den Zweck seiner Existenz nicht zu ergründen weiß, eine gefühlsmäßige Übereinstimmung mit dem Sinn seines Lebens ohne einsichtige Gründe aber auch nicht zu akzeptieren bereit ist. Also wird diese fehlende Gelassenheit in der Übereinstimmung mit der Natur ersetzt durch gesellschaftliche Ziele, deren Erreichung die fehlende Existenzberechtigung im nachhinein rechtfertigen.

Man ist also gezwungen, die Gefühle mit denkerischen Leistungsnormen zu strukturieren, als Garantie für realen Sinn und gesellschaftliche Werte und vor allem gegen das Leben und den Tod. Alles, was mit Liebe, Zuneigung oder spontaner Freude zu tun hat, wird schwer überfrachtet mit Begriffen wie Verantwortung, Pflichtbewußtsein, Beispielgeben oder Wohlverhalten.

Dieses persönliche Unvermögen, mit seinen Gefühlen ins Reine zu kommen, wird im späteren Leben gegen die anderen durchgesetzt, indem Pflicht und Verantwortung von der Umwelt verlangt und auch erwartet werden, welche aber nur die Kompensation der eigenen, nicht akzeptierten Gründe sind, das Ausgeliefertsein an seine eigene Geburt und an den Tod. Man liebt sich nicht und wenn, dann ist es nur die Idee seiner Leistung und Bedeutung, die Darstellung seiner positiv beurteilten Existenz.

Schon als Kind hat sich die Psyche nicht getraut, ihre eigene Person und ihre Gefühle darzustellen, aus einer Angst heraus, wegen ihres Verhaltens kaltgestellt zu werden. Damit verband sich eine Aggressionslähmung hinsichtlich der Durchsetzung der eigenen Interessen und ein Sichidentifizieren mit fremdem Empfinden, von dem man annahm, daß es das Umfeld besser akzeptierte als das eigene.

Dieses Schutzverhalten resultiert aus der ererbten Urangst, sich selber einzuschränken aus einer Furcht, für seine Abweichung von einem (angenommenen) Durchschnittsverhalten eingeschränkt zu werden. So verzichtet man auf sich selber und lernt, die akzeptierte Anpassung an die Außenwelt darzustellen, wobei man diese schließlich zu der eigenen Rolle macht.

Da der spontane Wille, das kindliche Erleben also nicht entwickelt werden konnte, wurde das Kind zu früh vernünftig und wird seine Belastbarkeit und Disziplin schon dort bewiesen haben, wo das Ausmessen der eigenen Grenzen erst beginnt.

So fehlt die Freude aus sich selber, die Besinnung eigener Empfindung. Es entwickelt sich ein an Eigendisziplin orientiertes Verhaltensmuster. Die fehlende innere Entwicklung wird mit äußerer Tüchtigkeit und Zuverlässigkeit überdeckt, welche aber irgendwann zusammenbrechen muß, weil diese ewige »Allzeit-Bereit-«Stellung die Seele ohne Zwang zur Leistung gar nicht leben und entwickeln läßt und sie dadurch überfordert.

Aus dieser Blockade im seelisch-körperlichen Erleben kommt es als Kompensation zur Identifikation mit dem, was einem im Erleben hindert. Da man sich im Leben verhindert fühlt, identifiziert man sich mit der Rolle des Verhindernden, bestimmt sich also fremd, um aus dieser Fremdbestimmung die eigene Behinderung nicht selber zu leben. Man traut sich also nicht, die Türe zu seiner eignen Wahrheit aufzumachen, weil hinter dieser Türe das Chaos der Verdrängung steht.

Diese Türe aufzumachen, hieße das Übel an der Wurzel zu erfassen und seinen eignen Ängsten zu begegnen. Damit wäre auch die Frage beantwortet, wie man die Sonne/Saturn-Spannungen jetzt lösen sollte. Indem man erkennt, daß die Einhaltung von Pflichten, die man von den anderen verlangt, gerade der eigene Schutzschild ist, hinter dem man sich versteckt, um sich nicht selber zu begegnen.

Das Problem ist nur, daß man seine eigenen Gefühle nicht entdeckt, seine eigene Mitte nicht gefunden und das Geheimnis der eigenen Identität sich nicht erschlossen hat. Dadurch ist man in der Beurteilung seiner eignen Werte auf die Anerkennung der anderen angewiesen. Daraus kann man zwar durchaus eine Tugend machen und sich den Leistungspflichten der Gesellschaft unterwerfen. Nur sollte man von anderen jetzt nicht erwarten, daß sie dies ebenfalls mittun.

Psychologisch ausgedrückt, könnte man sagen, daß ein Mensch mit Sonne/Saturn-Aspekten dazu neigt, die Leistungen zu betonen und die Gefühle abzuwerten. In der Umgebung, wo er Macht ausübt, erwartet er von den Mitmenschen, daß sie sich seinem Verdrängungsmechanismus unterwerfen und nicht Gefühle zeigen, die ihn bedrohen, weil er sie nicht akzeptieren kann. Denn keiner möchte im Grunde so geliebt werden wie er, und keiner hat ein solches Verlangen nach Anerkennung, darum ist auch keiner bereit, für diese Gefühle so viel zu tun wie er, allerdings nicht ohne Garantie für eine Gegenleistung. Genau damit hat er aber die Liebe in ein System gezwängt und die Türe zu den Gefühlen zugeschlagen.

Erst wenn der Betroffene erkennt, daß dieser ganze Abwehrmechanismus dem einzigen Ziel dient, die fehlende Verbindung zu seiner eignen Mitte zu verbergen, kann er den Stier bei den Hörnern packen und dem Schicksal dabei ins Auge schauen. Dann erkennt er auch, daß jeder sich sein eigenes Schicksal ist. Und sein persönliches Problem ist die Fixierung an die eigne Perspektive: Seine Angst vor innrer Leere, vor dem Leben, vor der Seele und vor dem Mythos seiner Existenz.

♄ ☉
Psychologische Struktur

Ursache

Diese Konstellation kann ihre Ursache darin haben, daß man als Kind zu früh vernünftig wurde, Verantwortung übernehmen mußte und zwar nach heute veralteten Maßstäben, die sich für die spätere Entwicklung als hinderlich erwiesen. Dabei wurde die kindgemäße Entfaltung verhindert, das seelische Erleben blockiert, die Pubertät verpaßt.

Wirkung

Man getraut sich daher nicht, seine eigenen Gefühle auszuleben, sondern hält sich hinter Grundsätzen versteckt. Man richtet sich also nicht mehr nach den eigenen Bedürfnissen, sondern nach den aufoktroyierten Maßstäben, wie die Welt zu sein hat. Dadurch kastriert man sich in seinem eigenen Empfinden und hemmt jeden, der diese für verbindlich erklärte Sicht nicht akzeptiert.

Hemmung

Dieser Maßstab, der als »Über-Ich« aus der Kindheit übernommen wird, zwingt den Saturn/Sonne-Gehemmten sozusagen als Autoritätsersatz auch im Erwachsenenalter weiterhin zu einem defensiv-vorsichtigen Verhalten. Sein emotioneller Austausch ist blockiert. Er strebt ein untadeliges, keimfreies Verhalten an, welches gefühlsgehemmt, emotionsgestört ist und auch nicht seiner Individualität entspricht, das ihn aber andererseits gerade vor der Auseinandersetzung mit seiner Subjektivität jetzt schützt.

Kompensation

Der unbewußte Frust, sich hinter einem Verhaltensrahmen verstecken zu müssen, wird dadurch kompensiert, daß man den Inhalt dieses Verhaltensrahmens zum Prinzip erklärt. Das fehlende Selbstvertrauen, welches sich durch Lebensernst und Selbstbehauptungswillen kompensiert, wird den Untergebenen und Abhängigen im Umweg über Leistungsforderungen in der Erfüllung sozialer Verantwortung sozusagen aufgezwungen.

Krise

In der akuten Situation eines Transits kann das an den eigenen Verdrängungen aufgehängte Weltbild zusammenbrechen, die blokkierten Stauungen werden frei, und der Horoskopeigner wird von seiner eignen fixen Vorstellung erschlagen.

Lösung

Durch äußere Einflüsse (Krankheit, Trennung, Verlust) kann man lernen, loszulassen und unabhängig von einem leistungsstützenden, gefühlsunterdrückenden Abwehrmechanismus der eigenen Subjektivität zu begegnen. Um diese neuen Erkenntnisse herum kann man dann einen anderen Rahmen bilden, der weniger aufoktroyierten Maßstäben, sondern gerade den eigenen Erfahrungen im Umgang mit diesen inneren Blockaden enspricht.

♄ ☉
Karmisches Modell

Vorgeburt

Unter Saturn-Sonne versteckt sich eine alte Seele, die schon mit vielen Erfahrungen konfrontiert wurde, diese vielen Lektionen aus zahlreichen Leben aber immer noch nicht als Reaktionen auf ihr eigenes Verhalten erkannte. Sie hat noch immer nicht begriffen, ihre Erfahrungen in den Fluß und Ablauf der natürlichen Entwicklung einzuordnen, sondern macht aus jeder natürlichen und folgerichtigen Entwicklung eine persönliche Angelegenheit und Leistung. Durch diese enge Perspektive hat sie erneut das Karma heraufbeschworen, ihre eigene Uneinsicht als unerkannter Spiegel (Drang zur Strukturierung, Verdrängung alles Absichtslosen) in dieses Leben hochzutragen.

Kind

Das Kind mit Saturn-Sonne ist sehr altklug, da es die unbewußte Reife der vergangenen Inkarnation in sich spürt. Dadurch trägt es in sich den tiefen Wunsch, Verantwortung aufgebürdet zu bekommen, weil es sich unbewußt weigert, sein Kindsein zu akzeptieren. Was man also durch die psychologische Brille als das Aufbürden von Pflicht durch die Eltern interpretiert, erweitert sich durch die karmische Sicht zum umgekehrten Versuch, die Eltern dazu zu benutzen, ihm die unbewußt ersehnten Pflichten zu übertragen, damit es sich über die Bedingungen seines Kindseins hinwegtäuschen kann.

Der kalte Vater wird damit vom Saturn/Sonne-Kind geradezu in die Sündenbock-Rolle gedrängt, und damit übernimmt das Kind die Initiative in dieser Maskerade, indem es den Vater aus dessen eigener

Verantwortung entläßt, weil es ihn in die Maske der in ihm (Kind!) selber angelegten Rolle zwingt. Es ist also geradezu typisch, daß das, an was das Saturn/Sonne-Kind jetzt leidet, gerade der eigene Rahmen ist, den es unbewußt den Eltern aufzwingt. Ist der Vater von seinen eigenen Anlagen her kalt und abweisend, wird er seine Aufgabe glänzend erfüllen, ist er aber warmherzig und gütig, wird er durch das Verhalten des Kindes entweder in die Verkörperung einer harten Rolle hineingezwungen, oder das Kind überträgt die Rolle geeigneteren Autoritätspersonen.

Mann

Der Mann mit Saturn-Sonne fühlt das Bedürfnis, die Forderungen seines Vaters zu erfüllen. Da er sich aber kaum bewußt ist, daß diese Forderungen seine eigenen Projektionen sind, finden wir hier Menschen, die sich permanent selbst übertreffen wollen. Rast und Ruhe ist Saturn-Sonne verpönt, er muß sich immerzu beweisen. Dazu malt er natürlich den Teufel gleichsam an die Wand: nämlich die eigenen Ziele nicht zu erreichen und damit zu versagen. Zum Beispiel in der Liebe.

Unter dieser Konstellation findet man miserable Liebhaber. Gerade weil man sich zu beweisen und seine Sache recht zu machen sucht, um den Anforderungen der Frau zu genügen. Gleichzeitig ist man aber vor den Gefühlen auf der Hut, weil man sich unbewußt bedroht und in seinem Innersten preisgegeben fühlt, wenn man sich öffnet oder losläßt. Damit öffnet man kommentierenden Gedanken um die Gefühle Tür und Tor.

Frau

Bei Frauen spiegelt sich die Kälte des Vaters in einem tiefen Mißtrauen zu den Männern wider. Die Sündenbock-Rolle des Vaters wird auf den Mann oder Liebhaber übertragen, der damit in seiner geschlechtlichen Rolle schon von vornherein kastriert wird. Der Mann wird beständig bekrittelt, weil er, was er auch tut, den Leistungsanforderungen der Frau nicht gerecht wird. Nur in der Sexualität ist der Leistungsanspruch umgekehrt: die Frau verweigert sich oft und würde die Sexualität gerne von der Menükarte der menschlichen Bedürfnisse absetzen. So wird sie die Befriedigung dieser Bedürfnisse wohl oder übel als notwendige Pflichterfüllung ohne inneres Engagement und Feuer möglichst speditiv hinter sich bringen, um schnell zum inneren Motto wieder zurückzufinden: »Bete und arbeite!«

Eltern

Eltern mit Saturn-Sonne behandeln ihre Kinder unnachsichtig streng, weil sie die fehlende innere Spontaneität mit einem Verhaltensmodell von Recht und Ordnung kompensieren. Da sie mit dieser Konstellation ja kaum gelernt haben, ganz einfach aus sich heraus entspannt und glücklich zu sein, übertragen sie dieses Gefühl, sich selber etwas versagen zu müssen (um Anerkennung zu ernten), auf ihre Kinder. Mehr, sie erwarten von ihren Kindern, daß diese ein ähnliches Pflichtbewußtsein entwickeln, wie sie es als Kind selber an den Tag gelegt haben, ohne zu bedenken, daß es sich dabei doch um ihre eigene Anlage handelte.

Vater oder Mutter (mit dieser Konstellation) zwingen ihre Kinder in die Vorstellung des eigenen Weltbildes, ohne den Mechanismus ihres Verhaltens zu durchschauen.

ħ ☉

Krankheitsdispositionen

Kreislaufschwäche

Die Sonne als das strahlendste Geschöpf unter den Wandelsternen verkörpert als Symbol der Liebe natürlich unser Herz. Saturn als großer Gegenspieler erscheint dagegen düstergrau am Himmel und verkörpert die der Liebe entgegengesetzte Disziplin: Widerstand und Hemmung und deren positive Auswirkungen wie Ausdauer, Zähigkeit, Reduktion aufs Notwendigste und unerbittlicher Wahrheitsanspruch.

In der feindlichen Berührung dieser beiden verschiedenen Grundsätze kann man sich leicht ausmalen, wie das Widerstandsprinzip Saturns die Tatbereitschaft der Sonne reduziert, bis der Mensch unter einem Saturn/Sonne-Aspekt dem Leben auszuweichen beginnt. Unter dem Einfluß des kristallisierenden Saturns stuft sich der Kreislauf des Horoskopeigners zurück, die Entfaltung der Persönlichkeit wird blockiert, und dem Rückzug in die sichere Festung der Ohnmacht wird nachgegeben.

Blutarmut

Dieser Rückzug aus den Entscheidungen, wo man keine Verantwortung mehr zu tragen braucht, spiegelt sich beispielsweise in der Verminderung der roten Blutkörperchen wider (Anämie), an der man dieses psychische Syndrom in körperlicher Übertragung jetzt erkennen kann. In diesem Leiden läßt sich unschwer die Weigerung erkennen, das Leben anzunehmen und die Ziele der menschlichen Vorstellungen mit der nötigen Lebensenergie in die betreffenden Taten umzusetzen. Man wird anämisch, um sich ein Alibi für die eigene Schwäche zu beschaffen.

Angina pectoris

Andere Menschen mit dieser Konstellation, deren Horoskopfaktoren den Rückzug aus der eigenen Verantwortung nicht zulassen (besonders bei der Konjunktion), identifizieren sich mit dem, was sie behindert (Saturn) und leben ihre Sonne sozusagen durch den anderen aus, den sie damit einschränken und maßregeln. Damit sind sie die Einschränkung im Herzen aber jetzt nicht los, nur leben sie sie über den anderen aus, den sie an ihrer Statt zur Ordnung rufen und zur Pflicht anhalten. Gleichzeitig sind sie aber auch bemüht, sich von den anderen nicht überraschen zu lassen und die Sache stets im Griff zu haben, um ja keine Autorität zu verlieren.

Das führt im buchstäblichen Sinn zu einem harten Herzen, weil durch die ständig unterdrückte Persönlichkeit die Herzkranzgefäße verkalken und das Herz durch die verengten Arterien nicht mehr genügend Nährstoffe erhält. Unter diesem Aspekt kann man nicht loslassen, sich nicht hingeben, da man sonst den Überblick verlieren würde. Unter Saturn/Sonne hat man den Kontakt zum Herzen unterbrochen!

Herzinfarkt
Siehe unter Uranus/Sonne

Weitere Symptome
– Arterienverkalkung
– Libidostörungen
– physische und psychische Schwächezustände

HOMÖOPATHISCHE MITTEL

Mineralische Verbindung	Arsenicum album (Weißarsenik)	– Herz- und Kreislauf-schwäche
		– Streß, Überforderung, Erschöpfung
		– Versagensängste
		– Lebensangst

Pflanzen	Cactus grandiflorus (Königin der Nacht)	– Verengung der Herz-kranzgefäße – Arteriosklerose
	Spigelia (Wurmkraut)	– Angina pectoris – Anämie
	Strophantus (Hundsgiftgewächs)	– akute Herzschwäche – Herzinfarkt (Ur/So)
Therapie	– Bergsteigen – Kneippkuren	Heraus aus der Enge Zur Anregung des Kreis-laufs
	– Sonnengebete	Sich der Liebe öffnen

♄ ☉
Transite

Allgemein
Sonne und Saturn sind gegensätzlich zueinander eingestellt, verkörpern also sozusagen Licht und Schatten. So ist es leicht einsichtig, was die Auslösung einer solchen Stellung im Radix durch einen Transit zu bedeuten hat: Hemmnis, Ärgernis, Erschwerung.

Die präzise Einwirkung äußerer Einflüsse tritt dann auf, wenn Saturn-Sonne im Geburtsradix in Konjunktions-, Quadratur- oder Oppositionsaspekten steht. Das bringt diese einschneidenden Begrenzungen bei einem Transit erst richtig zum Tragen: Reduzierung auf das pure Selbst jenseits aller Abdeckungen und daraus folgernd die Erkenntnis der eigenen Grenzen.

Beispiele ♂ 5
Die Auslösung der Saturn/Sonne-Konjunktion reflektierte sich im Horoskop eines 43jährigen Fabrikanten neben schweren Rückschlägen im Geschäft (Bank lehnte die Finanzierung eines Sanierungspaketes ab) auch im Verlust des Führerscheins (Fahren im angetrunkenen Zustand) und gipfelte in der Scheidungsklage, die seine Frau wegen seelischer Grausamkeit (Verweigerung der körperlichen Nähe) einreichte.

☐ **10/Asz.**

Während des Überganges des laufenden Saturns über seine Geburtsposition (Haus 10) verlor ein 29jähriger Heizungsinstallateur seinen Job, um sich wenig später beim Saturn-Transit über den nur wenig entfernten Radix-Pluto ein eigenes Geschäft aufzubauen. Heute beschäftigt er vier Arbeiter.

♂ **6/12**

Ein leitender Angestellter wurde während des Saturn-Transits über die Halbsumme der Opposition (Haus 3) zum Direktor einer großen Konzernfiliale ernannt – eine Position, der er sich aber nicht lange erfreuen konnte, da sein Buchhalter, für den er die Verantwortung zu übernehmen hatte, zur gleichen Zeit begann, Firmengelder zu unterschlagen.

Zusammenfassung

Da die Sonne ja das eigentliche Symbol für die Persönlichkeit darstellt, zeigt sich im Transit einer Sonne/Saturn-Verbindung generell die Tendenz, die Persönlichkeit zu begrenzen und zu jenem Ich zu kristallisieren, das von seinen inneren Zielen getrennt ist. Die Lösung liegt in der Akzeptierung der erdverwurzelten Ängste und damit in der Öffnung für Liebe.

♄ ☉

ARCHETYPEN & SYMBOLE

Thema	Strategie
Ziel	auf den Gipfel
Sinn	Recht und Ordnung
Berufung	Rabbi, Lehrer
Symbol	Berg
Mythos	Schöpfungsgeschichte (»Er schied die Finsternis vom Licht«)
Sabbat	Tempelweihfest (Chanukka) 25. Kislew
Archetyp	Jahwe
Zeichen	Joch

28

Kultstätte	Klagemauer in Jerusalem
Duft	Weihrauch
Pflanze	Efeu
Baum	Eiche (Tanne)
Tier	Rabe (Wolf)
Landschaft	Gebirge
Ort	Altstadt, Judenfriedhof
Edelstein	Kristall
Farbe	lichtes Dunkel
Form	streng
Baustil	Romanik (Dom zu Worms)
Tanz	klassisches Ballett
Ritual	Bestrafung, Selbstbestrafung
Instrument	Geige; erste Streicher
Sinfonie	5te von Beethoven
Malerei	»Der Mann mit dem Goldhelm« oder »Nachtwache« von Rembrandt
Alte Schrift	»Altes Testament«
Dichtung	»Faust I« von Goethe
Literatur	»Der Golem« von Gustav Meyrink; »Das Schloß« von Franz Kafka
Zitat	»Der, der nicht weiß, und nicht weiß, daß er nicht weiß, ist ein Narr – meide ihn! Der, der nicht weiß, und weiß, daß er nicht weiß, ist ein Kind – lehre ihn! Der, der weiß, und nicht weiß, daß er weiß, schläft – erwecke ihn! Doch der, der weiß, und weiß, daß er weiß, ist ein Weiser – folge ihm!«

(Sprichwort)

♄ ☽
Saturn – Mond

Wirkungsstufe I	a)	Konjunktion
	b)	Quadrat
	c)	Opposition
II	a)	Saturn in Haus 4
	b)	Mond in Haus 10
	c)	Mond in Steinbock
	d)	Quincunx
III	a)	Hausspitze 4 in Steinbock
	b)	Hausspitze 10 in Krebs
	c)	Herrscher von Haus 4 in Haus 10
	d)	Herrscher von Haus 10 in Haus 4
	e)	Trigon
IV	a)	Saturn in Krebs
	b)	Herrscher von Haus 4 in Steinbock
	c)	Herrscher von Haus 10 in Krebs
	d)	Sextil

Unter dieser Konstellation war schon die Geburt schwierig. Es macht den Anschein, daß damit eine unbewußte Angst auf das Kind übertragen wurde, eine Art Lebensangst, die das Kind vor dem Leben, in das es hinausmuß, warnen soll.

Diese Angst, die sich gerade in dem Augenblick manifestiert, wo das Kind »hinausmuß«, schlägt sich nieder im Reaktionssyndrom, daß es zurückschreckt, wieder »hineinwill«, in die Gebärmutter zurück, zu den Urquellen des Geborgenen. Das Kind wird von dieser Angst, die es beim Eintritt in die Welt umweht, psychisch auf die Quellen des Unbewußten zurückgeworfen. Und da das Kind zwischen Mutter und dem Symbol dahinter noch nicht unterscheidet, erfolgt keine Ablösung vom Mutterprinzip. Das Kind bleibt in den Schleiern des

Unbewußten verhangen, die Psyche wird nicht abgenabelt, und die ungestillte Sehnsucht wird in der Identifikation mit dem Mutterprinzip gesucht. Ohne eigenes Empfinden sucht es sich die Geborgenheit in den Träumen, in den Brunnenstuben der Phantasie. Denn die Welt kommt mit ihrer Rolle als Gebärmutter, als Mutterprinzip nur schwer zurecht. Aber gerade das müßte hier vorausgesetzt werden können. Gefühlsgeborgenheit und Harmonie müßten ständig aufgebaut werden, damit die Seele im Alltag Vertrauen findet, und schon die geringste Störung, die geringste Unfreundlichkeit kann zu Verstimmungen führen. Man fordert von der Umwelt die beständige Lieferung von Gefühlsübereinstimmung.

Es wäre also klug, sich hier die Frage zu stellen, was sich gewinnen ließe, sollte man die Voraussetzungen zur Blockierung seiner Gefühle jetzt erkennen? Denn wie immer, wenn Saturn angesprochen ist, findet sich die Lösung meistens dort, wo man nicht nur bereit ist, den Verzicht zu akzeptieren, sondern auch bereit, sich in der Leere selber zu erkennen und das Defizit aus eignen Kräften auszugleichen. Wo man durch das Abgeschnittensein vom Leben dazu angespornt wird, die verlorenen Gefühle zu erfragen und durch sein eigenes Erkennen wieder zu ersetzen. Die fehlenden Werte selber auszugleichen, statt noch länger auf die Akzeptierung seiner Gefühle in der Welt zu hoffen und den nicht erkannten Teil der eignen Psyche in die Welt zu projizieren und ihn dort gegen sich zu setzen.
Das Resultat, Gefühle zu verdrängen und niemandem zu vertrauen, weil die Eltern vielleicht nicht fähig waren, ihre Zuneigung in Gefühlen auszudrücken, ergibt für sich allein noch keinen Sinn. Denn das ist nur die Voraussetzung zu einem Prozeß, der von der Saturnstellung zwar ausgelöst und in die Umwelt übertragen wird, dessen Verlauf aber von unserer Einsicht in die unbewußten Zusammenhänge und unseren Reaktionen darauf gesteuert wird.
Wie Saturn sich auch immer anbietet, immer ist er ein Wegweiser, der uns über den Entzug von menschlichen Bedürfnissen zwingt, die Ursachen zu diesen Wirkungen zu suchen und den Heimweg (unterm Schutt der eignen Vorstellung) zu finden. Denn die Sehnsucht nach »der Mütter Quelle« ist doch geradezu der Heimweg und gipfelt in der Frage, was für Voraussetzungen in der eignen Psyche solche Wirkungen erst sinnvoll machen: nämlich diesen Bedürfnissen nicht zu unterliegen, die man sowieso nie befriedigen kann, und statt dessen den Rahmen der Gefühle in jenem größeren Zusammenhang zu suchen, der im Gewölbe seiner unbegriffnen Psyche eingekerkert ist!

Solange wir natürlich nicht bereit sind, unsere persönliche Perspektive zu erweitern, dürfen wir in unseren Gefühlen auch keine Paradieszustände erwarten. Es ist die Aufgabe der Saturn/Mond-Verbindung, uns durch diese Kälte hindurchzustoßen, bis der Leidensdruck größer ist als unsre Angst vor unserer Psyche – unsre Angst vor Umwertung der Werte und dem Verlust der Welt.

Denn diese Konstellation läßt einen Menschen Schwierigkeiten im Gefühlsleben nur so anziehen, eine Schwäche, die wahrscheinlich schon in der Mutterbeziehung vorgezeichnet lag. Voraussetzung dazu war möglicherweise eine Mutter, die sich unbewußt weigerte, Mutter zu werden. Ihre Unzufriedenheit in dieser Rolle könnte sich auf das Kind übertragen haben, welches Schuldgefühle entwickelt und zur Tilgung dieser Zinsen psychologisch ungeboren zu bleiben wünscht, unabgenabelt, im Mutterbauch.

Ist das Kind ein Junge, wird er sich in seinem späteren Leben den Frauen zu unterwerfen haben, zum Zeichen seiner Schuld. Er wird sich dem weiblichen Ungeheuer in seiner eigenen Psyche ausliefern müssen mit der naiven Kindlichkeit seiner ganzen Gefühlsnatur. Ablöseprozesse gelingen ihm nicht, da er von den Schuldgefühlen, welche die Frauen in ihm auslösen, abhängig ist. Er lebt sich ja nicht selber, sondern tarnt sich in einer Vorstellung von Buße für die Unzufriedenheit der Mutter. Andererseits erkennt er seinen Sinn nur in der exemplarischen Bestrafung durch die Frau. Die Reflexion aus der Begegnung läßt ihn die eigene Bedeutung erst erkennen; er ist im eignen Fühlen auf die Reaktionen aus der Umwelt angewiesen. Die Ehe wird dabei zur seelischen Prothese, zur Abdeckung der »nicht-durch-sich-selber-auszufüllenden-Leere«, weil einem erst die Reaktion des Partners die eigne Vorstellung ausfüllt, wer man jetzt ist.

Als Frau hat man sich vom Bild der eignen Weiblichkeit gelöst und von der Vorstellung, sich als Frau und Mutter zu bewähren. Was einem bleibt, ist die Freiheit, durch Überkompensation eine strategische und geschäftige Tüchtigkeit zu erreichen, die an den biologischen Bedürfnissen des eigenen Leibes vorbeizielt. Oder eine gesittete Wohlanständigkeit, die auf das Ich verzichtet und nirgends aneckt.

ħ ☽
Psychologische Struktur

Ursache
Unter diesem Aspekt finden wir Mütter, die nicht fähig sind, ihren Gefühlen Ausdruck zu verleihen. Dadurch bleiben Kinder in der Abwehrhaltung gefangen und entwickeln keine seelische Kraft.

Wirkung
Der Horoskopeigner tut sich im späteren Leben schwer, seine eigenen Empfindungen zu formulieren oder überhaupt Entscheidungen zu treffen, weil er seine realen Werte nicht entwickelt hat.

Hemmung
Er überträgt die Verantwortung auf Autoritäten, welche ihm die Entscheidungen abnehmen. Er macht sich von ihnen abhängig, um ihnen die Verantwortung zuweisen zu können.

Kompensation
Oder er dreht den Spieß um und macht ein geeignetes Opfer von seinen eigenen Vorstellungen abhängig. Damit reduziert er es auf die Kindrolle und zwingt es in ein Verhalten nach den eigenen, erzieherischen Anschauungen, um aus ihm einen »wohlgesitteten« Menschen nach den Bildern seiner eigenen anerzogenen und gefühlsblockierten Wohlanständigkeit zu machen.

Krise
Als Auslösungen können schwere Depressionen auftreten, wenn Ablöseprozesse (Mutter-, Heimat- oder Partnerschaftsbindungen) nicht durchgestanden werden und »auf den Magen schlagen«.

Lösung
Man muß versuchen, sich der Ursache der Krise in der fehlenden Ablösung vom inneren Mutterbild bewußt zu werden. Ablöseprozesse gelingen erst, wenn man sich von der eigenen inneren Autorität (Saturn), die man auf die Umwelt überträgt und die in der mütterlichen Gewalt zum ersten Mal hochgespiegelt wurde, löst und die dadurch entstehenden Verlustängste als abgespaltenen Teil von sich selbst bewußt zurücknimmt.

♄ ☽ Karmisches Modell

Vorgeburt

Saturn/Mond weist auf das Karma hin, die eigenen Gefühle ohne Rücksicht auf die anderen zu sehr auf die Befriedigung der eigenen Bedürfnisse ausgerichtet zu haben. Nun findet die Seele ihr eigenes Verhalten wie in einem Spiegel wieder.

Dabei erfährt die Psyche, wie schwer es ist, eigene Gefühle zu entwickeln, wenn man diese in die Beziehungen zur Umwelt einzupassen hat. Sie durchlebt Frustration im Kleide von Isolation, weil sie die Abgeschnittenheit von ihren Wurzeln spürt. Kränkungen verstärken diese Gefühle. Der Mensch ist unter Saturn/Mond sensibel, die Seele versteckt sich hinter einer immer dickeren Mauer, um sich vor Angriffen zu schützen, weil sie nicht gelernt hat, ja zu sagen: ja zu sich selber und zu ihren Schmerzen (als Auswirkung ihres eigenen Verhaltens).

Kind

Unter dieser Konstellation hängt das Kind am Rockzipfel der Mutter, obwohl ihm diese die Liebe und Geborgenheit verwehrt. Da es aber die Anlage in sich trägt, wärmende Liebe nur über den Umweg der Ablehnung entgegennehmen zu können, hängt es sich an den Rockzipfel mütterlicher Autorität wie an einen Bulldozer, um im unüberschaubaren Sumpf der Gefühle wenigstens einen ordentlichen Weg gebahnt zu bekommen.

In den Alltag übertragen, sieht das aber so aus, daß die Mutter mit ihrer eigenen Existenz schon überfordert ist und für das Kind keine Zeit übrig bleibt. Das kann dadurch geschehen, daß das Kind unehelich oder sonstwie unerwünscht ist. Oder aber, daß die Existenz des Kindes die Mutter in der Ausübung ihrer Ziele (Schauspielerin, Modell, Karrierefrau, Prostituierte) hindert. Dadurch wird das Kind gezwungen, sich dem Umstand anzupassen, von der Mutter in Frage gestellt und nicht geliebt zu werden. Auf psychologischer Ebene bedeutet dies die Notwendigkeit für das Kind, sich mit seiner Peinigerin gegen sich selber zu verbünden, um überhaupt Aufmerksamkeit zu erreichen: »Ich bin nur liebenswert, wenn ich so bin, wie meine Mutter mich liebt!«

Mann

Der Mann braucht zur Erfüllung seines Karmas eine Frau, die ihn in Frage stellt, um sich mit seinem eigenen »In-Frage-Gestellten« zu identifizieren und aus dieser Schlupfloch-Rolle heraus Liebe zu seiner dunklen Weiblichkeit zu empfinden. Das entspricht im realen Leben einer triebbetonten, instinkthaften Frau, welcher er sich völlig ausliefert – in der ganzen Embryonalität seiner kindlichen Gefühlsnatur.

Wenn er aber nicht den Mut findet, sich der Verkörperung seines inneren Bildes im äußeren Leben anzuvertrauen, dann sieht er sich plötzlich der Hölle seiner eigenen Vorstellungen gegenüber. Dann taucht »Lilith«, der er sich in der Welt nicht auszuliefern traut, als Dämon in seiner Psyche auf. Die Angst und der Schrecken in der Konfrontation mit seiner inneren Frau läßt den Mann erstarren. Und aus dieser Erfahrung heraus wird er dazu neigen, seine Gefühle zu verdrängen, aus Angst, daß diese sich unkontrolliert in sein Leben einbringen. Dadurch wird es ihm unmöglich, sich unbelastet und ohne Skepsis auf neue Beziehungen einzulassen. So versucht er, alle gefühlsmäßigen Entscheidungen seinem Kopf zu überlassen und hofft vergeblich, durch praktische und nachvollziehbare Werte die in den Fluten des Traumas versunkene Identität wieder ans Tageslicht zu befördern.

Frau

Als Frau empfindet man unter Saturn die schmerzliche Abgespaltenheit der eigenen Weiblichkeit (Mond). Grundlage dessen dürfte wahrscheinlich die kühle Beziehung zur eigenen Mutter gewesen sein, welche zuviel Gewicht auf Recht und Ordnung legte und einem die spontane, weibliche Seite zu unterdrücken half. Infolgedessen kann man sich mit der eigenen Weiblichkeit nur schwer identifizieren, weil man sich durch das Vorbild der Mutter in dieser Rolle minderwertig und lächerlich vorkommt.

Mit diesem Aspekt fühlt man sich innerlich allein und öffnet sich als Frau dem Partner erst – wenn überhaupt – nach langem Zaudern. Man scheut jedes gefühlsmäßige Engagement, aus Angst, zurückgewiesen zu werden. Man kann sich nicht öffnen und erschrickt andererseits beim Gedanken, sich nicht preisgeben zu können. Diese Kälte aber, gegen die man sich wehrt, verkörpert man gerade selber.

Eltern

Eltern unter diesem Aspekt legen großen Wert auf die Kontrolle der Gefühle ihrer Kinder, damit sich diese den Anforderungen der Gesellschaft korrekt einzupassen lernen. Die Kinder befinden sich damit in der Klemme, Unterdrückung als Liebe angeboten zu bekommen (»Ich meine es ja nur gut!«), was die Eltern dazu legitimiert, ihre Zuneigung nicht in Gefühlen ausdrücken zu müssen.

Der Schwerpunkt liegt auf Recht und Ordnung, weil sich die Eltern in ihrer blockierten Spontanität an sichere Strukturen ausgeliefert haben, ohne zu bedenken, daß sie damit nur ihr Karma weiterreichen, ohne es aber loszuwerden.

♄ ☽

Krankheitsdispositionen

Ablöseerscheinungen (Verlustängste, Depressionen)
Der Mond symbolisiert die Gefühle, welche durch die Kristallisierung Saturns nicht mehr frei ausgelebt werden können. Saturn zwingt die spontan fließenden Gefühlsäußerungen in einen realen Verhaltensrahmen, welcher die Art und Weise regelt, wie man Gefühle mit der Umwelt auszutauschen hat. Dadurch wird dem unter diesem Aspekt Geborenen seine eigene Lebendigkeit entzogen, und er wird statt dessen in ein streng begrenztes Verhaltensfeld gesetzt. Dieses Gefängnis, das die eigenen Gefühle nicht herausläßt, schützt ihn aber auch gleichzeitig vor Aggression, und so bindet sich der Betreffende in Ermangelung der eigenen Gefühle wenigstens an diesen Schutzmechanismus, welcher ihn vor dem Unbill der Umwelt bewahrt. Das heißt im übertragenen Sinne, daß sich der Mensch an Autoritätspersonen klammert, gerade weil sie ihn maßregeln und Übergriffe ausüben (oder umgekehrt: siehe Kompensation).

Durch den Tod der Mutter oder die Trennung vom Ehepartner werden Depressionen ausgelöst, weil man jetzt erkennen kann, wie sehr man sich an die Verhinderung der Gefühle gebunden hat (und diese gebundenen Gefühle reagieren beim Wegfall der Gebundenheit ähnlich wie zurückgestautes Blut beim Loslassen – mit Schmerzen). Umgekehrt läßt sich natürlich gerade in diesen Schmerzen das Ziel der Konstellation erkennen, den Betreffenden zwar an die Strukturen der Welt, gleichzeitig aber auch darüber hinaus an die Relativität von Strukturen zu erinnern: Das Leben ist sich auch ohne bewußtseinsmäßige Absicherung genügend Sinn in sich selber.

Verdauungsbeschwerden
Magenstörungen lassen sich immer auf einen verletzten Mond zurückführen, wobei Magenübersäuerung und Magengeschwüre auf einen disharmonischen Winkel zum aggressiven Mars hinweisen, Verdauungsbeschwerden durch Untersäuerung umgekehrt in der Verbindung mit dem trockenen Saturn zum Vorschein kommen. Unter Saturn/Mond haben wir also das Problem im Magen liegen, daß wir unsere Gefühle nicht frei auszuleben vermögen. Da aber die Gefühle das Salz

des Lebens sind, kann man davon ausgehen, daß man ohne sie von den instinktiven Verbindungen zum Leben ausgeschlossen ist – daß man ohne Gefühle keine eigene Identität aufbauen kann, weil man sich nur durch die persönlichen Gefühle als eine eigene Wesenheit empfindet. Also wird diese Bindung an Autoritäten, welche einem die nichtempfundene Identität ausfüllen sollen und hinter denen man seine nicht entwickelte Persönlichkeit versteckt, demnach selber zur Falle: Da wir nicht unsere eigenen Probleme, sondern nur die Probleme unserer Vorstellung, wie wir sie durch Autoritäten vorgesetzt bekommen, im Magen haben, kann der Körper dazu auch keine eigenen Verdauungssäfte bilden.

Somit bleiben unsere Vorstellungen unverdaut im Magen liegen (die Welt, wie sie zu sein hat), weil uns der insuffiziente Magen gerade den Schlüssel in die Hand geben will zur Erkenntnis, fremde Vorstellungen sowieso nicht mit den eigenen Körpersäften verdauen zu können. Die Unzulänglichkeit der Magensäfte erinnert uns daran, daß es gar nichts zu verdauen gibt, außer der Erkenntnis, daß wir unser eigenes Essen (= Weltbild) gegen die Mahlzeiten jener Autoritätspersonen ausgetauscht haben, denen wir aus Angst vor eigenen Entscheidungen jetzt ausgeliefert sind.

Weitere Symptome
- Reduzierung der Körperflüssigkeiten
- Gestörter Wasserhaushalt
- Austrocknung der Schleimhäute
- Harnverhaltung, Libidoschwäche
- Unterleibsbeschwerden
- Insuffizienz der Bauchspeicheldrüse

HOMÖOPATHISCHE MITTEL

Metallische Verbindung	Argentum nitricum (Silbernitrat/Höllenstein)	– Depressionen – Ablöseprobleme – Libidoschwäche – Magenbeschwerden – Insuffizienz der Bauchspeicheldrüse – Gestörter Wasserhaushalt (ausgetrocknete Körperbefindlichkeit)

Metall	Bismutum (Wismut)	– schwere Magenreizung – Verdauungs- beschwerden – Verlustängste (Angst vor dem Alleinsein)
Pflanzen	Abies nigra (Schwarzfichte)	– Dieses Mittel charakterisiert alle Symptome von Magenbeschwerden
	Bryonia alba (Weiße Zaunrübe)	– trockene Schleimhäute – seelische Verhärtungen (reizbar, unzufrieden) – Magenempfindlichkeit
	Lycopodium (Bärlapp)	– seelische Verstimmungen – kein Selbstvertrauen – fehlende Unternehmungslust – Furcht vor Einsamkeit
Therapie	– Urschrei – Petting	Überwindung der Geschlechtsangst
	– sich in Vollmondnächten nackt im Gras wälzen	Körperkontakt zur Erde

ħ 🌙

Transite

Allgemein

Der Saturnübergang über den Mond nimmt oft die Gestalt einer Depression an. Bei einer ungünstigen Konstellation im Geburtsbild kommen Auswirkungen wie Ernüchterung, innere Entfremdung und die Reduktion der psychischen Abwehrkräfte zum Tragen. Der Saturntransit wird oft direkt im Gemütsleben der Leute sichtbar in Form einer lähmenden Passivität, welche alle Lebensbereiche umfaßt und sich als erdrückende Sinnlosigkeit um die Frage nach dem Sinn des Lebens dreht.

Beispiele ♂ 1
Während der Opposition des transitierenden Saturns zur Geburtsstellung in Haus I unternahm der seit Jahren unter medikamentöser Behandlung stehende Klient einen mißglückten Selbstmordversuch. Auf die Frage nach dem Wieso gab er eine allgemeine Lebensunlust und eine unbestimmte Sehnsucht nach dem Tod zu Protokoll. Zwei Jahre später führte ein weiterer Versuch unter dem laufenden Pluto-Übergang zum erstrebten Ziel.

□ 5/8
Hier führte die Auslösung dieser Saturn/Mond-Stellung zu einer langwierigen, schweren Depression, in deren Verlauf die Patientin wiederholt die Nahrungsaufnahme verweigerte und künstlich ernährt werden mußte. Sie war die Gattin eines wohlhabenden Unternehmers und gab später als Grund ihrer Verweigerung an, daß sie als Asiatin im Umfeld eines ihr fremden Kulturkreises keine Erfüllung und damit auch keinen Lebenssinn mehr fand (detailliertere Schilderung dieses Beispieles siehe unter Uranus/Mond).

♂ 4/10
Unter der Bestrahlung durch einen Saturn-Transit (in Quadratur am Aszendent) erkrankte die Mutter einer Klientin schwer, so daß letztere gezwungen war, ihren eignen Haushalt einzuschränken, um die Pflege der Mutter mit zu übernehmen. Dadurch geriet die Ehe in eine ernste Krise, weil sich der Ehemann vernachlässigt fühlte, und nur durch den plötzlichen Tod der Mutter konnte die sich bereits abzeichnende Trennung nochmals hinausgeschoben werden.

Zusammenfassung
Da der Mond Gemüt und Gefühle symbolisiert, zeigt sich jede Saturnberührung als dunkler Abgrund in der Seele. Meist sind damit starke Gemütsschwankungen verbunden, die durch ein äußeres Schicksalserlebnis verhärtet werden.

Sorgen, Unruhe und Beklemmung sind dabei die freundlicheren Aspekte dieser Berührung, welche eine völlige Umgestaltung der inneren Gefühlswerte verlangen. Die Lösung heißt: Annahme der Angst!

ARCHETYPEN & SYMBOLE

Thema	Sehnsucht nach dem Unbestimmten
Ziel	zurück in die Gebärmutter
Sinn	Geborgenheit
Berufung	Stiefmutter, Greisin, Kind
Symbol	Brunnen, Gruft
Mythos	Niobe (wird in einen Fels verwandelt)
Sabbat	Leermond
Göttinnen	Hekate, Phoebe
Dämonen	Harpyien
Archetyp	Hera, altnord. Freia, Freya, Freyja (Sittenwächterin, Gralshüterin)
Zeichen	Eingeschlossensein (Gebärmutter)
Kultstätte	Externsteine im Teutoburger Wald
Duft	Holzfeuer
Pflanze	Kohlrübe (Wurzeln eßbar)
Bäume	Schwarzfichte, alter Birnbaum
Tier	Kröte
Landschaft	Moor
Kraftplatz	unterirdische Quellen
Edelstein	Perle, Krötenstein (Crapaudina)
Farbe	milchig grau
Form	trist, primitiv
Bauform	Lehmbau
Tanz	Ritualtänze bei Naturvölkern
Ritual	Körperverstümmelung als Schmuck und Schönheitsausdruck (Tätowierungen, Nasenringe, Lippenauswülstungen, verkrüppelte Füße)

Instrument	Bratsche
Musik	»Kindertotenlieder« von Gustav Mahler; Geigensonate auf der G-Saite (auf der tiefsten Saite) von Nicolo Paganini
Malerei	»Hexensabbat« von de Goya y Lucientes
Erzählung	»Meister Leonhard« von Gustav Meyrink
Zitat (Ausschnitt)	Sie betrachtete sich als ein Spielzeug des Schicksals, wie die traurige Pflanze der Steppe ohne Wurzeln, die der Nordwind umhertreibt, zurückbringt, peitscht und unmenschlich hin- und herjagt; man könnte sie eine schwarzgraue, eckige Koralle nennen, die nur deswegen sich irgendwo anhängt, um besser zerbrochen werden zu können. Das Kind setzt den Fuß darauf, und das Volk sagt mit Gespött: »Es ist die Braut des Windes.« Sie lacht beleidigend über sich selbst, indem sie Vergleichungen anstellt, aber vom Grund des finsteren Loches hört sie: »Törin, Wahnsinnige, du weißt nicht, was du sagst; diese Pflanze, die so herumgetrieben wird, hat dafür das Recht, so manche andere fette und gemeine Kräuter zu verachten; sie wälzt sich hin und her, wird aber vollkommen und trägt Blüten und Samen; werde ihr ähnlich. Sei deine eigene Wurzel, und selbst in dem Wirbel wirst du noch eine Blüte tragen, Blüten für uns, wie aus den Grabmälern Staub und aus den Vulkanen Asche kommt. Die erste Blume des Satans gebe ich dir heute, damit du meinen ersten Namen, meine altherstammende Macht kennst; ich war und bin der König der Toten; ja, wie hat man mich verleumdet! Ich allein, und diese ungeheure Wohltat verdient mir schon Altäre, ich allein bin es, der die Seelen wieder auferstehen läßt!« (aus Jules Michelet, »Die Hexe«, publiziert 1863 in Leipzig)

♄ ☿
Saturn – Merkur

Wirkungsstufe I   a) Konjunktion
                     b) Quadrat
                     c) Opposition

            II   a) Saturn in Haus 3 oder 6
                     b) Merkur in Haus 10
                     c) Merkur in Steinbock
                     d) Quincunx

          III   a) Hausspitze 3 oder 6 in Steinbock
                     b) Hausspitze 10 in Zwilling oder Jungfrau
                     c) Herrscher von Haus 3 oder 6 in Haus 10
                     d) Herrscher von Haus 10 in Haus 3 oder 6
                     e) Trigon

          IV   a) Saturn in Zwilling oder Jungfrau
                     b) Herrscher von Haus 3 oder 6 in Steinbock
                     c) Herrscher von Haus 10 in Zwilling oder Jungfrau
                     d) Sextil

Die Saturn/Merkur-Werte sind sozusagen die Vorreiter, die Ursachen der Saturn/Sonne-Wirkungen. Wenn das Saturn/Sonne-Urteil das Weltbild zeichnet, wie es ist, dann sind die Saturn/Merkur-Werte der Maßstab, mit dem wir die Bedingungen ausmessen, wie die Welt zu sein hat, damit sie unsere Welt sein kann. Denn die Unendlichkeit der Weltanschauung muß durch die Informationskanäle Merkurs in ein Verhältnis gebracht werden, das unseren Sinnen zugemutet werden kann. Denn Saturn-Merkur ist das Symbol der eingeschränkten Welt, welches aus dem unüberschaubaren Meer des Unfaßbaren unseren

Ausschnitt des Sichtbaren herauszirkelt, welchen wir bewußt ausmessen und mit dem Verstand ausloten können.

Denn ohne das Denken ist jede Erfahrung verloren, weil wir in unserer selbst ausgemessenen und verplanten Welt nur das integrieren können, was auf diese ausgemessene und verplante Welt auch zugeschnitten ist. Und das entspricht exakt dem Wirken Merkurs. Denn ohne diesen denkerischen Zuschnitt, der uns die Bilder quasi festhält, die Schätze aus dem Meer des Unbewußten sozusagen an Land zieht, wäre jede Erfahrung verloren, weil sie aus dem Bereich des perspektivisch Faßbaren wieder in der unfaßbaren Wirklichkeit des Ewigen versänke. Und ohne diese Faßbarkeit des Unfaßbaren, ohne diese Bündelung von Erfahrungen, die wir aneinander vergleichen, miteinander kombinieren oder voneinander unterscheiden, wäre keine menschliche Entwicklung denkbar.

Saturn als Prüfer der Wirklichkeit fordert von Merkur unerbittlich Wahrheit. Diese Wahrheit fördert aber gerade das zutage, was wir jetzt liebend gern verdrängen, nämlich die Erkenntnis unserer eigenen Relativität. Damit wird hier ein Geist beschworen, der sich nicht mehr für das Inventarisieren unserer Weltvorstellung eignet, nicht mehr als Werkzeug zum Katalogisieren dient, sondern der alle menschlichen Werte jetzt in Frage stellt, weil er sich selber kennt und die Zusammenhänge im menschlichen Denken. Der sich erhebt, die dunklen Kanäle zu erforschen, die Abgründe der menschlichen Psyche, um, statt länger die anerkannten Werte zu bestätigen, die Motivationen kennenzulernen, die eben zu diesen anerkannten Werten führen.

Die Erkenntnis aber, daß all unsere Erfahrungen relativ sind, bringt dem gereiften Saturn/Merkur-Menschen eine besondere Begabung. So entsteht der Wunsch, sich der Vorstellung des Gewöhnlichen, der Erwartung der Anpassung immer wieder zu entziehen. Es geht darum, der Bedrohung durch die Bindung an das Normale zu entgehen, die Vernunft zu durchbrechen, um das gefühlte Unerkannte, die gefühlte Wahrheit, den unerkannten Gott aus der Realität herauszumodulieren, also faßbar zu machen und durch sich selber darzustellen.

Diejenigen aber, welche mit der Gabe, das eigne Denken auch zu hinterfragen, noch nichts anzufangen wissen, werden diesen Wahrheitsanspruch Saturns mehr veräußerlichen. Sie, die vergessen, sich selber in die Relativität der eigenen Werte miteinzubeziehen, werden ihr Mißtrauen nach außen richten und auf andere übertragen, indem sie nichts und niemandem glauben, ehe sie nicht alles überprüft und auch verstanden haben. Wenn sie aber einmal soweit sind, liefern sie sich diesem Glauben aus.

Der unbewußte Mensch mit Saturn-Merkur wird seine Schwäche im Erleben durch ein komplettes Weltbild zu ersetzen haben. Das Unfaßbare wird durch anerkannte Bilder integriert. Die Wahrheit wird dann nur noch durch diese Vorstellungen hindurch gesucht und somit als Bedrohung für das eigene Erkennen entschärft. Das Sichöffnen in die Umwelt wird also durch ein verbal-demonstratives Bestätigen übernommener Werte ersetzt.

Doch das Manöver bleibt nicht unbemerkt. Das Fehlen einer eigenen Identität wird sichtbar. Die Bedeutung seiner persönlichen Erfahrung ist diesem Menschen verlorengegangen. Aber das Echo aus der Menge gibt ihm keinen Halt. Ihm fehlt das Vertrauen in die eigene Handlung. So bleibt ihm nur die Freiheit, diesen Mangel an persönlicher Stärke durch eine Sucht nach Wissen zu übertünchen und dieses Wissen oder sich selber als Verkünder dieses Wissens darzustellen (»Wissen ist Macht«) – eine Kompensation der eigenen Handlungsschwäche.

♄ ☿
Psychologische Struktur

Ursache
Saturn/Merkur können ihre Auslösung im elterlichen Verhalten haben, dem Kind keine eigene Meinung zuzubilligen, weil es eben ein Kind ist, und die Eltern sich berechtigt fühlen, jegliche kindliche Äußerung, sobald diese mit ihren reiferen Meinungen kollidiert, zu unterdrücken. Damit wird die Kommunikations- und Ausdrucksmöglichkeit des Kindes blockiert und es wird in die Normen und Gebote gezwungen, die der elterliche Rahmen diktiert.

Wirkung
Somit wird in der Psyche des Kindes der Grundstein gelegt, den intellektuellen Forderungen genügen zu müssen, die es als Elternanspruch in sich trägt: die Anerkennung der Umwelt zu erlangen, welche die verdeckten Elternanforderungen repräsentiert.

Hemmung
Das kann sich später dahingehend auswirken, daß der Mensch wünscht, dumm zu sein, weil er unbewußt gegen die aufgezwungenen Normen und Gebote rebelliert. Weil aber gerade diese Normen sein intellektuelles Inventar ausmachen, rächt er sich dafür, indem er sich

für »blöd« verkauft, um seine Eltern im Nachhinein für diese aufoktroyierten Normen zu bestrafen.

Kompensation
Oder er bekämpft diese Hemmung aus der Kindheit, indem er jetzt umgekehrt auf totale Intellektualität setzt. Er legt alles Gewicht auf verstandesmäßiges Wachstum und kompensiert damit das fehlende Vertrauen in sein individuelles denkerisches Verhalten.

Krise
Die Krise zeigt sich hier im grauen, düsteren Gewand, in welchem sie als Gralshüter das Tor zur Sinnfindung versperrt. Aus diesem Gesichtswinkel sollte dem Horoskopeigner bewußt werden, daß er mit seiner analytischen Intellektualität sein eigenes Lebensgefühl so stark verengt hat, daß der Zugang zum Lebenssinn für ihn zu spärlich geworden ist. Sein Wissen mag groß sein, doch es hat sein Leben erstickt. Beim Versuch, auch das Mysterium des Lebens auf Herz und Nieren zu prüfen, damit es mit den Gedanken nachvollziehbar wird, ist der Sinn des Lebens verlorengegangen.

Lösung
Als Lösung kann sich hier nur anbieten, den Lebenssinn dadurch zurückzugewinnen, daß man dessen Verhinderung erkennt und zurücknimmt: das Bild vom Bild des Elternbildes!

♄ ☿
Karmisches Modell

Vorgeburt
Unter diesem Zeichen mag man sich eine Seele vorstellen, deren Schwerpunkt in vergangenen Leben im Diebstahl fremden Wissens lag. Es wurden buchstäblich Tausende von Stunden darauf verwendet, die Erkenntnisse von anderen zu einem eigenen Weltbild zusammenzutragen, mit dem man sich vor dem Plenum gebrüstet hat.

Nun ist die Seele eingeladen, dieses Versäumte nachzuholen und sich das Wissen systematisch zu erfragen, um die Zusammenhänge zu erfahren, die man schon immer darzustellen sich angeschickt hat: Die Saat im Nachhinein noch auszustreuen, deren Ernte man schon in die eigene Scheune eingefahren hat.

Kind

Kinder unter Saturn/Merkur suchen sich meist Eltern aus, die ihnen helfen, die eigene Spontanität zu unterdrücken, weil sie sich unbewußt nach einem strengen Rahmen sehnen, dessen Überwindung sie gleichzeitig wieder anspornt!

Man muß sich also klarmachen, daß ein Kind mit dieser Konstellation gar keine Chance hat, seine eigenen Empfindungen zu strukturieren. Da aber dieses Bedürfnis gleichwohl – wenn auch unbewußt – existiert, wird sich das Kind den elterlichen Strukturen nicht ungern unterziehen.

Mann

Damit wächst das Kind in einen Rahmen, in dem es sich bewegen kann, der es aber andererseits zu Wachstum und größeren Einsichten zwingt, will es als Erwachsener die Beengung dieses Rahmens wieder lösen. Denn gerade in dem Augenblick, in dem der Mensch in seiner Seele erkennt, sich einem solchen Rahmen ausgeliefert zu haben, werden die Bedingungen zu seiner Existenz verschwinden.

Saturn/Merkur symbolisiert also das Bedürfnis eines Mannes, die Bedingungen seines Rahmens in seiner eigenen Vorstellung zu suchen und deren Bedeutungsinhalte in den Krusten seiner eigenen Verhaltensnormen zu finden. Damit ist er seinem eigenen Bestreben ausgeliefert, alles, was er in der Welt vorfindet, zu strukturieren, um es inhaltlich in den Griff zu bekommen. So werden alle Beziehungen zum anderen Geschlecht beschriftet und die Gefühle katalogisiert, um ja nicht von den Instinkten überrannt zu werden.

Frau

Bei Frauen ist die Wahrnehmung der eigenen Gefühle ebenfalls gehemmt. Sie haben sich den Bedingungen ihres Rahmens unterworfen, wonach es sich nicht schickt, Empfindungen wahrzunehmen, geschweige denn, sie loszuwerden. So sind sie denn mit ihrer Körperlichkeit allein auf sich gestellt, verdrängen ihr Empfinden, weil sie unbewußt befürchten, das Zeigen von Gefühlen werde (elterliche) Strafe nach sich ziehen.

Eltern

Saturn/Merkur erzieht seine Kinder nach den Normen, die Konvention und Sitte verlangen. Die Kanäle, in denen sich Gefühle frei austauschen, werden verstopft. Selbst wenn die Eltern ihre innere Freiheit gefunden haben, geben sie diese kaum an ihre Kinder weiter, weil sie instinktiv zu wissen glauben, daß diese damit gar nichts anzufangen wissen.

Die Eltern geben ihren Kindern zwar einen inhaltlich beschränkten Rahmen vor, nicht ohne ihnen aber gleichzeitig die Möglichkeit einzuräumen, diesen beengenden Käfig später in den Mittelpunkt zu bringen und ihn unter Beihilfe von Wissen und Erkenntnis zu sprengen.

♄ ☿
Krankheitsdispositionen

Asthma
Wenn wir uns vorstellen, daß die Lunge dem Planeten Merkur zugeordnet wird, so können wir daraus direkt ableiten, daß der Austauschprozeß der Atmung auf der psychischen Ebene der Kommunikation entspricht. In der Konfrontation mit Saturn wird dieser »Luftaustausch« blockiert. Psychologisch könnte man das so umschreiben, daß der Mensch unter dieser Konstellation seine Vorstellungen nicht mit den Vorstellungen anderer in Berührung bringen will, um sich der Relativität seiner Bilder nicht bewußt werden zu müssen.

Der Austauschprozeß wird also blockiert, der Horoskopeigner will die Luft, die er eingeatmet hat, nicht mehr hergeben. Er verweigert die Auseinandersetzung mit der Umwelt, um seinen Rahmen, in den er die Welt nach seinem Bild verkleinert hat, nicht mit dem Weltbild seiner Mitmenschen vergleichen zu müssen. Denn nur in seinem eigenen Rahmen fühlt er sich geborgen. »Sauerstoffaustausch« führt zur Kommunikation, vor der er Angst hat, und in seinem Syndrom inkarniert der Asthmatiker seinen unbewußten Wunsch, dies möglichst zu vermeiden.

Atembeschwerden
Weniger dramatisch im Ausdruck aber unter der gleichen psychosomatischen Voraussetzung rangieren die Atembeschwerden. Auf die leisesten Umweltreize reagiert der Saturn/Merkur-Geborene mit Abkapselung und Verschließung, was den Sauerstoffaustausch behindert.

Bevor er sich also mit der ihn bedrängenden Umwelt auseinandersetzt, bekommt er lieber Herzklopfen und Atemnot, in der Hoffnung, damit aus der Konfrontation mit dem für ihn Unangenehmen entbunden zu werden; eine ihm unliebsame Unterhaltung beendet er durch Hustenreiz.

Weitere Symptome
– Bronchial- und Lungenleiden
– Spannungskopfschmerzen
– nervöse Störungen (siehe auch Uranus/Merkur)
– Zwangsvorstellungen (siehe auch Pluto/Merkur)

HOMÖOPATHISCHE MITTEL

Metallische Verbindung	Natrium muriaticum (Natriumchlorid)	– Zwangsvorstellungen (Hämmern im Hirn) – Angstgefühle – überdrehende Gedanken – Gegenstände laufen vor den Augen zusammen – Spannungskopfschmerzen – Einschnürungsempfinden
Halogen	Bromum (Brom)	– Einschlafstörungen (Gedanken schalten nicht ab) – Furcht vor geschlossenen Räumen – fibrinöse Bronchitis
Harz	Succinum (Bernstein)	– Klaustrophobie – Atembeklemmung – Nervenüberreizung
Pflanzen	Carbo vegetabilis (Holzkohle)	– Asthma – Erstickungserscheinungen (keine Luft)
	Eucalyptus (Fieberbaum)	– katarrhalische Beschwerden (Bronchien, Lungen, Kehlkopf)
Tier	Ambra grisea (Grauer Amber: Darmausscheidung des Pottwals)	– Atemnot – Einbildungen – Angst, Alpträume – nervöse Überempfindlichkeit

| Therapie | – Atemtherapie |
| | – Gespräche |

♄ ☿

Transite

Allgemein

Merkur, das Symbol für die schnelle, leichte und bewegliche Energie-
form der Gedanken, wird unter dem Zugriff Saturns zur Verdichtung
gezwungen. Es fließt unter Saturn feste Energie in Merkur, so daß
dieser sie auf körperlicher Ebene loswerden muß. Das kann zu
Widerständen, Hemmungen und Blockaden im Wirkungsbereich
Merkurs führen.

Beispiele □ 5/8

Den unbequemen Winkel des laufenden Saturns in Haus 11 zur
Geburtsstellung (Merkur Haus 5 im Quadrat zu Saturn Haus 8) nahm
ein Literat keinesfalls als hemmend wahr. Das Manko der Einschränkung und psychischer Depression empfand er durch bohrende Gedan-
kenschwere, fundierte Äußerungen in Rede und Schrift und tiefe
Selbsterfahrungen mehr als wettgemacht. Er nannte es seine »gepan-
zerte Periode«.

☍ 3/9

Während des direkten Saturnüberganges über seinen eigenen Platz in
Haus 3 (in Verbindung mit einem Spannungsaspekt zu Pluto am
Aszendenten) überfiel den Geborenen im Alter von 28 Jahren ein
langwieriges Kehlkopfleiden, in dessen Verlauf er stellenweise die
Sprache verlor und nur noch flüstern konnte. Er war Angestellter in
einer Bank und wurde darauf vom Schalterdienst in die Administration
zurückversetzt. Auch eine enge Freundschaft, die kurz vor der Ehe
stand, brach auseinander, weil sich die Braut seiner Behinderung
schämte.

Heute trägt sich der junge Mann mit der Absicht – die Leiden sind
noch nicht restlos abgeklungen –, seine Stelle bei der Bank zu kündigen
und statt dessen eine Ausbildung als Heilpraktiker anzustreben.

Zusammenfassung

Wenn Saturn/Merkur der Maßstab ist, mit dem wir die Welt ausmessen, dann ist Saturn der Stab und Merkur das Maß (die Zahlen auf dem
Stab).

Wenn Zahl und Stab nicht zueinander passen, dann ist man aufgefordert, das Verhältnis zur Welt ständig neu zu definieren, was einen auf Dauer natürlich überfordert. Also ist man gezwungen, sich einem kompletten Weltbild auszuliefern, das man irgendwann einmal für sich in Anspruch genommen hat, weil es damals stimmte (z. B. eine wissenschaftliche Weltanschauung während der Universitätszeit), und nun befindet man sich in der Zwickmühle, dieses Weltbild durch alle persönlichen Veränderungen hindurch verteidigen zu müssen. Wenn einem dieses Weltbild zusammenfällt, bricht die ganze Inszenierung zusammen, weil sie nur auf dieses Weltbild zugeschnitten ist.

Aber gerade diese Katastrophe, die man um jeden Preis verhindern will, ist um der Wahrheit willen gefordert, damit man unter der Flut unpersönlicher Vorstellungen seine persönliche Schwäche wieder erreichen kann. Um damit überhaupt in den Bereich vorzustoßen, in dem man sich mit dem fehlenden Vertrauen in die eigene Handlung auseinandersetzen kann. Das Stichwort hierzu: Individualität!

$$ ℏ \quad ☿ $$

ARCHETYPEN & SYMBOLE

Thema	Logik
Ziel	Ausmessung der Welt
Sinn	Erkenntnis (Anerkennung)
Berufung	Jünger, Schüler, Student
Symbol	Gesetzestafeln (Paragraphen)
Mythos	Die Zehn Gebote
Tag/Zeit	Arbeitsalltag, Studienzeit
Archetyp	Hermes (Götterbote); im biblischen Sinne Moses
Zeichen	Zirkel (Taschenrechner)
Mysterienort	Berg Sinai
Kultstätten	Cambridge, Oxford (High Street) oder Harvard University
Duft	Aprilfrische (blütenfrische Wäsche)
Pflanze	Farn

50

Tiere	Mücken, Grillen
Landschaft	Straßen
Ort	Weichenstellwerk; vor der Verkehrsampel (oder vor der Prüfungskommission!)
Edelstein	Harz (Bernstein)
Farbe	gelb, ocker
Form	ausgezirkelt (verhältnismäßig)
Baustil	Bauhaus; Nachkriegsbauten (50er-Jahre)
Skulptur	»Der Denker« von Auguste Rodin
Tanz	Militärparaden (Stechschritt!)
Ritual	Schach
Instrument	Cembalo, Klavier
Musik	Fugen von Bach; »Structures« von Pierre Boulez
Malerei	»Stijl-Gruppe« von Mondrian, van Doesburg u. a.; abstrakter Realismus (Doesburg), Neoplastizismus (»Tableau« von Piet Mondrian)
Literatur	»Tonio Kröger« von Thomas Mann
Novelle	»Die Schachnovelle« von Stefan Zweig
Schauspiel	»Ein Volksfeind« von Henrik Ibsen
Bücher	»Großer Brockhaus«; Duden (Rechtschreibung)
Zitat	Einmal kam ein Laienschüler zum Meister und fragte: »Meine Weisheit ist fest in mir eingesperrt, und ich bin nicht in der Lage, sie anzuwenden.« Der Meister sagte zu ihm: »Mein Freund, komm bitte näher zu mir.« Als der Laienschüler einige Schritte näher kam, bemerkte der Meister: »Wie wunderbar du sie anwendest!« (Zen-Anekdote)

♄ ♀
Saturn – Venus

Wirkungsstufe I	a)	Konjunktion
	b)	Quadrat
	c)	Opposition
II	a)	Saturn in Haus 2 oder 7
	b)	Venus in Haus 10
	c)	Venus in Steinbock
	d)	Quincunx
III	a)	Hausspitze 2 oder 7 in Steinbock
	b)	Hausspitze 10 in Stier oder Waage
	c)	Herrscher von Haus 2 oder 7 in Haus 10
	d)	Herrscher von Haus 10 in Haus 2 oder 7
	e)	Trigon
IV	a)	Saturn in Stier oder Waage
	b)	Herrscher von Haus 2 oder 7 in Steinbock
	c)	Herrscher von Haus 10 in Stier oder Waage
	d)	Sextil

Unter diesem Zeichen trägt man als Symbol die »Unvereinbarkeit von Kopf und Bauch« im Herzen, was seinen Niederschlag in vielen Gleichnissen gefunden hat. Im Märchen »Rotkäppchen und der böse Wolf« zum Beispiel reflektiert Rotkäppchen (Venus) das gefühlsmäßige Bestreben, mit der Welt der Anmut und der Liebe eine gewisse Herzlichkeit zu pflegen. Das bringt den bösen Wolf (Saturn) in Rage. Er neigt nämlich zu Eifersucht und Mißtrauen und lebt ständig im Bestreben, vor Gefühlen auf der Hut zu sein. Andererseits besteht zu Venus eine mehr oder weniger starke Anziehung, weil sie auf Gebieten, wo er sich schwerfällig und verkrampft vorkommt, Charme und Lieblichkeit verkörpert.

Natürlich meint es Saturn nicht nur böse, und sicher hat er auch gute Gründe für sein kritisches Verhalten. Der Raster, durch den er die Welt betrachtet, ist eben ein anderer, und die Erfahrungen, die er durch diesen anderen Raster von der Welt gemacht hat, sind den Erfahrungen der Venus entgegengesetzt. Wenn sich diese entgegengesetzten Erfahrungen aber in einem Menschen berühren, so sind die daraus erwachsenden Schwierigkeiten im Verkörpern der Gefühle schon vorprogrammiert. Man kann sagen, daß es Menschen unter dieser Konstellation sehr schwer fällt, ihre Liebe zu zeigen, weil ihr Abwehrmechanismus (»Das Mißtrauen des Wolfes«) gleichzeitig immer mitangesprochen wird. Sie sind also gleichermaßen immer auf der Hut, wenn sie Liebe verspüren, oder umgekehrt wird ihr Abwehrmechanismus immer mit ausgelöst.

Dieser Abwehrmechanismus verkörpert die von Saturn symbolisierte Wahrheitsfindung, welche die von Venus vertretenen Gefühle ihrer emotionellen Darstellung entkleidet und bis auf die Strukturen reduziert. (Das Resultat ist allerdings erstaunlich und verhilft dem bösen Wolf als dem verdrängten Teil der lieben Großmutter in der Projektion von Rotkäppchen zu einer gewissen Sympathie). Danach können Gefühle eine Sache nicht so sehen, wie sie ist, sondern nur in dem Maße, wie hierzu Bereitschaft besteht.

Wenn wir jetzt voraussetzen, daß der unbewußte Mensch nicht in der Lage ist, diese Gedankengänge zu verfolgen, er dem Resultat dieses Wirkens aber trotzdem unterworfen ist, dann begreifen wir, wie unbeholfen sich ein Saturn/Venus-Individuum vorkommt, wenn es in der Welt auf die Gefühle trifft, denen es gelöst und völlig unbeschwert nicht zu begegnen weiß.

Denn im Alltag werden wir vielen Menschen begegnen, die einerseits ihre Gefühle leugnen, andererseits auf die Gefühle aber nicht verzichten können und die verleugneten Gefühle so in den Stand der wirklichen Gefühle heben, was Assoziation wie »Liebe als Pflicht« und »Treue zur Strafe« aufwirft. Männer werden das »Gefühle-nicht-zeigen-können« in ein »Gefühle-nicht-zeigen-wollen« ummünzen und ein »über-den-Gefühlen-stehen« anzeigen, eine Unempfindlichkeit gegenüber Emotionen und eine bis zur Gefühlskälte reichende Sachlichkeit, um von ihrem inneren Dilemma abzulenken, von dem sie glauben, daß es sich in der Gesellschaft vorzuzeigen nicht schickt.

Frauen kompensieren diese innere Schwäche mit einer Tüchtigkeit auf Gebieten, wo sie ihre Verführbarkeit nicht beweisen müssen. Wo sie sie entweder ganz weglassen (Management) oder dann extrem darstellen (Film, Theater, Mode) können. Für letztere ist die gesellschaftliche Übereinstimmung mit weiblichen Attributen wie Schönheit, Charme oder verführerischer Ausstrahlung besonders wichtig. In krassen Fällen kann dieser Aspekt sogar bis an die Grenze führen, wo sie ihre Umwelt zu terrorisieren beginnen, um sich deren Gefühlsabhängigkeit zu beweisen, und dann enttäuscht sind, wenn diese sich von ihnen abwendet.

Was sich hier zeigt, ist das Streben nach Sicherheit in den Gefühlen, die es gar nicht gibt. Saturn legt seine schwere Pranke auf die zarte Schulter Venus', welche unter dem Gewicht zusammenbricht. Trotzdem ist sie nicht bereit, auf die Gefühle zu verzichten. Das Resultat dieser Verbindung aber ist, daß der Horoskopeigner einen Kompromiß eingeht, den er dann »Liebe zur Pflicht« oder »Verantwortungsbewußtsein« nennt. Denn die Sicherung ist ihm näher als die Liebe, und lieber verzichtet er, als daß er sich auf etwas einläßt, das kurzfristig zwar schön sein mag, ihm langfristig zur Erreichung seiner Ziele aber nicht real genug erscheint.

Nun wollen wir uns auch der Frage zuwenden, was für einem inneren Ziel dieser Aspekt jetzt dient? Denn es ist hier wie stets bei Saturn kaum anzunehmen, daß die geschilderten Entbehrungen nur nach der Geißelung der Triebe streben, nach der Blockade der Gefühle, ohne als Gewinn nicht etwas anzubieten: Eine Freiheit nämlich, die über das hinausgeht, was wir Liebe nennen, und welche diese nicht nur nicht verhindert, sondern im Gegenteil gerade erst ermöglicht, wenn wir auf die Illusion verzichten, daß Liebe nichts bedarf als eines liebenswerten Partners. Die wahre Liebe kostet ihren Preis, weil sie die Projektionen nicht mehr braucht, die wir auf Menschen unsrer Zuneigung normalerweise übertragen.

Diese Perspektive der Liebe erscheint nur so lange als zynisch oder deprimierend, wie man das Funktionieren der Projektion von Gefühlen verdrängt. Wenn man aber erst einmal zur Kenntnis nimmt, was unter der Vorstellung des idealen Partners schließlich zum Vorschein kommt, kann man sich ein Bild von diesem ungeheuren Mechanismus machen. Im Alltag wird die enttäuschte Liebe meistens als Entlarvung der wahren Absichten des anderen gewertet. Kommt es schließlich zu einem Bruch, so wünschen sich beide eigentlich weniger den Partner als vielmehr jenes Bild zurück, welches sie auf den Partner projiziert haben: die eigene Vorstellung des idealen Partners nämlich. Dieses Bild des Verlustes kann dann über eine neue Beziehung wenigstens so lange wieder wettgemacht werden, bis der neue Mensch unter der alten Vorstellung wieder zum Vorschein kommt.

Wenn wir also akzeptieren, daß unsere Gefühle vom Partner nur das aufnehmen, was unsere Gefühle vordem auf den Partner projiziert haben, dann können wir erkennen, wie sich der Kreis hier wieder schließt.

♄ ♀
Psychologische Struktur

Ursache
Die Kinder wurden von den Eltern nicht geliebt. Sie wurden akzeptiert, solange das Kindsein nicht mit der Absicht, eigene Gefühle zu entwickeln, kollidierte. So wurde das kindliche Verlangen, Gefühle zu zeigen, blockiert. Das Kind mußte sich die inneren Werte gemäß denen seiner Eltern bilden.

Wirkung
Damit sind die Voraussetzungen gegeben, daß sich der Erwachsene später den Bedingungen der Gesellschaft ausliefert, weil er seine Gefühle von den Reaktionen seiner Umwelt abhängig macht. Er unterwirft sich den Maßstäben der Gesellschaft, weil er die eigene Gefühlswelt, die er dagegensetzen könnte – der gefühlsmäßige Eigenwert – jetzt nicht entwickelt hat.

Hemmung
Kann man seinen inneren Eigenraum aber nicht entfalten, ist man auf der Suche nach Selbstfindung entweder auf den Raum des Partners oder auf die kollektiven Räume der Gesellschaft angewiesen. Das läßt sich, auf den Alltag übertragen, so umschreiben, daß man sich seine Gefühlswelt von außen aufoktroyieren läßt.

Kompensation
Will man sich von außen aber nicht bestimmen lassen, obwohl man seinen inneren Selbstwert nicht gefunden hat, so sucht man sich einen Partner, der sich dazu motivieren läßt, die eigene Schwäche in der Umwelt stellvertretend auszuleben, die man selbst darzustellen sich nicht getraut.

Krise
Da man die Beziehung jetzt dazu benutzt, den nicht entwickelten Eigenwert im anderen darzustellen, sind die ganzen Beziehungsver-

hältnisse nichts anderes als der Versuch, das ungelöste Selbstwertdrama in immer neuen Partnerschaften auszuleben.

Lösung

Wenn man aber einmal akzeptiert hat, daß man vom Partner nicht das kriegen kann, was man in ihn injiziert hat, so kann man erkennen, daß die Krise durch falsche Erwartungshaltungen geradezu vorprogrammiert ist. Die Krise in der Partnerschaft zeigt die Bruchstelle an, wo man nicht den anderen, sondern nur seine eigene Vorstellung vom anderen liebt.

Die Erkenntnis aber, daß der andere nicht so ist, wie man ihn sich vorstellt, weil diese Vorstellung ja gerade das eigene Problem anzeigt, kann die Befreiung aus diesen Zwängen bedeuten.

♄ ♀
Karmisches Modell

Vorgeburt

Unter diesem Zeichen muß der Mensch viele Lektionen in Hinsicht auf die Gefühle und ihre Vertiefung in Beziehungen lernen. In früheren Leben konnte er lockeren Liebschaften frönen, ohne sich allzu tief in die Gefühlsbeziehungen mit einzubringen; dem wird heute unter Saturn nicht mehr stattgegeben.

Die Angst der Personalität besteht darin, in den Beziehungen von anderen abhängig zu werden, aber gerade dem wird sie unter diesem Gestirn zu begegnen haben: Sie wird lernen müssen, sich im Selbstausdruck zu versagen und sich an Beziehungen zu binden, welche ihre Gefühle nicht wahrnehmen und sie im Eigenwert blockieren. Es wird für sie schwierig zu verstehen sein, daß dies der Umkehr ihrer früher gelebten Selbstsucht entspricht, die exakt alle Probleme schuf, die man den anderen jetzt vorwirft.

Kind

Als Kind wurde man von den Eltern akzeptiert, solange sich das Kindsein mit ihrer Aufgabe paarte, die Verantwortung für einen übernehmen zu müssen (weil die Ausübung von Kontrolle der Perspektive ihrer Verantwortung entsprach). So wurde man von den Eltern völlig fremdbestimmt und konnte seine eigenen Werte nicht entwickeln. Vergnügen und Freude wurden einem vergällt, hingegen

Strafe ausgesprochen, wenn man z. B. den Anforderungen der Schule nicht genügte.

So konnte das Kind seine eigenen Empfindungen nur noch loswerden, indem es seine Gefühle umgekehrt an die Verhinderung der Empfindung band: Arbeit ist gut, auf das Vergnügen folgt Strafe. Jede Freude zieht eine Blockierung nach sich.

Mann

Diese Verknüpfungen schwingen sich im späteren Leben zu einem Selbstverhinderungs-Mechanismus aus, allem, was Spaß macht, zu entsagen, um der Bestrafung zu entgehen. Umgekehrt liefert man sich gerne Schwierigkeiten aus, wohl eingedenk dem Motto, daß alles, was keinen Spaß macht, Wert und Bedeutung nach sich zieht. Also verdrängt der Mann entweder seine Gefühle, oder er sucht sich Beziehungen zu besonders schwierigen Frauen aus, weil ihre Schwierigkeit für ihn gerade der Gradmesser ist, seine Liebe zu beweisen.

Ist man sich aber bewußt, daß hier das emotionale Wachstum in der Kindheit verhindert wurde, dann durchschaut man den Mechanismus dieses Verhaltens. Die Liebe, die ihrer normalen Kanäle beraubt ist, weil sie keine Vorbilder in der Kindheit findet, denen sie ihren Ausdruck nachgestalten kann, verbindet sich mit der einzigen Empfindung, die sie kennt: dem Ausdruck des Verzichts und des Opfers. Und so bringt der Mann unter Saturn/Venus seine Liebe meist auf dem Opferaltar dar.

Frau

Für die Frau bedeutet dieser Aspekt, daß sie von der inneren Anmut ihres weiblichen Bildes getrennt ist. Das heißt, daß ihre Unfähigkeit, ihre eigene Bedeutung mit Inhalt zu füllen, sie in Sachen Liebesverlangen zu einem Faß ohne Boden werden läßt. Ihr in der Kindheit ausgelöstes Syndrom, nicht um ihrer selbst Willen geliebt worden zu sein, wächst sich zur Vorstellung aus, dafür aber wenigstens verehrt und hoch geschätzt werden zu müssen. Sie liefert sich der Vorstellung aus, sich selbst nur lieben und empfinden zu können, wenn ihr jemand zu Füßen fällt und sie anbetet.

Unter Saturn/Venus wird jede Illusion auf die Wirklichkeit reduziert. Und da man die Liebe ebenfalls für eine Illusion hält, gibt man sich ihr nur unter der Voraussetzung hin, eine reale Gegenleistung dafür zu erhalten: Prostitution oder wenigstens einen gesicherten Lebensunterhalt (gesicherte Unterhaltszahlungen nach der Scheidung), frei nach dem Motto: Tausche »Illusion von Hingabe« gegen die »Befriedigung eines realen Versorgungsanspruches«.

Eltern

Die Zuneigung zu Kindern bewegt sich unter Saturn/Venus in den Kanälen, die eigene Verantwortung zu mögen, die man sich durch Kinder aufgebürdet hat. Denn um der eigenen Verantwortung gerecht zu werden, spannt man einen ganzen Katalog von Eigenwerten um die Kinder auf. Dadurch wird das eigene Manko in die Vorstellung gehoben, und man kann als Elternteil endlich das nachholen, was man als Kind nicht selber entwickeln durfte: die Bestimmung eigener (fremdbestimmter) Werte.

♄ ♀
Krankheitsdispositionen

Diabetes

So wie Saturn die Schwingungen der fröhlichen Venus mit seinem düsteren Weltbild nicht zusammenbringen kann, so kann der Diabetiker den mit der Nahrung aufgenommenen Zucker nicht integrieren. Wenn wir im Symbol des Zuckers den harmonischen Wunsch nach Übereinstimmung suchen, wie es die Venus symbolisiert, dann können wir in Saturn den Verhinderer finden, welcher die Gefühle nicht annehmen kann und sie sozusagen als »Zucker« durch den Urin vorzeitig wieder ausscheidet.

So wie der Diabetiker sich nach Süßem sehnt, den Zucker aber nicht assimilieren kann, so sehnt sich der Mensch unter Saturn/Venus nach Liebe, die er aber nicht annehmen kann, weil seine innere Veranlagung ihm nicht erlaubt, sich hinzugeben. Daher muß er sie unangenommen wieder ausscheiden.

Nierensteine

Nierensteine sind die Kristallisierung diverser im Harn abgelagerter Calcium-Verbindungen, und da die Nieren der Venus unterstehen, die Kristallisierung (Steinbildung) aber Saturn, ist es gut nachvollziehbar, daß ein kritischer Aspekt zwischen diesen Planeten die Bildung von Nierensteinen fördert.

Der Nierenstein, der sich gar nicht hätte bilden können, wären die alten Bilder (Saturn) besser an die veränderten Bedingungen der Umwelt (Venus) angepaßt worden, übernimmt in seiner körperlichen Ausformung die Funktion der seelischen Hemmung. Er wird also zum Symbol eines verhärteten Kommunikationsverhaltens, in welchem sich genau dasjenige verhindert, was diese Konstellation nicht loswerden kann: den freien Austausch fließender Gefühle.

Weitere Symptome
- Nieren- und Blasenbeschwerden (Nierenentzündungen, Schrumpf-
  niere)
- Drüsenschwellungen, Drüsenverhärtungen
- Menstruationsverzögerungen (siehe auch Uranus/Mond)

HOMÖOPATHISCHE MITTEL

Metallische Verbindungen	Cuprum arsenicosum (Kupferarsenit)	- Nierenbeschwerden - Diabetes
	Kalium chloricum (Kaliumchlorat)	- nur bei chronischen, schweren Nieren-entzündungen - Nierenschrumpfung
Pflanzen	Juniperus (Wacholder)	- Kommunikationsver-sagen (Einschließung nach innen) - Nierenschwäche
	Saxifraga (Steinbrech)	- Gefühlsblockaden - Nierensteine
	Vanilla planifolia (Vanille)	- Blutzucker (Liebes-entzug) - Menstruationsverzöge-rungen - Drüsenschwellungen, Drüsenverhär-tungen
	Zingiber officinale (Ingwer)	- Nierenstörungen mit Ausfallerscheinungen - Blasenbeschwerden - totale Schwäche
Therapie	- Hautberührung - Körpermassage - Liebe machen	

♄ ♀
Transite

Allgemein

Nur selten zeigt eine Verbindung von Saturn zu Venus eine harmonische Wirkung. Dafür müßte Saturn im Radix schon optimal mit der Venus verbunden sein, um transitierend eine positive Vertiefung der Gefühle zu bewirken.

Meistens schwimmen in seinem Fahrwasser Hemmungen, Ängste und ein Mangel an Gelöstheit in seelischen Verbindungen zu geliebten Menschen mit. Oder, da die engeren Beziehungen unter diesem Stern auch gerne das Signum von Zweckbindungen unter wirtschaftlichen Aspekten tragen, gibt sich die Liebe oft auch zukunftsängstlich, sorgenvoll und materiell.

Beispiele ♀ 2

Beim Saturnübergang über die Geburtsvenus (ohne Aspekt zu Saturn im Radix) heiratete eine Sekretärin ihren um dreißig Jahre älteren Chef unter der Bedingung, erstens keine Kinder kriegen zu müssen und zweitens in ihren gehobenen materiellen Ansprüchen (Zweitwohnung, Segeljacht) sichergestellt zu werden.

Diese Verbindung scheint seit vielen Jahren gut zu funktionieren, so daß hier die Feststellung erlaubt sei, daß das Zusammenspiel von Saturn/Venus um so besser klappt, je mehr die gemeinsame Perspektive auf materielle Sicherheiten, statt auf Liebe ausgerichtet ist.

♂ 4

Während der Auslösung von Saturn/Venus in Haus 4 (Saturn opponiert in Haus 10) kam es in der Ehe eines Geschäftsmannes nach zwölfjähriger Dauer zum Bruch. Da die Frau hohe Ansprüche gewöhnt war, machte sie dementsprechend hohe Unterhaltszahlungen geltend, die zu erfüllen ihn nach seinen eigenen Aussagen in den Konkurs trieben, so daß es in der Festsetzung der Beiträge zu langwierigen gerichtlichen Auseinandersetzungen kam, die in der Folge immer noch nicht abgeschlossen sind.

□ 3/6

Unter der Einwirkung des laufenden Saturns (Haus 12) zum Saturn/Venus-Quadrat im Radix wurde eine Prostituierte von ihrem Zuhälter spitalreif geschlagen, weil sie auf sein Verlangen nach mehr Umsatz mit einem Trennungsvorschlag reagierte. Fünf Tage später (Transit Sonne in Opposition zu Saturn) erstattete sie Anzeige genau zu der Zeit, in welcher der Mond zusätzlich über ihre Venus lief.

Zusammenfassung

Alles, was Liebe, Geborgenheit und Wärme betrifft, wird unter Saturn/Venus tiefgekühlt und eingefroren. Die Konstellation zeigt sich selbst in harmonischen Verbindungen von einer spröden und abweisenden Seite, in disharmonischen erstarrt sie aber zu einem klirrenden Panzer, welcher die Seele von ihren eigenen Gefühlen trennt und sie das Manko mit materiellen Werten kompensieren läßt, die sie immer mehr ihren inneren Werten entfremden.

ħ ♀

ARCHETYPEN & SYMBOLE

Thema	Abgrenzung gegen andere
Ziel	Abweisung nach außen
Verhalten	abweisend, kühl
Berufung	Managerin, Mätresse, Modell
Symbol	Herz aus Glas
Mythos	Psyche und Eros
Sabbat	Mariä Opferung (21. November)
Göttin	Artemis
Archetyp	Athena Parthenos (Justitia)
Zeichen	Eisblumen am Fenster
Kultstätten	Palladio-Villa (Villa Rotonda) bei Vicenza; Panthéon in Paris
Duft	Zibet
Strauch	Wacholder
Tier	Bergdohle, Krähe
Landschaft	Spätherbst- und Winterlandschaft
Ort	Kunstausstellung, Vernissage

Edelstein	blauer Saphir
Farbe	blaugrau
Form	konturiert
Baustil	Klassizismus, Palladianismus (Wohnungseinrichtung: Art Deco)
Tanz	Eisballett
Ritual	Ablehnung einer »Aufforderung zum Tanz«
Instrument	Cello
Musik	Schubert-Lieder (»Winterreise« oder der Rellstab- und Heine-Zyklus in »Schwanengesang«)
Malerei	»Mona Lisa« von Leonardo da Vinci; »Geburt der Venus« von Sandro Botticelli
Literatur	»Effi Briest« von Theodor Fontane; »Madame Bovary« von Gustave Flaubert
Zitat	»Die schwarzen Krähen auf dem weißen Feld: Der Anblick macht mein Herz erregt. Es stäubt der Schnee. In Wirbeln kreist die Welt. Sie sitzen auf den Bäumen unbewegt.« (Georg Britting)

♄ ♂
Saturn – Mars

Wirkungsstufe I   a) Konjunktion
                  b) Quadrat
                  c) Opposition

          II   a) Saturn in Haus 1
                  b) Mars in Haus 10
                  c) Aszendent Steinbock
                  d) Mars in Steinbock
                  e) Geburtsherrscher in Haus 10
                  f) Quincunx

        III   a) Geburtsherrscher im Steinbock
                  b) Hausspitze 10 in Widder
                  c) Herrscher von Haus 10 in Haus 1
                  d) Trigon

        IV   a) Saturn in Widder
                  b) Herrscher von Haus 10 in Widder
                  c) Sextil

Wir Menschen sind vergänglicher Staub im Universum, von einem persönlichen Willen auf vergängliche Ziele geprägt. Diese Ziele müssen wir aber nicht erreichen, weil wir sie nicht erreichen können: denn sie erreichen uns! Wir haben im Gegenteil gar keine Chance, die Ziele zu verfehlen, wenn sie in uns selber liegen, wie wir auch keine Chance haben, sie zu erreichen, wenn sie nicht in uns selber sind.

Bis wir aber bereit sind, diese Lektion von Saturn-Mars nicht nur zu erfahren, sondern auch innerlich zu verstehen, so lange werden Menschen unter dieser Konstellation an der Pattsituation zwischen Aggression (Mars) und Hemmung (Saturn) schwer zu tragen haben. Umgekehrt kann nur aus Konfliktsituationen heraus an die Mechanismen, die hinter den Dingen liegen, herangegangen werden, weil nur aus dem Leiden die Kraft erwächst, Dinge zu verändern.

Mit Saturn-Mars verbindet sich meist eine Kindheit, die den Horoskopeigner schon früh an die Polarität des Lebens band, ihn auf die Notwendigkeit gesellschaftlicher Konkurrenz festlegte und an die Wertbegriffe von Gut und Böse band. Mochten es Anfeindungen von außen sein, die gegen die eigene Sippe gerichtet waren, oder war es ein ausgesprochenes Konkurrenzverhalten unter den Geschwistern um die Gunst der Eltern: Wichtig ist allein die Tatsache, daß sich der Betreffende nur in jener Saturn/Mars-Rolle der Umwelt zeigte, in der er auch herausgefordert werden konnte. Weil das natürlich unbewußt geschah, mußte er sich von den Reaktionen seiner Umwelt herausgefordert fühlen. Denn äußerer Widerstand wurde zur Voraussetzung für Leistung. Saturn und Mars schaukelten sich gegenseitig hoch. Man fuhr mit angezogener Bremse Vollgas.

Da Mars für die körperliche Durchsetzung und die Sexualität des Mannes steht, so wie Venus für die Sexualität der Frau (Mutterschaft: Mond), Saturn aber für die Hemmung und Verkrampfung, so läßt sich aus dieser Verbindung (als Kompensation der blockierten Männlichkeit) ein sado-masochistisches Verhalten erwarten. Dieser Aspekt gibt dem Mann als Reaktion seiner Umwelt zu verstehen, daß er nicht vollwertig ist. Exakter: Der Mann ist nur bereit, als Reaktion auf sein Verhalten aus der Umwelt zu entnehmen, daß er seine fehlende Männlichkeit zu kompensieren habe, weil er erst durch den Widerstand zu seiner wahren Leistung findet.

Gleichwohl ist es natürlich nicht die Absicht von Mars-Saturn, den Mann über den Weg der Überkompensation in seiner Männlichkeit zu bestätigen. Dieses Manöver ist im Gegenteil ein raffinierter Umweg zu dem wirklichen Ziel, ihn sein Scheitern gerade im Gelingen seines Verhaltens erfahren zu lassen. Denn alle Arten von Kraftmeiereien, die zur Krönung ihrer Verdrängung die Unterwerfung des Gegners verlangen, lassen plötzlich Frustration aufkommen, wenn der Betreffende spürt, daß die Aufwendungen in gar keinem Verhältnis zum Ertrag (Lustgewinn) stehen. Wenn er spürt, daß er vor lauter Anstrengungen das eigentliche Ziel aus den Augen verloren hat.

Die saturnische Komponente möchte den marsischen Teil zu der Einsicht bringen, daß das eigentliche Kampffeld nicht das Anrennen gegen äußere Widerstände ist, sondern das Erreichen einer inneren Stärke, um die Dinge ganz bewußt geschehen zu lassen!

♄ ♂
Psychologische Struktur

Ursache
Da die Eltern (insbesondere der Vater) es nicht zulassen wollten, daß ihr Kind seinen Willen durchsetzte, haben sie es – vielleicht auch, weil es sehr wild war und immer ein bißchen über die Stränge schlug – schon sehr früh in seinen Aggressionen blockiert.

Wirkung
So haben wir beim Erwachsenen die in die Kindheit zurückreichende Verhaltensstörung vorliegen, Aggressionen schnell loszuwerden, bevor man durch die Umwelt daran gehindert werden kann, indem man gegen alle möglichen Einschränkungen schon von vorneherein rebelliert.

Hemmung
Umgekehrt kann dieser Aspekt im Leben auch zur Unterwerfung gegenüber Autoritätspersonen führen. Unbewußt sucht man in diesen nämlich seine Eltern, um sich in der eigenen Durchsetzung von ihnen behindern zu lassen. Damit hat man einerseits die Sicherheit, sein kindliches Rollenverhalten fortsetzen zu können, andererseits hat man gleichzeitig die Sündenböcke, denen man die Schuld zuschieben kann, um seine eigenen Aggressionen nicht ausleben zu müssen.

Kompensation
Möglicherweise wird aber der Ehrgeiz gerade noch mehr angestachelt, sich um jeden Preis durchsetzen und alle übertreffen zu müssen, um sich mit seinen paranoiden Gipfelstürmen einer allgemeinen Anerkennung zu versichern.

Krise
Unter Saturn/Mars liegt man dauernd mit sich selbst im Streit, weil sich hier die eigene Willenskraft (Durchsetzung um jeden Preis) und die Angst (Wissen um das eigene Unvermögen) aneinander aufreiben. In der Krise kann sich das Bedürfnis auslösen, diese Blockade durch die Eltern nochmals in die Umwelt hochzuheben, aber diesmal den Elternrollen-Spieler anzugreifen und zu besiegen: In Extremfällen bis zu Mord und Totschlag!

Lösung

Die Lösung liegt hier in der Erkenntnis, daß nur derjenige zum Opfer werden kann, der die verhinderte Aggression gegen sich selbst auslebt. Es geht um das behutsame Aufarbeiten des innerpsychischen Spannungsfeldes zwischen Täter und Opfer, indem man sich in beiden Rollen selbst erkennt und dann vorsichtig nicht nur das »innere Gaspedal« losläßt, sondern auch den »Fuß von der Bremse« nimmt, damit die Psyche weder blockiert ist, noch überdreht.

♄ ♂
Karmisches Modell

Vorgeburt

Mars mit disharmonischem Gesicht zu Saturn weist auf Brutalitäten in vergangenem Karma hin, das zur Bewußtwerdung (zur Konfrontation mit den Auswirkungen seines eigenen Scheiterns) nochmals in die Welt hinausdarf.

Einige mit dieser Stellung geraten in so extreme Abenteuer, daß sie durch Hinterfragung und Aufarbeitung dieser Erlebnisse ihre Spannungsknoten lösen und sich damit einem positiveren Lebensgefühl öffnen können. Ihre Aufgabe in diesem Leben, sich in ihrer Personalität weniger wichtig zu nehmen, ist dann erreicht, wenn es ihnen gelingt, Abstand zu sich selbst zu gewinnen – Abstand zu ihrem eigenen Durchsetzungswillen, der gleichzeitig gefördert und verhindert werden sollte. Gefördert, wo er sich mit den Interessen anderer zu gemeinsamen Zielen verbindet, und verhindert, wo sich nur das eigene Ego zur Demonstration seines Willens in den Mittelpunkt der Welt bringt.

Kind

Kinder unter diesem Gestirn sehen sich in einen Familienverband hineingetragen, in dem sie sich gegen Umwelt, Eltern und Geschwister schon bald zu verteidigen haben. Das Konkurrenzverhalten innerhalb der Familie wird prägend, und in der kindlichen Psyche verankert sich die Hierarchie des Stärkeren entsprechend früh. Körperliche Mißhandlungen im Kindesalter sind unter diesem Gestirn keineswegs die Ausnahme. Oft verhalten sich der Vater oder die älteren Geschwister brutal und schüren in ihrer bedingungslosen Durchsetzung im Unterlegenen jenen Haß auf Autoritäten, der im späteren Leben, besonders bei Knaben, die Richtung ihrer freigesetzten Frustration bestimmen kann.

Mann

Aus dieser Perspektive wird für den Saturn/Mars-Mann die im späteren Leben ausgeübte Aggressivität verständlich. Sie wird als jene Überkompensation einsichtig, welche den Erwachsenen in seinem Mannesverständnis aus der eigenen Kindrolle herauskatapultiert, damit er dem Rollenverständnis seiner Unterdrücker nacheifern und seine karmische Aggression in die planetarische Realität übertragen kann.

Unter dem Gesichtswinkel karmischen Potentials stehen keinerlei moralische Postulate zur Debatte, weil diese Konstellation ja gerade die Überwindung der Blockade bedeutet, was gar nicht anders als in der Übertreibung enden kann. Der Mann könnte seine Durchsetzung anderen gar nicht aufzwingen, wäre er in der Entfaltung seines Willen als Kind nicht stark behindert worden. Und das wirft hier wieder einmal die Frage auf, inwieweit wir nicht mit unseren moralischen Vorstellungen an den Bedingungen solcher Anlagen vorbeioperieren. Der Schlüssel zum Verständnis solcher Konstellationen liegt immer in der Kindheit. Das Tor aber, welches uns die Zusammenhänge aufschließt, unter welchen Voraussetzungen eine solche Kindheit zur Bedingung wird, liegt an der Schwelle zum Unfaßbaren.

Frau

Da Mars eher für die individuelle und sexuelle Verwirklichung des Mannes steht, wird die Frau die Verkörperung dieses Gestirns in den meisten Fällen auf den Mann projizieren. Das heißt, der Mann ihrer Wahl »kommt in die Gnade«, die Eigenschaften dieses Aspektes für sie stellvertretend in die Welt zu übertragen.

Sie wird sich dem in seinem Selbstvertrauen gehandicapten und daher entweder blockierten oder überkompensierenden Mann je nach Art des Vaters hingeben, der sich entweder total beherrschen ließ oder sich mit ungewöhnlicher Härte durchsetzte. Dabei kann das Bett zum Schlachtfeld dieser innerlichen Spannungen werden, wobei die Siegestrophäe demjenigen winkt, der seinen Gegner in einem sinnlosen Akt zu unterwerfen imstande ist, aber nicht um der physischen Sinnlichkeit wegen, sondern aus dem tiefsitzenden, frustrierenden Gefühl heraus, ohne die totale Unterwerfung vom anderen nicht angenommen zu werden.

Eltern

Hier fehlt es den Erziehenden an der Gabe, sich auf ihre Kinder einstellen zu können und diese als eigenständige Persönlichkeiten zu ertragen. Es kommt zur Vergewaltigung der Psyche, und oft nährt der

Vater mit der brutalen Unterwerfung unter seinen Willen die Aggressionen, die sein eigenes Dilemma aufzeigen und die über die Kinder weiter in die Welt hinausgetragen werden, bis diese Aggressionen durch einen Gewaltakt möglicherweise irgendwann ihre tragische Lösung finden.

♄ ♂
Krankheitsdispositionen

Rheumatische Symptome
Unter diesem Gestirn scheinen alle Aktionen blockiert zu sein, und wenn wir wissen, daß die Knochen und Gelenke zu Saturn gehören, die Aktionen aber zu Mars, scheint es folgerichtig, daß die Aktionen und Aggressionen in den Gelenken zum Stillstand kommen und damit finden wir Symptome wie Arthritis, Gicht und Arthrose.

Versteift das Gelenk, sind wir der Aktionen, die mit den Gelenken verbunden sind, enthoben, wobei Arthritis die Entzündung symbolisiert, die der blockierten Aggressivität des Mars entspricht (die sich in den Gelenken »durchsetzt«), Arthrose hingegen für die Abnützungserscheinungen steht, die der chronischen Verhinderung nahekommen, welche durch den saturnalen Abwehrmechanismus für den Menschen unerreichbar im Irreparablen fixiert wird.

Gallensteine
Da Mars auch die Galle symbolisiert, welche durch Saturn im freien Fluß gehindert wird (in Steine umgewandelt wird, welche den Abwehrmechanismus repräsentieren), steht dieses Symptom für das psychische Syndrom, die Aggressionen im Alltag nicht loswerden zu können. Dies kann für Familien- oder Berufszwänge stehen, aus denen man sich nicht auszubrechen traut und man infolgedessen die Frustration nach innen überträgt, wo sie sich in der Verwandlung in Gallensteine auf eigene Art auslebt.

Magengeschwür (Übersäuerung)
Ganz ähnlich wird beim Magengeschwür die im Alltag nicht ausgelebte Energie nach innen übertragen. Folglich werden die Aggressionen, die man, bildlich gesprochen, nicht herauszulassen wagt, wenn einem die Umwelt auf die Füße tritt, verschluckt, wo sie dann stellvertretend die eigenen Magenwände angreifen.

Weitere Symptome
- Fieber und Entzündungen
- Knochenhautentzündungen
- Muskelverkrampfungen
- Ausschläge, Ekzeme
- Kopfschmerzen
- Rheumatismus mit Herzschädigung
- Knochenbrüche (Unfälle siehe Saturn/Uranus)
- Überreaktionen, Allergien, Unterfunktion der Nebenschilddrüsen (siehe alle Uranus/Mars)
- Gewalt (siehe Pluto/Mars)

HOMÖOPATHISCHE MITTEL

Kristall	Lithium carbonicum (Lithiumkarbonat)	– Rheumatische Schmerzen, die bis ins Herz ausstrahlen – Stiche in der Herzgegend – Flechten, Ausschläge – Kopfweh
Nosode	Tuberculinum (Tuberkulöser Abszeß)	– Gefühl »zum aus der Haut fahren«: heraus aus der Blockade (wenn Saturn blockiert!) – Gelenkrheumatismus – Melancholie, Depression – Schwere Kopfschmerzen
Pflanzen	Berberis vulgaris (Sauerdorn)	– Gallensteine
	Formica rufa (Ameise)	– rheumatische Symptome (Arthritis, Gicht, Arthrose) – Muskelverkrampfungen – Ekzeme

Nux vomica (Brechnuß)	– gesteigerte Motorik (wenn Mars überdreht!)
	– nervliche Anspannung und Überreizung
	– Hypomanie
	– Magengeschwür
Rhus toxicodendron (Giftefeu)	– Gelenkrheuma
	– Herzbeschwerden (nach Überanstrenung)
Sinapis nigra (Schwarzer Senf)	– Magenübersäuerung
Urtica urens (Brennessel)	– Fieber und Entzündungen
	– Ausschläge (Rheuma abwechselnd mit Nesselfieber)

Therapie		
	– Sport, Wettkämpfe	Aktion loswerden
	– Karate, Kampfsportarten	Kontrollierte Aggression
	– Schreien (Kampf- oder Schlachtschreie)	Löst psychische Blokkaden

♄ ♂
Transite

Allgemein

Saturn/Mars-Verbindungen im Radix haben immer eine bedrohliche Bedeutung, welche durch die auslösenden Transite in akuter Weise sichtbar gemacht werden kann. Beide Planetenprinzipien sind dem Harmoniestreben des Menschen nicht gerade förderlich und verbinden sich zu einem Spannungsbogen.

Das Gewalttätige, Explosionsartige in der Disposition dieses Aspektes ist offenkundig und wird zu Affekthandlungen, Unfällen oder akuten Krankheitsausbrüchen führen, wenn diese inneren Spannungen nicht durch Einsichten und entsprechende Reife aufgefangen werden können.

Beispiele □ 4/7

Während des Uranus-Transits über den Aszendenten (in auslösender Spannung zu Saturn/Mars) verletzte ein Jugendlicher einen Kollegen bei einem Betriebsfest schwer, da er sich von diesem in seiner männlichen Rolle bloßgestellt sah.

Beim Verfahren stellte sich heraus, daß der Täter bisexuell veranlagt war, was er aber aus Angst vor dem Vater vor der Umwelt verborgen hielt. Er habe seinen Vater treffen wollen, gab er bei der psychiatrischen Untersuchung zur Einvernahme, der ihn nie hätte akzeptieren können und ihn nach Gesichtspunkten erzogen hätte, die seinem innersten Wesen zuwiderliefen. Bei der Tat hatte er seinen Vater vor sich gesehen und sich von diesem ertappt gefühlt, als der Kollege ihn nach väterlicher Art angriff und ihn vor der versammelten Belegschaft lächerlich machte.

♂ 2/8

Eine Angestellte, die mit ihrem Chef ein Verhältnis hatte, wurde während des rückläufigen Mars mit Unterstützung von Venus und Sonne (alle in Konjunktion in Haus 8) von der eifersüchtigen Gattin auf der Straße tätlich angegriffen und dabei leicht verletzt.

Zusammenfassung

Unter diesem Zeichen ist große Selbstbeherrschung nötig, gerade weil der Geborene im Herzen Angst vor seiner Selbstbehauptung hat, durch die Spannungsanlage aber gezwungen ist, diesen Mangel durch Übertreibung wieder auszugleichen.

Hitlers Saturn-Quadrat am MC im Löwen zu Mars im 7. Haus im Stier dient gut zur Illustrierung dieser Kräfte, wenn zur Auslösung solcher Schrecknisse aber auch noch der äquivalente Zeitgeist hinzukommen muß!

♄ ♂

ARCHETYPEN & SYMBOLE

Thema	Macht dem Stärkeren
Ziel	Herausforderung/Sieg
Sinn	Kampf dem »Bösen«
Verhalten	blockiert oder unbeherrscht

Berufung	Opfer oder Täter
Symbol	Schwert
Mythos	Gordischer Knoten
Zeit	erste Saat
Götter	Thor (Donar), Samiel
Dämonen	Spuk- und Poltergeister
Archetyp	Kain
Zeichen	Stein, Fels (Gewalt)
Kultstätten	Gordion (alte phryg. Hptst.; Türkei); Memnonskolosse in Theben
Duft	Tabak, Knoblauch, Eisenbaum
Pflanzen	Brennessel, Zwiebel, schwarzer Senf
Sträucher	Dornsträucher
Tiere	Ameisen, Wespen, Stechmücken
Landschaft	dürre Steppe
Ort	Felsgräber
Edelstein	Hämatit (Blutstein)
Farbe	rotbraun
Form	kantig, grob
Bauform	Blocksbau
Tanz	Kriegs- und Initiationstänze (Bandenkriege, Schlägereien)
Ritual	Beschneidung (Wegschneiden der Vorhaut)
Instrumente	Trommeln, Pauken und Trompeten
Musik	»Ouvertüre 1812« von Peter Tschaikowsky
Malerei	»Krähen über dem Weizenfeld« oder »Der Sämann« von Vincent van Gogh (auch expressive Bilder wie Beckmanns »Nacht« oder Corinths »Roter Christus«)
Roman	»Via Mala« von John Knittel

Novelle	»Nicht der Mörder, der Ermordete ist schuldig« von Franz Werfel
Zitat	»Wenn einer nicht den Mut hat, seine Mutter zu ficken, sollte er wenigstens seinen Vater erschlagen!«

(Heinz Sobota in »Der Minus-Mann«)

♄ ♃
Saturn –Jupiter

Wirkungsstufe I   a) Konjunktion
                 b) Quadrat
                 c) Opposition

       II   a) Saturn in Haus 9
             b) Jupiter in Haus 10
             c) Quincunx

       III   a) Hausspitze 9 in Steinbock
             b) Hausspitze 10 in Schütze
             c) Jupiter in Steinbock
             d) Herrscher von Haus 9 in Haus 10
             e) Herrscher von Haus 10 in Haus 9
             f) Trigon

       IV   a) Saturn in Schütze
             b) Herrscher von Haus 9 in Steinbock
             c) Herrscher von Haus 10 in Schütze
             d) Sextil

Aus der Perspektive Jupiters ist das Sichtbare eines jeden Dinges nur die in Zeit und Raum gehobene Reflexion seiner inneren Spannung und damit nur ein Symbolträger oder Archetyp jener kosmischen Urerfahrung, die hinter dem eigentlichen Sichtbaren liegt. Für Saturn hingegen existiert kein Ding aus sich heraus und nur für sich unabhängig vom Betrachtenden, denn es existiert nur in Beziehung zu anderen Dingen, und in jeder Beziehung existiert es anders – je nach den Wertmaßstäben und in der Perspektive des Betrachtenden.

    Wir sehen also, auf einer höheren geistigen Ebene drücken die Prinzipien dieser beiden Planeten fast dasselbe aus, unterschieden nur durch die mehr intuitive Einfärbung Jupiters, die tief innerlich immer einen Gott oder wenigstens einen Sinn voraussetzt, der unserem Leben

Bedeutung zuerkennt, und die mehr analytische Seite Saturns, die allem mißtraut, was sie nicht versteht, und welche vom spirituellen Kuchen nur das analytisch Erfaßbare annimmt.

Eine Berührung dieser beiden durch die Planeten symbolisierten Werte mag als höchste Bedeutung beinhalten, Gott und Teufel als die verschiedenen Seiten der gleichen Münze zu erfahren: Das »Ewige« und das »Ewige im Bild des Ewigen« gleichermaßen zu erfahren. Denn dieser Gott, den wir erschaffen, kann nach Saturn nur ein Bild sein, weil wir nur erfahren können, was in uns selber angelegt ist. Dieses Erfahren ohne Hinterfragen aber ist gerade die Funktion Jupiters, unserem Leben über die Befriedigung biologischer Bedürfnisse hinaus einen Sinn zu geben. Beiden zusammen wäre hier die Möglichkeit gegeben, sich der Hintergründe dieser Vorstellungen zu bemächtigen, die uns Wahrheit vermitteln sollten, uns aber in Wahrheit nur Macht vermitteln, weil sie uns im Göttlichen nur die eigenen Assoziationen erschließen, die wir vordem zwischen ihren Bilderrahmen hineinprojiziert haben.

Diese in den Besitz unserer Vorstellung gebrachte Ewigkeit ließe sich für beide Teile befriedigend aufschlüsseln, weil beide Teile Ideale haben. Nur muß das durch Saturn verkörperte Prinzip zusätzlich den Schlüssel habe, mit welchem sich die von Jupiter imaginierte Tür auch aufschließen läßt. Dieser Schlüssel aber ist die Wahrnehmung, daß jede Erkenntnis bezüglich der Perspektive des Erkennenden gleichzeitig immer falsch und richtig ist. Richtig hinsichtlich der Perspektive des Erkennenden, und falsch hinsichtlich des Beziehungsrahmens, der außerhalb der Erfahrungen des Erkennenden ist.

Im normalen Alltag liegen die Dinge jedoch etwas anders. Die Möglichkeiten, die beiden Qualitäten »gut und böse« zu verschmelzen, bleiben zwar unangetastet, nur ist ihre Integration unter einem Gesichtswinkel, der beide Teile gleich gut und wichtig sieht, in unserer materiellen Gesellschaft kaum zu verwirklichen, weil deren eingeimpfte Ziele einseitig auf Erfolg, Wachstum und Leistung ausgerichtet sind. Das macht einen Jupiter/Saturn-Typen schon in seiner Kindheit skeptisch. In seiner Ausrichtung auf die Welt mißtraut er deren Werten, die er intuitiv zu durchschauen spürt, und stellt sich gegenüber deren Ansprüchen taub.

Unter dem einsetzenden Druck der elterlichen und lehrermäßigen Gewalt kann das kindliche Ich seine intuitiv erkannte Mitte aber nicht mehr verteidigen und muß sich meist einem der beiden Pole des in ihm liegenden Aspekts verpflichten. Ist es Jupiter, dann opfert er in Saturn die kritische Analyse und die reale Einschätzung zur Erreichung seiner

Ziele und handelt sich von Jupiter dafür eine spontane Lebensfreude und Visionen seiner inneren Träume ein. Ist es aber Saturn, dann tauscht er sich für die Erreichung seiner äußeren Ziele das Gefühl einer inneren Sinnlosigkeit ein.

Beides ist aber für sich allein genommen an diesen hier implizierten Möglichkeiten zu leichtgewichtig. Denn in der Welt da draußen gibt es nichts, was sich nicht rührt, nichts, was sich nicht ändert oder wandelt. Jedes Ding tritt in Erscheinung, entwickelt sich und verschwindet wieder aus dem Dasein (Jupiter). Von einer anderen Perspektive aus betrachtet, tritt aber weder etwas in Erscheinung noch verschwindet etwas aus dem Dasein. Es ist alles schon immer da, unabänderlich, ewig (Saturn).

♄ ♃
Psychologische Struktur

Ursache

Voraussetzung für die Ausprägung dürfte die mangelnde Entwicklung einer intuitiven, spontanen Mitte in der Kindheit gewesen sein. Das unbelastete, naive und fröhliche Verhalten des Kindes wurde durch die Realitätsansprüche der Erwachsenen schwer belastet. Das Kind wurde aus seiner Identität herausgerissen und sozusagen in die Polarität gedrängt, seine innere Mitte aufzuteilen in das, was für die Phantasie schöpferisch und befruchtend war und das, was im Alltag nutzbringend angewendet werden konnte, die schöpferische Phantasie aber nicht ausfüllte.

Wirkung

Dadurch fühlt sich der Mensch immer ein bißchen zwischen innerer Wahrheit und materiellem Streben hin- und hergerissen und trägt jetzt jenen Teil, den er nicht verwirklicht, als feindliches Bild in sich, in welchem sich die Umwelt spiegelt.

Hemmung

Wird er dabei in seinem Jupiterbild gehemmt, so sind der innere Glaube, die schöpferische Phantasie und die intuitive Wahrnehmung verdrängt. Der Geborene setzt statt dessen auf die Tugend saturnaler Realitätsfindung, welche die Sicherung der Lebensbedingungen gewährleistet, gleichzeitig aber das Streben nach höheren Dingen den Zielen eines regelmäßigen Einkommens opfert.

Kompensation

Das entgegengesetzte Manöver bringt den Menschen in die umgekehrte Lage, den gesellschaftlichen Anpassungszwängen Lebewohl zu sagen und der Jupiter-Vision entgegenzufliegen, die ihm sagt, daß alle realen Ansprüche aufzugeben sind, um das hinter der Realität liegende göttliche Licht anzuziehen.

Krise

Die Krise stellt sich für den Betreffenden entweder als Verlust aller Lebensfreude (Jupiterhemmung) dar oder als Einbuße jeglichen Realitätsverständnisses (Saturnhemmung).

Lösung

Lösung kann nur aus der Einsicht kommen, die beiden entgegengesetzten Prinzipien wieder zu vereinen. Der Mensch muß also versuchen, sowohl seine Träume zu realisieren, als auch seine Realität zu erträumen.

Das heißt, daß er seine Träume durchaus in die Realität einpassen kann, wenn er nur lernt, seinen Alltag zu erfassen und demnach zu erfahren, wo er seine Träume verwirklichen kann und wo nicht. Auf jeden Fall muß die Zukunft in den Träumen realistisch vorhanden sein, damit dieses Hin- und Hergerissensein zwischen Illusion und Wahrheit in jenen höheren Zustand überführt werden kann, wo beide zum sich ergänzenden Teil im anderen werden: Der Weg ist das Ziel in sich selber!

♄ ♃
Karmisches Modell

Karma

Es gilt, die Erkenntnis, die man in so vielen Leben zu suchen nie müde geworden ist, endlich als Illusion zu begreifen. Dieses geistige Nomadentum, ständig durch größere Gebiete des Bewußtseins zu reisen und sich stets größere Brocken an Erkenntnis einzuverleiben, bis man sich geistig überfressen hat, wird durch Saturn unterbunden.

Damit ist dem Menschen die Chance gegeben, den Weg zum Wissen, den er stets gesucht und nie gefunden hat, als Pfad zu erkennen, der nur zur eigenen Vorstellung des Wissens führt; denn die Wege zur eigenen Mitte führen im Grunde auch nur wieder über unsere kollektiven Sehnsüchte nach den Göttern, die wir Menschen mit unserem Kommentar versehen und je nach Glaubensrichtung als persönliches Credo ausleben.

Kind
In der Unentschiedenheit der inneren Gefühle benutzt das Kind schon früh die Umwelt, ihm die Entscheidung abzunehmen, weil es unter diesem Gestirn vom Gewissen sehr geplagt ist, ob es richtig handelt oder nicht.

Mann/Frau
Später ziehen die Geborenen dann meistens Ereignisse in ihr Leben, in denen sie ihren frühkindlichen, durch die Eltern geprägten Entscheidungen nochmals zu begegnen haben.

Haben sie sich gegen Jupiter entschieden, dann begegnen sie in der Umwelt häufig den schöpferischen, kulturellen Werten, von denen sie beständig angezogen werden, obwohl sie sie verdrängt und ihrem Realitätsbild geopfert haben. Haben sie sich aber gegen Saturn bekannt, so werden sie von ihrer Entscheidung dadurch wieder eingeholt, indem sie in ihrer jupiterhaften Toleranz plötzlich die anfangen zu kritisieren, welche diese Toleranz nicht leben und für eine strukturierte, durchrationalisierte Welt plädieren.

Eltern
Als Erziehende haben sie die Gabe, ihren Kindern das Beste nach großzügigen Maßstäben aufzuzwingen und sich somit als Förderer von eigenen Gnaden zu empfinden. Sie schöpfen die erzieherischen Möglichkeiten völlig aus und wünschen sich von ihren Kindern, daß sie ihnen dafür auch Dankbarkeit entgegenbringen. Aber gerade das weckt in den Kindern Aggression, weil sie unbewußt die Übergriffe spüren, sich bewußt aber nicht durchzusetzen vermögen, weil die Eltern das Recht immer auf ihrer Seite haben.

Die Eltern, die also stets im Recht sind, verzeihen zwar großmütig, geben ihren erzieherischen Bestimmungen aber noch mehr Gewicht, bis die Kinder ihr Unwissen einsehen und sich dem Gesichtswinkel der Eltern entweder bedingungslos anschließen oder aber das Schuldgefühl der Undankbarkeit zur Durchsetzung ihrer eigenen Interessen in Kauf nehmen.

♄ ♃
Krankheitsdispositionen

Leberschwäche

Jupiter steht für Ausweitung und Fülle, für Energie und Vielfalt, was durch die Leber gut verkörpert wird, welche das gewichtigste innere Organ mit vielfältigen Aufgaben ist. Saturn steht umgekehrt für Einschränkung und Reduzierung und repräsentiert neben vielem anderen auch die Angst, die Kontrolle durch Maßlosigkeit zu verlieren. Er schränkt also ein, um über das Beschränkte dann allerdings mit einer gewissen Sicherheit zu verfügen.

Durch Saturn wird Jupiter in seiner Energie und seiner Vielfalt unterbunden, was sich jetzt ohne weiteres auf die Leber übertragen läßt, denn die Leber reguliert den Eiweiß-, Fett- und Kohlehydratstoffwechsel und baut u. a. auch Energiedepots durch Glucosespeicherung auf. Hat der Geborene seinen Saturn jetzt nicht behutsam einbezogen, indem er ihn durch Verzicht auf Übermaß und Völle integriert, so kann der Betreffende unter schlechten Voraussetzungen (massiven Transiten) seine ganze Lebenslust verlieren.

Saturn begrenzt, korrigiert und kompensiert jeden Überschwang mit tiefer Lust- und Mutlosigkeit, was den überbordenden Jupiter-Menschen zwingt, sich durch Einschränkung und Reduzierung in der verlorenen Mitte wieder zu zentrieren. Er entzieht ihm die Freude an der bunten Vielfalt, die das menschliche Leben mit sich bringt und reduziert ihn auf ein Minimum, damit er die ewigen Gesetze in der somatischen Auswirkung spürt.

Hepatitis

Kommt noch eine Mars-Berührung hinzu, so kann es dazu kommen, daß der Geborene unter diesem aggressiven Zulauf in seinem Lebensanspruch völlig überdreht und seiner Leber mehr zumutet (Alkohol, Fett, Drogen, Sex), als von dieser verarbeitet werden kann.

Das führt zu Leberentzündungen, Sinnlosigkeitsgefühlen, Magen- und Darmbeschwerden und macht psychisch auf das Saturn/Jupiter/Mars-Syndrom aufmerksam: zu hohe Ziele, nicht zu verwirklichende Werte, Genußsucht und maßlose Übertreibungen.

Weitere Symptome

– Leberzirrhose (»Spirituelle Zirrhose« = Heimweh nach Gott: siehe unter Pluto/Jupiter)

- Entzündungen (kombiniert mit Mars):
  Bauchspeicheldrüse
  Lunge
  Hüftgelenk
  Hexenschuß
- Verdauungs- und Magenbeschwerden (siehe auch unter Saturn/
  Mond)
- Diabetes (siehe Saturn/Venus)

HOMÖOPATHISCHE MITTEL

Metallverbin-dung	Magnesium muricaticum (Magnesiumchlorid)	– chronische Leberstörungen – Verdauungs- und Magenbeschwerden
Pflanzen	Aesculus hippocastanum (Roßkastanie)	– Leberschwäche – venöse Stauungen – Stauungen im Pfortaderkreislauf
	Carduus marianus (Mariendistel)	– Depressionen und Lebensunlust durch Lebererkrankung
	Chelidonium majus (Schöllkraut)	– Degeneration, Fettleber, Zirrhose – Gallenkomplikationen
	Podophyllum peltatum (Entenfuß)	– Saturn/Jupiter/Mars-Komponente: Hepatitis, fettige Degeneration, Gallenkolik, Gelbsucht, allgemeine Entzündungen im Bauchraum
Therapie	– Tanzen – Lachen – Kegeln – Sackhüpfen	

♄ ♃
Transite

Allgemein

Es mag schwierig sein und manchmal auch recht hart erscheinen, den Sinn im Alltag zu begreifen, wenn der erdige Saturn die Höhenflüge Jupiters auf den Boden der Realität zurückbringt. Aber es ist ein notwendiger Schritt, die Visionen zu disziplinieren, wenn man sich einen realistischen Zugang zu den inneren Anlagen, wie sie diese beiden Planeten repräsentieren, eröffnen will.

Natürlich wird diese Berührung von der jupiterorientierten Seite der Geborenen als Einengung und Frustration empfunden, je nach Inhalt und Art der Lernerfahrung, die dem Individuum beibringt, daß man nicht alles bekommen kann, was man sich wünscht. Andererseits ist es gerade die Hemmung in den Expansionsgelüsten der Betreffenden, die ihnen zeigt, was jenseits ihrer Wachstumsvisionen unternommen werden muß.

Beispiele ♂ 9

Während des ersten Saturn-Kontaktes wurde die Dissertation eines Doktoranden von seinem Professor in Bausch und Bogen abgelehnt. Dieser forderte eine ganze Reihe von Neubetrachtungen und Ergänzungen, was für den Studenten nicht nur mit Frust und Enttäuschung, sondern auch mit erheblichem Aufwand und zeitlicher Mehrbelastung verbunden war.

Neun Monate später, während des letzten Saturn-Überganges, wurde die Doktorarbeit aber nicht nur freundlich angenommen, sondern sie löste bei den Fachgremien wohlwollende Anerkennung und für die präzise wissenschaftliche Sichtung des Stoffes (Naturwissenschaft) sogar kollegiale Hochachtung aus.

⚹ 5/7

Unter dieser Konstellation (Saturntransit über Jupiter im Sextil zu Saturn) gewann ein angehender Architekt zwar nicht den ersten Preis und damit den Auftrag, aber immerhin einen Förderungspreis in einem Wettbewerb und damit die Finanzierung eines Studienaufenthaltes in New York. Dieser Wettbewerb wurde von einer Bank ausgeschrieben und beinhaltete die architektonisch-künstlerische Behandlung und Gestaltung eines großen Platzes am Haupteingang mit Brunnen und Skulptur.

Zusammenfassung

Saturn bündelt die Schwingungen Jupiters und bringt ihn unserem Verständnis näher, weil durch seine strukturierende, bezugsetzende Art das überschäumende Wachstum und der spontane Größenwahn Jupiters in einen realitätsnäheren Rahmen gesetzt werden.

ħ 4

ARCHETYPEN & SYMBOLE

Thema	Weltanschauung (Realitätsbewußtsein)
Ziel	Universalbewußtsein
Sinn	Selbsterkenntnis, Selbstentwicklung
Berufung	Schriftgelehrter, Patriarch
Symbol	Szepter, Reliquie, Pentagramm
Mythen	Geburt in Bethlehem; Abrahams Opferung des Isaak
Fest/Zeit	Christfest, Adventszeit (Wintersonnenwende)
Ahnen	biblische Urväter
Archetypen	Josef, Petrus, Abraham, Methusalem
Zeichen	erleuchtetes Kirchenfenster in der Nacht
Kultstätten	Geburtskirche in Bethlehem; Machpela-Höhle in Hebron (Grabstätte Abrahams und Isaaks, über der sich heute die Al-Ibrahimi-Moschee befindet)
Duft	Myrrhe
Strauch	Stechpalme
Tier	Eule
Stimmung	Sternennacht
Ort	Kathedrale, Dom
Edelstein	Lapislazuli
Farbe	dunkelblau

Form	sichtbare Struktur
Baustil	Frühgotik
Tanz	vor religiösem Hintergrund
Ritual	Gottesdienst
Instrument	Orgel
Musik	»Große Messe« (f-moll-Messe) von Anton Bruckner
Radierung	»Hundertguldenblatt« von Rembrandt
Malerei	»Madonnenbilder« und »Genter Altar« von Jan van Eyck; »Isenheimer Altar« von Matthias Grünewald
Dichtung	»Ein' feste Burg« von Martin Luther
Märchen	»Das Mädchen mit den Schwefelhölzern« von Hans Christian Andersen
Schauspiel	»Der Alpenkönig und der Menschenfeind« von Ferdinand Raimund
Zitat	»Gott ist es, der das Tiefste ins Höchste zu verwandeln vermag, der den Stolzen erniedrigt und das was im Dunkeln ist, Licht werden läßt.« (Horaz)

♄ ♅ Saturn – Uranus

Wirkungsstufe I   a) Konjunktion
                             b) Quadrat
                             c) Opposition

           II   a) Saturn in Haus 11
                          b) Uranus in Haus 10
                          c) Quincunx

         III   a) Hausspitze 11 in Steinbock
                          b) Hausspitze 10 in Wassermann
                          c) Herrscher von Haus 11 in Haus 10
                          d) Herrscher von Haus 10 in Haus 11
                          e) Trigon

         IV   a) Saturn in Wassermann
                          b) Herrscher von Haus 11 in Steinbock
                          c) Herrscher von Haus 10 in Wassermann
                          d) Sextil

In Uranus begegnen wir einer geistig-spirituellen Kraft, die sich im Gegensatz zu den persönlichen Planeten von Saturn nicht mehr begrenzen läßt, sondern welche im Gegenteil die Zwänge Saturns sprengt, so daß dieser alle Hände voll zu tun hat, um das Echo des Unfaßbaren wenigstens in seinen Bruchstücken zu spiegeln.

In der uranischen Komponente ist nämlich nur der Widerspruch noch widersprüchlich, weil außerhalb des saturnischen Rahmens keine Polaritäten mehr möglich sind. Die uranische Energie baut damit nicht die unterschiedlichen Teile zu einem logischen Ganzen zusammen, wie die saturnische Kraft dies tut, sondern sie erfaßt das Ganze intuitiv in seiner relativen Raum-Zeitlosigkeit genauso wie in jedem einzelnen

Detail. Umgekehrt ist es aber gerade die erkannte Relativität allen Seins, aus welcher sich der saturnische Geist erhebt, weil das Ewige zwar immer gegenwärtig, doch außerhalb der Schwingung unserer Frequenz ist.

Somit ist Uranus in einem höheren Sinne zwar der Schöpfer einer viel größer dimensionierten Raum-Zeit-Wahrnehmung, nur können wir für unseren persönlichen Gebrauch davon nur das entnehmen, was die Saturn-Komponente durch ihren irdischen Filter hindurchläßt: unsere menschliche Vorstellung von Wahrheit nämlich. Denn wir dürfen von der uranischen Unendlichkeit nur das erwarten, was durch die saturnischen Schleusen unseres persönlichen Bewußtseins fließt. Ohne eine gut funktionierende Osmose lieferten wir uns sonst der Vorstellung unserer eigenen Bilder aus. In ihren optimalen Verwirklichungsmöglichkeiten verbinden diese beiden Prinzipien aber »Sein und Nichtsein« zu einem Ganzen, das in paradoxer Übereinstimmung sowohl unseren Ausschnitt an menschlichem Erkennen beherbergt wie auch die jenseits von Zeit wirkende Ewigkeit.

Im Leben symbolisiert eine Verbindung von Saturn und Uranus den inneren Kampf zwischen dem rückblickenden Ordnen und Strukturieren der Traditionen und dem Bedürfnis, das Traditionelle gleichzeitig und ohne jede Einschränkung über den Haufen zu werfen. Psychologisch entspricht das dem Wunsch, die Enge zwischen den beiden Ungeheuern »Szylla und Charybdis« ohne Schaden zu passieren, wovon »Szylla« den Wunsch nach Tradition und »Charybdis« den Wunsch nach neuen Werten verkörpert. Die Meeresenge aber sind wir selber, und um so mehr wir uns dem einen Pol nähern, um so deutlicher treten die Unterschiede zum anderen hervor. Denn der Wunsch, sich von den Bildern des Gegenständlichen zu befreien und der Welt ihren Lauf zu lassen, ist nicht leicht mit dem Bedürfnis zu verbinden, sich an die Bilder zu klammern und sich mit ihrer Sichtbarkeit zu identifizieren.

Der größte Feind auf dem Weg nach Hause ist man demnach selber. Die Suche nach der Wahrheit wird durch den Wunsch des Findens dieser Wahrheit verhindert. Man will nicht Wahrheit, sondern nur seine eigene Vorstellung von Wahrheit finden. Wir bemächtigen uns daher unserer eigenen Bilder und glauben dadurch, die Wahrheit zu erfahren.

Das aber ist gerade die Falle von Uranus-Saturn. Die Ich-Findung (Saturn), die sich selber sucht, blockiert gerade die Erkenntnis ihrer eigenen Relativität (Uranus), die man ebenfalls im Innern spürt, deren Erkennen aber die Selbstfindung wiederum ausschließt. Man kann das

Ewige nicht ungestraft zum Diener seiner Bilder machen, weil sich das Ewige über persönliche Ziele und Gründe erhebt. Über die »Objektivierung seines Ichs« wäre es sehr schwer, an das verdrängte Subjektive wieder heranzukommen. Damit käme es zur Entfremdung gegenüber der Umwelt wie auch zu einer Isolation gegenüber sich selber. Die Verdrängung des eigenen Subjektiven führt mithin zu einem Punkt, wo sich das Verdrängte verdeckt entlädt. Die losgelassene Emotionalität wird dann zum unberechenbaren Faktor, sie mutiert aus der Form, was zum unberechenbaren Risiko im Leben führt.

Ausgangspunkt könnte eine gewisse Unvereinbarkeit der Eltern gewesen sein, welche sich auf das Kind übertragen hat. Das Kind stellt die Summe der Unvereinbarkeit dar und versucht nun, diesen Zustand durch eine Sucht nach Harmonie zu kompensieren. Das Leben will nicht mehr gelebt oder in seiner Subjektivität empfunden, sondern es will in einer Nachschöpfung zur Vorstellung von Weihe stilisiert werden.

Dadurch entsteht ein Bild zum Guten, eine Verhaltensrichtung, in allem das Bejahende zu erkennen. Damit wird nun versucht, seiner eigenen Unvereinbarkeit zu entkommen. Denn gerade diese Unvereinbarkeit zu vereinen ist das hohe Ziel, welches zu den Gipfeln der Erkenntnis führt. Das heißt, daß man den Kampfplatz seines Bewußtseinsfeldes zu einer Dimension ausweiten muß, wo die sich bekämpfenden Gegensätzlichkeiten nicht nur beide Platz finden, sondern auch die Erkenntnis, daß beide zwar verschiedene Perspektiven eines menschlichen Standpunktes verkörpern, die aber Bestandteil einer gleichen göttlichen Summe sind.

So helfen sie uns beide im Bestreben, nach der Wahrheit zu suchen, die hinter den Erscheinungen des für uns Einsichtbaren liegt. Sie veranlassen uns also zu der Suche nach den Wurzeln, die eine Erklärung für die Sichtbarkeit der Dinge liefern. Und das ist allemale besser, als seinem eignen Unbewußten einen religiösen Mantel umzuhängen und der Wahrheit in einer magischen Weihe mystischer Weltvorstellung zu entfliehen.

♄ ⛢

Psychologische Struktur

Ursache

Symptome unter diesem Zeichen mögen ihren Hintergrund in der Gegensätzlichkeit dieser beiden Planetenprinzipien haben. Des Kindes Drang, seiner Spontanität freien Lauf zu lassen und das Bestehende über den Haufen zu werfen, ist nur schwer mit der Welt der Erwachsenen in Übereinstimmung zu bringen, sich an der Realität zu orientieren und an dem, was für die Bewältigung des Alltags einen Vorteil verspricht. Es entspricht dies dem ewigen Kampf zwischen dem »Hüter der Schwelle« ♄, die Grenze zu bewachen, und dem »Hinterfrager dieser Werte« ♅, die Grenzen zu sprengen.

Wirkung
Dadurch entsteht im Geborenen ein ständiges Hin- und Hergerissenwerden zwischen den Polen der Kristallisierung und der Aufhebung. Die uranischen Kräfte weiten sich plötzlich zu Autoritätskonflikten aus (wie sie in der Auseinandersetzung mit den Eltern erstmals erlebt wurden), die im Verlauf des Lebens immer wieder in die Realität einbrechen können.

Hemmung
Der Betroffene will sich vor den uranischen Visionen, welche ihm die gesellschaftlichen Werte erschüttern und ihm die Relativität aller Dinge vor Augen führen, dadurch schützen, indem er sich mit den Konventionen der Gesellschaft identifiziert und sie verteidigt. Dadurch ist er in der Lage, nach außen ein normales Leben zu führen, hat allerdings seine verdrängte Uranus-Anlage als unbewußtes Schicksal gegen sich. Diese kann sich als ein von außen einbrechender Schicksalsschlag manifestieren, welcher die verdrängte uranische Komponente wieder ans Tageslicht befördert und den Horoskopeigner, wenn auch auf unangenehme Weise, ins Gleichgewicht zurückbringt.

Kompensation
Oder der Betreffende versucht, sich mit der uranischen Seite zu verbinden und die Sprengung der Normen sich ins Pflichtenheft zu schreiben. Dann rennt er verzweifelt gegen alles an, was nur entfernt an Tradition erinnert, um die saturnische Beschränkung der Kindheit loszuwerden.

Krise
Hier können wir erleben, wie die befreiten Kräfte überschießen und der Mensch gar nicht merkt, wie dieser scheinbar überwundene Saturn sich gerade in seinen eignen Taten spiegelt: Aus der Situation, den freien Fluß der Gefühle zu verhindern und nur Menschen zu akzeptieren, die sich in die Strukturen der Gesellschaft binden, hat er sich nur scheinbar in die entgegengesetzte Position gerettet. Denn jetzt kettet

sich der Mensch nicht mehr ans Gesetz, sondern meint ständig, seine Unabhängigkeit beweisen zu müssen.

Lösung

Eine Besserung läßt sich nur erreichen, wenn wir uns darüber bewußt sind, daß es keine Lösung gibt außer der teilweisen Infragestellung und sachten Aufarbeitung unseres eigenen Abwehrmechanismus. Dieser verkörpert den Dämon, der so sehr Teil unserer eigenen Natur geworden ist, daß wir ihn gar nicht mehr sehen können. Sagen wir ihm aber unbewußt den Kampf an, so verteidigt er sich dadurch, daß er uns ins andere Extrem zwingt.

ħ ⚷

Karmisches Modell

Vorgeburt

Könnte man sich unter dieser Konstellation nicht einen Inquisitor zur Zeit der Hexenverfolgungen vorstellen, der seine Anlage loswurde, indem er einen Teil (Saturn) ans Gesetz band und den anderen dadurch befriedigte, indem er Hexen (die außerhalb der Norm Stehenden) stellvertretend für seinen unterdrückten Uranus in den Prüfstand hob und nach Gesetz und Recht verbrannte?

Umgekehrt machte sich seine unterdrückte Uranus-Anlage dadurch frei, indem sie sich in den Frauen spiegelte, die ihm dadurch verdächtig und bedrohlich erschienen, damit er gleichzeitig seinen Saturn loswerden konnte und auf dem Scheiterhaufen sozusagen die Spannung seiner eigenen Konstellation verbrannte.

Damit bestrafte sich der Geborene, indem er sich für die Bestrafung in den Frauen bestrafte. Da das Ganze aber in der Projektion stattfand, könnte man jetzt zynisch sagen, daß er die Frauen nur deshalb verbrannte, um sein eigenes Trauma annehmen zu können. Da sich ihm zur Bestrafung aber nur anbietet, was dieses Erleiden in sich trägt, könnte man als »Advocatus Diaboli« jetzt boshaft fragen, ob solche Ungeheuerlichkeiten nicht die sinnspendenden Erfüllungen der verdrängten Instinkte innerhalb unserer Gesellschaft sind?

Kind

In den ersten Lebensjahren nimmt das Kind seine Eltern als die Norm an, nach welcher es sich ausrichten kann, die aber mit zunehmendem Alter in Frage gestellt wird. Das ist nichts anderes als der kompensierende Versuch, das Ausbrechen aus der Norm an der Umwelt auszuleben, um der Unruhe in sich vorerst zu entgehen.

Gleichzeitig muß das Kind aber auch die saturnale Komponente in seiner Psyche leben und setzt sich deshalb dem Widerstand der Eltern aus in der widersprüchlichen Verknüpfung, daß es von diesen in seinem Ausbrechen gehindert werden will, damit es sich aus dieser Behinderung wiederum befreien kann. Dieser Drang, sich immer befreien zu müssen, setzt ebenfalls den Zwang voraus, ständig gehindert zu werden, denn was bliebe ihm sonst übrig, woraus es sich befreien könnte? Das Mißgeschick aber, in der Sprengung steckenzubleiben, ist gerade mit ein Symptom unter dieser Konstellation.

Eltern

Umgekehrt kann man auch sagen, daß das Kind seine Konstellation nur ausleben kann, weil sich diese in den Eltern spiegelt und sie unbewußt damit einverstanden sind, ihre eigenen Probleme sozusagen durch das Kind vorgelebt zu bekommen. Auch sie benutzen das Kind, um ihre eigene Unruhe zu kompensieren; denn solange das Kind Schwierigkeiten macht, können sie ihre verdeckten Unvereinbarkeiten und ehelichen Schwierigkeiten auf das Kind projizieren und damit wenigstens verstecken.

Mann

Als Heranwachsender sucht der Geborene dann aus der Norm zu springen, weil er sich mit seiner Männlichkeit nicht im normalen Sinn identifizieren kann. Er kann seine Männlichkeit nicht annehmen, weil er sie gleichzeitig aufheben möchte, und das führt zwangsläufig dazu, daß er nach einer Komplizin Ausschau hält, die ihm hilft, seine verdrängte Schuld loszuwerden, damit sie sich nicht verdeckt entlädt. Er sucht sozusagen die Berührung mit der Hexe, die er einmal verbrannte, um seine Schuld loszuwerden.

Tiefenpsychologisch sucht er entweder die dunkle Frau in seiner Psyche, vor der er sich schuldig fühlt oder die unbewußte Schuld, welche er auf die Frau projiziert. Da er aber ahnt, daß er sie mit seiner Männlichkeit nie wird überwinden können, bittet er sie instinktiv, sein Opfer anzunehmen, indem er sich selbst zur Kastration anbietet auf dem Altar der Wiedergutmachung.

Frau

Bei der Frau führt die Aufhebung der Normen und die Umkehrung der Werte zur Annahme der Rolle, die Schuld des Mannes zu akzeptieren und die Kastrierung durchzuführen. Gleichzeitig wird sie ihn aber nach der erfolgten Opferung den Göttern überlassen, eingedenk der inneren Vorausahnung, daß sie nur einem unpersönlichen Bild in seiner Psyche entspricht, um seine schuldbewußte Vorstellung abzubüßen.

In ihrer eigenen Geschlechtlichkeit entspricht sie nicht der Frau, die ihre Lust loswerden will, sondern einzig und allein dem Opfer, das seinen Täter sucht, um die gemeinsamen unbewußten Bilder zu verbinden und in einem Akt der Gnade durch »Austeilen der Strafe« (Aufhebung der Rolle) Harmonie zu geben und zu finden.

ħ ♁
Krankheitsdispositionen

Allegorie

Uranus ist der Herold jener Absicht, die lehrt, die Schale Saturns aufzubrechen, in der die Wahrheit verborgen ist und die von den Menschen nicht nur verdrängt wird, sondern geradezu verdrängt werden muß, um ihren gesellschaftlichen Verpflichtungen zu genügen. Da wir Menschen uns die Bürden aber selbst geschaffen haben, folgt daraus zwingend, daß die instinktiven inneren Wahrheiten (transsaturnische Planeten) mittels eines gesellschaftlich verbindlichen Verhaltens (Saturn) zu unterdrücken gerade die Schutzfunktion ist, um das menschliche Nebeneinander zu garantieren.

Diese Schutzfunktion, deren Bedeutung an sich unbestreitbar ist, bedingt nun aber als Nebenwirkung, daß sie selbst dann noch schützt, wenn der Wunsch nach Schutz schon längst entfällt. Wenn sich der Mensch also die geistige Kraft und Reife errungen hat, den Mechanismen der Psyche zu begegnen, wird Saturn, der ihn vor der Überflutung durch das Unbewußte bisher bewahrt hatte, zum Feind, der ihm den Eintritt in das Reich der Wirklichkeit verwehrt.

Will man also dieser Wahrheit begegnen, die man zu seinem eigenen Schutz einstmal verbannt hatte, muß man den Wächter überwinden. Aber da sich in diesem Wächter gleichfalls alle logischen und vernünftigen Standpunkte des menschlichen Verhaltens vereinen, muß man auf eine Absicherung durch eigene Erfahrungen verzichten. Man muß also wie auf einem Drahtseil ohne Netz nur im gelassenen Vertrauen auf seine seelischen Kräfte den archetypischen Mächten begegnen.

Nun werden viele Leser denken, daß es sich lohnen könnte, auf diese Auseinandersetzung zu verzichten. Wer jetzt aber den regulierenden, kompensierenden und stets ausgleichenden Mechanismus der Psyche

erkennt, wird merken, daß der Kampf dann einfach auf eine unbe-
wußte Ebene verlagert wird. Man kann der Wahrheit nicht entgehen.
Wenn die Schicksalszeiger der Planeten die verdrängten Kräfte in den
Alltag hochheben, werden diese Kräfte in die sichtbare Welt des
Alltags übertragen. Diese unbewußten Regulative binden dann den
Menschen selbst gegen seinen Willen an Begegnungen und Ereignisse,
welche dieses innere Scheitern in sichtbarem Schicksal aufzeigen:
Verlust und Unfall, Krankheit oder Tod.

Unfall

Wenn wir uns vor Augen halten, daß uns in der Außenwelt nur das
begegnen kann, was wir als Anlage in uns tragen (daß wir von außen
nur das erleiden können, was wir in uns selbst nicht erkennen wollen),
dann wird uns bewußt, daß Unfälle ebenso wie Krankheiten das
Bestreben unserer Psyche sind, uns das Ungelebte und Verdrängte
über die äußeren Einwirkungen zur eigenen Vollständigkeit zurückzu-
bringen. Und da sich in der Art des Unfalls die Schwingung der
inneren Spannung nachzeichnet, kann man sagen, daß sich z. B.
Saturn/Mars im Fahren gegen einen Baum aufzeigt, weil das Auto die
Aggression darstellt, welche gegen die Blockaden (das feste Hindernis
oder das Stillehalten) Saturns aufläuft.

Sind aber Saturn und Uranus angesprochen, das Ungelebte in die
Realität zu heben, dann wird der Betreffende durch Uranus aufgefordert, den alten Saturn-Rahmen neu zu überdenken. Ist dieser dazu
nicht in der Lage, weil er sich gedanklich über den Alltag nicht
hinausbewegt, dann wird er dieser Erfahrung sozusagen ausgeliefert,
indem er sie als Zusammenbruch der alten Werte exemplarisch vorge-
führt erhält. So kann er über Verlust und Schmerz in Bereiche
vordringen, wo es gilt, für neues Material den Platz zu räumen, den er
aus Angst vor neuen Perspektiven mit altem Gerümpel bislang verstellt
hielt.

Weitere Symptome
– Schmerzen, Unfallschock, Blockaden
– neuralgische und neuritische Symptome
– gesteigerte Erregbarkeit (gleichzeitig mit unterdrückter Libido),
  Ekzeme
– gereizte Spannungszustände, Krämpfe
– motorische Störungen (siehe Uranus/Merkur)
– Überreaktionen, Allergien (Uranus/Mars)
– Zwangsvorstellungen, Irresein (Pluto/Merkur bzw. Uranus/Pluto)

HOMÖOPATHISCHE MITTEL

Metall	Thallium	– Unfallschmerzen – gereizte Spannungs- zustände – Blockaden (abwech- selnd mit Hyperakti- vität) – neuralgische Symptome
Pflanzen	Baptisia (Wilder Indigo)	Saturn/Uranus/Pluto- Komponente: – Schmerzen bis zum Wahnsinn – manisch-depressive Schübe – Fieberdelirium (spürt sich als abgelöster Teil von sich selber: »Dr. Jekyll and Mr. Hyde«) – Irresein
	Ignatia (Ignatiusbohne)	– häufige Stimmungs- wechsel (himmelhoch jauchzend zu Tode be- trübt) – gesteigerte Erregung trotz unterdrückter Li- bido – große Widersprüche, starke Verkrampfungen – Schock (durch Unfall oder Trennung)
	Ligustrum vulgare (Liguster)	– Überreizung, Blocka- de, Hysterie (Krampf)
Therapie	Desensibilisierungs-Maßnahmen (Abbau der inneren Ängste durch bewußte Übertreibung: z. B. Wespenstich gegen Wespenstichallergie oder Schlammbad gegen Sau- berkeitsmanie)	

– Auspeitschen	Ausgeliefertsein und Berührungskontakt als bewußtes Mittel gegen Abwehrmechanismen und Körperblockaden (Loslassen!)
– Fesselspiele beim Liebesakt	Orgasmus (Uranus) findet nicht trotz, sondern gerade wegen der Einengung (Saturn) statt
– Unterwerfungsrituale	offensives Annehmen der Bedrohung (gegen Unfallneigung und Hang zur Selbstzerstörung)

ħ ♅

Transite

Allgemein

Saturn und Uranus sind wie die Zeiger auf der Schicksalsuhr, die mit ihrem Vorrücken auf dem Zifferblatt neue Lebensabschnitte auslösen. Dann drängen die unbewußten Kräfte nach Aufhebung und Veränderung der alten Lebensbedingungen, weil der Geborene im Inneren spürt, daß der bisherige Rahmen für die Sinnfindung und Lebenserfüllung viel zu eng geworden ist.

Andererseits ist dieses Heraustreten aus dem Schutzkreis der automatisierten Alltagsabläufe auch nicht ungefährlich, weil man in dieser Übergangszeit, während der sich die neuen Perspektiven bilden, ungeschützt und leicht verletzlich ist, bis sich neue Inhalte im aufgewirbelten Weltbild zu einem erweiterten Bewußtseinshorizont reorientiert und neu formiert haben.

Beispiel 5/8

Während der Saturn-Revolution (Konjunktion mit dem Radix-Saturn) kam eine Klientin zur Beratung, weil sich nach 4jähriger, kinderloser Ehe langsam Ermüdungserscheinungen in der Beziehung zeigten.

Die schöne Frau hatte die Bekanntschaft eines jungen Indonesiers gemacht, der in ihr Gefühle aufbrechen ließ, die von ihrem Gatten nicht erfüllt wurden. Weil sie sich von diesen bisher ungelebten Gefühlen abhängig machte – sie sah sich zum ersten Mal im Leben voll befriedigt –, gleichzeitig aber nicht den Mut aufbrachte, die Sache ihrem Gatten zu erklären, wurden die inneren Spannungen unerträglich und zeigten sich in unkontrollierten Nervenzuckungen und unangenehmen Ekzemen in der Schamgegend.

Da sie auch den Rat nicht annehmen konnte, entweder ihren Mann über die Beziehung aufzuklären und die materielle Sicherheit wenn nötig aufzugeben oder den jungen Liebhaber zu verlassen und zu versuchen, mit ihrem Angetrauten eine neue sexuelle Basis zu finden, erzwang sie durch einen schweren Unfall eine dritte Lösung, als sie mitten in der Stadt eine Ampel übersah und bei Rot über die Kreuzung brauste.

Dieses Beispiel veranschaulicht, wie sich die Frau Linderung dadurch verschaffte, indem sie durch einen größeren Schmerz einen kleineren übertünchte, was aber gleichwohl für sie stimmte, weil diesem größeren Schmerz die »Lösung aus der Enge« eingegeben war. So zog sie es vor, ihre Saturn/Uranus-Spannung auf die verschlüsseltere Ebene zu heben, wo sie die Ampel anstelle des Ehemannes benutzte, um die Bindung an die gesellschaftlichen Normen zu sprengen und die Lösung aus den beengenden Formen dadurch zu signalisieren (und die erforderliche Strafe gleichzeitig auf sich zu nehmen), indem sie bei Rot »aus der Ehe« brauste und sich den Folgen ihres Durchbruchs unterzog.

Zusammenfassung

Im Zeichen Wassermann, welchem Uranus als Herrscher und Saturn als Mitherrscher zugeordnet werden, finden wir die innere Gestaltungskraft, welche sich ans Alte klammert und doch die Zukunftsperspektiven zum Mittelpunkt macht. Aber bis diese auseinanderliegenden Pole zur Übereinstimmung gebracht werden, kommt es zur langsamen Anstauung der saturnischen Kräfte bis zu dem Punkt, wo die Seele erstarrt und nur noch durch den uranischen Blitz wieder lebendig gemacht werden kann, der die unsichtbaren Mauern zerbricht: der Blitz, dessen explosive Tendenz sich im Alltag des Betreffenden ins Schicksalhafte ausweitet, sein altes Weltbild zerstört und Raum schafft für eine neue Inszenierung (so wie es im Tarot der Turm so trefflich symbolisiert).

♄ ♁

ARCHETYPEN & SYMBOLE

Thema	Aufhebung der Werte
Ziel	Umgestaltung von Zeit und Raum
Sinn	Erneuerung (Freisetzung der Seele)
Berufung	Rebell, Oppositioneller (Strichjunge)
Symbol	Blitz; umgekehrter Drudenfuß
Mythos	Babylonische Sprachverwirrung (Turmbau zu Babel)
Zeit	Fasnacht
Geister	Dämonen
Archetyp	Mephisto
Zeichen	Bocksfuß
Kultstätte	Babylon (Ruinenfeld)
Duft	Pech und Schwefel
Pflanzen	abgebrannte Maisfelder
Baum	vom Blitz gespaltene Eiche
Tier	feuerspeiender Drache
Landschaft	Vulkane
Ort	Scheiterhaufen
Edelstein	Feueropal
Farbe	brennendes Magnesium
Form	aufbrechend, explodierend
Bauten	einstürzende Bauten (Gebäude in der Phase des Abbruches)
Tanz	Auspeitschungen
Ritual	Hexenverbrennung
Instrument	Sirenen

Sinfonie	»Symphonie fantastique« von Hector Berlioz
Malerei	»Der Garten der Lüste« von Hieronymus Bosch
Roman	»Die andere Seite« von Alfred Kubin
Zitat	»Wer immer nur nach Schatten greift, kann stets nur leere Luft erlangen: Wer Schatten stets auf Schatten häuft, sieht endlich sich von düstrer Nacht umfangen.«
	(Goethe in »Mephistopheles spricht«)

♄ ♆
Saturn – Neptun

Wirkungsstufe I	a)	Konjunktion
	b)	Quadrat
	c)	Opposition
II	a)	Saturn in Haus 12
	b)	Neptun in Haus 10
	c)	Quincunx
III	a)	Hausspitze 12 in Steinbock
	b)	Hausspitze 10 in Fische
	c)	Herrscher von Haus 12 in Haus 10
	d)	Herrscher von Haus 10 in Haus 12
	e)	Trigon
IV	a)	Saturn in Fische
	b)	Herrscher von Haus 12 in Steinbock
	c)	Herrscher von Haus 10 in Fische
	d)	Sextil

Wenn wir uns Uranus schon als den Schöpfer einer viel größer dimensionierten Raum-Zeit-Wahrnehmung vorstellen müssen, als wir sie durch den Filter unserer Sinne bewußt erfahren können, dann läßt sich die durch Neptun verkörperte Energie nur noch als eine im Unfaßbaren pulsierende Schöpferkraft symbolisieren. Da unsere Lebensströme aber alle aus der unfaßbaren Leere fließen, steht Neptun umgekehrt auch für das innere Bedürfnis der Psyche, ihre persönlichen Gefühle mit den kosmischen Gefühlen des Ganzen zu verschmelzen: eine Annäherung und Wiedervereinigung mit der Mutterquelle anzustreben.

Weil Saturn andererseits die Tat symbolisiert, durch die Schleier von Intuitionen hindurch eine konkrete, strukturierte und abgeschlossene

Personalität zu kristallisieren, steht er ganz natürlich in völligem Widerstreit zu Neptun, dem es kein größeres Vergnügen bereitet, als alle Begrenzungen hinwegzuschwemmen und den Ich-Kern aufzulösen. Neptun wirkt durch die Gefühle, und zwar durch die unpersönlichen, kollektiven, was einer vergessenen Sehnsucht entspricht, die ursprüngliche Verbundenheit mit dem Kosmos wieder zu erreichen.

An die Transzendenz sich wieder anzunabeln ist das Credo dieser Gabe. Preis und Opfer die Ekstase, in welcher der Mensch für die Preisgabe seiner persönlichen Gefühle jenes unpersönliche Gefühl einer inneren Übereinstimmung mit dem Ganzen bekommt. Eine Übereinstimmung mit dem Leben, was gleichzeitig die persönliche Aufgabe des eigenen Ichs bedeutet. Das Individuum versinkt in seinem eigenen Bodenlosen und bietet sich als Gabe auf dem Altar des Ewigen unter Opferung der individuellen Persönlichkeitsstruktur an.

Der Zusammenprall der von Saturn strukturierten Personalität mit den kollektiven Kräften des Unbewußten ist recht heftig. Die von Saturn symbolisierten Abgrenzungen versuchen nämlich sofort, die Auflösungstendenzen Neptuns auszumessen und als »erkanntes Ewiges« in die bewußte Personalität zu integrieren. Dabei will Saturn seine eigene Begrenzung gar nicht aufheben, sondern den »erkannten Wert des Ewigen« im Gegenteil zum Bestandteil seiner Weltvorstellung machen. Damit aber müßte er erkennen, daß sein eigener Wunsch nach Wahrheit gerade an dem Aste sägt, auf dem er sitzt, weil gerade die vergessene Wahrheit, das verlorene Paradies, die Voraussetzung zu seinem Wunsch nach Wissen darstellt. Denn gerade die Erkenntnis, das Unterscheiden zwischen Gut und Böse, hat ihn ums Paradies gebracht!

Ist nun aber eine Seele reif geworden, diesen gordischen Knoten zu lösen, dann ist Saturn aufgefordert, durch den Wunsch nach rücksichtsloser Selbsterkenntnis gleichzeitig die Barrieren seiner eigenen Abgrenzung niederzureißen, weil nur durch den Abbau der Abgrenzung die nicht beantwortbare Frage nach dem letzten Sinn als das gefunden werden kann, was sie ist: nämlich genau die Abgrenzung, die Barriere selber, welche die bereits begangene Sünde verschweigt und die Vertreibung aus dem Paradies voraussetzt und jetzt unschuldig die Schultern zuckt und kindlich naiv die Frage stellt: »Wo ist der Sinn?«

Die Antwort auf diese letzte Frage aber ist der Neptun/Saturn-Widerspruch in seiner höchsten Konsequenz: »Der Sinn ist gerade, diese Voraussetzungen zu dieser Frage zu erkennen, den Unsinn in dieser Vorstellung nach Sinn, denn in der Frage nach dem Sinn ist der wahre Sinn schon wieder verlorengegangen, weil man sich mit dieser

Frage außerhalb stellt und sich nicht in sich selbst miteinbezieht. Die Frage nach dem Sinn ist das Ablenkungsmanöver des materiellen Denkens, das die Vertreibung aus seiner inneren Mitte nicht nur akzeptiert, sondern mit der Schaltung solcher Polaritäten gerade erst voraussetzt.«

In der Welt des materiellen Alltags vermag Saturn die neptunische Komponente aber kaum zu integrieren, und so reiht er sie als ein Bild des noch anzustrebenden oder schon selbsterfahrenen Ewigen in das Inventar seiner Weltvorstellungen ein. Da die innere, eigene Welt nun also im Nicht-Realen wuchert, schafft er ihr ein geeignetes Gefühlsreservat. Es ist dies das Träumen im Entschweben, um sich der Wahrheit zu versichern. Man entzieht seine Seele den Straßen des Lebens, um allein und einsam in lichten Höhen ohne Anpassungszwänge die eigene Ewigkeit zu fühlen und ruft sich zum Erlöser aus. Das kann zu unbewußtem Größenwahn führen. Oder zur Flucht aus dem bewußten Leben durch Drogen oder Alkohol.

Doch diese Flucht hat ihren Preis. Man wandelt durch Räume wie aus Rauch und Glas. Der verdrängte Alltag muß nun in eine Vorstellung gepreßt werden. Das kann zum Realitätsverlust führen, oder, wenn die Realität noch immer durch den Wahn durchschimmert, zur Betäubung durch Exzeß. Das Empfinden will die sich auflösenden Reste seines Egos retten, um die Hilflosigkeit gegenüber den Kräften seines eigenen Wirkens zu verdrängen und durch »Tore aus Licht« ins Mysterium zu gelangen. Es wünscht, in den Bildern das Leben zu finden.

Losgelöst aus der Abhängigkeit gefühlsmäßiger Dualität ist die Seele gezwungen, ohne Bezug zu menschlichem Empfinden die emotionelle Leere in sich zu erfahren, aus deren Tiefen die vergessene Wirklichkeit hochsteigt, aber auch die Aufgabe, das Sehnen nach Transzendenz und körperlicher Erlösung in den Alltag zu übertragen. Dieses Ziel nach Vollkommenheit und der Einswerdung mit dem Ewigen zu erreichen, hieße alle Gegensätze zu vereinen. Denn hinter den Polaritäten leuchtet der Gral, und wenn man die subjektiven Zwangsvorstellungen seiner eigenen Selbstdarstellung erst in das Erfassen aller Sinne hinter den Dingen verwandelt hat, in eine Liebe zu allem Sein, dann steigt der Weg in lichte Höhen an, und die Dämmerung der Seele verwandelt sich in Morgenröte.

♄ ♆
Psychologische Struktur

Ursache
Die Ursachen der durch diese Konstellation heraufbeschworenen Symptome lassen sich durch eine innere Vorstellung von Schuld erklären, in diese Welt geboren zu sein. Mochte dies in der Voraussetzung wurzeln, in seinem Durchsetzungsanspruch gehemmt oder im Eigenwert gekränkt worden zu sein, oder hatte das Kind von seiner inneren Veranlagung her einfach nicht die Kraft, sich im Menschsein wohlzufühlen, Tatsache ist, daß es sich in das Reich der Träume flüchtet und nicht bereit ist, sich in seiner weltlichen Existenz zu akzeptieren.

Wirkung
Daraus erklärt sich das Verhalten, dem Leben aus dem Weg zu gehen und eine eigene Realität zu leben. Dem saturnischen Bestreben, auf dem schwimmenden Boden neptunischer Imaginationen eine konkrete Wirklichkeit zu errichten, ist kaum Erfolg beschieden, da Neptun sich allem Sichtbaren entzieht aus Angst, sich schuldig zu bekennen, sobald er Eigenart verkörpert oder konkrete Stellungnahme bezieht.

Hemmung
Für die Verweigerung der saturnalen Wirklichkeit muß das Individuum allerdings einen hohen Preis bezahlen. Die Realität wird in die Reiche Neptuns abgeschoben und damit entfernt. Was übrigbleibt, sind die inneren Träume, welche man versucht, über die Realität wieder zurückzubekommen, was natürlich Illusion und Täuschung ist.

Kompensation
Da die Realität des Betreffenden die inneren Träume im Kleid der Realität sind, nützen ihm auch die Kompensationsversuche nichts, seine Realität zu verwirklichen, Leistung zu erbringen und sich in der Welt durchzusetzen, weil er damit nur seine Irrationalität zur Wirklichkeit erklärt und seinen eigenen Phantastereien im Kleid der Wirklichkeit nachhinkt.

Dies kann in der Folge zu gefährlichen Übergriffen führen, wenn er seine neptunischen Einsichten zu Heilsbotschaften erklärt.

Krise

Die Diskrepanz zwischen Neptun und Saturn wirkt sich sehr hintergründig und versteckt im Leben aus, weil die Perspektive des Geborenen die Krise verdeckt und ihr im sichtbaren Leben keinen Platz einräumt. Die Psyche sträubt sich gegen das Erwachen, aber auch in den Träumen tauchen Schuldgefühle auf (weil die verdrängte Realität durchschimmert). Damit ist der Betroffene zwischen Stuhl und Bank gefallen: Hier kann er nicht erwachen, weil er die Orientierung in der Welt verloren hat, drüben aber kann er auch nicht schlafen, weil ihm das saturnische Gewissen keine Ruhe läßt.

Lösung

Um sich aus dieser Misere zu erlösen, genügt es nicht, die Situation rational zu erfassen, weil sich das Problem gerade in der Ratio versteckt. Im Denken findet sich nur das Denken, das Problem aber zeigt sich darin, daß es das Denkbild des Horoskopnehmers so verändert hat, daß dieser durch sein Denken in seinem Verhalten nur immer mehr bestärkt wird und entgegengesetzte Meinungen im Ungehörten verhallen.

Die neptunische Relativität und die Halsstarrigkeit Saturns machen diesen Aspekt zum erfolgreichen Blockierer jeder schlauen Therapie. Die Illusion einer Heilung scheint noch am leichtesten erreichbar, wenn der Therapeut seine Therapie zur Heilsbotschaft erklärt und sie dem gehemmten Patienten schnell aufoktroyiert, bevor dessen selbstquälerische Relativierungszwänge ausbrechen.

Wahre Heilung scheint hingegen nur über die Erfahrung aus den eigenen Leiden möglich, wenn der Aspektträger durch die langjährigen Einwirkungen seiner kraftraubenden Disharmonien endlich müde geworden ist, die eigenen Symptome zu verteidigen und eine Perspektive zuläßt, die ihn voll miteinbezieht und zugleich auch in Frage stellt.

♄ ♆
Karmisches Modell

Vorgeburt

Unter dieser Verbindung könnte sich ein Priester verstecken, ein Würdenträger oder sonst ein Stellvertreter Gottes, ein Repräsentant christlicher Gesetze, der eine Brücke zwischen Gott und den Menschen spannt. Aus vergangenen Erfahrungen mag er gewohnt sein, in nichthandelndem Selbstmitleid zu verharren, doch mit dieser Handlungsweise schafft er sich in diesem Leben nur Verdruß.

Auch die innere Gewißheit, Teil einer höheren Ordnung zu sein, entbindet ihn nicht der Verantwortung, die Dinge zu sehen und beim Namen zu nennen, um nicht im Treibsand seiner inneren Visionen zu verenden. Er hat im vergangenen Leben verpaßt, die Realität zu bestimmen und muß nun lernen, daß es in seiner Entwicklung erst weitergeht, wenn er die Realität zuerst integriert, bevor er sie ignorieren kann.

Kind

Als Kind könnte man diesen Aspekt so erlitten haben, daß man in ein familiäres Umfeld hineingeboren wurde, welches aus gesellschaftlicher Sicht im Auflösen begriffen war. Vielleicht war der Vater Alkoholiker oder entfiel aus anderen Gründen. Vielleicht nahm die Mutter Medikamente oder war sonst des Lebens überdrüssig. Auf jeden Fall entzog sich dem Kind jeglicher Rahmen, an dem es sich hätte festhalten können – mit der Folge, daß es seine Realität am Bild der Eltern nicht entwickeln konnte und dafür umgekehrt die Welt nach seinen Träumen formte.

Eltern

Die Eltern entwickeln viel Liebe und Gefühl für ihre Kinder und hegen dazu den unbewußten Wunsch, daß diese das Mysterium erreichen mögen, das ihnen zu erreichen nicht vergönnt war. Damit übertragen sie ihre innere Vorstellung auf die Kinder, statt von einer Realität auszugehen, die es zu erreichen gilt. So stempeln sie das Kind zum verlängerten Arm ihrer unbewußten Wünsche, heben es sozusagen in ein Bild, dessen Rahmen Neptun ist und merken dabei nicht, daß sie damit auch Saturn übertragen, und zwar als Schuldgefühl und Schatten, falls dieser Rahmen vom Kind nicht restlos auszufüllen ist.

Mann/Frau

Neptun steht im Ruf, auf die Psyche der Geborenen einen unheilvollen Einfluß auszuüben, weil er eine überpersönliche Kraft verkörpert, welche die Seelen zu den versunkenen Brunnenstuben hinabzieht. Saturn ist umgekehrt in der Lage, die Welt des Sichtbaren zu strukturieren und damit unseren Sinnesorganen zu erschließen. Geraten nun diese beiden aneinander, so wird das Sehnsuchts- und Auflösungsprinzip Neptuns mit dem Abwehrmechanismus Saturns konfrontiert, was zu einem gewaltigen Hin- und Hergerissensein des Geborenen zwischen Suchtgelüsten und Askese führt.

Im Alltag wird sich Neptun als Bruchstelle der gesellschaftlichen Ordnung auswirken, was den Menschen mit den unbewußten Kräften in seiner Psyche konfrontiert. Langen Perioden der Abstinenz folgen plötzlich eruptive Schübe, um das Bewußtsein aus den Angeln zu heben und die Anpassung an die gesellschaftlichen Bedingungen aufzulösen. Diesem inneren Verlangen folgt dann die Umsetzung der Schübe mittels Drogen oder Alkohol, welche die Maßstäbe der Gesellschaft korrumpieren. Oder eine Krankheit kann zum Mittel werden, der Sehnsucht Neptuns zu erliegen und den Problemen im Alltag ebenfalls zu entfliehen.

Es kann aber auch vorkommen, daß der Geborene die Symptome projiziert und nur Menschen anzieht, die diese Auflösungstendenzen selber in sich tragen. Dann kann er sein eigenes Karma stellvertretend durch den anderen ausleben, wobei er ihn an seiner Stelle in die Schicksalsschale setzt, um ihn mit seinem eigenen Schatten aufzuwiegen.

♄ ♆
Krankheitsdispositionen

Psychosomatische Symptome
Karzinom
Bei einer jungen Frau wurde eine bösartige Gebärmuttergeschwulst gefunden, welche man aber durch Entfernung unter Kontrolle brachte. Bei der Aufarbeitung der Kindheit durch eine parallel angesetzte Psychoanalyse kam zum Vorschein, daß sie als Kind vom Vater sexuell mißbraucht wurde und dieses Erlebnis verdrängt hatte. Dessen Auswirkungen auf die Psyche wurden von Neptun verschleiert, der Ekel wurde gedämpft und dem Vergessen anheimgegeben.

Doch durch die Schließung einer Ehe wurden die verdrängten Ekelgefühle wieder reaktiviert, und weil sich die Frau gegen den Geschlechtsverkehr nicht wehren, die schrecklichen Erlebnisse aber auch nicht ungeschehen machen konnte, griff ihr Körper zur äußersten Waffe, um diesen Akt (selbst um den Preis der Selbstzerstörung) zu verhindern!

Bettnässen
Genau wie die junge Frau ihren unbewußten Ekel hätte loslassen sollen (oder auf die Eheschließung resp. Ausübung des Geschlechtsaktes hätte verzichten müssen), so muß das Kind nachts seine Blase »loslassen«, um den tagsüber durch den Leistungsstreß in der Schule angestauten Druck wieder loszuwerden.

Suchterscheinung

Im späteren Leben flüchten diese Kinder dann von der analen in die orale Phase und werden zu Tablettensüchtigen oder Alkoholikern, um durch die Einnahme solcher Mittel die Routine des Alltags (das Saturn/Neptun-Problem ist die Sinnlosigkeit aller Ziele) wenigstens für eine kurze Spanne zu vergessen.

Weitere Symptome
- Auflösung von festen Strukturen
  (Überfunktion der Nebenschilddrüsen:
  Recklinghausensche Erkrankung)
- Ablagerung von Giften, Organzersetzung
- irrationale Ängste, Süchte
- Lähmungen, Erschlaffungen, Hautprobleme
- Depressionen, Minderwertigkeitskomplexe
- Disposition zu Verfolgungswahn

HOMÖOPATHISCHE MITTEL

Metall	Alumina (Aluminium)	– stärkt die Neptun-Komponente bei Austrocknungen, Verkrampfungen, Weltuntergangsstimmungen und Realitätsängsten
Säuren	Acidum muriaticum (Salzsäure)	– Lähmungen, Erschlaffungen – große Schwäche – Auflösung von festen Strukturen – Organzersetzungen – Zersetzung von Flüssigkeiten
	Terebinthina (Terpentin)	– Gegenmittel zu Alkohol und Drogen – Ablagerungen in den Knochen – Konzentrationsschwäche

Nosode	Syphilinum (Syphilis-Bakterien)	– psychosomatische Symptome (Rheuma, Wucherungen, Hautprobleme) – chronischer Alkoholismus – irrationale Ängste – Lähmungserscheinungen
Pflanzen	Cicuta virosa (Wasserschierling)	– Vergiftungen, Ablagerung von Giften – schwache Zielvorstellungen – keine Lebenslust – Bettnässen – Minderwertigkeitskomplexe
	Mandragora (Alraunewurzel)	– Disposition zu Melancholie und Weltflucht – Alkohol- und Drogensucht (Vererbungsanlage) – Schwäche der Entgiftungsorgane

Therapie

Als Therapie sind alle Maßnahmen zu begrüßen, die den Geborenen (zur Erlösung seiner meist verdrängten Neptun-Komponente) erweitern und in ein größeres Bewußtseinsumfeld stellen, ihm aber gleichzeitig den saturnischen Blickwinkel belassen, um die verbreiterte Perspektive mit dem Werkzeug seiner Sinne erfassen und strukturieren zu können:

- Askese
- Gebete
- Meditationen
- Fasten

♄ ♆
Transite

Allgemein

Saturn und Neptun zeigen die Tendenz, sich mit letzten Fragen zu beschäftigen, denn Neptun läßt das Interesse für das Ewige aufscheinen, während sich Saturn als Gefäß zur Aufnahme und Abgrenzung dieses Ewigen anbietet. Künstler können sich unter diesem Aspekt als die Empfänger einer gottähnlichen Kraft erfahren, die wahrscheinlich nichts anderes als die Umsetzung einer hohen inneren Inspiration darstellt.

Je empfänglicher das Naturell des Nativen für die höheren Schwingungen ist, desto mehr kann er in die tiefen Schichten dieses Aspektes eintauchen und sich den Weisheiten der Mütter in den Brunnenstuben des Unbewußten hingeben. Damit öffnen sich dem Geborenen neue Ausblicke: Er kann seinen Blick in die kosmischen Weiten des Ewigen eintauchen und sich trotzdem seines Ausgangspunktes im Weltlichen bewußt sein.

Beispiele ♂ 4

Dieses Beispiel schildert den Fall einer jungen Designerin, die zu Beginn der Siebziger in die Rauschgift-Szene geriet. Aber gerade, als es dort für sie kritisch wurde, lernte sie einen Kunststudenten kennen, der sie dazu brachte, die Szene mit der Kunstakademie zu vertauschen. In der Folge gelang es ihr nicht nur, ihre Drogensucht zu überwinden, sondern auch ihr Studium zu beenden und zusammen mit ihrem Freund ein eigenes Werbestudio zu eröffnen. Sie war zwar die ganze Zeit leicht medikamenten- und alkoholgefährdet, was aber durch die Auffangbereitschaft ihres Partners ausgeglichen wurde.

Viele Jahre später lernte sie während eines Neptun-Transites über ihren Radix-Mond (Spitze Haus 4) einen Alkoholiker und Lebenskünstler kennen, der ihr »mehr Sterne vom Himmel herunterzuholen« versprach, was sie bei ihrem Partner einerseits vermißte, andererseits durch ihren Steinbock-Deszendenten auch nicht ausgesprochen suchte. Das ging so lange gut, bis die Sonne über ihre Saturn/Neptun-Konjunktion lief. Denn exakt zu diesem Zeitpunkt brannte sie mit ihrem Märchenprinzen durch.

Bei ihrer Rückkehr vor die Konsequenz gestellt, sich in dieser Angelegenheit zu entscheiden und notfalls aus der Firma auszusteigen, entschied sie sich spontan für den Ausstieg aus dem Geschäft.

Monate später zeigte es sich aber, daß sie ihre Entscheidung noch gar nicht richtig verkraftet hatte, beschuldigte sie doch ihren Ex-Partner, daß er sie hätte vor ihrer eigenen Entscheidung bewahren müssen, weil er genau wisse, daß sie gar nicht entscheidungsfähig wäre. Er habe die ganze Sache für sich geschickt ausgenutzt, um sie sich elegant vom Halse zu schaffen.

Auf dessen Einladung aber, ihren alten Lebensrhythmus wiederaufzunehmen und zu ihm zurückzukehren, wollte sie auch nicht eingehen. So zog sie es vor, ihre Konstellation nach der Neptun-Seite hin zu leben, sich der Realität zu entziehen und in einer nebulösen Traumlandschaft zu existieren, in der sich die Grenzen zwischen Vorstellungen und Wirklichkeit verwischen.

□ 2/5
Siehe unter Krankheitsdispositionen: Psychosomatische Symptome, Karzinom.

Die Diagnose wurde z. Z. des Saturntransites über Neptun im Quadrat zu seiner eigenen Geburtsposition gestellt (Neptun Haus 2 in Skorpion, Saturn in Haus 5/Wassermann).

☍ 5/11
Ein Kunstmaler wurde während der Auslösung der sich berührenden Neptun- und Saturn-Transite (Saturn über Neptun in Haus 11 und Neptun in Haus 2 im Schützen in der Halbsumme der Spannungsachse) von seinen schöpferischen Kräften überrollt. Er fühlte sich dem Andrang seiner Inspirationen nicht mehr gewachsen, so daß er vermehrt zur Flasche greifen mußte, um diese inneren Kräfte zu betäuben. Die Lebensströme, die ihn erfüllten, »seien so sehr mit Energien angereichert, daß er sich wie zum Platzen fühle, diese Kräfte beim Malen aber nicht loswerden könne...«

Schließlich wurde er von der Vorstellung befallen, seine gesamten Werke vernichten zu müssen, weil sie den Anforderungen des Göttlichen nicht genügten und seine schöpferischen Möglichkeiten beleidigten. Nur mit Mühe konnte er an diesem Vorhaben gehindert und in die psychiatrische Klinik eingeliefert werden.

Zusammenfassung
Die Frage: »Wer bin ich, abgesehen von dem, der ich zu sein glaube?« ist der Zielpunkt unter Saturn/Neptun – eine Frage allerdings, die erst unter Zuziehung der Pluto-Komponente beantwortet werden kann (siehe Saturn/Pluto-Transite).

♄ ♆

ARCHETYPEN & SYMBOLE

Thema	Sucht, Auflösung, Realitätsangst
Ziel	Abwendung von der Gesellschaft, Flucht
Sinn	Erleuchtung, Heimkehr, Transzendenz
Berufung	Mystiker, Märtyrer, Süchtiger
Symbol	Kreuz
Mythos	Kreuzigung
Gedenktag	Karfreitag
Archetyp	Christus
Zeichen	Dornenkrone
Mysterienort	Ölberg (Gethsemane)
Kultstätte	Athos (»heiliger Berg«): griech.-orthodoxe Mönchsrepublik, N-Griechenland
Duft	Wermut
Pflanzen	Schierling, Mandragora
Baum	Trauerweide
Tiere	Korallen
Landschaft	Halbinsel, Insel
Ort	Ashram, Kloster
Edelstein	Amethyst
Farbe	violett
Form	schlicht
Baustil	frühchristlich
Ritual	Fasten, Beten
Instrument	Stimmen
Geistliche Musik	Gregorianische Chöre; Madrigale von Gesualdo
Weltliche Musik	Amen aus dem »Messias« von Händel

Fresken	Darstellung der Wundertaten Christi (St. Georg in Reichenau-Oberzell/Bodensee)
Religiöse Malerei	Ikonen-Malerei
Weltliche Malerei	»Christus am Kreuz« von El Greco; »Toteninsel« von Arnold Böcklin
Alte Schrift	»Neues Testament«
Geistiges Schriftum	Die Schriften Meister Eckeharts (meist Prologe zu biblischen Büchern)
Zitat	»Alle guten Werke des Menschen sind verloren. Die Werke als Werke, die Zeit als Zeit. Noch nie ist ein Werk gut oder heilig gewesen. Gut und Böse gehen verloren, denn sie haben im Geiste kein Bleiben, noch in sich selber, und Gott bedarf ihrer auch nicht. Der gerechte Mensch will und sucht nach nichts, da er kein Warum kennt, um dessentwillen er etwas täte.«

(Meister Eckehart)

♄ ♇
Saturn – Pluto

Wirkungsstufe I	a)	Konjunktion
	b)	Quadrat
	c)	Opposition
II	a)	Saturn in Haus 8
	b)	Pluto in Haus 10
	c)	Quincunx
III	a)	Hausspitze 8 in Steinbock
	b)	Hausspitze 10 in Skorpion
	c)	Herrscher von Haus 8 in Haus 10
	d)	Herrscher von Haus 10 in Haus 8
	e)	Trigon
IV	a)	Saturn in Skorpion
	b)	Herrscher von Haus 8 in Steinbock
	c)	Herrscher von Haus 10 in Skorpion
	d)	Sextil

Zeit und Leben stehen so zueinander, daß sich die Zeit an den Stationen unserer lebendig gewordenen Vorstellungen vorbeibewegt, wobei die inneren Anlagen oder der Kern dieser Mechanismen von ihr unangetastet bleiben. Umgekehrt kann man auch sagen, daß das Ewige in der Natur einer Sache sich an der Zeit vorbeibewegt und je nach den Berührungen mit ihr das eine oder andere Abbild seines Kerns im Kleid des Zeitgeists auswirft.

Damit existiert der Tod nur noch in unserem Bewußtsein. Denn das von Pluto verkörperte Prinzip ist eine Reihe von immerwährenden Änderungen, deren Wechsel das einzige Beständige ist, und welche uns auch nur dadurch auffallen, weil durch die Berührung mit der Zeit die rhythmisch fließende Evolution in unserer Vorstellung zwar als beständige Gegenwart hängenbleibt, sich aber trotzdem unmerklich verändert. Diese Übertragung des fließenden Lebensstromes auf eine fixierte Gegenwart entspricht nämlich der Illusion Saturns.

Im Grunde symbolisieren die Archetypen von Pluto und Saturn zwei verschiedene Dimensionen einer gleichen psychischen Entwicklung. Früher wurde Saturn als der personifizierte Tod oder wenigstens Erfüller unseres Schicksals beschrieben. Erst heute, wo sich der Tod langsam als Etappe in der Erfüllung eines ewigen Kreislaufes herausschält, sind wir bereit, ihn als einen Teil vom Ganzen in den gesamten Zyklus zu integrieren (Pluto) und Saturn als den weisen, alten Mann zu rehabilitieren, der dem Brennpunkt unserer bewußten Erfahrungen entspricht.

Pluto symbolisiert den inneren Schöpfungsplan, der im Menschen angelegt ist, sein inneres Wachstum, das durch die Anlagen in die Umwelt übertragen und realisiert wird, ungeachtet der Widerstände, die sich von außen entgegenstellen, weil diese Widerstände ein Teil des inneren Schöpfungsplans mit sind. Pluto symbolisiert also die Freiheit des Auges zum Sehen, und das bedeutet nur insofern Zwang, als das Bewußtsein um die Zusammenhänge nicht weiß. Vom Standpunkt des Unbewußten aus sind Freiheit und Zwang gewissermaßen identisch. Der Unterschied ist nur die Vorstellungsperspektive, von der aus man diesen Unterschied beurteilt.

Saturn hingegen ist der Rahmen, in welchem sich die Ewigkeit ausdrückt. Da aber ein Bild nur jenen Teil an Ewigkeit vermitteln kann, der zwischen dem Rahmen Platz hat, erfassen wir im Leben nur jenen Teil an Ewigkeit, der sich in der Faßbarkeit von uns selber befindet. Alles, was wir an Wahrheit je erkennen, ist immer nur die ins Erkennen emporgehobene Selbstbetrachtung: Die Welt durch den Bilderrahmen von uns selbst!

Auf den Alltag übertragen, bedeuten diese inneren Erfahrungen, daß der betreffende Mensch genötigt ist, auch entgegen seiner subjektiven Triebe der tiefen Wahrheit zu begegnen und den Drachen seiner instinktiven Kräfte zu besiegen. Saturn steht für die Begierde des Kontrollierens und Pluto für die Leidenschaft des Verschlingens. Darum nützt es mir auch nichts, den Drachen nur zu kontrollieren, wenn dieser mich im Gegenteil verschlingt und damit integriert – zum Drachen selber werden läßt, welcher die Besessenheit durch die eigenen Begierden symbolisiert und auf die Umwelt projiziert.

Um diese Bedrohung von außen zu verhindern, muß ich den Drachen in mir selbst besiegen: meine zerstörerischen Anlagen von Unbeherrschtheit und Gewalt. Diese archaische und ungezügelte

Kraft in meinem Inneren muß sterben, und zwar als erste in einer Reihe von Toden, die mit der Freiheit enden, daß man durch niemand und nichts mehr beherrscht werden kann, wenn man sich aus der unbewußten Angst seiner inneren Vorstellung befreit hat. Dieses Ziel des inneren Sterbens ist dann erreicht, wenn das Ego völlig nackt dasteht, ohne Abgrenzung durch die Kleider der Vorstellung vom »allumfassenden Sein«.

Der Orgasmus, der diesen Zustand anschaulich bebildert, ist vom Ego aus betrachtet wie ein kleiner Tod, weil das Ich von seiner Kontrollinstanz getrennt dem Strömen dieser Kräfte hilflos ausgeliefert ist. Jetzt wird uns das Paradoxon klar, daß der Mensch sein inneres Wirken erst dort finden kann, wo er den Kommentar seiner äußeren Vorstellungen aufgegeben hat. Denn dann erscheint er nicht mehr als ein in seinen Bildern eingegrenztes Wesen, sondern er erhebt sich wie Phönix aus der Asche bar seiner täglichen Sehnsüchte, Hoffnungen und Schmerzen.

Wenn Neptun-Saturn die Komponente ist, sich selber in der Ewigkeit zu erkennen, so herrscht unter Pluto-Saturn die Möglichkeit, das Ewige in sich selber zu erfahren.

♄ ♇
Psychologische Struktur

Ursache
Unter dieser Konstellation wird man schon feindlich in die Welt geboren und dem inneren Leitbild unterstellt, sich allem Gedeihenden und Wachsenden zu widersetzen. Man trägt die Merkmale eines Herrschers aus der Dunkelheit in sich, der bestrebt ist, sich an einer Welt des Unterganges zu ergötzen. Auf diesem Weg stellt man sich den Mächtigen (Erzieher, Lehrer) schon in der Kindheit in den Weg, deren subjektive Hymnen positiver Werte man nicht akzeptiert, auch wenn man ihnen unterliegt.

Wirkung
Das wirkt sich später aus, indem man den totalen Sieg um alles in der Welt erringen muß, um vor sich selber zu bestehen. Trotzdem dürfte es nicht leicht sein, weil man nur die größten Hindernisse auf dem Umweg zu sich selber akzeptiert – die höchsten Hürden, die die Möglichkeit des Scheiterns in sich tragen, weil man in der Psyche unbewußt zu straucheln sucht.

Hemmung

Es ist aber nicht ganz richtig, wie in vielen Büchern geschrieben steht, daß das Individuum die Selbstzerstörung sucht. Das Risiko der Vernichtung ist vielmehr der Anreiz, ein Hindernis überhaupt annehmen zu können. Denn der Mensch unter Saturn/Pluto muß dem Tod ins Auge schauen können, weil der Tod die einzige Instanz ist, vor der er sich im Grunde seines Herzens fürchtet und die er respektiert.

Kompensation

Darum wird der Geborene seine Gegner auf das Schlachtfeld zwingen, um sich die Siege zu erringen, die für ihn das Salz des Lebens sind. Die destruktive Seite der Gefühle verlangt nach Macht, die durch den Sieg über andere errungen wird. Gleichzeitig bringt dies den erbitterten Widerstand der Umwelt: ein schreckliches Manöver, welches die eigene Besessenheit auf die Alltagsbühne zwingt.

Krise

Erst die Krise macht diesem Abnützungskampf ein Ende, wenn man – als Ergebnis der eigenen Projektionen – an der Übermacht der anderen zerbricht. Die Krise ist der wahre Hauptdarsteller dieser Konstellation, welche auf totales Scheitern ausgerichtet ist, da sich nur im absoluten Mißlingen der Samen findet, aus dem die Einsicht wächst, das persönliche Ego zurückzunehmen und sich in der Heiterkeit des Geschehenlassens neu zu finden.

Lösung

Denn erst die Seele, die durch den Tod in ihrem Innersten gelernt hat, loszulassen und den Dingen ihren Lauf zu lassen, zeigt die Bereitschaft, dem Ruf Saturn/Plutos nachzukommen und der unbesiegbaren Stimme zu folgen, welche in äußerste Grenzbereiche führt, wo Einsicht ins Räderwerk des Schicksals genommen und jedes Geschehen im Leben als folgerichtig angenommen werden kann.

♄ ♇
Karmisches Modell

Karma

Im Zwielicht dieser dunklen Sterne mag sich ein Alchemist oder eine Zauberfrau verbergen, die aus der Hölle kommen und die Elixiere des Teufels in die Welt mitbringen. Sie sollten versuchen, ihr Leben in den Tiegel einzugeben, der ihre düsteren Seelen auf dem Feuer in die göttliche Glut einschmilzt. Daß dies nicht ohne Schmerzen wird geschehen können, wird jeder bestätigen, der den Prozeß der alchemistischen Verwandlung kennt. Alle besessenen und schwarzmagischen Emanationen müssen sterben, ehe das Individuum wie Phönix aus der Asche neu geboren werden kann (vgl. Pluto/Sonne).

Schicksal

Unter diesem Gestirn fehlt der Bezug zur Kindheit, weil die Überwindung des Fleisches, die Wiedergeburt des Geistes, welche diese Konstellation regiert, die spontane Entwicklung der kindlichen Gefühlswelt gar nicht zuläßt. Der Geist mag ewig sein und sich immer neue Formen schaffen, doch die Bindung an die menschliche Existenz ist der unbewußten Entwicklung unterworfen, und eine erlöste Form ist unwiderruflich dahin. Was vollbracht ist, ist dahin, und Spontanität und kindliche Gefühle gedeihen nicht unter Saturn/Pluto.

In diesem Lebenszyklus hat sich der Geborene mit dem Archetypus von Tod und Wiedergeburt auseinanderzusetzen. Er muß lernen, sich mit seiner saturnischen Form zu identifizieren und diese gleichzeitig zu vernichten, um in der Asche den Geist seiner Freiheit wiederzufinden. Denn in der Asche sind alle Fixierungen und Bindungen, die den Nativen an diese Welt jetzt zwingen, überwunden, wie sie im befreiten Geist, der aus der Asche steigt, nur noch als Idee des menschlichen Verhaltens eingelagert sind.

In seiner Sehnsucht nach Umwandlung hat das Indivuum weder Verständnis für seine noch für die Werte anderer. Sein vergangenes Karma, in dem er ohne Rücksicht auf die Umwelt seinen persönlichen Zielen nachging, kann sich in diesem Leben auf einer höheren Stufe wiederfinden, wenn er ohne Rücksicht auf seine eigenen Motive der inneren Stimme nachspürt, die ihn zu jenem Umwandlungsplatz der Psyche führt, wo er durch völlige Zerstörung erlöst und umgewandelt wird.

♄ ♇

Krankheitsdispositionen

Tod (Lebensangst)

Ist es nicht so, daß unsere ängstliche und verkrampfte Einstellung zum Tod gerade dem Archetypus von Saturn und Pluto entspricht, weil Pluto die Umwälzung einerseits verkörpert, Saturn diese Veränderung aber nicht zulassen will? Wurde der Sensenmann im Mittelalter nicht gerade darum mit Saturn identifiziert, weil es hier nicht um den Tod, sondern um unsere Vorstellung des Todes, die mit Schmerz und Loslassen verbunden ist, ging? Saturn als Sensenmann ist sozusagen das Resultat der Vorstellung unserer Angst vor dem Tod, und das ist das Gegenteil von Tod, weil die Angst mit ihren Symbolen nicht den Tod, sondern das Ende des Lebens bebildert.

Der Tod ist keine Krankheit, doch ist unser Umgang mit ihm als gestört und krankhaft zu bezeichnen, was auf eine falsche Perspektive in der Beurteilung des Lebens hinweist und uns die Bruchstelle aufzeigt, wo wir den Kontakt mit den Wurzeln verloren haben. Unsere Illusion eines aus sich selbst heraus existierenden Ichs führt zu den Dualitäten, alles zu begehren, was diesen Wünschen widerspricht. Dieses bewußte Verdrängen der natürlichen Zusammenhänge verhindert einen gelassenen Umgang mit dem Tod, mit jeglicher Umwandlung oder Transformation. Die Philosophie der Wiedergeburt ist auch die Flucht vor einer Auseinandersetzung mit dem Tod: Erlösung, die wir so lange nicht erreichen können, wie wir den Tod als Zielpunkt jeder Handlung nicht erkennen.

Um innere Ruhe zu erfahren, ist die Angst vor dem Tod zu überwinden, die Angst vor der Unerbittlichkeit der Wahrheit, daß alles sein Ende haben muß, weil es sonst keinen Anfang hätte. Darauf kann sich die Einsicht gründen, daß nur das, was keinen Anfang hat, notwendigerweise auch kein Ende braucht, weil sich die Erscheinungen in gegenseitiger Abhängigkeit regieren und somit das Prinzip von Ursache und Wirkung widerspiegeln. Solches findet sich vielleicht in der Idee des Lebens selbst, aber damit nähern wir uns den Gestaden Neptun/Plutos.

Saturn mit Pluto im Genick symbolisiert die Angst des Individuums vor dem Ende, und das ist nicht der Tod, sondern das Leben. Saturn/Pluto verkörpert die Lebensangst, die Angst vor dem Loslassen, weil sich Saturn gegen die plutonische Folgerichtigkeit wehrt, daß alles nur sein kann, weil es wieder zu Ende geht.

Weitere Symptome
– blockierte Transformationsprozesse: Zwangsverhalten, Selbstzerstörung, Besessenheit, Einwirkung von Gewalt, Fixierung, Platzangst, Agoraphobie, Verhärtungen in der Psyche (Wahrheit um jeden Preis!)
– Gelenksarthrosen, Knochenerkrankungen: Verhärtung, Kalkeinlagerung/Sklerose
– Durchblutungsstörungen

HOMÖOPATHISCHE MITTEL

Metall	Plumbum (Blei)	– Arthrosen, Sklerosen, Knochenerkrankungen – Durchblutungsstörungen, Muskelverkrampfungen – Fixierungen, Platzangst, Agoraphobie
Pflanzen	Boletus satanas (Satanspilz)	– blockierte Transformations-Prozesse: »Alchemistische Verwandlung«
	Rhamnus cathartica (Kreuzdorn)	– Gelenkrheumatismus – Hüftgelenksarthrosen – Verhärtungen im Bereich der Geschlechtsorgane – Ausscheidungsschwäche
	Secale cornutum (Mutterkorn)	– eruptive Entladungen unbewußter Ängste – Muskelkrämpfe – Verspannungen im ganzen Körper
	Ustilago maydis (Maisbrand)	– Zwangsverhalten, Selbstmordimpulse – permanente Depressiv-Suggestionen – Schwäche der Genitalorgane mit starkem Masturbationsverlangen – Harnröhrenerkrankungen
Tier	Aranea ixobola (Kreuzspinne)	– materielle Fixierungen (nicht loslassen können!) – Todesangst

		– unkontrolliertes Zuk- ken einzelner Muskeln oder Muskelgruppen
Therapie	Reinkarnationsanalysen Klistiere	– Loslassen!

ħ ♏

Transite

Allgemein

Wenn sich unter Saturn/Neptun die ängstliche Frage stellt: »Wer bin ich?«, dann findet sich unter Saturn/Pluto die donnernde Antwort: »Der, der ich bin!«

»In dem, der ich bin« steigt die Flamme aus dem Stahlbad alchemistischer Transformation empor, welche alle vergangenen Bilder verbrennt. Das entspricht dem Durchbrechen des ersten Sonnenstrahles nach der »langen Finsternis der Nacht« und symbolisiert den freien Fluß der Seele, die in der Vorstellung gefangen war.

Wenn sich dem Saturnier unter Neptun das »Ewige im Göttlichen« anbietet, dann lernt er unter Pluto das »Göttliche in sich selbst« erkennen, und das erschließt sich ihm über den alchemistischen Prozeß der Umwandlung durch Zerstörung.

Beispiele □ 3/6

Eine Stripperin/Artistin bekam während der Saturn-Revolution (Transit zu seinem Geburtsstand) eine schwere Hüftgelenksarthrose, die ihr die Weiterbeschäftigung in Nachtlokalen verunmöglichte.

Im Laufe der Konsultation kam zum Vorschein, daß sie darüber nicht sehr unglücklich war, weil sie sich zum Strippen nur durch ihren Freund veranlaßt sah, der mit ihr zusammen als Messerwerfer in der Show auftrat. Gleichzeitig fand sie aber nie den Mut, ihrem Partner Lebewohl zu sagen, weil sie eine starke gefühlsmäßige Beziehung an ihn band.

Durch dieses Leiden wurde sie gezwungen, loszulassen. Ihr Freund suchte sich sofort eine andere, als er von ihrem Leiden erfuhr. Heute ist sie zwar schwer gehbehindert (sie hat künstliche Hüftgelenke), aber sie bekommt eine kleine Rente und holt das Abitur auf dem zweiten Bildungsweg nach.

Ein Bauunternehmer, dessen Firma kurz vor dem Ruin stand, verkaufte heimlich seinen Fahrzeug- und Maschinenpark und emigrierte kurzerhand mit seiner Frau nach Südamerika. Während der Auslösung der Radix-Achse durch den transitierenden Saturn in Haus 7 (Pluto in 4, Saturn in 10) verliebte er sich dort in ein junges Mädchen, worauf ihn seine Frau kurzerhand verließ und zurück nach Deutschland flog. Als er ihr sofort nachreiste, um sie zurückzuholen (rückläufiger Mars trat in Spannung zur Achse!), mobilisierte sie die Polizei, die ihn am vereinbarten Treffpunkt wegen Unterschlagung und Steuerhinterziehung verhaften sollte.

Sein Instinkt ließ ihn aber zur Verabredung viel zu spät erscheinen, und so wurde er gerade noch Zeuge, wie sich seine Gattin von zwei Herren verabschiedete, die in ein Polizeifahrzeug einstiegen. So kehrte er nach Südamerika zurück und heiratete das junge Mädchen, welches gut und gerne seine Tochter hätte sein können. Mit ihr verbinden ihn heute vier Kinder. In seiner Heimat gilt er als vermißt.

Zusammenfassung

Vor jeder neuen Erfahrung lauert der Tod, der notwendig wird, um aus der Hülle herauszuwachsen, die man für sein Schicksal gehalten hatte. Erst dann kann man eine neue Mitte finden, die weit entfernt von dem liegt, was man innerhalb seines alten Rahmens für möglich hielt.

ħ ☽

ARCHETYPEN & SYMBOLE

Thema	Stirb und Werde
Ziel	Verlust, Zerstörung
Sinn	Transformation
Berufung	Spiritist, Schamane
Symbol	Hexenkessel
Mythen	Phönix (Symbol der ewigen Erneuerung); die 4 apokalyptischen Reiter
Sabbat	Halloween
Plagen	Pest, Krieg, Hunger, Tod

Archetyp	Tod
Zeichen	Sense, Stundenglas
Kultstätten	Bikini-Atoll; Wüste Gobi
Duft	Fäkalien; Stinkmorchel
Pflanze	Satansröhrling
Baum	»Galgenbaum«
Tiere	Geier, Schakal, Wurm, Totenuhr
Landschaft	zerbombte Städte
Ort	Friedhof, »Stilles Örtchen«
Edelstein	Onyx, schwarzer Opal
Farbe	schwarz
Form	zerfallen, zerstört
Bauten	Ruinen
Tanz	Geister- und Totentänze
Ritual	Defäkieren
Instrument	»Trommelfeuer«; Kesselpauken
Oper	»Der fliegende Holländer« von Richard Wagner
Oratorium	»Das Buch mit 7 Siegeln« von Franz Schmidt (Johannes-Offenbarung)
Holzschnitt	»Apokalypse« von Albrecht Dürer
Malerei	»Die Pest« von Arnold Böcklin; »Floß der Medusa« von Théodore Géricault
Alte Schrift	»Tibetanisches Totenbuch«
Dichtung	»Die Elixiere des Teufels« von E. T. A. Hoffmann
Erzählung	»Der Untergang des Hauses Usher« von E. A. Poe
Zitat	»Doch sieh! ein kriechend Wesen schleicht jetzt langsam auf die Menge zu – von Blut gerötet wand es sich aus einer Höhle Einsamkeit.

Es naht! – Es naht! Zum Fraße raubt's
die angstzerquälten Seelen sich,
die Seraph' seufzen, da des Wurmes Zahn
des Menschen Leib benagt.
Die Lichter löschen alle – alle,
und über jede schaudernde Gestalt
sinkt mit des Sturmes Macht
der Vorhang hin – ein endlos Leichentuch.
Die Engel, bleich und blaß,
erheben und entschleiern sich,
und nennen dieses Drama ›Mensch‹,
und seinen Held den ›Sieger Wurm‹.«

(Edgar Allan Poe in »Ligeia«)

URANUS

Wenn Saturn der Hüter der Schwelle ist, unsere Grenzen auch unter Vorspiegelungen falscher Tatsachen zu bewachen (»daß die Welt unserer persönlichen Vorstellungen die Wirklichkeit wäre und wir uns ruhig mit diesen Vorstellungen identifizieren sollten«), dann ist Uranus die Lanze, mit der wir den Hüter besiegen und uns den Weg zur Wahrheit freikämpfen können, bis wir uns der Relativität wenigstens bewußt werden, daß die Wahrheit außerhalb ihres Rahmens nur das sein kann, was wir durch unsere eigenen Spannungen loswerden wollen: nämlich Wahrheit oder Lüge, Himmel oder Hölle, Haben oder Sein.

Während Saturn uns den Lebensbereich anzeigt, den wir auszumessen und uns einzuverleiben haben, zeigt uns Uranus die Lebensräume, deren Mobiliar wir zu relativieren haben: wo wir die Subjektivität unserer Sinne im Anlegen eines Inventars miteinzubeziehen haben und damit für die objektive Wahrheit empfänglich werden. Meist geht deshalb der positiven Wirksamkeit des Uranus eine Realitätskrise der von Saturn inventarisierten Welt voraus, eine Krise, welche die Grenzen der bis dahin ausgeschöpften Welt sichtbar macht.

Kein anderer Planet ist so widersprüchlich wie unwidersprüchlich oder so widersprüchlich unwidersprüchlich wie er. Denn er ist der Gott, der über die Logik so weit hinausgegangen scheint, bis dem Ergebnis ihrer Schlüsse nur noch Vision zu werden übrigbleibt. Denn er beginnt genau dort, wo alles Begriffliche aufhört. Saturn symbolisiert die Grenzen des Bewußtseins, Uranus hingegen die kreative Kraft des universalen Geistes, der alle Grenzen aufbricht: Er verkörpert die Ausweitung des intuitiven Erkennens auf Gebiete jenseits der Grenzen von Zeit und Raum. Der gewaltige, schon seit Jahrzehnten andauernde Umbruch der geistigen und materiellen Weltanschauung ist ihm zuzuschreiben, wenn die Sichtbarwerdung ihrer Gefahren in jüngster Vergangenheit auch eher auf das Wirken Plutos im Skorpion zurückzuführen ist. Oder anders herum: Die Schwingungen Plutos im Skorpion machen die Menschenseele reif, den Früchten uranischen Wirkens auch auf ihrer *Haben*-Seite zu begegnen. Denn die materielle Wirkung von Uranus zielt vornehmlich auf die Gebiete von Technik und Physik und hat nicht unwesentlichen Bezug zur Atomphysik, Kybernetik und Astronautik.

Mit anderen Worten ist Uranus also ein Gestalter sowohl der Zeit als auch des Raumes, nur daß seine Visionen von Raum und Zeit sich in viel größeren Dimensionen gestalten, als wir uns das durch die irdisch-saturnale Brille vorstellen können. Seine Berührung mit unserer Psyche ist anschaulich verkörpert in der Symbolgestalt des *Prometheus,* dessen plötzlich aufbrechendes Bedürfnis nach Erweiterung seines Horizontes ihm den Wunsch eingab, das Feuer der Götter vom Himmel zu holen und es für die Menschen nutzbar zu machen. Uranus überfällt einen wie ein plötzlich hereinbrechendes Gewitter, das das Inventar, also das, was man vorher für seine Wirklichkeit gehalten hat, hinwegfegt, und zwar so gründlich, daß die Welt nachher nie mehr so aufgebaut werden kann, wie sie vorher war.

Diese losgelassenen und unkontrollierten Kräfte sind vonnöten, um der nach Wachstum strebenden Psyche gegen die Denkbarrieren und Abwehrmechanismen der inventarisierten Welt im Durchstoßen der Grenzen den nötigen Schwung zu geben. Sie zwingen uns zu einer durchgreifenden Veränderung unserer Sichtweisen und zu der damit verbundenen Neubeurteilung der Welt, welche der vergrößerten Perspektive Rechnung trägt, aus der wir das Geschehen kommentieren. Psychologisch könnte man das so veranschaulichen, daß das zur Integration bereite Unbewußte in Form von noch unstrukturierten Gefühlen und Erkenntnissen als Vision oder Idee ins Bewußtsein schimmert und den Zwang auslöst, diese auf eine umfassendere Weise jetzt verstehen zu wollen und ihrem Drängen nachzugehen, ganz egal, wohin der Weg führt.

Damit avanciert Uranus zum großen Befreier aus den Fesseln der Materie, zum Erwecker aus dem Schlaf der eigenen Bilder oder zum Wegweiser aus den Polaritäten unseres Denkens in die Bezirke, wo alle Gegensätze verschwinden und man in einem Wetterleuchten tiefster Wahrnehmung alle getrennten Formen als Teile eines übergeordneten Ganzen erahnt. Damit lassen sich alle Gegensätze dahin zurückverbannen, wo sie jetzt hingehören: nämlich in das Polaritätsprinzip des menschlichen Denkens.

Uranus symbolisiert aber auch dieses gefährliche, durchschneidende Erkennen, losgelöst von jedem menschlichen Gefühl, von jeder persönlichen Proportion, das jegliches Maß verlieren kann. Dann wird aus dem Wunsch, sich selber außerhalb der Gesetze neu zu entdecken, der persönliche Größenwahn, sich mit diesem erkannten Größeren zu personifizieren und sich als gottähnlich zu erleben.

Der Wahnsinn des Geistes, der sich mit den von Uranus verkörperten Kräften identifiziert, ist der Traum der Weltherrschaft durch und für sein Erkennen. Diese Visionen können völlig von ihm Besitz ergreifen und die ganze Macht seines Unbewußten heraufbeschwören, auf deren Altar er am Ende aber selber hingeschlachtet wird. Denn nähert er sich dem Strom seines inneren Feuers aus einer persönlich eingeengten Perspektive, dann wird ihm die Wucht des Erkennens die Perspektive zertrümmern.

Wir alle kennen dieses Phänomen, wenn wir z. B. durch ein hohes Fieber unfreiwillig unserer wahren inneren Energie ausgesetzt werden, oder wenn wir ins Sperrfeuer unserer depressiven Bilder und Assoziationen geraten, aus deren Fängen uns nur die Aufgabe unserer bewußten Persönlichkeit befreit. Solange wir uns diesen unbewußten Kräften aber nicht ohne Einbezugnahme unseres Egos öffnen können, solange ist vom Benutzen dieser jenseits von Saturn gelegenen Bewußtseinsströme dringend abzuraten, weil solches zu einer Reise ohne Rückfahrkarte führt.

Das große Los der von Uranus dimensionierten Möglichkeiten aber ist, uns selber als ein kleines Wassertröpfchen im riesigen Meer des Ewigen zu erfassen und gleichzeitig die innere Struktur des Ewigen zu erhaschen, welche umgekehrt ein Teil in uns ist. Um dieses uranische Bewußtsein aber zu erreichen, müßten wir uns von unseren geschlechtsspezifischen Instinkten wieder trennen, um eine zwitterhafte Wesensart zu leben, die den Kanälen polarisierender Spannungen entzogen ist. Denn das uranische Spektrum filtert aus dem kosmischen Reigen eine Perspektive, in welcher jeder mit jedem Bestandteil verbunden ist. Jeder Bestandteil dieses Ganzen spiegelt in seinem Inneren seine Beziehung mit der Gegenwart als auch seine Verbundenheit mit der Zeit, in welcher die Gegenwart nur ein beständiger Augenblick ist und die Entwicklungen der Zukunft eine Form des potentionellen *Seins*.

Je mehr sich der Mensch von seinem ihn umgebenden Alltag vereinnahmen läßt, desto mehr entfernt er sich von seiner uranischen Möglichkeit, die Dinge ohne seelische Verbundenheit und persönlichen Kommentar einfach geschehen zu lassen, um aus dieser meditativen Gelassenheit blitzartig den inneren Plan jeglichen Geschehens in einem größeren Zusammenhang zu erfassen. Deswegen tragen Visionen ja auch den Mantel plötzlichen Erkennens. Zur Veranschaulichung läßt es sich auch so ausdrücken, daß wir nicht mit dem Fernrohr in der Welt herumreisen müssen, um die Wirklichkeit vors Glas zu kriegen, wenn wir nur die richtige Brennschärfe einzustellen haben. Denn wir sind nicht außerhalb der Wahrheit, wir sind innerhalb von ihr, auch wenn wir unsere Denkfrequenz nicht auf sie auszurichten vermögen. Nicht das Unsagbare ist das Irreale, sondern unsere begrenzte Weltvorstellung, deren selbstbemessenen Rahmen wir als kulturelles Erbe zu bewahren haben und nicht in die Luft zu jagen wagen.

Die uranische Dimension kann allerdings nicht abgehandelt sein, solange wir die Identifikation mit dem Besonderen und Ewigen, wie sie durch uns Menschen in den Alltag übertragen und in unsere Motivationen hineingetragen werden, in ihren Auswirkungen auf unsere Gesellschaft nicht auch angesprochen haben. Denn gerade zum gegenwärtigen Zeitpunkt befindet sich unsere Welt in der Lage, wo sich überpersönliche oder kollektive Verbände (Umweltschützer, Rüstungs- und Atomkraftgegner) anschicken, sich den materiellen Interessen überzulagern.

Überspitzt ausgedrückt macht es keinen Unterschied, ob ich mich um meinen persönlichen Wohlstand kümmere oder mich gegen die Armut in der Welt einsetze, ob ich einem technischen Fortschrittsglauben huldige oder mich gegen die Umweltzerstörungen stark mache. Immer handelt es sich um eine Fixierung auf ein inneres Bild, welches einen Beziehungsrahmen benötigt, aus welchem heraus es sich als einzig richtig taxiert und alles ihm sich Widersetzende als falsch.

Diese Philosophie wird bei vielen Lesern aus moralischen Erwägungen heraus zwar Widerspruch erzeugen: «Wie kann das Streben um den eigenen Vorteil mit der Bekämpfung sozialer Ungleichheiten gleichzusetzen sein?» Das aber ist es gerade, was uns die Uranus-Komponente mit unendlicher Gelassenheit beizubringen versucht. Es gibt außer der Perspektive unserer moralischen Wertungen gar keine Unterschiede, und die moralischen Werte sind wiederum gebunden an den herrschenden Zeitgeist, der sie beurteilt, und der setzt sich in seiner Identifikation mit dem erkannten Neuen vom überwundenen Alten immer ab, egal, was für moralische Werte hinter deren hochgehobenen Parolen stehen.

Wenn ich durch meine innere Anlage also gebunden bin, etwas zu tun, was die herrschende Meinung als gut bezeichnet, so tue ich es nicht, weil es gut ist, sondern weil die Verkörperung von etwas Gutem der Lösung meiner inneren Spannungen gut tut (Mutter Theresa, Albert Schweitzer, Rudolf Steiner etc.). Glück hat also der, dessen Verwirklichung seiner inneren Anlagen ihn zu Lösungsmöglichkeiten zwingt, die mit den Verwirklichungen der kollektiven Psyche, welche sich im Zeitgeist niederschlagen, übereinstimmt.

Wir müssen bei allen uranischen Höhenflügen darauf achten, daß wir die Vision für eine bessere Welt nicht als Rechtfertigung für die eigene Verdrängung nehmen, die Kämpfe und den Einsatz für mehr Gerechtigkeit nicht als bloße Projektion hochheben, um den inneren

Schweinehund zu bekämpfen und unser eigenes Problem dem politischen oder sozialen Gegner anzudrehen, der damit wirklich nichts am Hut hat.

⛢ ☉
Uranus – Sonne

Wirkungsstufe I   a) Konjunktion
                      b) Quadrat
                      c) Opposition

            II   a) Uranus in Haus 5
                      b) Sonne in Haus 11
                      c) Sonne in Wassermann
                      d) Quincunx

          III   a) Hausspitze 5 in Wassermann
                      b) Hausspitze 11 in Löwe
                      c) Herrscher von Haus 5 in Haus 11
                      d) Herrscher von Haus 11 in Haus 5
                      e) Trigon

          IV   a) Herrscher von Haus 5 in Wasser-
                          mann
                      b) Herrscher von Haus 11 in Löwe
                      c) Sextil

Zwischen Uranus und Sonne fehlt die cherubinische Harmonie, und zwar deshalb, weil beide »Sonnen« sind. Unsere Sonne reflektiert den bewußten und sichtbaren Teil und Uranus den visionären, unbewußten. Denn Uranus ist der Übermittler unsichtbaren Lichts und zieht alle Ziele, welchen die Sonne auf der Erde leuchtet, am Ende aller Tage in die unsichtbare Welt zu sich, zur Lossprechung von unseren materiellen Bildern, oder symbolischer: zur Loskettung von unseren Fesseln am Tage des »Jüngsten Gerichts«.

Dieses Gleichnis steht für die Entwicklung des Menschen, die zentrierten Fixierungen an die überlieferten Bilder früher oder später in den größeren Rahmen erleuchteter Schöpfungsvisionen überzuführen, was aus materiellerer Sicht aber ebenso berechtigt auf einen Weg ins Chaos schließen läßt. In diesem Sinn ist Ende und Anfang, Zerstörung und Aufbau identisch und Uranus die Synthese von Tod und Leben, Frühling und Fäulnis, was dem innersten Wesen des Unsichtbaren entspricht.

Gerade diese Antipoden, die in der Verbindung ihrer Kräfte (welche dem Menschen aus dem Zusammenführen ihrer Widersprüche erwüchsen) unmittelbar ins Licht führen, zeigen gleichermaßen tiefstes Dunkel an, solange sie noch unvereinigt sind. Und das ist beim Start ins Leben meist der Fall.

Der Geburt ging die Ablehnung der Mutter voraus, die sich gegen die Rolle der Schwangerschaft wahrscheinlich wehrte, sei es, daß sie sich in ihrer Weiblichkeit selbst nicht darstellen wollte, sei es, daß sie sich in der Rolle der Erzieherin überfordert sah. Möglicherweise injizierte aber auch eine Ablehnung der eigenen Mutter bzw. der eigenen Weiblichkeit tief im Unbewußten ein ablehnendes Gefühl gegenüber der eigenen Mutterrolle. Auf alle Fälle kommt es zur Bedrohung des Horoskopeigners bereits im Mutterbauch: durch die direkt beabsichtigte Gefährdung des noch Ungeborenen als Versuch der Schwangerschaftsunterbrechung.

Diese Gefährdung, welche sich in den Strukturen des Kindes schon während der Empfängnis spiegelt, wird zur ersten Erfahrung des Geborenen. Sie nistet sich als unterschwellige Lebensbedrohung im instinktiven Lebensverhalten ein und wird von dort aus als unbewußte Abwehr gegen jegliche Anpassung an die Bedingungen der Umwelt in den Alltag einbezogen. Wie eine unterschwellige Angst, die hochsteigt, eine Reaktion auf das Leben, etwas abzuwehren. Dadurch kommt es zur ständigen Rebellion, zum Ausbruch.

Menschen mit harmonischen Uranus/Sonne-Aspekten (Trigon, Sextil) fällt es naturgemäß leichter, das Resultat dieser bedrohlichen Voraussetzungen – nämlich spirituelle Einsicht – mit ihrem Leben zu vereinen. Sie stehen mit höheren Dimensionen in Verbindung und können unbewußt zu Wellenbrechern des noch unentdeckten Zeitgeists werden, wenn andere dem Geist der Zukunft noch völlig fassungslos begegnen.

Unter aggressiveren Aspekten (Konjunktion, Quadrat, Opposition) muß man durch das Fegefeuer des unvorstellbaren Erkennens bewußt hindurch, und man kann die neuen Erkenntnisse auf den Fundamenten des überlieferten Wissens nicht mehr unterbringen. Damit ist man gezwungen, diesen Aspekt durch sein eigenes psychisches Chaos solange darzustellen, bis man die Plattform jener geistigen Radnabe erklommen hat, in deren Zentrum die Widersprüche aller Lebensläufe zusammenfallen, weil diese nur in unserem Bewußtsein existieren. Man hat Schwierigkeiten, den Wald vor lauter Bäumen zu erkennen, weil man von seinen eignen Visionen einfach überfahren wird.

Die ganze Gesellschaft wird dabei zur Beengung: Man sieht sich durch die Forderungen der Welt ständig unter Leistungsdruck gesetzt. Die innere Unruhe, welche auch das Mißtrauen gegen das Leben in sich trägt, reagiert unverhältnismäßig auf jeden Einfluß. Die seelische Rastlosigkeit drängt in das Leben: Man will vor der Gefährdung davonlaufen. Da in dieser Gefährdung aber die eigne Schwangerschaftsgefährdung eingebettet ist, will man im Grunde vor sich selbst davonlaufen.

Dieses »Vor-sich-Davonlaufen« wird durch die Beständigkeit in einen Lebensrhythmus umfunktioniert, in dem die Unruhe ein Teil des persönlichen Verhaltens wird. Es kommt zum ständigen Anrennen gegen die gewohnten Pfade, zum ständigen Ausbruch aus den von der Gesellschaft angebotenen Verwirklichungsmöglichkeiten. Der Gedanke schon an die Einbindung in die Gesellschaft wird zur Bedrohung – eine unbewußte Aversion gegen alle unausgesprochenen Anforderungen und Erwartungen.

Die Befreiung aus den Erwartungen der Welt entsteht in einem freiwilligen Überdrehen der Ansprüche, indem man die Forderungen der Umwelt übertreibt und sich die Felder der Tätigkeit aussucht, welche die Unruhe absorbieren: in denen Hektik und Aufhebung des Alltäglichen schon einbezogen sind. So will man die Angst von sich aus lösen, indem man die Angst immer wieder hervorzwingt und ihr bewußt begegnet. Auf dem Höhepunkt dieses Prozesses kann der Wunsch nach Wiederholung hochsteigen, nach Wiederholung der vorgeburtlichen Prägung, welche durch den bewußten Suizidversuch eine unbewußte Schwangerschaftsbedrohung wieder ausgleicht.

Aus dieser Blockade im seelisch-körperlichen Erleben wächst der Wunsch im Inneren, die ganzen Voraussetzungen, die zur Blockade führten, wieder aufzuheben. Da es aber die eigenen Mechanismen sind, die in den Alltag hochgehoben, über geeignete Bezugspersonen nur auf die projizierten Probleme zurückreflektieren, haben wir hier das Syndrom vorliegen, ständig über seine eigene Hülle hinauszuwachsen und einen Blick in den Himmel tun zu wollen, von dem man annimmt, daß er jenseits der eigenen Probleme liegt.

♂ ☉

Psychologische Struktur

Ursache
Die latente Unruhe unter diesem Zeichen dürfte ihre innere Ursache in den vorgeburtlichen Begleitumständen haben. Das Kind war unerwünscht, sollte nach den Wünschen seiner Eltern vielleicht gar nicht geboren werden; auf jeden Fall ging der Geburt die Bedrohung des Ungeborenen voraus.

Wirkung
Durch diese unterschwelligen Bedrohungen schon im Embryonalzustand fühlt sich der Mensch in seiner Existenz nicht nur bedroht, sondern innerhalb der Bedrohung auch nicht ernstgenommen. Denn irgendwie ist es ihm bewußt, daß er seine Existenz nur dem Umstand verdankt, daß nicht einmal seine Verhinderung ernstgenommen wurde und die erwogene Abtreibung wahrscheinlich nur aufgrund eines Versäumnisses unterblieb.

Hemmung
Dadurch fühlt er sich dauernd unter Druck gesetzt. Unterschwellige Vernichtungsängste assoziieren sich ihm zur immerwährenden Gefährdung. Sie bestimmen seinen emotionalen Background, wachsen sich zum unbewußten Verlangen aus, aus seiner eignen Form herauszubrechen und dabei die Hülle zu sprengen.

Kompensation
Schließlich mutiert der innere Zug nach Unabhängigkeit zu einer Bewegung aus der Form, und der Geborene versteigt sich zu der Annahme, tun und lassen zu dürfen, was er will. Er fühlt sich in der Lage, alles in Frage zu stellen und ohne Rücksicht auf Verluste zu neuen Ufern aufzubrechen.

Krise
Auf dem Gipfel dieses Aktes, alle Werte zu zerbrechen, um die unbewußte Erinnerung an die eigene Vernichtung loszuwerden, kann die Krise ausbrechen, die ihn zwingt, sein Karma nicht nur anzunehmen, sondern als Motor zur Einsicht zu benutzen, daß seine Realität durch die Art seiner eigenen Wahrnehmung geschaffen wird und demnach die Verantwortung für alles, was ihm von außen zustößt, bei ihm selber liegt.

Lösung

Daraus läßt sich die Möglichkeit ableiten, daß er umgekehrt auch in der Lage ist, sich durch Einsicht und bewußte Kenntnisse zu ändern. Sein Bewußtsein ist die Steuerungszentrale dieser Kräfte, welche die Möglichkeiten haben, seine eindimensionale Wahrnehmung in die aufgebrochene Wirklichkeit einer mehrdimensionalen Kosmosophie zu tragen.

♂ ☉

Karmisches Modell

Vorgeburt

Man könnte sich hier einen Eulenspiegel vorstellen, der mit der Einfältigkeit seiner Mitmenschen Schabernack trieb und, indem er ihnen ihre Dummheit vor Augen hielt, sie im gleichen Atemzug auch noch bloßstellte.

Nun mag er lernen, diese kühle Distanz selber zu ertragen, indem er die emotionale Kälte, den spielerischen Zufall, durch den ihn das Schicksal in die Welt schlüpfen ließ (Sein oder Nichtsein war nicht einmal die Frage), annimmt und darin sein vergangenes Karma erkennt, mit den Werten seiner Mitmenschen nur jongliert zu haben, ohne je im Herzen von ihnen berührt worden zu sein.

Kind

Kinder unter diesem Signum sind ungemein kreativ und beweglich, haben aber Schwierigkeiten, sich in eine Sache zu vertiefen. Die innere Angst, ständig auf der Hut sein zu müssen (vorgeburtliche Bedrohungsangst!), verhindern Konzentration und auch Routine, verleihen aber auch einen unerschöpflichen Drang nach immer neuen Abenteuern.

Die karmische Voraussetzung, sich in seinen Gefühlen nicht spüren zu können, zwingt das Kind zu Handlungen, in deren Verrücktheiten es seine innere Unruhe unterzubringen versucht. Umgekehrt ist die kühle Beziehung zu den Eltern aber auch Voraussetzung, die Umwelt zu provozieren, weil nur von der Reaktion der anderen auf die eigene Identität geschlossen werden kann.

Mann

Sein inneres Dilemma ist die Angst, sich selber als Mann nicht akzeptieren zu können, und darum wird auch Konkurrenz und Widerspruch nicht gut ertragen. Die Angst vor Auseinandersetzung ist so groß, daß er sich bei den leisesten Anzeichen von Herausforderung von allen bestehenden Banden losreißt, um jedem Streit, der immer wieder das Geburtstrauma auslöst, aus dem Weg zu gehen.

Die Voraussetzungen sind daher nicht gut, weil die unterschwellige Erinnerung an die Gefährdung im Mutterleib die Identität als eigene Wesenheit erschwert. Und da diese innere Verunsicherung der Welt nicht gezeigt werden will, versteckt sie sich hinter Widerspruch und Exzentrizität.

Frau

Für die Frau sind die Voraussetzungen ein bißchen besser, weil sie sich mit der Mutter leichter identifizieren und die Schwangerschaftsgefährdung dabei auf den Mann übertragen kann, den sie an Kindes Statt jetzt »adoptiert«.

Ihre Selbstsicherheit ist dabei nicht so groß, wie sie es sich selber gerne vorlügt. Das kompensiert sie dadurch, indem sie darauf besteht, alles machen zu dürfen, nach was es sie zu tun gelüstet. Deshalb dürstet sie nach einem Mann, der ihr das Gefühl gibt, stark und unabhängig zu sein, indem er sich ihr unterwirft und sie damit in die Mutterrolle katapultiert, in der sie über seine Existenz herrscht. Damit ist die Voraussetzung erfüllt, das Vorgeburts-Trauma zu wiederholen, allerdings mit vertauschten Rollen. Jetzt ist sie die Frau, welche den Mann quält (das Kind gefährdet!), weil er gleichzeitig mit seiner Unterwerfung auch ihren Respekt verliert.

Eltern

Unter diesem Aspekt ist es sehr schwer, Verantwortung für Kinder zu übernehmen, weil man ja immer selber auf dem Sprung ist, auszubrechen, sobald einem die Umwelt auf die Füße tritt. Panikartige Angstzustände können bei werdenden Müttern ausbrechen, wenn die embryonalen Erinnerungen aus der Tiefe auftauchen und sich ins Bewußtsein drängen. Als Verhinderung dieser Bewußtwerdung kann es zum symptomatischen Verhalten kommen, sich von allem loszureißen (abzutreiben!), was einem mit den vorgeburtlichen Assoziationen konfrontiert.

⚇ ☉

Krankheitsdispositionen

Hypertonie (Bluthochdruck)

Der Blutdruck resultiert aus dem Wechselspiel zwischen Blut und Gefäßen. Wenn das fließende Blut die Sonne symbolisiert, so können wir uns unter den begrenzenden Gefäßwänden Saturn vorstellen, denn Saturn verkörpert die Beengung. Entspricht das Blut der Stimme des Herzens, so entsprechen die Gefäße den Anforderungen der Gesellschaft, welche die Ströme des Herzens regulieren.

Uranus hingegen entspricht der Aufhebung, dem Ausbruch aus den gesellschaftlichen Begrenzungen. Begegnet Uranus der Sonne, so peitscht er das Blut durch die Kanäle, um den Ausbruch aus den Konventionen einzuleiten oder wenigstens die Bereitschaft zum Ausbruch sicherzustellen. Das entspricht auf der psychologischen Ebene dem gespannten Verhalten, immer auf der Hut zu sein, weil die vorgeburtlichen Erfahrungen ständig die Bereitschaft ankurbeln, sofort auszubrechen, wenn Gefahr im Anzug ist. Denn die Häscher sind immer unterwegs.

Schon der Gedanke an die Einbindung in die Gesellschaft (die Verbrüderung mit den »Schlächtern«) wird zur Bedrohung. Ständige Fluchtbereitschaft unterstützt diese Erregung in der Erwartung, daß sich die Spannung in Handlung umsetzt und damit erlöst. Wird ein solcher Ausbruch aber nicht gelebt, so kann die vermehrte Energie, wie sie vom Kreislaufsystem bereitgestellt wird, nicht entschärft werden, was sich in erhöhtem Blutdruck niederschlägt.

Herzrhythmusstörungen

Wenn der Ausbruch nicht Realität wird, also in der Vorstellung steckenbleibt, bleiben auch die uranischen Kräfte im hohen Blutdruck stecken, weil sie weder durch Selbstbeherrschung noch Vernunft abgebaut werden können. Diese unerlöste Spannung greift auf das Herz über. Da der Geborene sich nicht getraut, seine Ängste anzunehmen und die Ausbrüche zu leben, da sie seine gesellschaftliche Funktion erschüttern, beginnt das Herz ihn zu erschüttern.

Herzinfarkt

Aber irgendwann ist Schluß. Die unterdrückte Aggression führt zum Hochdruck, die Angst vor einem Ausbruch zur Verengung der Gefäße. Druck und Gegendruck lassen das immer stärker pulsierende Blut durch die immer enger werdenden Kanäle (Saturn!) schießen. Das

Herz stottert, rast und galoppiert... bis es kollabiert und den Betroffenen aus allen Begrenzungen herauskatapultiert!

Weitere Symptome
– Herzenge, Herzschwäche, Kreislaufstörungen (siehe unter Saturn/ Sonne)
– Unfall, Verletzungen, Unfallschock (Saturn/Uranus)
– motorische Störungen (Uranus/Merkur)
– unterschwellige Bedrohungserwartungen, Beengungspsychosen (Irresein: Uranus/Pluto)

HOMÖOPATHISCHE MITTEL

Chemische Verbindung	Glonoinum (Nitroglyzerin)	– Kollaps
Chemisches Element	Phosphorus (Phosphor)	– »Auf dem Sprung«- Sein, Ausbruchs- und Zerstörungslust – Paranoia, Neigung zu Phobien – nervöse Unruhe, schwerste Angstgefühle – Herzflattern, Herzrhythmusstörungen
Pflanzen	Aconitum napellus (Echter Sturmhut)	– Beengungspsychosen, Bedrohungserwartungen – Verfolgungswahn, Spannung und Verkrampfung – Alpträume, Horrorvisionen – Delirium, Zerstörungswut
	Arnica (Bergwohlverleih)	– Angina pectoris, Herzerweiterung (Sa/So) – Herzinfarkt – Verletzungen, Schmerzen, Unfallschock

135

Camphora (Kampferbaum)	– Kollaps (Herzstimulanz für den Notfall)	
Digitalis (Fingerhut)	– Hypertrophie mit Herzerweiterung	
Kalmia latifolia (Berglorbeer)	– Herzklopfen, Herzstechen, Atembeschwerden – unregelmäßiger Puls – Kräfteverfall, Schwindel, Schwäche – motorische Störungen (Ataxie)	
Veratrum album (Weiße Nieswurz)	– Angstzustände, Bedrohungserwartungen, Wahnideen – Schmerzen, Beengungssangst, Erregung – Herzverkrampfung, Herzversagen	
Therapie	– Biofeedback – Eurythmie – Schattenboxen (Tai Chi) – Urschrei	Steuerung des Herzschlags »Hau den Häschern in die Fresse« Wiederholung des Geburtsschocks

♅ ☉

Transite

Allgemein

Uranus-Transite zur Sonne oder andere Transite zu einer Uranus/Sonnen-Verbindung (Progressionen, Alterspunkte, rhythmische Auslösungen etc.) lassen sich oft mit einer erstaunlich hohen Trefferquote prognostizieren. Denn Uranus verkörpert immer eine Wende; er ist das Symbol der plötzlichen Veränderung, die sich auf leisen Sohlen anpirscht. Wenn sich der Saturneinfluß durch langsam anwachsenden Druck ankündigt, durch stetiges Ansteigen von Widerstand und Hemmung, dann überkommen uns die Uranuseinwirkungen völlig überraschend: sie überfallen uns so unvorbereitet, daß wir keine Chancen zur Verdrängung oder Abwehr haben.

Dies ist mit einer Bootsfahrt durch dichten Nebel zu vergleichen. Wenn man im Nebel einen Dampfer vor sich auftauchen sieht, kommt jede Reaktion zu spät. Dort aber, wo sich ein Zusammenstoß durch eine Kursänderung noch leicht vermeiden ließ, dort sieht man die Gefahr noch nicht.

Beispiele ♂ 12

Während des laufenden Jupiter-Übergangs wurde eine latente Unfruchtbarkeit offenkundig, mitverursacht durch eine weitere, schwangerschaftsfeindliche Aspektierung Saturn/Venus/Mond.

Beim gleichzeitigen Transit des schnellaufenden Mars (in harmonischer Aspektierung zu Saturn in Haus 2) kam es bei der Geborenen zu einer akuten Gebärmutterentzündung, in deren Auslösung eine jahrelang verschleppte Gebärunfähigkeit zum Vorschein kam. Die Eierstockausgänge waren so überwuchert, daß keine Eizellen mehr in den Uterus gelangten, was mit einem operativen Eingriff aber relativ leicht zu beheben war.

☐ 10/1

In der Zündung dieser Spannung durch den stationären Mars (über Uranus im ersten Haus) kam es zu schweren Schüben von Größenwahn und Paranoia. Der Horoskopeigner, der seit vielen Jahren in okkulten Kreisen verkehrte (Saturn/Pluto-Konjunktion Spitze 3), fühlte sich plötzlich dazu auserkoren, seiner inneren Stimme zu folgen und die Wahrheit zu verkünden, die sich ihm offenbarte.

Das führte im Alltag zum ungestümen Verlangen, aus den beruflichen und familiären Banden auszubrechen und einen magischen Zirkel zu gründen, in dem er seine Stimme zum absoluten Gesetz erheben konnte – sah er sich doch als Inkarnation eines berüchtigten, zur Zeit seiner Zeugung verstorbenen Magiers.

Parallel dazu entwickelten sich psychische Einschnürungs- und Beengungsgefühle, da er sich durch sein Umfeld unter Erwartungsdruck gesetzt fühlte, den Menschen zu besseren Einsichten zu verhelfen. Hierauf reagierte er mit Herzrhythmusstörungen.

Zusammenfassung

Uranus/Sonne können bei starker Aspektierung im Radix Schnittpunkte markieren, deren Auslösungen wie ein Blitz aus heiterem Himmel einschlagen. Wenn es uns nicht gelingt, diese Kräfte zu absorbieren, kann unser ganzes Weltgebäude wie ein Kartenhaus zusammenfallen.

☿ ☉

ARCHETYPEN & SYMBOLE

Thema	Tu was Du willst!
Ziel	Befreiung
Sinn	Selbstverwirklichung
Berufung	Scharlatan, Zauberlehrling, Clown
Symbol	geflügeltes Ei
Mythen	Ikarus; Thyl Ulenspiegel
Sabbat	29. Februar
Götter	Dionysos und sein Gefolge
Dämonen	Satyrn
Archetypen	Merlin; Simon Magus (Flugversuche unter Nero im römischen Theater)
Zeichen	Lemniskate (liegende Acht)
Kultstätte	Abtei Thelema (zu Cefalù auf Sizilien)
Duft	Galbanum
Pflanze	Fingerhut
Baum	Plastikpalme
Tier	Affe
Landschaft	Himmel
Ort	Flugzeug; Zirkus
Stimmung	»mit dem Smoking im Swimmingpool«
Edelstein	grünblauer Türkis
Farbe	eisblaugrün
Form	exzentrisch zentriert
Bau	Labyrinth
Tanz	Tanz der Derwische
Ritual	Schlangenbeschwörung (Sexualmagie)

Instrument	Silberflöte
Musik	»Petruschka« von Igor Strawinsky
Ballett	»Le bœuf sur le toit« (Der Ochse auf dem Dach) von Darius Milhaud
Malerei	»Die Vergewaltigung« von René Magritte
Dichtung	»Bacchus« von Jean Cocteau; »Till Eulenspiegel«: Hexameter-Epos von Gerhart Hauptmann
Magie	»Liber AL vel Legis« von Aleister Crowley
Zitat	»Und mein Haus wird die Hölle der Hure sein, ein geheimer Ort des unauslöschlichen Feuers, der Wollust und der ewigen Folter der Liebe.« (Aleister Crowley)

Uranus-Mond

Wirkungsstufe I	a) Konjunktion
	b) Quadrat
	c) Oppositon

II a) Uranus in Haus 4
    b) Mond in Haus 11
    c) Mond in Wassermann
    d) Quincunx

III a) Hausspitze 4 in Wassermann
    b) Hausspitze 11 in Krebs
    c) Herrscher von Haus 4 in Haus 11
    d) Herrscher von Haus 11 in Haus 4
    e) Trigon

IV a) Herrscher von Haus 4 in Wassermann
    b) Herrscher von Haus 11 in Krebs
    c) Sextil

Der Kernpunkt dieser Konstellation ist die Distanz zu den Gefühlen. Der Versuch, sein Angesicht zu heiligen und seinen Trieben zu entgehen, hieße das Ziel seines Lebens in den Himmel zu verlegen – heraus aus der Hölle triebhafter Dualität. Diese Erweiterung von Raum und Zeit, dieses gleichzeitige Übertürmen von Erlebnissen ist gleichsam das Lebewohl der menschlichen Vorstellungen, diese letzte Woge an gebündelten Bildern... oder umgekehrt das Grüßgott jener über die Raum-Zeit hinausreichenden uranischen Kreise.

Um diese inneren Ziele im normalen Alltag zu verankern, hat sich die Seele eine Mutter erkoren, die ihre unerfüllten Sehnsüchte in das Kind hineinerzog, so daß dessen eigene Gefühle sozusagen »fremdbesetzt«, durch die Gefühle der Mutter überlagert wurden. Damit wurde die Voraussetzung geschaffen, daß das Kind sich in sich selbst verlor resp.

keine Grundlage mehr hatte, auf der es sich emotional entfalten konnte. So blieb ihm nur die Möglichkeit, diese übertragenen Gefühle abzuwehren und sich in die Beziehungslosigkeit zu retten. Was das Kind aber nicht wußte, war, daß es nur den Übergriff seiner Bezugspersonen abwehrte: die Zudringlichkeit der Eltern, ihre eigenen Wünsche aus dem Kind herauszulesen, um die verpaßten Möglichkeiten im Kind neu nachzuleben. Somit blieb es beim hilflosen Versuch, die Gefühle, die es nie entwickeln konnte, als minderwertig abzutun und das Kompensieren dieser Beziehungslosigkeit, ein Sehnen nach Gott, ins Zentrum seines Lebenswegs zu rücken. Denn die Gefühle zu Gott symbolisieren gerade die emotionale Schwäche, die sich im Streben nach dem Ewigen nie zu entschleiern braucht, weil das Göttliche im Gegensatz zum Menschlichen sowieso nie zu erreichen ist und wenn, dann nur als Bild.

Uranus-Mond ist eine komplexe Mischung aus der Offenheit gegenüber allem Neuem und der gleichzeitigen Fixierung an die für wahr erkannten Bilder der Vorstellung. Menschen unter diesem Aspekt haben zwar den Drang, ihr inneres Selbst loszuwerden, nur ist das, was sie als »inneres Selbst« bezeichnen, bloß ihre persönliche Bezeichnung für die in Wirklichkeit fremdbesetzte Vorstellung, welche aus den übertragenen Wünschen und anerzogenen Aufträgen seitens ihrer Eltern resultiert. Jetzt haben sie Angst vor ihren inneren Gefühlen, welche sie irrtümlicherweise für die eigenen halten, und möchten statt ihrer lieber Gefühle verwirklichen, von denen sie glauben, daß es nicht die eigenen sind. Und da sie sich nicht an andere Menschen binden wollen, ihrem eigenen Fühlen aber auch nicht trauen können, hilft ihnen hier nur noch ein »göttlicher Weg« aus dem Dilemma. Also heften sie sich diesen an ihr Banner und möchten den göttlichen Willen leben und sich den Maßstäben menschlicher Ansprüche nicht mehr unterwerfen, ohne zu überlegen, wer die Maßstäbe des Göttlichen kreiert.

Unter diesem Stigma ist man ständig auf der Hut und entwickelt ein psychologisches Gespür, um alle Angriffe von außen parieren zu können. Mit seinen feinen Antennen spürt man schon im voraus, was die anderen jetzt vorzubringen haben und läßt sie gar nicht erst zu Wort kommen. Uranus schenkt die Fähigkeit, in Sekundenbruchteilen die Gefühle von außen blitzschnell zu erfassen und auf alle Situationen gefaßt zu sein. Und das mondhafte Empfinden sieht sich in der abstrakten Situation, in der es an den Projektionen der Gefühle zwar interessiert teilnimmt, aber mehr, um sich wie in der Hauptrolle eines Filmes zu betrachten und ohne am Geschehen seelisch teilzunehmen.

Durch die kindlichen Erfahrungen gewarnt, bestehen die Gefühle jetzt darin, sich selber aus der Perspektive eines Berichterstatters zu betrachten, welcher über die Gefühle zwar berichtet, ohne sich aber persönlich festzulegen. Man distanziert sich gleichsam von sich selber!

Dies verhindert persönliches Erleben. Man wandelt durch die Räume wie im Schlaf, um dieses »Sich-zu-verlieren« zu erleben. Denn gerade die Distanz, aus der man sich betrachtet, ermöglicht einem umgekehrt den Abstand, um sich gleichsam innerhalb und außerhalb des eignen Leibes zu betrachten.

Die »Überwindung des Subjektiven« könnte dazu führen, die Welt als Startbahn zu benutzen, in der man den Lebenssinn aus dem Alltag entfernend als einen Zielpunkt der Heimkehr in die Ewigkeit darstellt.

☿ ☽

Psychologische Struktur

Ursache
Voraussetzung zum uranisch-mondhaften Verlangen, emotional immer aus der Rolle zu fallen, dürften die Übergriffe der Mutter (oder die der weiblichen Erziehungsperson) in frühester Jugend schon gewesen sein.

Wirkung
Das kann zu einem Verhalten führen, den weiblichen Teil in sich nicht anzunehmen, weil mit diesem Teil die Erinnerungen an die psychische Zudringlichkeit der Mutter verbunden sind und in der Vorstellung immer wieder neu bebildert werden.

Hemmung
Frauen verzichten gerne auf die körperliche Rolle, wollen keinen Sex und keine Kinder, weil diese Bilder von unangenehmen Erinnerungen besetzt sind und die freie Entfaltung ihrer Weiblichkeit nicht zulassen.

Männer leben ihre Verhinderung dadurch aus, indem sie dominanten, starken Frauen aus dem Weg gehen und mehr den knabenhaften, instinktschwachen und daher ungefährlicheren Typ bevorzugen.

Kompensation
Aus dieser Zurückhaltung kann sich später das Verhalten bilden, die Blockaden loszulassen, indem man sich ans Umgekehrte klammert: Die Frau lebt ihre abgewehrte Weiblichkeit dadurch aus, indem sie sich

dem Mann auf eine Weise öffnet, in welcher sie ihn für schuldig erklärt, sich dem »Weibe in ihr« genähert zu haben und ihn aus dieser Rolle heraus nicht nur plagt und quält, sondern ihm die Verantwortung dafür auch noch aufbürdet.

Der Mann kompensiert sein Verhalten dadurch, indem er sich der instinktbetonten, animalischen Frau zwar körperlich ausliefert, sich ihr aber seelisch immer wieder entzieht und damit indirekt die Mutter bestraft, indem er sie in ihrer seelischen Zudringlichkeit an seiner Kälte beständig auflaufen und leiden läßt.

Krise

Sobald die Geborenen aber ihr Abwehrverhalten durchschauen, sich aus jeder Körperlichkeit herauszuhalten, weil Körperlichkeit Gefühle provoziert und Gefühle an die Zudringlichkeit der Mutter erinnern, vor welcher man erschaudert, kann die Krise bewältigt werden.

Lösung

Daraus entsteht die Möglichkeit, die Beziehungslosigkeit und Berührungsangst zu hinterfragen, die Angst, aus dem Verhalten der Mutter gezeugt, ohne die totale Hingabe an das Kind nichts oder nicht genug zu sein. Diese Angst der Mutter vor Liebesunfähigkeit zwingt das Kind unbewußt, auf die Liebe schon im Ansatz zu verzichten, um sich von der Mutter rigoros zu distanzieren.

Erst, wer Erfüllung in sich selber sucht und nicht ein aus Angst vor Entzug genährtes Liebesverlangen auf den anderen überträgt, findet zu einer Form von Liebe, die dem Partner vollständige Freiheit zu lassen vermag und trotzdem das hohe Ziel wahrer Partnerschaft gewährleistet.

☊ ☿
Karmisches Modell

Vorgeburt

Es sieht so aus, als ob man in seinen vergangenen Leben den Menschen zu wenig Aufmerksamkeit gegeben hätte, besonders jenen, die einen liebten. Man hat sie angeschaut, ohne sie wirklich sehen zu können, weil man nur sein eigenes Bild anschaute, welches man auf sie übertragen hat. Nun wird einem erneut die Chance eingeräumt, zu lernen, die anderen wieder anzuschauen, weil man sonst immer davonlaufen muß, wenn man die eigene Maske vor dem Gesicht der anderen sieht. Denn in dieser Maske sind die eigenen Erinnerungen verborgen, die man nicht erträgt, die einem aber immer wieder vorgehalten werden, so daß man gezwungen ist, immer und überall davonzulaufen, weil sich in allem immer das eigene Davonlaufen spiegelt, welches einen aus der Vergangenheit wieder eingeholt hat.

Erst wenn wir die Idee erkennen, die unser Karma ausmacht – die Idee, gefühlsmäßig davonzulaufen, weil uns der menschliche Kontakt zu eng geworden ist bzw. wir dieses Gefühl auf die anderen projizieren – haben wir das ganze Problem erfaßt.

Wir müssen also lernen, den anderen so anzuschauen, wie er ist, ohne unsere eigene Enge mit hineinzubringen. Dann können wir von ihm unsere eigene Maske abziehen und uns zu einer Ebene erheben, wo alle Meinungen, Projektionen, Zu- und Abneigungen zu einem größeren Muster verschmelzen, das wir als Liebe erfahren können, weil »alles andere« und »ich« jetzt identisch geworden ist.

Kind

Kinder schließen sich seelisch von der Umwelt ab, weil sie sich innerlich als nicht dazugehörig fühlen. Sie entwickeln ein starkes Bedürfnis, einen eigenen Weg zu gehen und ertragen autoritäre Zwänge schlecht.

Dabei mag das Verhalten der Mutter mit hereinspielen, ihre eigenen unerlösten Vorstellungen auf ihr Kind zu projizieren, ohne aber Wärme und Gefühlstiefe geben zu können. Das Ergebnis dieser frühen Prägung ist eine merkwürdige Schizophrenie zwischen dem Gebot nach absoluter Freiheit und dem inneren Bedürfnis nach Bindung und Geborgenheit.

Mann/Frau

Da Frauen und Männer es besonders schwer haben, das kreative Feuer ihrer Sexualität in eine spirituelle Dimension zu heben, weil ihre innere Gefühlsebene irgendwie verletzt ist und sie das Selbstvertrauen für eine starke, sich hingebende Liebe gar nicht aufbringen, wäre es für sie besonders wichtig, sich selber akzeptieren und lieben zu lernen, um die Liebe der anderen annehmen zu können.

Andernfalls finden wir, daß das ganze Umfeld ihrer Beziehungen von Störungen geprägt ist. Denn da sie den anderen Menschen nicht als den sehen können, der mehr ist, als sie mit ihren Alltagsaugen wahrnehmen können, repräsentiert dieser nur immer ihre eigene, enge Perspektive und die läßt in jeder Beziehung nach kurzer Zeit das Gefühl aufkommen, daß das emotionelle Feuer immer schwächer wird und schließlich erlischt.

Die Schwierigkeit ist, an jenen Punkt zu gelangen, wo vergangen-

heitsbezogene Projektionen nicht mehr existieren, wo die uneinge-
schränkte Aufmerksamkeit dem fließenden, unzentrierten, innen und
außen gleichzeitig existierenden »Sosein« gilt. Erst dann können die
Wahrheiten aus den eigenen Verdrängungen herausdestilliert werden,
in einem alchemistischen Vorgang sozusagen, der in der Hexenweihe
so umschrieben ist: »Ich erkenne Dich, o Fürst der Hölle, als einen
Aspekt meiner selbst!«

Eltern

Eltern tun sich mit der Erziehung ihrer Kinder schwer, weil sie diese an
ihre eigene Kälte erinnern und an die Bereitschaft, sich gegen alles
gefühlsmäßig querzustellen. Da sie aber damals mit allen Mitteln in die
Schranken gewiesen wurden, spüren sie heute das Bedürfnis, es ihren
Eltern nicht gleichtun zu wollen und ihren Kindern einen größeren
Freiplatz einzuräumen.

In Wirklichkeit verdrängen sie hinter dieser Großzügigkeit aber die
Tatsache, die Kinder überhaupt geboren zu haben, denn unter diesem
Gestirn will man sich nicht in die Verantwortung einbinden und
verharrt lieber in unverbindlicher Beziehungslosigkeit.

☋ ♇ Krankheitsdispositionen

Menstruationsbeschwerden (Regelstörungen)

Die monatlichen Blutungen sind das Sinnbild des Jungbrunnens, aus
dem das Leben hervorquillt und der die Fruchtbarkeit und Empfäng-
lichkeit der Frau darstellt. Nun kann es unter dieser Konstellation
vorkommen, daß ein heranwachsendes Mädchen sich mit seiner
Weiblichkeit nicht auseinandersetzen will. Voraussetzung dazu dürfte
wahrscheinlich die Mutter gewesen sein, die ihr Kind mit ihren
Gefühlen zudeckte, mit ihren Zielvorstellungen überschwemmte, so
daß es die Zudringlichkeit der Mutter abwehren und gefühlsmäßig in
Deckung gehen mußte, um seine Eigenart nicht zu verlieren.

Dieses Abwehrmanöver zur Wahrung der persönlichen Integrität
hat allerdings auch seinen Preis. Das Kind, welches die Mutter ablehnt,
lehnt damit auch das Frausein ab, weil die Mutter die erste Besetzung
und Verkörperung der weiblichen Rolle ist, von welcher es sich
distanziert. Damit distanziert es sich nicht nur vom mütterlichen
Verhalten, sondern in der Verkörperung der Mutter als Frau auch vom
Weiblichen schlechthin. Denn insgeheim ekelt es sich vor dem Verhal-

ten der Mutter, und da es das Weibliche nicht an sich herankommen lassen will, will es das Weibliche auch nicht aussenden. Man kann natürlich auch umgekehrt argumentieren, daß die Anlagen nach Ungeschlechtlichkeit und Unberührbarkeit im Kind das Verhalten der Mutter benutzen, sich einen sichtbaren Grund im Leben zu erschaffen, um sich von der biologischen Aufgabe absetzen zu können und sich vom Weiblichen zu entfernen.

Durch die formale Brille läßt es sich so anschauen, daß die Frau ihre eigene Weiblichkeit nicht akzeptiert hat und sich in ihrem Frausein minderwertig fühlt. Diese Unversöhnlichkeit mit der geschlechtlichen Rolle wird zum Ursprung aller Symptome, welche in den Menstruationsbeschwerden ihren Anfang haben und in der Verweigerung von Sexualität und Mutterschaft ihr Ende. So sind unter dieser Konstellation Menstruationsstörungen und Ausbleiben der Periode die Regel, weil die Geborene ihre Abneigung gegen das Frausein nicht loslassen kann.

Gastritis (Magenkatarrh)

In einem übertragenen Sinn versinnbildlicht auch der Magen ein zentrales Feld von Weiblichkeit, nämlich die Empfängnisfähigkeit und Aufnahmebereitschaft. Er nimmt alles auf, was durch Mund und Speiseröhre auf ihn zukommt und repräsentiert weibliche Hingabefähigkeit, weil er sich der Nahrung öffnet, sie empfängt und dann verdaut.

Wir sehen also, daß die Probleme, die sich unter Uranus/Mond gerne in einem gestörten Sex-Verhalten niederschlagen, sich ebenso auch auf den Magen übertragen. Genauso wie eine Frau ihre Weiblichkeit verdrängt, sich dem Manne nicht öffnet und ihm ihren Schoß verwehrt, so weigert sich der Magen, Nahrung aufzunehmen. Er wehrt sich gegen eine Welt, die er nicht akzeptiert, indem er das, was diese Welt am Leben erhält (Nahrungs-, in einem übertragenen Sinn Samenaufnahme), erbricht, also gar nicht annimmt (vgl. Verdauungsbeschwerden: Saturn/Mond). Es ist dies der unbewußte Versuch, sich unsichtbar zu machen, in einer Welt der Übergriffe gar nicht aufzutauchen oder sich sofort aus dem Staub zu machen, wenn eine Konfrontation von außen an das Individuum herantritt.

Man könnte etwas überspitzt sagen, daß eine Frau, die ihre eigene Weiblichkeit nicht akzeptiert, sich den Bedürfnissen ihres Umfelds aber nicht entziehen kann (Ehemann!), das Problem vielleicht auf die Weise loswird, indem sie aus Abwehr gegen den »eingedrungenen Samen« die eingenommene Nahrung stellvertretend erbricht.

Weitere Symptome
- Schwäche der Sexualhormone = Verdrängung von Fruchtbarkeit und Mutterschaft (siehe auch Unterfunktion der Hormondrüsen: Neptun/Mond)
- Funktionsstörungen der Geschlechtsorgane = gestörte Hingabefähigkeit, Angst vor Weiblichkeit und Sexualität (siehe auch Orgasmusstörungen: Uranus/Pluto)
- Gebärmutterschleimhautentzündungen = Schwangerschaftsabwehr und Sterilität (siehe auch Frigidität: Uranus/Venus)
- Schwäche der Bauchspeichelhormone

HOMÖOPATHISCHE MITTEL

Säure	Aceticum acidum (Essigsäure)	– sexuelle Schwäche (Verdrängung von Fruchtbarkeit und Mutterschaft)
		– Magenkrämpfe (häufiges Erbrechen, besonders nach dem Koitus)
		– Regelstörungen
Mineralische Verbindung	Antimonium crudum (Grauspießglanzerz)	– berührungsempfindlich, gesellschaftsunverträglich
		– Schwäche der Bauchspeichelfermente
		– sexuelle Erregungszustände (gleichzeitig mit Hingabestörungen und Frigidität)
		– Schleimhautentzündungen
Pflanzen	Gratiola officinalis (Gottesgnadenkraut)	– bei Frauen unterdrückte Männlichkeit: Hingabeverweigerung aus Rache gegen männliche Aggression
		– kann aber auch umkippen in Nymphomanie (emotionale Störungen

		durch psychische Symptome: inneres Spannungsfeld zwischen Lust und Stolz) – Gastralgie, Gastritis
	Viburnum Opulus (Schneeball)	– Regelstörungen, Menstruationskrämpfe, sexuelle Verspannungen (entkrampft die inneren Sexualorgane) – Magenschwäche, kolikartige Bauchkrämpfe – falsche Wehen, Fehlgeburt
Tier	Hippomanes (Allantoishaut der Pferdeembryos)	– Abkapselung im Gefühlsleben (Magenschwäche) – Abwehr der Körperlichkeit – Frigidität, Sterilität, Menstruationsbeschwerden
Therapie	– Schlammbäder, Lehmwickel – Tantra	Erdkontakt gegen Berührungsangst Befreiung von der Sinnenwelt durch rituellen Gebrauch der Sinne

☉ ♅

Transite

Allgemein

Alle Berührungen mit Uranus konfrontieren uns mit dem Symbol der Wende, der Umgestaltung und der Aufhebung. Wird dabei der Mond mit angesprochen, so bezieht sich die Wende auf die Gefühlsebene. Das Seelenleben fließt plötzlich nicht mehr ruhig daher, sondern zeigt sich äußerst sprunghaft und unbeständig.

Beispiel ☍ 2/8

Wir kommen hier zum Beispiel einer Dame, deren Symptom-Auswirkungen auch unter Saturn/Mond-Transite nachzuschlagen sind. Als Asiatin fühlte sie sich in unserem Kulturraum nicht zu Hause – eine Voraussetzung, die sich während der Transitauslösung in totalen Sinnlosigkeitsgefühlen niederschlug.

Innerhalb der Beratung kam zur Sprache, daß sie sich von ihren Eltern schon nicht angenommen sah, weil die sich einen Jungen wünschten. Ihre Mutter hatte die Sache dann insofern in die Hand genommen, indem sie versprach, aus ihr trotzdem »etwas Rechtes« zu machen. Auf ihre Intervention hin durfte sie auf eine höhere Schule, und sie hatte auch ihre Hand im Spiel, als es galt, einen tüchtigen Bräutigam zu finden: Auf einem Diplomaten-Ball knüpfte sie die Verbindung zu einem reichen Schweizer Geschäftsmann, womit sie ihr Versprechen erfüllt glaubte.

Wenn wir die Konstellation im Horoskop der Tochter befragen, dann können wir die Bereitschaft, sich der Mutterwahl zu unterziehen, in dem der Uranus/Mond-Achse eingelagerten Saturn-Quadrat erkennen, welches in Haus 5 die Unterdrückung des schöpferischen und seelischen Ausdrucks zugunsten materiellen Wohlstands und gesellschaftlicher Bedeutung (Achse 2/8) anzeigt. Gleichzeitig ist durch die Uranus/Mond-Opposition aber auch der Ausbruchsversuch schon vorprogrammiert, weil diese Achse den Ausbruch aus jeder Behinderung (Bindung) motiviert. Die Bindung selber wird durch die beiden Quadrate Saturn/Mond und Saturn/Uranus manifestiert, welche die Unterdrückung der Gefühle und die Verdrängung innerer Wirklichkeit signalisieren. Der Mond löst im Verbund mit Uranus das Bedürfnis aus, die langjährige Ehe aufzugeben und die gemeinsamen Werte zu liquidieren, während er im Verband mit Saturn die verhinderten Gefühle weiterhin zu verdrängen sucht, um sich die erarbeiteten Werte zu erhalten.

Da die eine Seite nie bereit war, die Frustration einer Bindung zuzulassen, die andere sich aber umgekehrt auch nicht in der Lage sah, die gesellschaftlichen Werte loszulassen, kam es, als Saturn zu seiner Geburtsstellung zurückkehrte (und damit die ganze Spannungskonstellation auslöste) zur Blockade.

Die Geborene versuchte, da sie aus ihrer Bindung zwar herauswollte, die Bindung aber auch nicht loslassen konnte, ihre eigene Körperlichkeit jetzt »loszulassen«. Sie reagierte mit einem Hungerstreik, da sie keinen anderen Ausweg sah und sich einer bewußten Auseinandersetzung nicht gewachsen fühlte. Es war aber nicht die Ungeborgenheit in einem ihr fremden Kulturkreis, die ihr keine

Erfüllung und damit auch keinen Lebenssinn brachte, es war die Ungeborgenheit in sich selber (Uranus/Saturn/Mond), die sie verdrängte und nach außen projizierte, um ihrem inneren Problem aus dem Weg gehen zu können.

Zusammenfassung
Der erfahrene Kapitän mag von einem hohen Seegang profitieren, wenn er mit seinem Schiff hart an der Grenze des Kenterns segelt, für den normalen Sterblichen ist diese Konstellation aber mit dem verbunden, was man als die »Demaskierung der inneren Gefühlswelt« bezeichnet.

ARCHETYPEN & SYMBOLE

Thema	gefühlsmäßige Unabhängigkeit
Ziel	Muttersuche (die Mutter in sich selber suchen)
Sinn	einen größeren Rahmen finden
Berufung	Zauberin
Symbol	Kerngehäuse eines Apfels
Mythos	Medusa
Sabbat	Mond im Erdschatten
Göttin	Diana Nemorensis (Nemesis, Nemhain)
Archetyp	Nimue (Göttin der Druidinnen)
Zeichen	Gebeine, Eingeweide
Kultstätten	Stonehenge; Menhire bei Carnac in der Bretagne
Duft	Heide
Pflanzen	Nachtkerze, Schneeball
Tier	Kranich
Stätte	alte Kult- und Schädelstätten
Stimmung	Mondfinsternis
Edelstein	Mondstein

Farbe	silberweiß, weißschimmernd
Form	magisch, kultisch
Bauform	Grabhügel; etruskische Kuppelgräber
Tanz	Besenritt
Ritual	rituell vorgenommene Beschneidung bei Mädchen
Instrument	Oboe
Sinfonische Dichtung	»Eine Nacht auf dem kahlen Berg« von Modest Mussorgsky
Radierung	»Die Hexen« von Francisco Goya
Malerei	»Medusa« von Michelangelo Carravagio
Dichtung	»Schwarze Visionen« von Georg Heym
Zitat	»Im Haar ein Nest von jungen Wasserratten, und die beringten Hände auf der Flut. Wie Flossen, also treibt sie durch den Schatten des großen Urwalds, der im Wasser ruht.« (Georg Heym in »Ophelia«)

⚷ ☿ Uranus-Merkur

Wirkungsstufe I	a)	Konjunktion
	b)	Quadrat
	c)	Opposition

II	a)	Uranus in Haus 3 oder 6
	b)	Merkur in Haus 11
	c)	Merkur in Wassermann
	d)	Quincunx

III	a)	Hausspitze 3 oder 6 in Wassermann
	b)	Hausspitze 11 in Zwilling oder Jungfrau
	c)	Herrscher von Haus 3 oder 6 in Haus 11
	d)	Herrscher von Haus 11 in Haus 3 oder 6
	e)	Trigon

IV	a)	Herrscher von Haus 3 oder 6 in Wassermann
	b)	Herrscher von Haus 11 in Zwilling oder Jungfrau
	c)	Sextil

Uranus ist das heilige Feuer, mit dem sich unsere Welt in Asche legen ließe: die Relativität unserer Vorstellungen, die Wahrheit unserer Wahrnehmung, deren Erfassen unsere Denkkanäle verschmorte. Im Verbund mit Merkur ist er aber umgekehrt auch der Geist, um die Zaubergärten der Zukunft, die Visionen des Ungewordenen vor dem Menschen entstehen zu lassen, weil durch Merkur diese nichtmeßbaren Schwingungen ins geistige Auge des Menschen übertragen werden können. Der den Menschen dabei überflutende Genius kann fruchtbar oder furchtbar werden, strahlend oder zerstörend, je nach den Zielen, zu welchen diese Ströme fließen.

Was Uranus beabsichtigt, ist die Überwindung der Materie, der schöpferische Durchbruch zur Erkenntnis und die gleichzeitige Entdeckung, daß jede Erkenntnis nur ein Wiederfinden der zeitlos in uns angelegten Möglichkeiten ist, welche bisher noch nicht in unser Erfahrungspotential einbezogen wurden. Er funkt seine Signale unbekümmert in den Raum, ohne sich um deren Dechiffrierung zu bekümmern. Diese überläßt er Merkur, der nun alle Hände voll zu tun hat, seiner Aufgabe Herr zu werden, um die Impulse zu einem Gerüst »Erleuchteter Einsichten« zusammenzubauen. Wenn das Gerüst aber zu schwach ist, das Merkur zusammenhält, oder das Weltbild in der Vorstellung des Menschen zu schwer, dann kann es passieren, daß das Gerüst zusammenbricht und der Mensch, der sich mit dem Gerüst identifiziert – er kann die Hochspannungsblitze des uranischen Gedankenstrudels nur innerhalb des merkurischen Rahmens erfassen – seine innere Struktur auflösen muß, um zu überleben.

Wir alle kennen diese Erfahrungen, wenn wir mit hohem Fieber für kurze Augenblicke den Bilderstürmen unserer inneren Gedanken ausgeliefert sind. Uranus beschleunigt alles, was er berührt, und legt mit seiner Hochspannung den Menschen lahm. Denn nähert ihm sich dieser aus einer persönlichen Perspektive, dann kann es passieren, daß der Mensch die uranische Dimension aus seinem merkurischen Gesichtswinkel für seine eigene erklärt, um vom Ergebnis dieser Visionen davongetragen zu werden und sich in seinen multidimensionalen Strömungen zu verlieren.

Die Objektivität und Sprengung aller subjektiven Grenzen, die Uranus auszeichnen, hat aber auch ihre positiven Seiten. Überall dort, wo neue Erkenntnisse aus dem kosmischen Sein in den Fluß unserer Gegenwart gehoben werden können, hat irgendein Künstler oder Visionär den Strom unserer Raum-Zeit-Polarität aufgehoben. Lange genug wenigstens, um den Panzer unserer Bilder, welcher die Wirklichkeit erstickt, für einen Moment beiseite zu schieben, so daß von dieser freigelegten Wirklichkeit Wahrheiten vor unser Auge steigen, die von unseren Vorstellungen übernommen und in den Panzer integriert werden können.

Uranus-Merkur verkörpert also einen Ausschnitt jener ganz einfachen Wahrheit, die nur durch die Brille unserer Logik so schrecklich kompliziert erscheint. Was wir in der Religionsphilosophie als »Geist Gottes« umschreiben oder mit Platos Worten als »Die Idee der Welt«,

heißt nichts anderes als daß selbst die kleinsten Teile unseres Erkennens (Elektronen) ein gebündelt Maß an schöpferischer Intelligenz
besitzen. Von hier aus bis zur Schlußfolgerung, daß im Ausschnitt die
Bedingungen des Ganzen sichtbar sind, ist es dann nicht mehr weit.
Dies heißt nichts anderes, als daß die Zukunft schon im Gegenwärtigen
angelegt sein muß und deren Ursachen wiederum in der Vergangenheit
wurzeln. Jeder Ausschnitt an Zeit umschreibt sowohl die Übereinstimmung mit dem Augenblick sowie die Verbundenheit mit jeder
vergangenen wie zukünftigen Entwicklung, so wie jeder Ausschnitt an
Materie der Verbundenheit zum ganzen Universum in jedem einzelnen
Molekül jetzt Rechnung trägt.

⛢ ☿

Psychologische Struktur

Ursache
Eine Verbindung zwischen Uranus und Merkur beschleunigt das, was
wir gemeinhin Denkprozesse nennen, ja sie zwingt den Geborenen
schon in seiner Kindheit zu einem denkerischen Schnellfeuer, in
welchem bewußtseinsmäßige Auskristallisierungen keinen Platz
haben.
  Uranus/Merkur unterstützt das frühkindliche Unterfangen, sich
von den Übertragungen elterlicher Realitäten zu befreien und über alle
gedanklichen Stränge zu schlagen, um die Welt der reinen Ideen zu
erfahren. Dabei wird der Drang nach Freiheit und Veränderung über
die von der Umwelt gebotenen, durch Fakten und Zahlen erhärteten
Erfahrungen, gehoben.

Wirkung
Diese Neigung mag dem Horoskopeigner schon in der Schule Schwierigkeiten bereitet haben, weil ihm das mühsame Zusammentragen der
Fakten unnötig erschien und ihm sowieso alles viel zu langsam ging. Es
bestand eine Neigung zu vorschnellen Schlüssen aufgrund der Verweigerung, die Gedanken um einen festen Mittelpunkt zu formieren und
in das Vokabular der begrifflichen Vorstellung zu übertragen.

Hemmung
Aus der Angst heraus, von seiten der Umwelt nicht akzeptiert zu
werden, weil diese kein Verständnis für die Einsicht aufbringt, daß sich
die Dinge ändern müssen, um die gleichen zu bleiben, kann es dazu
führen, daß der Geborene seine inneren Visionen blockiert.

Kompensation

Oder er biedert sich dem Wissen an, das er gedanklich vielleicht ablehnt, welches ihm aber andererseits ermöglicht, die anderen zu belehren, und zur Strafe bringt er sie durch Hinterfragen und Relativieren des gerade selbst verkündeten Wissens durcheinander.

Aus diesem Betragen läßt sich leicht das Verhalten ablesen, den eigenen Frust auf die anderen zu übertragen und sie an eigener Statt dafür zu bestrafen, weil sie es sich ebensowenig leisten können, die bestehenden Grundsätze in Frage zu stellen.

Krise

In der Tat gehört es zur tragischen Ironie wie zur Glaubwürdigkeit dieses Aspektes, daß er gerade das Versäumte selber demonstriert, daß er anklagt und denunziert. Dieses Realitätsdefizit gipfelt in der Krise, daß der Verstand mit seinen Blitzen von Einsichten den Menschen derart betört, daß dieser vergißt, seinem intellektuellen Onanieren ein Ende zu setzen und lieber bereit ist, die Kontakte zur ganzen Umwelt zu verlieren, als sein exzentrisches Denken zu disziplinieren.

Lösung

Um aber eine langfristige Verantwortung für das übernehmen zu können, was man den anderen Menschen mitteilt, wäre der Wille zur Reflexion des eigenen Denkens nötig. Es geht um jenes geistige Feuer, das seine Kraft gerade aus der Glut zieht, welche es verzehrt.

Jenes »in sich selber erkannte Wissen« zerstört die Kommunikation zum Mitmenschen – eine unbeständige, sprunghafte Geistestätigkeit, durch die man sich ständig mit anderen überwirft und mit der sich nicht harmonisch kommunizieren läßt, weil sie beständig den normalen Austausch von bürgerlichen Werten unterbricht.

⛢ ☿
Karmisches Modell

Vorgeburt

Wenn der Mensch versucht, sich eine Vorstellung vom Ewigen zu machen, stellt sich ihm zuerst die Frage nach dem Anfang. Nun ist diese Frage aber mit dem bloßen Verstand nicht lösbar, solange sich der Geborene seiner gegenständlichen Wirklichkeit nicht entzieht und bereit ist, Höhenluft zu atmen. Und hierfür wurde von den Göttern dem Merkur Uranus beigestellt.

Uranus verkörpert die Ausweitung der Einsichten über den Bereich des durch Fakten gesicherten Wissens hinaus. Damit ist der Geborene in der Lage, über die Beschränkung saturnaler Dualitäten hinauszuwachsen und die Frage nach allem Anfang dort anzusiedeln, wo alle Unterschiede zusammenbrechen.

In karmische Bilder übertragen, mag dieser Aspekt etwas über die frühere Auseinandersetzung des Geborenen mit Mathematik und Wissenschaft aussagen, ohne daß der Horoskopeigner die innere Bedeutung der Zahlen (als Schlüssel symbolischer Weltanschauung) erfaßt hat. Nun wird er durch Uranus eingeladen, die Relativität der menschlichen Sinne zu erfahren, indem er lernt, daß seine Wirklichkeit, in welcher zwei Schienenstränge in der Ferne zu einem einzigen Punkt verschmelzen, gerade in seiner urtümlichen Wahrnehmung liegt.

Und so wie wir erfahren (wenn wir bereit sind, den Geleisen zu folgen), daß es keinen Punkt gibt, in welchem die Schienen enden, daß sie sich immer wieder öffnen, wo wir das Ende vermuten, so gibt es auch im Leben keinen Anfang und kein Ende. Die Vorstellung des Endes ist nur ein intellektuelles Bedürfnis, unserer materiellen Vorstellung von Leben einen Abschluß zu geben, weil das, was wir zu Ende gebracht haben, gerade die Fortsetzung ist, etwas Neues anzufangen.

Kind

Kinder nehmen unter diesem Zeichen gerne extreme gedankliche Standpunkte ein. Alles, was die alten Perspektiven aufbricht und neue Horizonte anzeigt, zieht sie magisch an. Die uranische Veranlagung, die Werte auf den Kopf zu stellen, zwingt sie bisweilen zu einem Verhalten, sich in Pose zu werfen und solch verstiegene Sichtweisen anzunehmen, die weniger die Absicht verraten, hinter die Kulisssen zu schauen, als mehr das Bedürfnis, aufzufallen.

Mann/Frau

Im späteren Leben kann sich dieses Bedürfnis zu einem Zwangsverhalten auswachsen. Menschen unter dieser Konstellation neigen zu Schlüssen, deren Verstiegenheit ins Auge fällt. Für reale Gegebenheiten fehlt das soziale Auge, außerhalb intellektueller Überdrehtheit wirken sie blaß. Wo sie nicht übertreiben, wirken sie farblos.

Sie müssen ihre Individualität aus der Übertreibung borgen, die sie entweder ins Abseits stellt oder aber zu neuen kollektiven Einsichten führt. Sie tragen nämlich, um auch die andere Lösungsmöglichkeit zu nennen, alle Voraussetzungen in sich, zu neuen Ufern menschlicher Gesinnung vorzudringen, wenn andere noch im Bannkreis überholter Verhaltensmodelle schlummern.

Eltern

Da die Eltern aus eigener Erfahrung erkannt haben, daß die höchsten Einsichten nichts wert sind, wenn die wissensmäßigen Grundlagen fehlen, wollen sie ihre eigenen Versäumnisse ihren Kindern ersparen. Also treiben sie diese zu einem ihrem eigenen Betragen diametral entgegengesetzten Verhalten an. Dies entspricht dem Dilemma unter diesem Zeichen, daß der Geborene vom Versäumnis selber ablenken muß, um die im Versäumnis großgewordene Frucht zu pflücken, deren Genuß jetzt alles aufwiegen muß, was die Gesellschaft ihm schuldig blieb – Erkenntnis!

☉ ☿

Krankheitsdispositionen

Motorische Störungen (Stottern, Verkrampfungen, Nervenzucken)

Da Uranus für alles steht, was exzentrisch ist und aus dem Rahmen fällt (sogar seine Achse ist nicht senkrecht, sondern liegt in der Ekliptik), kann man sich leicht vorstellen, wie sich seine Einflüsse auf das menschliche Bewußtsein auswirken. In ihm mischen sich Originalität und Chaos, die Manifestationen eines im Grunde gleichen Prinzips, wenn auch in ihren Auswirkungen verschieden. Uranuseinflüsse betreffen die Lebensrhythmen, das Einsetzen der Wechseljahre und der Pubertät, das Längenwachstum, da die Hypophyse, die das Wachstum regelt, dem Uranus zuzuordnen ist. Diese Energieschübe gelangen allerdings nur sehr sporadisch zum Einsatz, aber wenn, dann sehr unberechenbar: sprunghaftes, überstürztes Handeln und Unkonventionalität kennzeichnen den Uranier.

Kommt zu diesen Auswirkungen mit dem Merkur-Einfluß aber noch ein diffiziler Verstand, dann sprengt der Geborene nicht nur alle traditionellen Vorstellungen, sondern zwängt jetzt eine neue Weltvorstellung zwischen die geborstenen Bilder der alten Weltanschauung. Damit empfindet er sich als Botschafter des Zeitgeists, Kurier eines neuen Zeitalters, als Träger einer höheren Ordnung oder sonstwie des Skurrilen. Eingebungen und Verwirklichungen fallen total auseinander, die Unterscheidungen zwischen Ideen und Realisierung fallen schwer. Das Realitätsdefizit sucht sich zwar einen Ausweg aus diesem Chaos, gerät aber in das Labyrinth kosmischer Ideen: Gott spricht zu Moses aus dem Dornbusch und macht ihn zum Verbündeten seines eigenen Dämons (vgl. die kosmische Sphäre unter Uranus/Pluto –

Irresein – mit der psychischen Ebene unter Uranus/Jupiter – Sinnlosigkeit).

Wir können hier die Voraussetzung erkennen, die den Geborenen zu seiner Störung führt. Der Horoskopeigner hat sich zu einer Sichtweise emporgehoben, in welcher er sich allen Dualitäten entzogen glaubt. Selbst sein sein eigenes Realitätsdefizit hat er in diesen kosmischen Überbau mit einbezogen. Es ist jetzt Teil einer Welt geworden, in dem Realität ein Irrtum ist und wahre Freiheit sowieso keine Bindung kennt. Aus diesem überdrehten Weltverständnis läßt sich leicht die innere Not ablesen, aus welcher der Horoskopnehmer seine Körperlichkeit abwehrt, mit deren Bedürfnissen er nicht mehr klarkommt. Diese gleicht sich seiner Vorstellung an und gesellt sich zu ihm auf die höhere Ebene. Damit verliert der Betroffene aber die Kontrolle über die fundamentalen Dinge: Er ist nicht mehr in der Lage, seine motorischen Funktionen zu kontrollieren.

Er, der sich seiner Umwelt enthoben glaubt, bezahlt den Preis für seine Höhenflüge, indem ihn die Abgehobenheit von den motorischen Funktionen seines Körpers trennt und ihm die Möglichkeit entzieht, seelisch gegenzusteuern. Er, der sich in die magisch-mystischen Bereiche geflüchtet hat, die zu beschreiben Worte nicht mehr ausreichen, muß so dieses selbergewählte Verdikt körperlich in der Welt vorzeigen, daß er erschrickt, wenn man ihn ansieht, zusammenzuckt, wenn er sich beobachtet fühlt oder stottert, wenn man ihn anspricht.

Weitere Symptome
– Ruhelosigkeit (Schlaflosigkeit)
– Geräuschempfindlichkeit
– Reizbarkeit
– Gleichgewichtsstörungen
– nervale Hautaffektionen
– Hyperventilation
– spastischer Husten
– Erkrankungen der Atemwege
– asthmatische Bronchitis (siehe auch Asthma: Saturn/Merkur)

HOMÖOPATHISCHE MITTEL

Halogen	Jodum (Jod)	– Geräuschempfindlichkeit, Ruhelosigkeit – Wahnideen, Abkapselung (Angst vor Menschen) – Entkräftigung, Verkrampfung, große Schwäche – Erkrankungen der Atemwege (Katarrhe, Schleimabsonderungen im Hals)
Pflanze	Coffea (Kaffeebohne)	– Verspanntheit (kann nicht abschalten!) – Schlaflosigkeit (durch starken Gedankenfluß) – reizbar, empfindlich – starkes Herzklopfen
Tier	Mephitis putorius (Stinktier)	– Berührungsempfindlichkeit – starke Erregungszustände – Hyperventilation – spastischer Husten – Katarrh aller Schleimhäute – asthmatische Bronchitis
	Pediculus (Kopflaus)	– überdrehte Aktivitäten (dauernd in Bewegung) – Gleichgewichtsstörungen – nervale Hautaffektionen – Nervenzucken
Therapie	– Atemtherapie – Neuraltherapie – Ozontherapie	z. B. Rebirthing

♁ ☿
Transite

Allgemein
Ist es der Drang nach Erneuerung, sofort und unter allen Umständen eine Änderung herbeizuführen, oder sind es einfach unsere Fehler, die allzulange unbeobachtet gelassen, plötzlich mit aller Kraft hervordrängen? Vieles, was umstürzlerisch erscheint, ist nichts anderes als das Suchen nach neuen Wegen, was nicht heißt, daß es nicht auch zu exzentrischen Umwegen kommen kann.

Beispiel ☌ 3/9
Während der Opposition zum Radix-Merkur (Haus 9) durch den laufenden Uranus wurde ein 39jähriger Hobbypoet und Frührentner (Drogen) plötzlich von totalen Schreibkrämpfen überfallen. Er war weder in der Lage, einen Bleistift zu halten, noch konnte er eine Schreibmaschine bedienen, weil seine Fingerspitzen auf jeden Druck allergisch reagierten.

Er bedauerte das außerordentlich, weil er gerade die Erleuchtung erlangt zu haben glaubte und fest entschlossen war, der Welt seine Visionen zu übermitteln, die sich zwar kaum in Worte fassen ließen, »sich aber gut in Poesie einbänden und über den Klang den Weg in die Herzen der Menschen fänden«.

Das Symptom zeigt allerdings in eine andere Richtung. Es entlarvt in seiner ganzen Krampfhaftigkeit die Selbstdarstellung seines Trägers und reduziert die Motive auf bloße Geltungssucht und Mitteilungsfreude, die auf ihrem Weg »zu den Herzen der Menschen« im Ansatz des Wollens steckenbleiben.

Zusammenfassung
Es werden Handlungen unternommen und Pläne geboren, die weniger die Alternativen zu neuen Ausdruckssphären symbolisieren, sondern mehr der Ausdruck von Verdrängungen sind, die unter den Rockschößen des Schicksals hervorzüngeln, weil das bewußte Ego vor ihnen immer die Augen so fest verschlossen hält.

160

☽ ☿

ARCHETYPEN & SYMBOLE

Thema	geistige Freiheit (Tu, was Du denkst: Bedenke, was Du tust!)
Ziel	sich suchen
Sinn	sich im Suchen finden (Erkenntnis im Erkennen)
Berufung	Avantgardist (Computerfachmann oder Kabbalist)
Symbol	Apostroph
Mythos	Sisyphus
Zeit	Zukunft im Zeitraffer
Zeichen	Die Falle, die sich selber fängt!
Archetyp	Hermes Trismegistos; Toth (ägyptischer Merkur)
Kultstätte	Hermupolis Magna (altägypt. Ruinenstätte bei Al Aschmunain)
Duft	Pergament
Pflanze	Säulenkaktus
Baum	»Lebensbaum« (Kabbala)
Tier	»von innen her beleuchteter Glasadler«
Landschaft	Hochspannungsleitungen
Ort	Elektrizitätswerk
Edelstein	synthetischer Spinell
Farbe	Quecksilber
Form	durchkonstruiert
Baustil	die ersten Eisen- und Stahlkonstruktionen (Eifel- turm); moderne Metall- und Glasarchitektur
Tanz	Tanz der Irrlichter (nachts auf der Autobahn)
Instrument	Synthesizer
Ritual	»Hacken« am Computer (aber auch wissenschaftli-

ches und künstlerisches Tüfteln und Forschen)

Musik	»Klavierkonzert« (Zuknallen des Deckels), oder »4 Minuten 33 Sekunden« (das Stück umfaßt nur Pausen) von John Cage
Grafik	»Wasserfall« von M. C. Escher
Malerei	»Metaphysisches Interieur mit der Piazza d'Italia« von Giorgio di Chirico
Collagen	»Merzbau« von Kurt Schwitters (Riesencollage) oder »Mobile« (Drahtgebilde) von Marcel Duchamp
Alte Schrift	»Corpus Hermeticum« (magische Texte, die Hermes Mercurius Trismegistos zugeschrieben werden)
Moderner Text	»Jungfrauenzeugung und Junggesellenmaschine« von Bazon Brock
Literatur	»Der Stern auf der Stirn« von Raymond Roussel
Bühnenstück	»König Ubu« von Alfred Jarry
Zitat	»Fümms bö wö töö zää Uu, pögiff, kwii Ee.« (Kurt Schwitters)

⛢ ♀ Uranus – Venus

Wirkungsstufe I	a) Konjunktion
	b) Quadrat
	c) Opposition

II	a) Uranus in Haus 2 oder 7
	b) Venus in Haus 11
	c) Venus in Wassermann
	d) Quincunx

III	a) Hausspitze 2 oder 7 in Wassermann
	b) Hausspitze 11 in Stier oder Waage
	c) Herrscher von Haus 2 oder 7 in Haus 11
	d) Herrscher von Haus 11 in Haus 2 oder 7
	e) Trigon

IV	a) Herrscher von Haus 2 oder 7 in Wassermann
	b) Herrscher von Haus 11 in Stier oder Waage
	c) Sextil

Unter dieser Konstellation treffen wir auf Menschen, deren Unvermögen, Wärme und Gefühle zu entwickeln, ihnen gar keine echten Beziehungen ermöglicht. Uranus will sich nicht mit den Gefühlen anderer verbinden, weil er sich dadurch in persönliche, intime Sphären einzumischen glaubt. Und das möchte er genausowenig wie er umgekehrt auch niemandem erlaubt, in seine Psyche einzudringen. Er hält einen inneren Abstand für äußerst wichtig und opfert ihm notfalls sogar die eigenen Beziehungen.

Wir finden hier eine Tendenz, sich gar nicht lieben zu lassen und statt dessen sein Bedürfnis nach neuen Beziehungsformen auf unkonventionelle Liebesabenteuer zu verteilen. Das will heißen, daß der Mensch unter diesem Aspekt seelisch gar keine innere Beziehung einzugehen wünscht, weil er dieses körperliche, besitzende Ergreifen im menschlichen Verhalten zumindest unbewußt ablehnt, sich seine Haltung aber andererseits nicht zu erklären weiß und statt dessen immer nur das sucht, was er nie erreicht! Sobald sich das Unerreichbare nämlich erreichbar zeigt, kehrt sich die Voraussetzung um und läßt im Menschen das Gefühl aufkommen, daß er im Grunde niemanden braucht.

Uranus' emotionslose Visionen bringen dem Horoskopeigner die Einsicht, daß in jeder Beziehung irgendwann die Probleme auftauchen, die man unerlöst in sich selber trägt. Je stärker ich diese auf den Partner projiziere, desto unerbittlicher begegnen sie mir dann im Verhalten des Partners, wenn die Saat der Wahrheit aufgegangen ist, daß der andere gar nicht bereit ist, meine Wunschvorstellungen zu erfüllen, sondern sich im Gegenteil nur bemüht, seine eignen Schwierigkeiten durch mich darzustellen. Dann verwandelt sich die himmlische Liebe, die von Herzen kommt, in den materiellen Abgrund, all das, was man in seinem Innern spürt, aber in die Umwelt nicht zu übertragen weiß, durch seinen Partner auszuleben.

Dieses »den anderen in dem zu erkennen, was der andere ist«, wäre aber das Ende der Prothesenfunktion des anderen, weil man darin die eigene Vorstellung seines Partnerbilds erkannte. Voraussetzung dazu wäre das Überschreiten jeder besitzergreifenden Beziehung und die Einsicht, daß man sich auch bewußt machen kann, was Uranus-Venus unbewußt verkörpert.

Denn wie soll man eine menschliche Beziehung verstehen, wenn man nicht weiß, was für komplizierte Übertragungsmuster sich da abspielen? Auf dem uranischen Weg des Wissens kann man aber umgekehrt die Unvereinbarkeit zum Partner als Wegweiser zur Lösung seiner eigenen Probleme benutzen, was in dem Maße wegfällt, wie man sich mit seinem oppositionellen Teil, welcher sich in der Partner-Projektion nur reflektiert, aussöhnt.

Erst in der Bedeutung der anderen findet man seinen eigenen Wert. Davor muß man das Gleichgewicht finden, den Strom der Liebe zwar zu akzeptieren, ohne sich aber an die Triebe zu verlieren. Man darf der Liebe nicht gestatten, die Wahrheit zu verschleiern, wie man aber umgekehrt der Wahrheit nicht erlauben darf, die Triebe zu blockieren. Denn man muß eine Sachlichkeit entwickeln, aus der man die Welt außerhalb der eignen Leidenschaft begutachten kann. Dann erst ist man fähig, sich selbst als Bestandteil jener allumfassenden Liebe zu betrachten, welche nirgends anfängt und nirgends aufhört, weil ihr Ziel der Anfang in sich selber ist.

Die transformative Bedeutung der Uranus/Venus-Konstellation kann somit dahingehend illustriert werden, daß sie uns empfänglich macht, unseren Gesichtskreis zu erweitern und zu höheren Beziehungsmustern vorzudringen. Allerdings werden die Erfahrungen von einer inneren Kälte begleitet, welche jegliche Abwesenheit von Sentimentalität beinhaltet, aber auch den Verzicht auf moralische Fixierungen oder Bindungen. Das Wirken ist lediglich dem Fließen unterworfen und der Einsicht, daß es töricht wäre, etwas festzuhalten oder an sich zu binden.

⚥ ♀

Psychologische Struktur

Ursache
Das persönliche Verhalten, die Zuneigung seiner Umwelt abzublokken, könnte seine Wurzeln in der Voraussetzung haben, daß man als Einzelkind (oder als sehnlichster Erfüllungswunsch der Eltern) maßlos verwöhnt und mit Zuneigung überhäuft wurde, so daß man sich als Kind an das Verwöhntwerden gewöhnte und sich seinerseits ein Ausleseprinzip aneignete, wem man seine besondere Zuneigung angedeihen lassen wollte.

Wirkung
Venus steht (mit Uranus) für jenes merkwürdige Verhalten, die Zuneigung der Umwelt nicht einfach zuzulassen, sondern sozusagen einen Wettbewerb um die eigene Gunst zu entfachen und dem seine Aufmerksamkeit zukommen zu lassen, der einen am interessantesten betört. Durch diese Überhäufung mit Liebe neigt der Geborene zu einer Haltung, die normalen Genüsse sinnlicher Freuden als leer und sinnlos zu betrachten.

Hemmung
Wenn sich das Individuum aber nicht traut, seine inneren Gelüste auszuleben, dann sucht es sich einen anderen, der ihm die verdrängten Süchte an sich erfüllt. Wir finden in dieser Form das Opfer, dem übel mitgespielt wird und das doch selber schuld ist, weil es seine eigene Veranlagung nicht annimmt und daher den Täter braucht: »Die schöne

Jungfrau opfert sich dem Biest«, was natürlich ein anderes Licht auf Übergriffe (Vergewaltigungen usw.) wirft.

Kompensation
Oder es kommt zum aktiven Gebaren, alle Triebe auszuleben, welche die Perspektive in sich tragen, aus den engen Grenzen konventioneller Muster auszubrechen und in jene Bereiche einzudringen, die ihre Befriedigung aus sexueller Ausschweifung und Perversion ohne Bindungsabsicht schöpfen.

Krise
Aufgrund der inneren Angst, daß emotionelle Bindungen ihre Freiheit behindern, lassen diese Menschen gar nicht zu, geliebt zu werden, um im gleichen Atemzug aber zu beklagen, daß niemand sie liebt.

Lösung
Die Schwierigkeit liegt darin, die Krise zu durchschauen, weil die Krise ja die Lösung und die Lösung die Krise ist. Denn jede Beziehung ist nur eine Wegmarke auf dem Weg zur letzten und höchsten Liebeserfüllung, und diese Erfüllung findet sich nur in einem selbst!

⛢ ♀

Karmisches Modell

Vorgeburt
Venus und Uranus weisen über das Verlangen, keine echte Liebe zu empfangen, auf die Strukturen in früheren Leben zurück, kalt und berechnend alles vernichtet zu haben, was den eigenen Plänen im Wege stand. Die Liebe (Venus) wurde eingesetzt, um die Liebe selber zu zerstören (Uranus) – sie wurde damit Zielen untergeordnet, die nichts mit Liebe, sondern ausschließlich mit persönlichem Ehrgeiz zu tun hatten (historisches Beispiel: Marquise de Montespan, Mätresse Ludwigs XIV.).

Man kann daraus ablesen, daß in der Art, wie Uranus/Venus-Menschen mit ihrer Umwelt umspringen, immer noch ein karmischer Übertrag aus früheren Leben mitschwingt. Weil jeder Versuch, die Verbindung zu einem Partner (als Repräsentant des ungelebten Teiles in sich) zu verhindern, Ausdruck der Verhinderung selber ist, seine verlorengegangene Einheit wiederzufinden, was sich in zerstrittenen Persönlichkeitsanteilen niederschlägt.

Denn obwohl jeder spirituelle Meister darauf hinweist, daß keine Verbindung für alle Zeiten befriedigen kann, weil wir in der Liebe des anderen nur unsere eigene unerlöste Wesensart finden, die nach immer neuen Beziehungen dürstet, ist es unsinnig, auf tiefe Liebesbindungen zu verzichten, weil wir damit die Chance vergeben, das Glück der inneren Vollständigkeit wenigstens für einen kurzen Augenblick zu finden und darin das Antlitz unserer Schöpfung zu erkennen.

Mann
Männer unter diesem Zeichen haben ein Bedürfnis nach aufregenden Gespielinnen, die sie weniger seelisch anziehen als äußerlich betäuben und in ihrem Sex-Appeal ansprechen müssen. Das trägt zwar nicht unbedingt zur Stabilität ihrer Beziehungen bei, besonders wenn auf die spontane Begeisterung der ersten Begegnung die Routine des Alltags folgt, bringt aber andererseits auch einen interessanten Austausch, der sie die Beschränkungen der Gegenwart ein bißchen länger vergessen und verdrängen läßt. Gewöhnlich drücken sich im Wunsch nach Freiheit, wechselnden Beziehungen und im Verlangen nach Experimenten gern homosexuelle, bisexuelle oder andere unkonventionelle Veranlagungen aus.

Frau
Frauen neigen zum Verhalten, sich lieber heiteren Unverbindlichkeiten frivoler Spielereien als einer tiefen Bindung hinzugeben. Aus inneren Launen können sie Beziehungen ganz unvermutet eingehen und fühlen sich dabei von eigenwilligen und verrückten Menschen angezogen. Sie fühlen sich besonders unter Homosexuellen, Transvestiten und ähnlichen Minderheiten geborgen – wahrscheinlich aus der inneren Angst heraus, sich auf persönlicher Ebene zu verlieben und sich im anderen zu verlieren, ein Vorgang, den sie im halbseidenen Milieu weniger zu fürchten brauchen.

Wenn aber schon Liebe, dann wenigstens origineller Sex (z. B. inmitten einer Menschenmenge auf der Stehrampe während eines Fußballspiels), weil sich uranisch geprägte Frauen besser geben können, wenn es sich weniger um individuelle Lust als vielmehr um nervenkitzelnde Psychospielereien oder originelle »künstlerische Zitate« handelt, um so von dem abzulenken, wovon sie wenig zu bieten haben: von ihrer inneren Mitte.

Eltern
Das ausgeflippte und Verantwortung scheuende Verhalten läßt den Wunsch nach Kindern gar nicht zu. Erwachsene unter diesem Aspekt

sind daher aufgefordert, in ihrem Horoskop nach jenen Gestirnsein-
wirkungen zu fahnden, welche sie in die Möglichkeit versetzen,
Kinder zu haben oder – sofern bereits Kinder da sind – wenigstens zu
erkunden, unter welchen Voraussetzungen sich ihre ganzen Widersprüche vereinen lassen.

♅ ♀
Krankheitsdispositionen

Psychisches Zerwürfnis (Ehescheidung)

Dieser Aspekt trifft im Zeitalter der »Singles« und des familiären
Zerfalls vor allem deshalb auf ein derart breites Verständnis, weil die
Zerrüttung unter den Menschen, die Entfremdung innerhalb der
Sexualität, die Auflösung von Bindungen und die Überführung der
Kommunikation in verzweifelte und doch ungehörte Hilfeschreie
heute zum täglichen Brot Millionen Geschiedener geworden ist.

Uranus/Venus ist die Komponente, sich ohne jede Rücksicht auf
Liebe oder Bindung sexuell zu verwirklichen. Daher kann man diesen
Aspekt nicht als ehefreundlich bezeichnen, weil er in der Beziehung
einen großen Spielraum für die individuelle Entfaltung fordert und
gleichzeitig darauf hinweist, daß gegenseitige Verpflichtungen und
Übergriffe kaum Sinn und Zweck menschlichen Zusammenlebens sein
können.

Vergewaltigung (Hingabeverweigerung)

Die Wirkungen zwischen Uranus und Venus setzen sich bis in die
intimsten Schichten fort. Die Frau ist kaum mehr in der Lage, ihre
inneren Ausbruchsgelüste vor der Umwelt zu verbergen. Lebt sie diese
nicht selber, indem sie aus den überlieferten sexuellen Konventionen
ausschert, dann muß sie den Schatten anderer ertragen, die in ihre
emotionalen Sperren brechen und sie aus ihrer braven, aber verlogenen
Sexualität herauszerren.

Versagen (Kopulationsverweigerung)

Oder wenn ein Mann trotz der Schwäche seines Sexualverlangens nicht
dazu ermuntert werden kann, seine Geschlechtsrolle neu zu definieren, dann zwingt ihn diese Konstellation so lange in die Isolation
(Frust und Ekel), bis er sich über seine sexuelle Identität Rechenschaft
ablegt (unterdrückte Homosexualität oder verdrängtes Hingabeemp-
finden; vgl. auch Orgasmusstörungen unter Uranus/Pluto).

Weitere Symptome
- Magersucht
- Eingeweidesenkung (Wanderniere)
- Bindegewebsschwäche, Schwund des inneren Fettgewebes (Nieren-fett
- Drüsen- und Durchblutungsstörungen
- Wadenkrämpfe, Krampfadern, Venenleiden
- hysterische Spasmen, schwache Nerven
- Schilddrüsen-Überfunktion

HOMÖOPATHISCHE MITTEL

Metall	Cobaltum (Kobalt)	– Gemütserregung, Stimmungswechsel – emotionelle und sexuelle Störungen – Ejakulation ohne Erektion, Impotenz
Pflanzen	Chamomilla (Kamille)	– Ruhelosigkeit, Ungeduld (man will immer das, was man nicht hat!) – seelische Empfindlichkeit, sexuelle Blockaden – Bindegewebsschwäche – Venenleiden
	Lavandula (Lavendel)	– Magersucht – Drüsen- und Durchblutungsstörungen – Störungen in der physischen, geschlechtsspezifischen Entwicklung
	Nigella damascena (Braut in den Haaren)	– Unbeständigkeit, Flatterhaftigkeit – hysterische Spasmen, schwache Nerven – Schilddrüsen-Überfunktion

	Valeriana officinalis (Baldrian)	– bei schwacher, nervöser und hysterischer Konstitution – wetterlaunisch, stimmungsschwankend, gefühlsblockiert
Tier	Moschus (Drüsensekret des Moschustieres)	– sexuelle Erregung (unbewußte Lust, vergewaltigt zu werden) – lüsterne Träume – Streichelbedürfnis
Therapie	– Interessante Liebesstellungen	Originelle Sexpraktiken, unkonventionelle Abenteuer
	– Hatha-Yoga – Körpermassage	

Transite

Allgemein

Unter diesem Gestirn wird Liebe zum Strohfeuer, in dem man sich bis zum letzten Funken wälzt, auch wenn die Schatten schon aufdämmern, welche das Ende der Glut ankünden. Aber es ist dieses irisierende Spiel mit den Flammen, das einen über die konventionellen Schranken hinauswachsen läßt, das im Charakter gefühlsschwacher Menschen eine Sucht nach Ausschweifung entfacht.

Beispiele ♂ 7

Während der Opposition des laufenden Uranus zur Uranus/Venus-Konjunktion und dem kurzfristigen Übergang der Sonne verliebte sich der Schlagzeuger einer berühmten Combo während eines Dancing-Auftrittes so heftig in die Wirtin, daß er auf der Stelle ausstieg und nicht mehr zu bewegen war, mit dem Orchester weiterzureisen.

Unter der gleichen Konstellation riß ein Chef mit seiner Sekretärin aus und ließ seiner Familie aus Florida eine Ansichtskarte zukommen. Zwei Monate später war ihm die Geliebte durchgebrannt (Uranus/Venus-Spannung in den Queraspekten) und er kehrte reumütig zur Frau zurück, welche ihn zuerst vor die Tür setzte (Saturn/Sonne-

Opposition), später aber wieder aufnahm (beim Jupiter-Übergang). Heute sind die beiden geschieden.

☐ **9/12**
Hier führte die Auslösung der Konstellation durch die transitorische Einwirkung Neptuns zur Auflösung der Ehe, als die Frau, die sich ihre Freizeit mit fernöstlichen Lehren vertrieb, sich in ihren Guru verliebte. Sie trennte sich von ihrem Mann und heiratete ihren Lehrer, zu dem ein Altersunterschied von vierzig Jahren bestand und die Ehe somit den uranisch-venusischen Widerspruch verband, Bindung und Lösung in einem sein zu können.

♂ **2/8**
Ein erfolgreicher Unternehmer aus besten Kreisen entwickelte unter diesem Gestirn (zusätzlich Pluto in Quadratur zu Uranus und Venus) masochistische Züge. Er kroch auf dem Boden herum und wollte von »seiner Herrin« geritten werden, die ihm einen Sattel auf den Rücken band, die Peitsche schwang und »Hü-Hott« schrie. Oft wollte er als Zeichen äußerster Unterwerfung der Schemel sein, auf den seine Gebieterin ihre Füße legte. Oder er ließ sich nackt an einem Flaschenzug, der von der Decke herabhing, hochziehen und wehrlos zur Schau stellen (Transitauslösung siehe Uranus/Pluto).

Zusammenfassung
Odysseus' Wunsch, dem Gesang der Sirenen (auf der Heimfahrt nach Ithaka) zu begegnen, mag ein uranisch-venusisches Verlangen enthalten; die Einsicht aber, sich von seinen Kameraden anbinden zu lassen mit der Auflage, ihn erst wieder loszumachen, wenn sie sich außerhalb der Reichweite der Gesänge befänden, deutet auf ein saturnisch-merkurisches Realitätsverständnis hin.

ARCHETYPEN & SYMBOLE

Thema	Infragestellung der Konventionen
Ziel	Lösung von Abhängigkeiten (sexueller Selbstausdruck)
Sinn	Vereinigung der Gegensätze

Berufung	Hure/Heilige, Hermaphrodit
Symbol	Spiegel
Mythen	Salome; Delilah (Simson und Delilah); der Raub der Sabinerinnen
Sabbat	Mabon (Herbsttagundnachtgleiche)
Geister	Sylphen
Göttinnen	Isis, Isthar, Astarte, Europa
Archetypen	Kleopatra; Nofretete; Königin von Saba (oder die Comic-Strip-Figur Barbarella)
Zeichen	Lippenstift, Schminke, falsche Wimpern
Kultstätte	Isistempel auf der Nilinsel Philä bei Assuan (heute beständig überspült)
Duft	Jasmin, Lavendel, Moschus
Pflanze	Iris
Tier	Gazelle
Landschaft	Lustgarten (Garten Eden)
Ort	Venusgrotte
Stimmung	Zwielicht
Edelstein	Karneol
Farbe	orange
Form	schlankes, pflanzenhaftes Emporstreben
Baustil	ionisch (Artemis-Tempel in Ephesos); Renaissance
Skulptur	Venus von Milo (späthellenistisch)
Gegenstand	»Frühstück im Pelz« von Meret Oppenheim
Tanz	Schleiertanz
Ritual	Liebesvorspiel
Instrument	Zungenschnalzen, fingerschnippen
Musik	»La Valse« von Maurice Ravel
Oper	»Salome« von Richard Strauss

Illustrationen	Illustrationen zu »Salome« von Aubrey Beardsley; erotische Grafiken des Marquis de Bayros
Malerei	»Leda mit dem Schwan« von Tintoretto; »Venus vor dem Spiegel« von P. P. Rubens; »Mädchen vor einem Spiegel« von Pablo Picasso
Dichtung	»Salome« von Oscar Wilde; »Teresias« von Guillaume Apollinaire (groteske Mann/Weib-Metamorphose)
Literatur	»Notre-Dame-des-fleurs« von Jean Genet; »Das Delta der Venus« von Anaïs Nin
Zitat (Ausschnitt)	Einer der Männer erzählte gerade von einer Malerin, deren Bilder die Galerien füllten. Es waren riesige, in Regenbogenfarben gehaltene Blumenstilleben. »Das sind keine Blumen« erklärte der Pfeifenraucher, »das sind Mösen. Jeder sollte das erkannt haben. Das ist ihre Masche. Sie malt eine Vulva in der Größe einer ausgewachsenen Frau. Gewiß, auf den ersten Blick sieht es aus wie Blütenblätter, wie das Herz einer Blume, aber beim Näherhinsehen erkennt man zwei ungleiche Lippenpaare, die feine Trennlinie, den gekräuselten Rand der Lippen, wenn sie geöffnet sind. Was kann das nur für eine Frau sein, die immer diese gigantische Möse zur Schau stellt, eine Büchse, die in einer perspektivischen, tunnelartigen Wiederholung verschwindet, die immer kleiner wird, wie ein dunkler, enger Gang, der zum Eintritt auffordert? Man hat das Gefühl, vor einer fleischfressenden Pflanze zu stehen, die sich nur dann öffnet, wenn sie Nahrung wittert, die sie dann in sich saugt und die dann wieder mit denselben, im Wasser schwankenden Fängen Opfer sucht.« (aus »Das Delta der Venus« von Anaïs Nin)

⚲ ♂ Uranus – Mars

Wirkungsstufe I	a) Konjunktion
	b) Quadrat
	c) Opposition

II	a) Uranus in Haus 1
	b) Mars in Haus 11
	c) Aszendent Wassermann
	d) Mars in Wassermann
	e) Geburtsherrscher in Haus 11
	f) Quincunx

III	a) Geburtsherrscher in Wassermann
	b) Hausspitze 11 in Widder
	c) Herrscher von Haus 11 in Haus 1
	d) Trigon

| IV | a) Herrscher von Haus 11 in Widder |
| | b) Sextil |

Wie immer sich Uranus im individuellen Rahmen manifestieren mag, immer ist die Lösung von bürgerlichen Normvorstellungen seine Botschaft. Die Personalität und ihre Lebensmotive liegen außerhalb der Gesellschaftsformen. Die Individualität ist außergewöhnlich, ihre Spannungsbreite reicht vom Ideellen bis zum Wahnsinn. Dabei sieht man Zukunft stets in einem Glanz, der von den Gipfelträumen verstiegener Gesichter herrührt. Das explosionshafte Neue, das spontane Zukunftsweisende wird dabei visionär erahnt und vor allem anderen erkannt. Uranus-Mars zeigt aber auch die Möglichkeit an, daß die Psyche ihr Wachstum ebenso durch Krisen auslösen kann, durch die Integration von Schicksalsschlägen, welche ihr die Hintergründe ihres Handelns erst im Nachhinein aufschlüsseln. Der betroffene Mensch kann sich so im Zentrum seines inneren Wandels erkennen und das Ziel erblicken, unabhängig von allen konventionellen Normen und bürgerlichen Einschränkungen seinen ungestümen, potenzierten und kreativen Geist zu entwickeln.

Uranus als Repräsentant des Plötzlichen und Unvorhergesehenen entpuppt sich im Aspekt mit Mars aber auch als der Widerspruchsgeist, der sich allen Erkenntnissen des Denkens widersetzt. Dabei legen sie sich mit allem an, was Tradition verkörpert und erinnern in ihrer Unvernunft an einen Bergsteiger, der, weil es unten heiß ist, keine warmen Kleider mitnimmt, obwohl er weiß, daß oben auf dem Gipfel kalte Winde blasen. Da die Intuition ihr Handeln bestimmt, sind sie in Opposition zu allem, was vernünftig sein will. Das ist gelegentlich gut zu beobachten, wenn der Horoskopeigentümer seine Weltanschauung umkehrt und die daraus resultierenden entgegengesetzten Ziele mit der gleichen Vehemenz wie die alten anzustreben beginnt.

Ursache für diese Wirren dürfte ein schwacher oder abwesender Vater gewesen sein. Da der Junge den Rahmen seiner Männlichkeit nur am Bild des Vaters messen kann, verbindet sich in ihm das Bild von Männlichkeit mit der Vorstellung von Schwäche (was ein Mädchen auf den Partner überträgt): Immer dann, wenn das Kind sich durchsetzen will, wird das Bild der Vaterschwäche in das eigne Handeln übernommen, und es entsteht Angst.

Später wird dann der Drang entstehen, diese Schwäche dadurch zu beseitigen, indem man unter großem Einsatz die verlorene Stärke zurückzugewinnen versucht. Der innere Wille, die Welt zu verblüffen, ist gleichsam die Peitsche, um das fehlende Vertrauen in das eigene Handeln auszugleichen. So besteht einerseits der Wunsch, sich dauernd zu bestätigen und andererseits der Druck, die eignen Ziele noch zu übertrumpfen und damit in Gefilde vorzustoßen, wo nicht die Präsentation von Leistungsmonumenten, sondern die Auflösung der Zwänge Linderung verschafft.

Wenn eine symbolische Entsprechung von Uranus der heilige Gral (Parzival-Legende) wäre, dann könnte Mars für das Zauberschwert stehen, welches dem Vater die Wunde schlägt, die sich nicht mehr schließt. Denn Mars gehört zu den schicksalsgestaltenden Kräften und spaltet mit seinem Schwert die kosmische Harmonie, um das Karma unseres Verhaltens sowie das Ziel der Heimkehr gleichermaßen zu entfalten. Uranus und Mars können uns zwar Erlösung verschaffen, aber auch die Wunde verursachen, solange wir sie nicht als unseren eigenen Teil erkennen, sondern sie über ein schwaches Vaterbild nach draußen in die Welt befördern. Von dort kann Uranus-Mars über die unbewußte Rehabilitierung dieser Vorstellung plötzlich als Aggressionsentladung auf uns selber zurückkommen und unser Weltbild zertrümmern.

Der Mensch unter dieser Konstellation muß lernen, sich damit zufriedenzugeben, der unbewußten Kräfte Herr zu werden und über die Rückzugsbewegungen aus der Welt des Alltags auch den Heimweg für all jene schwächeren Seelen mitzubahnen, welche noch ohne inneres Dämmern und Erkennen nach dem Reich der Sonne streben.

☽ ♂

Psychologische Struktur

Ursache
Der Grund, die Aggressionen nicht in die Welt zu heben (nicht in der Realität zu leben), könnte ein schwacher oder abwesender Vater gewesen sein, der dem Kind die Identifizierung mit dem aggressiven Teil der Wirklichkeit erschwerte.

Wirkung
Da Uranus die persönliche Durchsetzung des Mars (»aus sich heraus«) zu einer Rückführung »in sich hinein« umdreht, begegnen wir unter Uranus-Saturn der Verhaltensweise, immer, wenn man »explodieren« will, die Situation so hinzubiegen (»zu implodieren«), daß jeder Akt von Durchsetzung unsinnig und unverhältnismäßig erscheint.

Hemmung
Dadurch bleibt die marsische Aggression in der Hinterfragung des eigenen Verhaltens hängen. Die Wut bleibt unerlöst und unterschwellig im Vorsatz kleben, es der Welt dann irgendwann schon zeigen zu wollen.

Kompensation
Da man aber diesem frommen Wunsch selbst nicht traut, dreht sich die ganze Versagensangst im Kreise und wird zum Antrieb eines übersteigerten Verhaltens, das die eigene Angst jetzt übertreibt.

Krise
Die Folge davon ist die Überpeitschung der Durchsetzungsschwäche mittels gewalttätiger und aggressiver Ziele, weil nur im Bild des äußerst

Männlichen das schwache Selbst Vertrauen findet: ein Selbstvertrauen aber, das die Krise als Ausdruck seiner Angst im Handgepäck schon mit sich führt.

Lösung

Eine Lösung ließe sich vorstellen, wenn es einem gelänge, das sich selbst mißtrauende Selbstvertrauen zu hinterschauen, um die Wurzeln der Aggressionen in seinen eigenen Blockaden zu erfahren und sich die Frage zu stellen, wo solche übertriebenen Reaktionen überhaupt hinführen?

♅ ♂
Karmisches Modell

Vorgeburt

Wenn sich Uranus und Mars in der Geburtsstunde befehden, dann heißt das für die Betroffenen aufgepaßt: In ihrer Berührung werden kriegerische Erfahrungen aus früheren Inkarnationen angesprochen, auf hiesige Dimensionen übertragen und in diesem Leben wieder ausgelöst.

Viele Geborene mit dieser Stellung fühlen sich in ihrem Selbstausdruck blockiert. In früheren Zeiten legten sie großen Wert darauf, stets die Ersten und Stärksten zu sein, ein Vorhaben, das ihnen heute nur noch schwer gelingt. Bloß die innere Ruhelosigkeit ist ihnen geblieben zum Zeichen, daß ihnen ihre kriegerische Seite nicht einfach weggestrichen, sondern mit der Aufgabe verbunden wurde, die blockierten Aggressionen zu lösen und zu erkennen, daß diese, wenn man sie für schöpferische Ziele nutzt, auch aktiv eingesetzt werden können.

Zusammenfassend kann man also sagen, daß die Aggression der Hebel ist, um aus alten Verhaltensweisen auszubrechen. Neue Wege werden beschritten, die sich zum Zeitgeist kongruent entwickeln und die Vorwegnahme künftiger Prozesse als Anlage schon in sich tragen. So können diese Menschen zu den aktiven Befürwortern eines Zeitgeists werden, der die Entwicklung weit vorantreibt, so daß der »Schwarze Peter« dieser Konstellation der Umwelt (Saturn) zufällt, die das Individuum (Mars) in der Aufhebung der alten Form (Uranus) bekämpft. Ihre starke Unruhe gibt den Betroffenen aber die Kraft, nötigenfalls auch die Nabelschnur zur gesellschaftlichen Einbindung durchzutrennen.

Kind

Das Kind sieht sich unter Uranus/Mars in eine Familienstruktur hineingeboren, in welcher die Position des Vaters entweder schwach ist oder entfällt. Damit ist das Kind gezwungen, das schwache Vaterbild zu überwinden und die Autorität in sich selber zu finden, ohne durch den schwachen oder abwesenden Vater aber eine Identifikationsmöglichkeit zu erhalten. Damit ist das Problem umgrenzt: Das Kind muß etwas in sich suchen, von dem es keine Ahnung hat, was es ist. Ergo muß es die fehlende Autorität in der Außenwelt erkennen, die es aber gleichzeitig ablehnt.

So bleibt es buchstäblich zwischen den Stühlen hängen, sich einerseits nicht entscheiden zu können, äußere Einmischungen aber alle zurückweisen zu müssen.

Mann

Die kindliche Durchsetzung bleibt in der psychologischen Hinterfragung hängen und wird von der eigenen Entschlußunfähigkeit überlagert (Immer dann, wenn man sich entscheiden muß, entsteht Angst!). Als Ausgleich gesellt sich der Wunsch nach persönlicher Unabhängigkeit hinzu, der für übertriebene Leistung steht und einen Drang nach zwanghafter Aktivität mit sich bringt.

Der Mann wird auf den Wogen seiner überschäumenden Maskulinität in die Gefilde getragen, wo er sich durch gigantische Schöpfungsmonumente mit seiner verdrängten, größenwahnsinnigen Männlichkeit zu identifizieren sucht. Damit versucht er die Umwelt mit der Wucht seiner kompensierenden Versagensangst aus dem mangelnden Vertrauen in seine eigene Männlichkeit zu überfahren, nicht, um seine inneren Bilder zu korrigieren, sondern um die Welt seinen inneren Vorstellungen anzupassen.

Frau

Frauen kommen umgekehrt in die Lage, durch die Projektion von Mars und die bizarren Vorstellungen des Uranus an Männer zu geraten, die mit Normvorstellungen nichts am Hut haben. Dies entspricht dem unbewußten Wunsch, das schwache Vaterbild durch einen starken Partner zu korrigieren – mit dem kalkulierten Risiko, sich gegen ihn zu wehren und ihm entweder lustvoll zu unterliegen oder ihn genußvoll wie eine Beute zu verzehren.

Da sie sich gegen die Männer wehrt, um keine Übergriffe zu erleiden, sie aber gleichzeitig auch anfeuert, haben wir hier einerseits den Wunsch nach passiver Kontrolle vorliegen, indem sie den Mann durch Hingabe dirigiert. Weil sie aber andererseits auch nur einen starken Partner akzeptiert, sehen wir hier deutlich, wie sich in diesem vermeintlichen Wunsch nach Kontrolle in Wirklichkeit die Hoffnung auf Demütigung verbirgt. (Nämlich in ihrer Rache gegen die Mutter, mit der sie sich identifiziert, bestraft zu werden, weil ein richtiger Mann sich das, was sich ihr Vater gefallen lassen mußte, nicht gefallen läßt.)

Ehe

Das durch diese Konstellation symbolisierte Verhalten ist eine denkbar ungünstige Voraussetzung für eine Ehe. Denn das dadurch injizierte Verlangen nach einer eigenen »Inszenierung« und die Ablehnung jeglicher Art von Einmischung in den »psychologischen Ablauf des Bühnengeschehens« schwingt sich deutlich negativ in den Energiefeldern dieser Menschen aus, die dadurch unfähig sind, sich einem Partner zu öffnen und fremde, nicht assimilierte Schwingungen außerhalb der eignen Stratosphäre zuzulassen.

☉ ♂

Krankheitsdispositionen

Überreaktion

Psychisch gesehen, entspricht das einem Verhalten, die Aggressionen solange zurückzuhalten, bis durch den Aggressionsstau die Gefahr besteht, ganz fürchterlich über die Stränge zu schlagen.

So geschehen bei einem Gastarbeiter aus Jugoslawien, der allzulange gegen die Seitensprünge seiner Ehefrau immunisiert schien, die Welt dabei im Glauben lassend, daß er über der Sache stehe und ihm das Ganze nichts ausmache, um beim zehnten Male plötzlich durchzudrehen und den Versuch zu machen, den verdutzten Liebhaber zu kastrieren (siehe dazu die Schilderung unter Transitbeispiele).

Allergie

So wie beim obigen Beispiel die übertriebene Reaktion die starke Aggression anzeigt, die verdrängt wurde, so zeigt sich bei ihrer harmloseren Schwester, der Allergie, ein Ausdruck starker Aggressivität, die in den Körper umgeleitet wurde. Dabei handelt es sich um Reaktionen, die im Prinzip richtig (da das körpereigene Abwehrsystem einer sinnvollen Verteidigung gegen feindliche Eindringlinge entspricht), im Ausmaß und Verhältnis aber übertrieben sind. Da der Allergiker seine Aggression nicht annehmen will, unterläuft sie seine

Bewußtseinsschwelle und drückt sich im Immunsystem des Körpers aus, das dadurch auf alles zu reagieren beginnt, was nur im Entferntesten als Feind herhält: Eichen-, Birken-, Erlenpollen, Getreide-, Gras- und Unkrautpollen, Schimmelpilze, Hausstaubmilben, Tierhaare, Kosmetika, Farbstoffe, Seifen, Medikamente, Nahrungsmittel, Blumen oder gar der Druck einer Gürtelschnalle oder eines Ringes.

Allergien sind auf die Spitze getriebene Reaktionen des Abwehrsystems – eine häufig in der Kindheit schon erworbene Reaktionsform des Körpers auf bestimmte Außenreize. Allergiker sind meistens sehr angepaßte Leute, die sich ihr »Bravsein« dadurch verdienen, weil ihre Körperabwehr den Krieg ja stellvertretend für sie führt. Wenn sie ihre Allergien allerdings loswerden wollen, müssen sie den Krieg selber führen, d. h. ihren Verdrängungen begegnen und ihr aggressives Potential annehmen und dort in der Welt ausleben, wo es für sie und ihre Umwelt ungefährlich ist.

Die Betroffenen müssen lernen, die Aggressionen dem Körper wieder abzunehmen, indem sie diese selber leben. Dazu ist es notwendig, aus den Stoffen, gegen die man allergisch ist, auf die verdeckten seelischen Bereiche zurückzuschließen und sich aus dem Symbolcharakter der verdrängten Dinge über die wirklichen Zusammenhänge klarzuwerden: aus Tierhaaren über die Angst vor Animalität, aus Hausstauballergie und Beschmutzungsangst (Duschzwang) über die Angst vor Körperlichkeit und Sex!

Wirbelsäulenbeschwerden (Ischias, Bandscheiben)

Hinter den großen Leistungsvorsätzen, der Welt etwas beweisen zu müssen, stehen Minderwertigkeitsgefühle und Komplexe. Und da Mars durch sein Tun der Welt immer etwas beweisen will, im Grunde aber niemand da ist, der solche Beweise fordert, werden die eigenen Wünsche flugs zur Wirklichkeit erklärt, um über die »Erstreitung der Rechte für andere« davon abzulenken, daß die Motivationen hinter all dem nur die eigenen Versagensängste sind.

Aber Uranus ist für dieses Versteckspiel viel zu kühl und auch ironisch. Spöttisch feuert er Mars an, der Welt seine Potenz zu demonstrieren und sich auf keinen Fall unterkriegen zu lassen (Hals-Wirbelsäule-Syndrom), bis das Symptom der Überlastung so heftig auf die Lendenwirbel drückt und in starken Schmerzen (Ischias, Bandscheiben) der Wahrheit Ausdruck verleiht, daß durch Leistung weder Hemmung noch Blockaden zu überwinden sind. Sie kann auch keine Liebe erzwingen!

Weitere Symptome
– Jähzorn, Unfallneigung (siehe auch unter Saturn/Uranus)
– Kopfschmerzen, Gehirnerschütterung, erhöhte Fieberneigung
– Nägelbeißen, Augenleiden (Flimmern, Sehstörungen)
– neurovegetative und epileptoide Störungen
  (motorische Störungen siehe Uranus/Merkur)
– Nervenschwäche
– Unterfunktion der Nebenschilddrüsen (Tetanie, Spasmophilie)
– Überfunktion des Nebennierenmarks

HOMÖOPATHISCHE MITTEL

Metallische Verbindungen	Ferrum phosphoricum (Eisenphosphat)	– Antriebsarmut, Schwäche – Fieberzustände – Unlustgefühle
	Kalium phosphoricum (Kaliumphosphat)	– Nervenschwäche und Erschöpfung – Angstzustände (durch blockierte Aggression) – Unentschlossenheit, Depression
Mineralische Verbindung	Silicea (Feuerstein)	– Allergie (nervöse Überempfindlichkeit) – übersteigerte Reflexe – Zittern, Krämpfe, Nägelbeißen – Ischias, Wirbelsäulenbeschwerden – Abszesse, Ekzeme – Sehstörungen
Nosode	Tuberculinum (Tuberkulöser Abszeß)	siehe unter Saturn/Mars
Pflanzen	Aconitum anthora (Giftheileisenhut)	– Überreaktionen – neurovegetative und epileptoide Störungen
	Anagallis (Roter Gauchheil)	– Allergie – gegen Blockaden: treibt heraus!

	Cytisus laburnum (Goldregen)	– Kopfschmerzen, Migräne – heftige Gewebsreaktionen – Blockaden, die sich zur Hemmungslosigkeit auswachsen
	Gelsemium (Wilder Jasmin)	– Manie und Melancholie – Absinken der Lebenskräfte – Vitalitätsmangel, Erschöpfung – Samenfluß ohne geschlechtliche Erregung – hysterische Konvulsionen – Erwartungsangst – Augenbeschwerden
	Ginseng	– stimuliert die sekretorischen Drüsen – stärkt die Genitalorgane – wirkt auf das Rückenmark
	Prunelle vulgaris (Kleine Brunelle)	– Jähzorn, verdrängte Wut – Autoaggressionssymptome
Therapie	– Fieber	… gegen Fieber: künstlich induziert!
	– Fallschirmspringen	Überwindung der Blockaden, Annehmen der Angst
	– Marathon	Teilnehmer werden 48 Stunden eingesperrt (zum Abbau des Aggressionsanstaus)

☿ ♂

Transite

Allgemein

Wenn wir uns Mars als Impuls vorstellen, der das elektrische Energie-
feld von Uranus auslöst, dann haben wir uns hier den »Ausbruch aus
der Form« zu vergegenwärtigen, der im Grunde meistens unangemes-
sen ist.

Diese Forderung nach Expansion und Freiheit kann Ehen in die
Krise führen, Karrieren zusammenbrechen lassen und materielle Verluste bewirken oder aber, um auch die andere Möglichkeit zu nennen,
zu ungewöhnlichen Erkenntnissen in Technik und Wissenschaft (Ausbruch aus der Form: Einsteinsche Relativitätstheorie) hinzielen.

Beispiel △ 7/11

Ein jugoslawischer Gastarbeiter, der von seiner Frau dauernd »Hörner
aufgesetzt bekam«, was er aber einfach ignorierte, flippte beim
kurzfristigen Mars-Übergang über Uranus im siebten Haus (bei
gleichzeitiger Saturn-Quadratur zu Uranus und Sonnen-Opposition
zu Pluto/Venus) völlig aus. Er hielt seiner Frau ein Messer in den
Nacken, als er sie mit einem Jugendlichen erwischte und forderte sie
auf, ihn mit dem Mund geschlechtsunfähig zu machen.

Es stellte sich heraus, daß auch sein Vater von seiner Mutter laufend
hintergangen wurde, wovor er aber die Augen verschloß, weil er die
Eltern beide liebte. So hatte er jahrelang das Verhalten seiner Mutter
mitangesehen, ohne seinem Vater aber etwas davon zu erzählen, weil
er sie beide nicht verlieren wollte. Die Tat selber läßt sich demnach als
ein explosiver Ablöseakt erklären, bei dem das Bild der Mutter und das
der Ehefrau miteinander verschmolzen. Damit erreichte er nicht nur
eine Befreiung aus dem Kindheitstrauma, weil sich in seiner Mutter/
Frau seine ganze Vorstellungswelt vom Weiblichen spiegelte, sondern
gleichzeitig auch eine späte Genugtuung und Rache für den Vater,
welche außerdem die Möglichkeit enthielt (der andere wird bestraft!),
sich seine Mutter (Ehefrau) zu erhalten.

Zusammenfassung

Wie immer, wenn Mars beteiligt ist, aber besonders, wenn Uranus auf
den Funken trifft, explodieren die angestauten Kräfte zu ganzen
Universen losgelassener Konflikte, welche jahrelange Blockaden und
Verdrängungen zum Inhalt haben.

⚨ ♂

ARCHETYPEN & SYMBOLE

Thema	Rache (für den Vater)
Ziel/Sinn	Individualität, Selbstausdruck
Berufung	Held, Rebell
Symbol	Sonnenaufgang; Feuerspeer
Mythos	Prometheus
Sabbat	1. April
Götter	Tyr, Skadi (Samothea)
Archetypen	Odysseus; Agamemnon (Elektra)
Zeichen	Holzpferd (schwache Väter!)
Mysterium	nichterhaltener Koloß von Rhodos (Rehabilitierung des Männlichen)
Kultstätten	Troja; Pompeji
Duft	Pfeffer
Pflanze	Ginseng
Tiere	Falke; Kojote
Landschaft	Sanddünen, Wüste
Ort	Arena, Kampfbahn
Edelstein	Granat
Farbe	leuchtendes Hellrot
Form	erratisch
Baustil	dorische Steinarchitektur (früharchaisch)
Tanz	Initiationstänze
Ritual	Entjungferung (Beschneidung)
Instrument	Schlagzeug, rhythmisches Händeklatschen
Musik	»Le sacre du printemps« von Igor Strawinsky; »Trojanischer Marsch« von Hector Berlioz

Oper	»Elektra« von Richard Strauss
Libretto	»Iphigenie in Aulis« von Gluck, in der Bearbeitung nach Eurypides (hier werden die Voraussetzungen für den späteren Gattenmord und die Rache Elektras an ihrer Mutter geschildert: vgl. Zitat)
Malerei	»Prometheus« von Gustav Moreau; »Napoleon in der Wüste« von Max Ernst
Mosaik	»Die Alexanderschlacht« (Fußbodenmosaik aus Pompeji von Philoxenos von Eretria, 320 v. Chr.)
Alter Text	»24 Dithyramben« von Ph. von Kythera (380 v. Chr.)
Drama	»Die letzten Tage der Menschheit« von Karl Kraus
Literatur	»Die Dämonen« von Joseph Roth
Zitat	»Wo bist du, Vater? Hast du nicht die Kraft, dein Angesicht herauf zu mir zu schleppen? Es ist die Stunde, unsre Stunde ist's, die Stunde, wo sie dich geschlachtet haben, dein Weib und der mit ihr in einem Bette, in deinem königlichen Bette schläft. Sie schlugen dich im Bade tot, dein Blut rann über deine Augen, und das Bad dampfte von deinem Blut. Dann nahm er dich, der Feige, bei den Schultern, zerrte dich hinaus aus dem Gemach, den Kopf voraus, die Beine schleifend hinterher; dein Auge, das starre, offne, sah herein ins Haus. Agamemnon! Vater! Ich will dich sehn, laß mich heute nicht allein! Nur so wie gestern, wie ein Schatten dort im Mauerwinkel zeig dich deinem Kind! Vater! Agamemnon! Dein Tag wird kommen. Von den Sternen stürzt alle Zeit herab, so wird das Blut aus hundert Kehlen stürzen auf dein Grab!« (Hugo von Hofmannsthal, »Elektra«)

♅ ♃
Uranus – Jupiter

Wirkungsstufe I   a) Konjunktion
                          b) Quadrat
                          c) Opposition

                II   a) Uranus in Haus 9
                          b) Jupiter in Haus 11
                          c) Quincunx

               III   a) Hausspitze 9 in Wassermann
                          b) Hausspitze 11 in Schütze
                          c) Jupiter in Wassermann
                          d) Herrscher von Haus 9 in Haus 11
                          e) Herrscher von Haus 11 in Haus 9
                          f) Trigon

              IV   a) Herrscher von Haus 9 in Wassermann
                          b) Herrscher von Haus 11 in Schütze
                          c) Sextil

Uranus-Jupiter symbolisiert den geistigen Wanderer auf den einsamen Straßen des Unbewußten. Er sucht das Unfaßbare aus seinen Träumen, dem er auf seinen nächtlichen Streifzügen so viele Male begegnet ist. Aber solange er sucht, hat die Straße kein Ende, weil er im Suchen das Finden sucht, welches er im Suchen findet und das nur auf die Wirren seiner verirrten Vorstellung zurückzeigt. So muß er den Teufelskreis des Denkens überwinden, um in den Wäldern des Unbewußten jenen Regenbogen zu finden, dessen unterirdisches Glimmen in seinem Bewußtsein die Herausforderung des Ewigen entfacht. Denn nichts ist zu groß oder zu mächtig, um nicht von ihm herausgefordert zu werden.

Bis dieses Schicksal aber reif und ausgebrütet ist, haben wir es unter Uranus-Jupiter mit einem überheblichen, wenn auch selbstreflektierenden Betragen zu tun. Jupiters breite und salbungsvolle Entfaltung wird durch Uranus' relativierendes Verhalten an die selbsterkennende intellektuelle Kette gelegt. Dieser springt nicht gerade sachte mit dem Göttervater um, aber schließlich ist Uranus der geistige Ahnherr aller planetarer Kräfte. Bis der Horoskopeigner das Gleichgewicht seiner ungeahnten Möglichkeiten gefunden hat und sich innerhalb der Gesellschaft nicht mehr zu bestätigen braucht, hat er große Mühe mit den Erklärungsversuchen der Umwelt, deren Wirklichkeitsmodelle er alle in die Tasche steckt, weil er durch seine innere Kraft die Wahrheit ahnt, daß die Welt, die wir betrachten, weniger der Welt entspricht, als vielmehr dem Akt unseres Betrachtens.

Jupiters Herausforderung ist die uranische Einsicht, daß es keine absoluten Werte gibt. Alles, was wir uns an persönlichen Erfahrungen erarbeiten, ist auf uns bezogen zwar immer richtig, aber gleichzeitig auch immer falsch. Denn jede Wertung ist von unseren persönlichen Erfahrungen abhängig und richtet sich in ihrer Schwingung nach dem Rahmen unserer Subjektivität, was umgekehrt aber wiederum bedeutet, daß wir im Erfassen einer Sache nie die Sache, sondern nur immer unsere Subjektivität begreifen.

Wenn wir erst einmal bereit sind, alle Wertungen gleichermaßen zuzulassen, unsere eigenen und jene, welche wir nicht gerne hören, dann erst sind wir in der Lage, eine Sache in sich selber zu erfahren. Die Wirklichkeit zu sehen, aber trotzdem unsere Subjektivität zu leben und dabei erst noch zu tun, als ob das alles uns nichts anginge, dies ist der Geist, der sich unter diesem Zeichen göttergleich vorkommt.

Jupiter wird von Uranus also dazu stimuliert, Welten zu erkennen, die er durch seine Brille gar nicht sieht. Aber gerade weil er spürt, daß er für viele Wirklichkeiten blind ist, kann man sein Kompensieren mit dem Verlangen in Verbindung bringen, Bilder aus dem Unbewußten zu kreieren und sie in verständlichen Symbolen anderen aufzuzwingen. Das ist der Schatten dieser schöpferischen Verbindung! Erst wenn andere seine Visionen übernehmen, gibt ihm das die Sicherheit, an die eigenen Bilder auch zu glauben. Umgekehrt muß er jede Gelegenheit benutzen, anderen seine Botschaft aufzudrängen, damit er auf dem Umweg über deren Glauben seine eigenen Inhalte erkennt.

Mit Uranus kommt zu der Fähigkeit, Visionen zu entwickeln, auch noch die Begabung, die Relativität der Visionen zu verstehen. Das heißt die Wirklichkeit der Welt, die hinter den Dingen unserer Bilder liegt, in den Dingen selbst zu sehen. Man könnte das so veranschaulichen, daß dieses kosmische Fließen, das wir den göttlichen Willen nennen, durch Uranus-Jupiter in seinem inneren Plan plötzlich erfaßt werden kann, was in den Gesichtern der alten Mystiker die »Berührung Gottes« umschreibt, in den Laboren moderner Forschung hingegen auf Intuition hinweist.

☌ ☉ ♃
Psychologische Struktur

Ursache
Unter dieser Konstellation wurde der Betroffene in ein Umfeld hineingeboren, in welchem ihm alle nur erdenklichen Entwicklungsmöglichkeiten geboten wurden. Voraussetzung dazu könnten großzügige und wohlwollende Eltern gewesen sein, die schon älter und erfahrener und dadurch mit eigenen Problemen weniger konfrontiert waren.

Wirkung
Dadurch bieten sich dem Geborenen ungewöhnliche Entwicklungschancen. Nicht mit dem Problem konfrontiert, seine inneren Anlagen gegen äußere Widerstände durchboxen zu müssen, kann er es sich leisten, auf herkömmliche Bildungsideale zu verzichten und sein Interesse auf die »progressiveren Glaubensbekenntnisse« wie Astrologie, Yoga oder Positives Denken auszurichten.

Hemmung
Sieht sich der Geborene aber nicht in der Lage, seine eigene Weltanschauung zu entwickeln, dann überträgt er diesen Bildungsanspruch nach außen und liefert sich einem Guru oder Lehrer aus, der ihm die Seele »stellvertretend« rettet und ihm den Heimweg »richtungsweisend« anzeigt.

Kompensation
Da die sogenannten Gurus, welche vorgeben, die armen Seelen zu erlösen, wahrscheinlich den gleichen Aspekt im Geburtsbild haben, diesen im Gegensatz zum Gehemmten aber kompensativ ausleben, haben wir hier wieder einmal das klassische Beispiel, wie Hemmung und Kompensation nur in der Wirkung auseinanderliegen, in der Voraussetzung aber die gleichen sind.

Krise
Wenn wir uns vorstellen, daß wir das in der Umwelt suchen, was wir nur bei uns selber finden, ist es auch verständlich, daß uns die Krise

noch weiter aus dem Zentrum zwingt, um uns über den Rückschlag am äußersten Ende (im äußersten Schmerz, wo wir den Sinn der Krise erkennen) wieder in der eigenen Mitte zu zentrieren!

Lösung

Lösungen sind da zu erwarten, wo wir erkennen, daß unsere Intuitionen und spirituellen Inspirationen ständig den realen Verhältnissen angepaßt werden müssen, um uns nicht zu schwindelerregenden Höhenflügen ohne Realitätsverbindungen zu führen... um uns nicht in Gipfelhöhen zu versteigen und im Alltag Schiffbruch zu erleiden.

☊ ♃
Karmisches Modell

Vorgeburt

Es war einmal ein Bub, der glaubte nicht an Gott. Seine Großmutter sagte ihm, Gott existiere nicht. Und da er Gott nie zu Gesicht bekam, glaubte er seiner Großmutter.

Aber eines Tages verlief er sich im Walde. Viele Stunden lief er kreuz und quer, ohne einen Weg zu finden, und als die Dämmerung hereinbrach, legte er sich unter einen Baum und schlief vor Hunger und Erschöpfung ein. Plötzlich begann ihn mitten in der Nacht ein milder Lichtschein anzustrahlen, und als er seine Augen auftat, sah er einen Mann in einem weißen Mantel vor ihm stehn.

»Wer bist du?« fragte ihn der Junge.

»Ich bin Gott!« sagte der Fremde.

»Großmutter hat mir gesagt, es gibt keinen Gott, also kannst du nicht Gott sein«, erwiderte der Junge.

»Ich will dir Zeit lassen, deine Großmutter zu fragen«, antwortete der Mann und war verschwunden. Der Wald war ebenso verschwunden, und der Knabe stand vor Großmutters Tür.

»Wo hast du die ganze Zeit gesteckt?« fragte ihn die Großmutter.

»Ich war im Wald und habe Gott getroffen«, erwiderte der Knabe und schaute die Großmutter fragend an.

»Es gibt keinen Gott«, sagte die Großmutter bestimmt.

»Ich habe ihn aber gesehen, er trug einen weißen Mantel«, beharrte der Knabe.

»Trug er einen Bart?« fragte ihn die Großmutter.

»Nein, er hatte keinen Bart«, erwiderte der Junge.

»Das war nicht Gott, mein Junge, das war der Tod!«

Bald wurde der kleine Bub schwer krank. Das Fieber stieg, und die

Ärzte hatten ihn längst aufgegeben. Der Junge lag im Bett und dachte an den Tod. Da ging plötzlich die Türe auf, und Gott im weißen Mantel trat herein.

»Meine Großmutter hat mir gesagt, wer du bist«, hub der Bub mit schwacher Stimme an, »du bist nicht Gott, du bist der Tod.«

Gott im weißen Mantel lächelte.

»Deine Großmutter lügt, sie ist eine Hexe!«

»Das ist nicht wahr«, kam es schwach zurück, »du lügst, denn du willst mich mitnehmen!«

»Ich will dir Zeit geben, deine Großmutter zu fragen«, sagte Gott und war verschwunden.

»Ist es wahr, daß du lügst?« fragte der Junge die Großmutter, als sie in das Zimmer trat.

»Natürlich ist es wahr, daß ich lüge«, antwortete die Großmutter ungerührt und sah ihn lange an, »es ist gelogen, daß es keinen Gott gibt, denn es gibt im Gegenteil überhaupt nichts außer Gott!«

Da begann ihn mild ein Lichtschein aufzunehmen, und er sah eine wunderschöne Frau mit offenen Armen vor ihm schweben: »Aber wenn du das einmal selbst herausgefunden hast, dann kannst du bei uns bleiben und mußt nicht mehr weiterziehn...«

Der Knabe flog ihr jubelnd in die Arme.

Großmutter aber legte seinen Körper sanft zurück, schloß ihm die Augen zu, zündete eine Kerze an und verließ leise das Zimmer.

Kind

Kinder tragen unter diesem Einfluß eine unbewußte Erinnerung in sich, etwas suchen zu müssen, was sie aber längst vergessen haben. Sie tragen diese Visionen des Vergessenen im Herzen, was sie zu einem Verhalten anspornt, die Mysterien zu entschleiern und in die Katakomben ihres Unbewußten einzutreten.

Dabei tritt schon recht früh die Begabung zutage, eine Situation durch verschiedenste Perspektiven mit immer anderen Augen zu betrachten, was den Pragmatikern unter den Erziehern nicht geheuer ist. Diese Weitsicht, nicht der Routine zu verfallen, bringt ihnen den Ruf von Nonkonformisten ein, obwohl sie nur die Aspekte der Realität sehen, die den Erwachsenen entgehen. Sie sind Verfechter neuer Einsichten, die in sich stimmig, mit ihrer Kinderrolle aber nicht zu vereinbaren sind und widersetzen sich Althergebrachtem. Kinder unter diesem Zeichen müssen früh angeleitet werden, die Realität der anderen zu akzeptieren, damit später nicht die Gefahr besteht, an den anderen all das zu kritisieren, was sie von den eignen Zielen selber nicht verwirklicht haben.

Mann/Frau

Erwachsenen schenkt dieser Einfluß Einsichten vom besten, was durch Planeten überhaupt symbolisiert werden kann. Da Jupiter alle Ansichten erweitert, so daß ihr Sinn durch die Form hindurchscheint, Uranus aber neue Dimensionen anzeigt, so haben wir hier die göttliche Voraussetzung, daß neue Dimensionen durch das Fenster der Weltanschauung hindurchscheinen und Menschen unter diesem Zeichen für neue Formen religiöser oder philosophischer Ziele begeistern.

Diese Ziele führen zu ungeheuren Tiefen, weil es für die betreffenden Menschen nicht mehr nur ums Essen oder die Fortpflanzung geht, sondern es ist für sie viel wichtiger zu wissen, wie das archetypische Muster aller Schöpfung sich intuitiv erspürt. Gerade weil sie erkennen, daß sie die Wahrheit nie erfassen, sondern höchstens eine individuelle Perspektive davon (in der sich ihr eigener Gesichtswinkel spiegelt), sind visionäre Einsichten zu erwarten.

Der Schatten dieser Konstellation liegt in der Ruhelosigkeit und Hektik, welche die Geborenen befallen, wenn es ihnen nicht gelingt, ihr Spektrum auf die Bedürfnisse der Welt zu übertragen. Dann kann es passieren, daß sie ihre Gaben nur noch benutzen, um sich über die Umwelt zu erheben und ihre Mitmenschen für dumm zu erklären. Eine breite Allgemeinbildung wäre eine gute Voraussetzung, die visionären Einsichten real abzusichern, um von den anderen nicht schon in den Grundlagen angegriffen zu werden und ihnen umgekehrt das vorzuwerfen, was man vor lauter Erkenntnissen vielleicht selber versäumt hat: die Entwicklung eines pragmatischen Wissens!

♅ ♃
Krankheitsdispositionen

Sinnlosigkeit (Hinterfragter Lebenssinn)

Für den Menschen unter diesem Zeichen geht es weniger ums nackte Überleben, sondern es ist für ihn ebenso wichtig, einen Sinn im Dasein zu erkennen, eine Rückverbindung zum Urgrund zu empfinden. Diese Konstellation läßt nämlich das übliche Täuschungsmanöver nicht zu, den Sinn aus seiner eigenen Wunschvorstellung zu kreieren, diesen in die Welt hinauszuprojizieren und dort als Gottheit anzubeten nach dem Motto: Man kann jede Wahrheit leben, wenn man nur eine Wahrheit hat.

Uranus zwingt jeden Himmelsstürmer zur Einsicht, die Illusionen seiner menschlichen Weltvorstellung zu erkennen, weil alles, was man erkennt, immer nur genährt ist von dem, was man erkennen will.

Der Weg zu den Wurzeln zurück ist auch nicht der, zu erkennen, daß es nichts zu erkennen gibt, sondern der, das zu erkennen, was für uns so schwer zu erkennen ist, weil es so nahe vor uns liegt, daß es sozusagen unsichtbar geworden ist: der Schöpfungssinn (Leben und Sterben, Fressen und Gefressenwerden). Er braucht nicht hinterfragt zu werden. Was hinterfragt werden sollte, ist das menschliche Ego, das sich seine eigenen Bilder schafft und nun will, daß diese Vorstellungen zum Inhalt des Schöpfungskreislaufs werden, weil es sich mit seiner Bedeutungslosigkeit im Kosmos nicht abfinden kann. Aber jedes Hinterfragen führt nur immer zu sich selber, weil es ja nichts gibt, wo es hinführen könnte...

Weitere Symptome
Siehe auch
– »Kosmisches Bewußtsein« unter Uranus/Pluto
– »Wahrnehmungsauflösung« unter Neptun/Merkur
– »Esoterikerkrankheit« unter Neptun/Pluto
– »Heimweh nach Gott« unter Pluto/Jupiter

(Uranus/Jupiter wirken sich weniger in körperlichen Bereichen aus)

HOMÖOPATHISCHE MITTEL

Metalle	Stannum (Zinn)	– Sinnlosigkeitsgefühle (Zinn stärkt die Jupiter-Komponente)
	Zincum (Zink)	– Erschöpfung (Zink stärkt die Uranus-Qualität)
Pflanzen	Evonymus atropurpurea (Spindelbaum)	– Niedergeschlagenheit, Verwirrung, Lebensunlust – Leber- und Nierenbeschwerden
	Hamamelis (Zaubernuss)	– »Leck-mich-am-Arsch«-Stimmungen – Nebelwand im Kopf

Therapie	– Übersicht	Bewußte Auseinander-setzung mit philo-sophischen Fragen (sach-liches Hinterfragen reli-giöser Themen)
	– Fußreflexzonenmas-sage	
	– Magnetfeldtherapie	

⚷ ♃
Transite

Allgemein

Uranus/Jupiter steht für die Gabe, aus spontanen Einfällen heraus Neuland zu gewinnen (neue Perspektiven zu sichten). Die Beziehungen zur Umwelt werden unterbunden, um Absicherungen durch alte Verhaltensmuster zu verhindern und den Alternativen Raum und Zeit zu geben, sich ins Bewußtsein der Betroffenen neu einzubringen.

Beispiele ♂ 12

Eine hochbegabte Studentin der Wirtschaftswissenschaften entschloß sich unter dem Einfluß eines Uranus-Transites (Trigonalaspekt zum Radix), ihr Studium aufzugeben und sich statt dessen mit dem Berufsziel »Clown« an einer Pantomimen-Schule zu versuchen.

♂ 1

Ihr zwanzig Minuten älterer Zwillingsbruder gab zur gleichen Zeit seinen Job bei einer Versicherungs-Gesellschaft auf und wurde Pop-Musiker, eine Beschäftigung, welcher er bis dahin in der Freizeit nachging. Er hatte zwar keinen Erfolg, lernte dabei aber ein Mädchen kennen, das ihm half, durchzuhalten und eine neue Zukunft zu gestalten.

Heute arbeitet er mit elektronischer Musik und komponiert den musikalischen Background für Werbefilme. Seine Freundin hat eine eigene Boutique, und zusammen organisieren sie Modeveranstaltungen, wobei sie ihre eigene Kollektion vorführt und er die musikalische Untermalung orchestriert.

Aus dem Wunschziel »Clown« aber wurde ein Entwicklungshelfer-posten in Südamerika.

♂ 4/10

Eine Prostituierte lernte zur Zeit des Jupiter-Überganges über seine Radixposition in Haus 10 einen Journalisten kennen, der sie ermunterte, ihre Lebensgeschichte zu schreiben. Er half ihr beim Verfassen und veröffentlichte das Ergebnis in einer Zeitschrift, was einen solch ungeheuren Erfolg brachte, daß die »Lebensbeichte« zuletzt als Fortsetzung in einer Boulevard-Zeitung und als Buch erschien.

In der Folge wurde die Betroffene auf einer Woge des Erfolges hochgetragen, so daß sie sich im Zuge dieser Bewegung auch politisch zu profilieren wußte, als sich eine kleine Interessengruppe für sie als Listenkandidatin interessierte. Sie versprach, sich für das horizontale Gewerbe einzusetzen und hob im Fahrwasser ihrer öffentlichen Popularität gleich noch einen »Gunstgewerblerinnen-Zweckverband« aus der Taufe.

Zusammenfassung

Die Uranus/Jupiter-Wirkung wird nur dann als unangenehm empfunden, wenn man den Drang nach neuen Perspektiven unterdrückt.

Wenn man seiner Freiheit aber freien Lauf läßt, muß das Schicksal nicht zum Vollstrecker werden, um über die uranische Komponente all das zu zerstören, was man vordem für seine Wirklichkeit ansah. Sondern es wird einen auf den Wellen der Entwicklung zu Wirklichkeiten und neuen Zielrichtungen tragen.

♅ ♃

ARCHETYPEN & SYMBOLE

Thema	Gottsuche
Ziel	Selbstfindung
Sinn	himmlische Gnade
Berufung	Prophet, Apostel
Symbol	Monstranz
Mythen	Moses und der brennende Dornbusch; Bekehrung des Saul durch Gottesvision; Abendmahl
Gedenktag	Fronleichnam
Archetypen	Socrates; Paulus; König Salomo

194

Zeichen	Himmelsleiter
Kultstätten	Akropolis; Tempelruine in Heliopolis (Baalbek); Kathedrale von Chartres
Kraftort	Fußbodenmosaik (Labyrinth) im Kathedraleninneren von Chartres
Duft	Zeder
Gestalt	Engel
Landschaft	Hain
Ort	Tempel
Edelstein	Hyazinth
Farben	schillernde, leuchtende und tiefe Farben
Form	in Architektur übertragene Gottesvorstellungen
Baustil	der »parthenonische« Stil (griech. Hochklassik); Hochgotik
Tanz	Tempeltänze
Ritual	kultische Opfergaben (Bitte um Erhörung und Beistand der Götter)
Instrument	Fanfaren
Sinfonien	»Unvollendete« von Schubert; 9te von Bruckner (Mysterioso – Abkehr vom Leben, dem lieben Gott gewidmet!)
Oper	»Iphigenie in Tauris« von Chr. W. Gluck (Sühne und Erlösung aus der Schuld des Muttermordes: vgl. Elektra, Uranus/Mars)
Malerei	»Das Urteil Salomos« von Raffael; »Abendmahl« von Leonardo da Vinci
Alte Schrift	»Pentateuch« (Fünf Bücher Mose)
Gedicht	»Grenzen der Menschheit« von J. W. Goethe
Literatur	»Das grüne Gesicht« von Gustav Meyrink
Zitat	»Denn Gott ist überall. Der einzige Weg, ihn nicht zu finden, ist der, ihn suchen zu wollen.« (Akron)

⊙̂ ♆ Uranus – Neptun

Wirkungsstufe I   a) Uranus in Haus 12
                  b) Neptun in Haus 11

            II   a) Konjunktion
                  b) Quadrat
                  c) Opposition

           III   a) Hausspitze 12 in Wassermann
                  b) Hausspitze 11 in Fische
                  c) Herrscher von Haus 12 in Haus 11
                  d) Herrscher von Haus 11 in Haus 12

           IV   a) Herrscher von Haus 12 in Wassermann
                  b) Herrscher von Haus 11 in Fische

Schon bei Uranus haben sich Zeit und Raum durch grenzüberschreitende Einfälle oder Ereignisse stark erweitert und unser Vertrauen in die Realität stark relativiert. Mit Neptun tritt jetzt aber zu diesem bereits zwischen die Polaritäten geratenen Bewußtsein noch die Auflösung des persönlichen Egos hinzu, was Visionen anzeigt, die über das Materielle hinausgehen und in den Tiefen des Unbewußten eine Wirklichkeit anstreben, die nur schwer ins Leben zu integrieren ist.

Beiden Planeten gemeinsam ist die Umwandlung der Werte und das Unbewußt-Unberechenbare ihrer Wirkungsweise. Die Plötzlichkeit, mit der sie bisweilen in das Schicksal übertragen werden, ist allerdings erschreckend und kann den Menschen, dem solches widerfährt, lähmen, weil er auf die Ereignisse, die auf ihn hereinbrechen, gar nicht vorbereitet ist. Geschehnisse uranisch-neptunischen Zuschnitts sind den Betroffenen meist Wochen nach der Auslösung noch nicht ganz klar, weil das Bewußtsein so heftig aus seiner Vorstellungswelt gerissen wurde, daß es zur Integration der neuen Vorstellungsinhalte oft Monate oder sogar Jahre braucht.

Menschen unter dem dominierenden Einfluß von Uranus-Neptun empfinden, daß es nicht der eigene, sondern der kosmische Wille ist, der sie durchfließt. Ihr Wirken drückt jetzt den Willen der Schöpfung in den Planetenkonstellationen ihrer Geburt aus. Sie werden über das unendliche Meer neptunischer Imaginationen getragen und können darin ihre Träume erkennen, die sie als Zukunftsvisionen erfahren.

Uranus-Neptun ist der Schöpfer einer Wirklichkeit, die aus dem Unbewußten kommt und welche die Strukturen des Bewußtseins aufbricht und ins Unendliche erweitert. Das ergibt einerseits die Möglichkeit, unbewußt Motive, die aus dem ungelebten Leben resultieren, in das Bewußtsein zu übertragen. Eine neue Dimension kann die Zielsetzungen umfluten, wenn die bewußte Personalität gegenüber dem Unvorstellbaren geöffnet wird.

Andererseits kann dies aber auch zu großer Angst vor dem eigenen Erkennen führen, vor dem Loslassen der Bilder, welche unsere Welt darstellen. Denn irgendwie wird man sich durch die Lösung von gewohnten Bildern der Verdrängungsmechanismen bewußt, mit denen man die aufsteigenden Bedürfnisse nach Erkenntnis schon oft in die Tiefen des Unbewußten zurückgestoßen hat.

Mit der Lösung aus den Bildern einer begrenzten Perspektive ist gleichzeitig die Zeit gekommen, in der man sich seiner schlummernden Kräfte wieder erinnert. Man riskiert den Blick ins Unbewußte, bis durch Erkennen der Zusammenhänge des Verdrängten die Blockierung überwunden wird und die schlafenden Kräfte hinter der Verdrängung in den Alltag einströmen können.

Das entspricht der bewußtseinsmäßigen Erlösung durch Loslassen und Auflösung!

⚬ ♆

Psychologische Struktur

Durch die sehr langsame Umlaufzeit von Uranus und Neptun treten Aspekte dieser beiden Planeten nur sehr selten auf. Die letzte Konjunktion fand in den zwanziger Jahren des 19. Jahrhunderts statt und wiederholt sich gegen Ende des Jahrtausends (1992–94). Eine Opposition bildete sich zwischen 1906/10, Berührungen im 150°-Winkel (Quincunx) finden wir zwischen 1922/26. Der Quadrataspekt betrifft die Jahrgänge 1953–58, Trigone haben Geborene zwischen 1939/43, Sextile die Jahrgänge 1966–68.

Daher sind für die individuelle Beurteilung dieses Aspektes in erster Linie die Häuserstellungen der Planeten zu betrachten. Aber auch die direkten Winkel sind zu beachten, wenn sie über Aspektbeziehungen zu persönlichen Planeten (Sonne, Mond, Merkur, Mars und Venus) ihrem unbewußten Potential im Bewußtsein der Menschen Ausdruck geben können.

Ursache

Psychologisch könnte man den Inhalt dieses Aspektes in jenem Bereich der Seele finden, wo das Individuum den Geburtsschock nicht verkraftet hat, seine eigenständige, abgenabelte Existenz nicht zur Kenntnis nehmen will und statt dessen die Voraussetzungen seines körperlichen Seins in den Sphären halbbewußter, somnambuler Traumvorstellungen aufzulösen sucht.

Wirkung

Dadurch erklärt sich das Verhalten, die eigenen Sinne zu betäuben, um die Wirklichkeit nicht wahrzunehmen und in jene Bezirke zu verweisen, wo das Wahrgenommene mit dem Wahrzunehmenden nicht in Übereinstimmung gebracht werden muß. Das entspricht dem innersten Bestreben, die eigene Individualität gar nicht zur Kenntnis zu nehmen, um dem Gefühl des Eingebundenseins im Kosmischen nicht verlustig zu gehen.

Hemmung

Menschen unter diesem Zeichen neigen zu einem Verhalten, sich von den unterschwelligen Sehnsüchten in ihrer Psyche überschwemmen zu lassen und sich vermeintlichen supraphysischen Kräften hinzugeben, die aus höheren Dimensionen strömen. In Wirklichkeit verhelfen sie damit ihren eigenen Vorstellungen im Kleid göttlicher Vorsehung zu einer unbewußten Macht in ihrem Leben, die für ihre Realität gefährlich werden kann.

Kompensation

Kann der Horoskopnehmer sein unbeschreibliches, metaphysisches Kraftfeld aber nicht annehmen, dann wird er jede Verkörperung des Nebulosen in der Welt angreifen.

Krise

Der Betroffene glaubt gerne daran, daß sein mit Uranus-Neptun in Bezug stehender Teil auf irgendeine Weise höher oder spiritueller ist als der Rest. Diese Vorstellung ist der geschickte Schachzug seiner

Psyche, um die als unwichtig empfundene Realität von seiner inneren Wirklichkeit abzuspalten. Hierbei wird er aber mit Erschrecken feststellen, daß er ganz einfach Angst vor dem Leben hat.

Lösung
Damit wäre der Ausgangspunkt gefunden, die kosmischen Flügel ohne persönliche Verdrängung zur Entfaltung zu bringen und der innersten Bedeutung allen Wesens zu begegnen – ein Ziel, das nicht nur weitestgehendes Erkennen in sich birgt (Uranus), sondern auch tiefliegendstes Empfinden und erlösende Liebe (Neptun).

⛢ ♆
Karmisches Modell

Vorgeburt
Unter diesem Signum läßt sich ein religiöser Mystiker beschreiben, der schon glaubte, sich mit Gott vereint zu haben, nun aber durch den Schleier Neptuns hindurch die Wahrheit so lange suchen darf, bis er erkennt, daß sein »Emporgehobensein in Gott« nur seine eigene Selbstgefälligkeit in selbstbetrügerischer Weise spiegelte.

Hintergrund
Uranus und Neptun stehen für die Auflösung der Formen und die Einsicht, alle Formen als unsere eigene Schöpfung zu erkennen. Die Wahrheit ist nicht schwierig zu erfassen, weil sie jenseits von uns ist, sondern weil wir sie selber personifizieren. Darum ist auch jeder Gott oder jede Wahrheit, die wir uns vorstellen können, viel weniger wichtig als das, was wir sind, denn bei ihnen handelt es sich um Spiegelbilder – sind sie doch Schöpfungen von uns selber. (Vgl. auch die gegenteilige Ansicht – ». . . unsere Schöpfungen als Reflektierung der universalen Energiemuster zu betrachten!« – unter Neptun/Pluto).

Uranus/Neptun erzeugen also eine Wirklichkeit, die aus dem Chaos des Ur-Schöpferischen entspringt und in der wir uns entweder finden oder verlieren können. Finden kann sich der, der sich verlieren kann, um sich zu relativieren, und verlieren wird sich der, der an seinem Ego festhält.

Auswirkung
Die Wirkungen dieser Stellung finden ihren höchsten Ausdruck in geistigen Dingen. Da sich Uranus und Neptun in ihrer innersten Natur

nicht sehr gewogen sind, sich im Streben nach den letzten Dingen aber verbinden, entspricht ihre Berührung dem Krieg der Sternenseele, die zum Lichtsieg führen muß, will sie nicht in Umnachtung enden!

♃ ♆

Krankheitsdispositionen

Schizothyme Symptome

Zu den Mysterien der bewußtseinsverändernden Aspekte gehören auch Begegnungen mit Geistern und Dämonen. Wenn diese unter Uranus/Pluto mehr zu Todes- und Wiedergeburtserlebnissen hinzielen, bei welchen man leiblich zerstückelt, verstümmelt oder sonstwie aufgefressen wird, um neu wieder geboren zu werden, dann führen sie unter Uranus/Neptun in die Bezirke der Seele, wo Spiritualität und kosmisches Bewußtsein betont und hervorgehoben werden.

Während unter Uranus/Pluto Geist und Materie als nur verschiedene Teile einer gleichen Sache betrachtet werden, von denen keiner über dem anderen steht, so sieht Uranus/Neptun einen gewaltigen Unterschied zwischen dem Spirituellen und dem Materiellen. Menschen, die aufgrund ihrer Geburtskonstellationen geneigt sind, die Welt eher durch die neptunische Brille zu betrachten, versuchen dem Materiellen den Lebenssinn zu entziehen und diese so gewonnene Qualität in das Geistige einfließen zu lassen, ohne zu bedenken, daß das Materielle und das Spirituelle nur verschiedene Aspekte des göttlichen Schöpfungszyklus sind. Sie streben nach Überwindung all dessen, was normale Menschen motiviert und erwarten dafür spirituelle Erfüllung.

Da es aber nicht in der Natur dieses Aspektes liegt, den Menschen über die spirituelle Einsicht zu erlösen, weil Uranus selbst die Erlösungsbedürfnisse Neptuns hinterfragt und zur uranischen Perspektive führt, aus welcher der Glaube ans Spirituelle gleich sinnlos ist wie der Glaube ans Materielle, in der es auch keinen Unterschied zwischen dem absoluten Guten und dem absoluten Bösen gibt, weil beides nur Markierungen auf unserer durch das Bewußtsein rekognostizierten Landkarte sind, die sowieso nicht stimmt, kann diese Konstellation zu geistiger Verwirrung führen.

Weil aber nicht jeder die geistige Beweglichkeit mitbringt, sein Leben als seine individuelle Antwort auf die Frage nach dem Sinn zu betrachten und in der Art, wie er mit diesen Fragen umgeht, die Antwort zu erhalten, läßt sich erahnen, daß dieser Aspekt neben höchsten Erkenntnissen auch tiefste Depressionen in sich birgt.

Weitere Symptome
- Psychogene Amnesie, Bewußtseinstrübung
- Wahnideen, eingebildete Krankheiten
  (Psychosomatische Symptome: Saturn/Neptun)
- Spinalgie, Lähmungsgefühle
- Süchte (vgl. alle Neptun-Verbindungen – insbesondere mit Sonne,
  Mond und Merkur)

HOMÖOPATHISCHE MITTEL

Alkaloid	Morphinum
	(Opiumalkaloid)
		– schizoide Symptome
		  (Bewußtseinstrübung,
		  Wahnideen)
		– depressives Delirium
		– Hyperästhesie

Pflanzen	Conium
	(Schierling)
		– versponnene Abnei-
		  gung gegen die Umwelt
		– Senilität, Verwirrung,
		  Unentschlossenheit
		– Gedächtnisverlust,
		  Lähmungsgefühle
		– große Schwäche

	Oxytropis campestris
	(Gemeiner Spitzkiel)
		– Nervenschwäche, Ver-
		  lust der Reflexe
		– Abneigung gegen Akti-
		  vität (will allein sein)
		– Spinalgie

	Sabadilla
	(Sabadille)
		– Schwindel, Delirium,
		  eingebildete Krank-
		  heiten
		– Koordinationsverlust
		– Isolationsverlangen

Tier	Crotalus horridus
	(Klapperschlange)
		– Erinnerungslücken
		  (psychogene Amnesie)
		– Gleichgültigkeit
		  (Apathie)
		– Schizophrenie (Wahn-
		  ideen als Folge geistiger
		  Auflösung)

		– Gastritis (bei Alkoho- lismus)
		– Verlangen nach Stimuli
Therapie	– Handauflegen – Geistheilen	Liebe ohne Berührung!

⛢ ♆
Transite

Allgemein

Uranus/Neptun zeigt in die Richtung, das Leben gar nicht leben zu wollen, sondern bloß seine »höhere« Vorstellung davon – dieser aber betont nachzueifern, um die Wirklichkeit in den eigenen Illusionen unschädlich zu machen!

Beispiel ♆ 11

Hier wurde dem Wunsch, die innere Sehnsucht nach dem Unermeßlichen in reale Bahnen umzusetzen, nachgegeben, indem sich die Betreffende einer Jugendsekte anschloß. Der laufende Jupiter in Haus 2, der gleichzeitig das Neptun/Merkur-Quadrat mitauslöste, verband sich mit Merkur zum Erfüllungsziel, dem inneren Streben eine Projektionsfläche anzubieten, auf der die innere Sehnsucht landen und damit in die Realität umgesetzt werden konnte.

Die Frau war psychisch stark gestört und hörte seit ihrer Kindheit Stimmen. Astrologisch entsprach dies ihrem Neptun in Haus 11, welcher über den »materiellen Verstand« (Merkur in Haus 2) ihre geistigen Sehnsüchte kanalisieren konnte, so daß sie in diesen »Geisterstimmen« ihrem unbewußten Streben nach anderen Welten begegnen durfte – ein Verhalten, das durch den Sekteneintritt bestätigt und noch weiter unterstrichen wurde.

Zusammenfassung

Zeiten der Inspiration, wo der Mensch spürt, daß die subtileren, nichtstofflichen Aspekte des Seins viel wichtiger sind als die weltlichen, stofforientierten Dinge, steht die Erfahrung gegenüber, daß es sich bei den kosmischen und universellen Ebenen vielfach um Wunschvorstellungen handelt, die das Bestreben wiedergeben, die eigenen Träume in den Mittelpunkt zu heben, um die ungeliebte Realität darin auflösen zu können.

202

⊙ ♇

ARCHETYPEN & SYMBOLE

Thema	Wille zur Sehnsucht
Ziel	Sehnsucht nach Gott
Sinn	Greifen nach dem Unfaßbaren
Berufung	Illuminat, Illusionist
Symbol	Regenbogen
Mythos	»und es ward … Licht!« (Genesis)
Fest	Pfingsten
Geistwesen	Cherubim und Seraphim
Archetyp	Heiliger Geist
Zeichen	Ankj
Mysterienorte	Monsalvat, Atlantis
Kultstätte	»Templo de la Sagrada Familia« in Barcelona
Duft	Orchidee
Pflanze	Schierling
Tier	Taube
Landschaft	Sternenmeer
Ort	Luftschlösser
Edelstein	Alexandrit
Farben	in allen Regenbogenfarben schillernd
Form	in Stein zelebrierte Gottesdienste
Baustil	Brücke von der Spätgotik zum Jugendstil
Tanz	Traumtanz
Ritual	geistige Versenkung
Klang	lyrische Hornklänge
Musik	»Parsifal«-Ouvertüre von Richard Wagner

Malerei	Lichtverteilungen (Gelbverschwebungen) von Vermeer van Delft (»Milchmädchen«); Licht- und Wassertransparenzen von William Turner (»Norham castle« bei Sonnenaufgang)
Dichtung	»Hyperion« von Friedrich Hölderlin
Zitat	»Erlösung dem Erlöser!«

(Wagner, »Parsifal«)

♅ – ♇
Uranus – Pluto

Wirkungsstufe I   a)   Uranus in Haus 8
                       b)   Pluto in Haus 11

          II   a)   Konjunktion
                       b)   Quadrat
                       c)   Opposition

         III   a)   Hausspitze 8 in Wassermann
                       b)   Hausspitze 11 in Skorpion
                       c)   Herrscher von Haus 8 in Haus 11
                       d)   Herrscher von Haus 11 in Haus 8

         IV   a)   Herrscher von Haus 8 in Wasser-
                       b)   mann
                            Herrscher von Haus 11 in Skor-
                            pion

Da Uranus neben der Hervorhebung der eigenen Freiheit und der Herausstreichung der persönlichen Unabhängigkeit auch die Aufhebung der Realität anzeigt, verkörpert er im Verbund mit Pluto ein eigenes Inventar von Bildern, das sich so der Welt verkündet: »Das einzig Beständige ist gerade das ewig Unbeständige. Nichts bleibt bestehen – aber das bleibt beständig!«

Uranus ist das Regulativ des Unbewußten, das aufhebt und herausführt aus den Polaritäten, wenn diese für das Individuum nicht mehr lebbar sind. Es ist dies der logisch nicht mehr nachvollziehbare Versuch, eine Entfernung von seiner eigenen Subjektivität zu erreichen, ohne zu bemerken, daß gerade das wieder zum Bild der eigenen Subjektivität wird: nämlich zum Bild, über das Subjektive hinauszugelangen. Es ist dies der unbeschreibliche Versuch, sich selber außerhalb von sich selber zu begegnen!

Menschen mit einer starken Uranus/Pluto-Betonung im Horoskop träumen von einer idealen Welt und kämpfen für sie, ohne zu bemerken, daß das Ideale nur das Produkt ihrer eigenen Vorstellung ist. Wenn sich ihre Träume aber nicht erfüllen, würden sie eher die ganze Welt zerstören, als zu akzeptieren, daß ihre Wünsche nicht erfüllbar sind. Sie sind zu sehr in die Lösungen ihrer inneren Spannungen eingebunden, um Anregungen von außen aufzunehmen. Die Realität formen sie nach ihrem eigenen Bilde und bestimmen so, was gut und richtig ist. In ihrer subjektiven Schöpferrolle stellen sie alles in Frage und nähren so den Keimungsprozeß des Irrationalen im Rationalen, des Geistigen im Zeitlich-Räumlichen, der Vorstellungsüberwindung im Vorstellbaren.

So richten sie ihr Leben nach den Bildern ein, die sie sich von der Wirklichkeit machen. Gleichzeitig sind sie darauf angewiesen, daß die Bilder ihrer Vorstellung, denen sie ihre »menschlichen Bedürfnisse« gewissermaßen geopfert haben, wenigstens absolut und sicher sind, damit sie als Gegenleistung für die verlorene Subjektivität wenigstens Klarsicht und Objektivität gewinnen. Ergo wird die Welt in Übereinstimmung mit den Bildern gezwungen. Wenn sie sich weigert, wird sie verdrängt und gar nicht wahrgenommen.

So wird die Schwäche in den Gefühlen ersetzt durch eine stützende Strukturierung mit (Leit-)Bildern. Umwelt wird also kalkulierbar gemacht und diesen Bildern unterworfen. Die Realität wird dann nur noch durch diese Bilder hindurch nach festen Ritualen empfunden. Das entspricht der Vergewaltigung der Empfindung durch die Strukturen der eigenen Vorstellung.

Dieses Thema scheint schon auf in der Erfahrung der Geburt. Die darin enthaltene Lebensgefahr (wahrscheinlich Sauerstoffmangel) verlagerte sich in eine bedrohliche, unterschwellige Lebensangst. Sei es, daß sich das Kind von der Mutter unbewußt nicht angenommen sah, auf jeden Fall übertrugen sich unbewußte Ablehnungsbilder bereits während der Geburt auf das Geborene. Und diese Ablehnung betraf das Kind, welches sich vom Weiblichen nicht angenommen fühlte. Daher will es später die Frauen zwingen, ihm die vorenthaltene Anerkennung zurückzugeben, die nie erlebte Geborgenheit, was zur Vergewaltigung der eigenen Empfindungen und zu rohen Vorstellungsbildern führen kann, aus Angst vor der Angst im eigenen Empfinden.

Diese Angst tritt stets hervor, wenn man sich in die Gefühle bindet. Da man diese Angst auf die Dauer nicht aushält, verwandelt man das »Erleben« in die »Vorstellung des Erlebens«. So wird der Verzicht auf das lebendige Leben zur Voraussetzung überhaupt, leben zu können. Der Ausnahmezustand wird also zum Normalen!

Um die Rückführung zu seinem inneren Frieden wieder zu erreichen, muß Uranus/Pluto erst durch die Hölle. Es ist für ihn aber auch dann noch schwierig, seine inneren Gedankenbilder »anzuhalten«, seinen Verdrängungsmechanismus zu erkennen und seine Schöpferrolle loszuwerden, selbst wenn er spürt, daß ihn sein Wahnsinn in den Abgrund führt.

Somit geht er buchstäblich die Straße ins Nichts, den Weg zur Hölle; aber dies ist der einzige Pfad, den er mit seinen Augen erkennen kann. Erst im Feuer seiner absoluten Krise, nach vielen Reinigungsprozessen, kann er die Erfahrung machen, daß er alle seine Vorstellungsinhalte leicht zurücklassen und den Weg zu sich selber zurückfinden kann, wenn er nur das eine beherzigt: alle Brücken hinter sich abbrennen und auf keinen Fall zurückschauen!

♅ ♇

Psychologische Struktur

Es ist ein Ding der Unmöglichkeit, die größten Gegensätze innerhalb der astrologischen Palette unter einen Hut zu bringen. Handelt es sich bei diesem Aspekt doch um das Symbol der Feindschaft zwischen Mensch und Schlange, der Urfehde zwischen Weib und Mann. Diese brodelnden Dämpfe aus den Urtiefen des Unbewußten erfassen zu wollen, wäre vermessen; wir werden uns hier begnügen müssen, die Spitze eines Eisbergs abzulichten, was aber kein Nachteil zu sein braucht: »Der Frosch, der im tiefen Brunnen lebt, mag das Ausmaß des Himmels zwar nach dem Brunnenrand beurteilen, doch ist es für ihn viel wichtiger, über das Brunneninnere Bescheid zu wissen...«

Durch die langsamen Bewegungsabläufe bedingt, haben wir zwischen diesen beiden Planeten nur sehr wenige, dafür aber langanhaltende und tiefgreifende Verbindungen. Betroffen sind vor allem die Jahrgänge 1963–68, da Uranus und Pluto im Jahre 1965 die einzige Konjunktion in diesem Jahrhundert bildeten. Den Geborenen unter diesen Voraussetzungen sei empfohlen, genau die Häuserpositionen (und die Winkelverbindungen zu persönlichen Planeten) zu untersuchen, um die Lebensbereiche zu erfahren, in welchen sich dieses schwierig zu integrierende Gestirn auswirkt.

Trigon, Quincunx und Opposition liegen kaum innerhalb der Geburtszeiten von Menschen, die dieses Buch erreichen kann (1920–23, 1909–13 resp. 1900–04), Quadrateinwirkungen hingegen finden sich zwischen 1930/35, und ein Sextil war 1944 (Auswirkungen

1943–45) zu verzeichnen. Es zeigt sich 50 Jahre später nochmals gegen Ende des Jahrhunderts. Zur Abklärung möglicher Einwirkungen auch außerhalb der Aspekte sei nochmals auf die verdeckten Auswirkungen – z. B. Uranus in Haus 8, Pluto in 11, Spitze 8 in Wassermann oder 11 in Skorpion – hingewiesen!

Ursache
Das Kind fühlte sich schon nicht angenommen, weil es sich zu Recht als Zankapfel zwischen seinen Eltern sah. Es spürte den Haß der Mutter gegen den Vater, ein Kind haben zu müssen. Und da es die psychische Belastung seiner Mutter nicht sehen konnte, ein Kind nur gegen den eigenen Willen gebären zu können, ist diese Konstellation für die meisten Menschen nur sehr schwer erträglich. Dabei hat sich die Mutter, um überhaupt ein Kind kriegen zu können, mit der Männlichkeit des Vaters gegen die eigene Weiblichkeit verbündet, um das Kind gegen die eigenen Gefühle zu erzwingen, welches sie durch Schwangerschaftsgeschiebe und -gestose aber gleichzeitig gefährdet, weil ihre unbewußte Weiblichkeit zwischen Nähren und Verschlingen hin- und herspringt.

Wirkung
Die verdrängte Bedrängnis, die seit Urzeiten in der Seele gärt, auch wenn sie scheinbar in Vergessenheit geriet, löst sich immer dann im Menschen aus, wenn er in eine enge, gebärmutterähnliche Lage gerät (Konfliktsituation).

Immer dann, wenn er durch Gedankenverknüpfungen die »Gebärmutter« assoziiert, in der er beinahe erstickt wäre (vgl. Uranus/Sonne), steigt Angst in seinem Innern auf, der er nur dadurch entgeht, daß er die Voraussetzungen dazu in sich selber erkennt oder aber, was viel häufiger ist, sie in den äußeren Umständen bekämpft. Und damit zwar wegschiebt, aber nicht löst.

Hemmung
Die Frau kann sich beispielsweise weigern, ihre Weiblichkeit zu zeigen und viel lieber ohne Berührung leben, als sich dem Manne hinzugeben.

Oder der Mann mag sich dem Weib verweigern, indem er in die Kinderrolle schlüpft (wo er sich ihr entziehen kann, ohne sich allzusehr zu gefährden). Und sich, damit er nicht kastriert wird, für schwul, impotent oder transsexuell erklärt.

Kompensation

Wenn der Mann aus diesem Verhalten aber herausgewachsen ist und sich das Weibliche unterwirft, das ihn so lange demütigte, kann er natürlich nicht wissen, daß er mit der Vergewaltigung der (äußeren) Frau doch das ureigenste Weibliche in sich vergewaltigt, was ihm jede Selbstfindung verwehrt.

Die Frau läßt das Weibliche ebenfalls nicht zu, nur projiziert sie es (im Gegensatz zur Hemmung) auf den Mann und bestraft sich stellvertretend in ihm, falls er ihr psychisch unterliegt. Sie kämpft zwar wie ein Mann, hofft insgeheim aber doch, von einem Stärkeren überwunden zu werden, um ihr verdrängtes Weibliches dadurch wieder zurücknehmen zu müssen. Wird sie nicht überwunden, dann wird sie den Mann zum Weibe machen. Wird sie aber überwunden und in die Weiblichkeit gezwungen, z. B. indem sie schwanger wird, dann wird sie ihre Frucht ablehnen, um aus der Perspektive ihres inneren Mannes über sich selber triumphieren zu können. Denn nur ein unerwünschtes Kind gibt ihr überhaupt die Motivation, Mutter zu werden. Nur eine erzwungene Schwangerschaft läßt die Möglichkeit zu, die unerwünschte Weiblichkeit durch die Brille ihrer Konfliktsituation wenigstens als Strafe annehmen zu können (vgl. auch Uranus/Mars).

Krise

Punktuelle Krisenauslösungen sind unter diesem Gestirn kaum anzutreffen, weil sich die Abweichung so klug in das Persönlichkeitsgefüge integriert, bis die Persönlichkeitsmerkmale dem Fehlverhalten entsprechen, und die Fehler damit verschwunden sind. Damit gibt es keine eigentlichen Krisen mehr, sondern die Krisen werden umgekehrt zum festen, unverrückbaren Dauerzustand.

Lösung

Da uns am anderen Geschlecht nur das mißfallen kann, was uns in uns selber stört, heißt die simple Lösung: Erkenne dich... in deinem anderen Geschlecht!

Denn wenn ich erst einmal erkenne, daß mir nichts von außerhalb entgegenkommen kann, was nicht schon in mir selber liegt, kann ich erfahren, welchem Ziel die Auseinandersetzung mit dem anderen Geschlecht dient – nämlich der Vervollständigung meiner eigenen Persönlichkeit!

⚕ ♏

Karmisches Modell

Symbol (hell)

Symbolisch gesehen, entspricht dieser Aspekt dem Schöpfungsvorgang, wo Gott von Adam eine Rippe nahm, um Eva damit zu erschaffen. Somit ist Adam gewissermaßen unvollständig aus sich selbst geworden, weil ein Teil von ihm in die Welt gesetzt (im Weibe wirksam) wurde, welchen er sich bis ans Ende aller Tage wieder zurückerobern muß. (Vgl. auch die weibliche Perspektive, »wo Gott die Rippe von Eva nahm«, unter Pluto/Mond.)

In diesem Beispiel liegt gewissermaßen die Vertreibung aus dem Paradies verborgen. Die Ganzheit wurde geteilt in die Anlagen, die innerhalb von einem selber und diejenigen, die außerhalb von einem liegen. Damit wurde als das Ziel gestellt, die auseinanderliegenden Kräfte wieder zu vereinen.

Diese Rippe, die außerhalb von uns ist, entspricht der Urschuld. Sie ist aber gleichzeitig auch die Gnade Gottes (vgl. Neptun/Pluto), die uns geschenkt wurde, als wir das Paradies verlassen und in die Dualität hinabsteigen mußten, um sie wiederzufinden und dadurch vollständig zu werden.

Hintergrund

Uranus/Pluto steht genau in der Mitte zwischen Uranus/Neptun und Neptun/Pluto. Diese drei transsaturnischen Aspekte symbolisieren zusammen das Mysterium, welches sich den Menschen nie entschleiert, den Söhnen und Töchtern aber, die ihre Impulse empfangen, einen Weg signalisiert, der sie entweder zu den Sternen führt ... oder aber in die Hölle!

Das ist besonders in der Kunst gut nachvollziehbar. Poeten suchen in ihren Gedichten gewisse Formen und Strukturen zu finden, um über die Inhalte des Alltäglichen hinauszuwachsen, weil sie instinktiv erahnen, daß ihre Sehnsüchte nur die Schatten jenes Geistes sind, welcher jenseits des Erfaßbaren thront. Wenn man sich unter Uranus/Neptun hoch emporgehoben sieht, um wie ein Wassertropfen im Dunst der Sonne zu verschwinden, dann identifiziert man sich unter Uranus/Pluto mit dem Teufel, der die Erde regiert.

Mann

Für ihn ist der Glaube an Gott und der Glaube an sich dasselbe, da er weiß, daß alles, woran er glauben kann, seine eigenen Visionen sind.

Er ist nicht bereit, das Mysterium als göttlich zu betrachten und bedarf im Gegensatz zum Mystiker (Uranus/Neptun) keines Gottes, in dessen Namen er seine Handlungen vollzieht.

Er invoziert das Sakrament mit Wein und Aphrodisiaka, die seine Phantasie anregen und seine Lebensfreude steigern. Dann öffnet er sich zur »Vereinigung mit Gott«, in welcher er auch Satan anruft, Tote beschwört oder rituelle Leichenschändung vollführt, weil er auf die Verkörperung von Tod und Teufel keinesfalls verzichten will, durch welche sich die Lebenskraft nach seiner Meinung inkarniert.

Frau

Ihre dämonische Weiblichkeit zielt darauf, die Natur zu überlisten und sich der eigenen Mutterschaft zu widersetzen, um damit Widerstand zu provozieren. Frauen unter diesem Einfluß sehen alle Gesetze und moralischen Einwände als Zeichen, die urschöpferischen Triebe des Weibes einzuengen und das Ausleben (auch) der dunkleren Instinkte zu hintertreiben. Dem setzen sie ihre aufpeitschenden Exzesse gegenüber, indem sie sich in Hexenzirkeln oder magischen Vereinigungen organisieren, sich mit Hexensalben einreiben und damit symbolisch zu den Müttern in die Brunnenstuben steigen.

Symbol (dunkel)

Die Schlange ist der Gott, dem die Menschen in jeder Vorstellung zu dienen haben, denn die Schlange ist die Struktur im menschlichen Bewußtsein, die den Menschen mit jedem Gedanken näher an sich bindet. Weil es nichts mehr gibt, was außerhalb der Schlange liegt. Das ist das Geheimnis der Vertreibung aus dem Paradies.

Wir Menschen haben den Apfel vom Baum der Erkenntnis gegessen, weil wir über den unbewußten Paradieszustand hinauswachsen wollten. Damit haben wir das Ego geboren. Dieser erkannte Teil eines Ganzen hat sich durch die Einverleibung (Apfel) nun sofort erkannt als der, der er ist: nämlich ein herausgerissener, bewußtgewordener Teil aus einem unbewußten, in sich ruhenden Ewigen. Gleichzeitig wurde mit diesem Erkennen aber auch die Angst heraufbeschworen, weil das Bewußtgewordene durch das Bewußtwerden ja die Verantwortung für seine Freiheit selber übernehmen mußte. Eine Freiheit, die ja erst durch das Erkennen möglich wurde und welche das Paradies verdrängen und die Vertreibung daraus an den Anfang seiner eignen Weltanschauung stellen mußte. Das ist die Schlange, die sich in den eignen Schwanz beißt. Damit ist der Kreis geschlossen.

♂ ♋

Krankheitsdispositionen

Irresein (Kosmisches Bewußtsein)

Wenn wir versuchen wollen, in die unergründlichen Tiefen dieses Aspektes einzudringen, müssen wir vorausschicken, daß es dort keine Unterscheidungen zwischen real und irreal mehr gibt. Visionen sind weder realer noch irrealer, sondern sie gewichten einfach anders als das, was wir unsere normale Aufmerksamkeit nennen. Wanderer in den Grenzbereichen des Abbyssus funktionieren nach den gleichen psychischen Voraussetzungen wie alle normalen Sterblichen, nur sind sie durch ihre besonderen Verbindungen zum Unbewußten nicht mehr in der Lage, aus ihren Perspektiven Realitäten zu schaffen, sondern sie benutzen ihre persönlichen Kanäle umgekehrt, um die Realitäten zu »hinterleben«.

Unsere Welt, in der wir leben, ist das getreue Abbild kollektiver menschlicher Ideen. In ihr sind bestimmte Strömungen wirksam, wie sie auch in unseren Vorstellungen fließen. Wir binden unsere Emanationen an das, was wir Realität nennen und was dem Zeitgeist unserer sozialen und kulturellen menschlichen Entwicklung entspricht. Der psychisch Kranke hingegen ist nicht mehr in der Lage, seine persönliche Situation mit den kollektiven Vorstellungen der Menschheit unter einen Hut zu bringen und ist im Gegenteil bestrebt, seine Abweichung auf eine Weise auszudrücken, welche ihm den Beifall seiner Umwelt verwehrt. Der Betroffene wird abgelehnt, nicht weil er unrecht hat, sondern weil man ihm ein Recht auf Recht nicht zubilligt.

Diese Ablehnung ist nicht unverständlich, haben sich doch unsere Gesetze nicht zuletzt aus dem Grunde entwickelt, den Menschen einen klaren Rahmen zu geben, worin sie ihr Leben gestalten können. Alle Menschen, die sich diesen Regeln unterziehen, tun dies aus einem inneren Sicherheitsbedürfnis heraus, weil der Ruf der Unterwelt in jedem lockt. Wenn nun einer kommt und diese Tür zur Hölle öffnet, öffnet er die Tür zur Hölle im Bewußtsein von uns allen (vgl. »Morphogenetische Felder« oder »Bell'sches Theorem« unter Neptun/Pluto), was wir dadurch verdrängen, daß wir diesen Unglücklichen zum Wahnsinnigen erklären.

In Wirklichkeit beruht unsere Realität auf Irrealem, weil wir unsere bewußte Welt den Sicherheitsbedürfnissen unserer irrealen Ängste nachgebildet haben. Das Ego ist sich nicht bewußt genug, um diese Hintergründe seines eigenen Wirkens überhaupt erfassen zu können. Diesem inneren Ozean mit seinen unermeßlichen Tiefen kommt die

Aufgabe zu, die Ideen in unseren Köpfen zu erschaffen und diese dem Bewußtsein zu erschließen, damit wir sie über unsere Handlungen zur Wirklichkeit unserer Erscheinungswelt werden lassen.

Potenzschwierigkeiten (Orgasmusstörungen)

Da die Dispositionen unter diesem Zeichen immer die Urfehde zwischen Gott und der Schlange anzeigen (dargestellt im Manne und im Weibe), haben wir uns in harmonischer Bestrahlung die Versöhnung der Geschlechter vorzustellen; in der Auseinandersetzung aber das totale Chaos, in dem sich die Exponenten buchstäblich zerfleischen.

Symbol für das Männliche ist die Macht. Männer müssen das Männliche übertreiben, um ihre Angst vor dem Weiblichen zu verbergen, das Weib ablehnen, weil sie sich durch das Weibliche gefährdet sehen, sich die »Mütter« unterwerfen, um sich das Recht auf Liebe zu erzwingen, ja selbst das Weibliche bedrängen, um von der Bedrohung abzulenken, weil sich das Weibliche den Männern unter diesem Zeichen als verschlingende Dämonin darstellt (vgl. Pluto/Mond).

Hinter dieser übertriebenen Gebärde steht die Angst vor der Tatsache, überwunden zu werden und damit in die Kindrolle zurückzufallen, wo man, weil man keine Liebe empfing, der Demütigung hinterherrannte, um wenigstens Gefühle zu erhalten. Da Uranus/Pluto aber umgekehrt die Liebe nur empfangen kann von Frauen, die ihn unbewußt gefährden (weil er sich gefühlsmäßig nach der Mutter ausgerichtet hat, die ihr Kind nicht lieben konnte), muß er beständig auf der Hut sein und kann sich dadurch dem anderen Geschlecht nur mit viel Mühe öffnen.

Gestörtes Sexualverlangen (irreale Sexvorstellungen: Orgasmus nur durch Onanie)

Der Orgasmus, der eine gewisse Affinität zum Tod besitzt, verkörpert einen Zustand, in dem das Ego völlig ausgeschaltet ist und ruft dadurch auch eine große Angst hervor, die Kontrolle zu verlieren. Für Frauen stellt sich das Problem so dar, sich aus Ablehnung gegen die Mutter mit der eigenen Rolle nicht identifizieren zu können (siehe auch Menstruationsbeschwerden unter Uranus/Mond), also das eigene Frausein nur über das »subjektive Erleiden am Weiblichen« zu erleben, indem man sich mit einem Partner in der Außenwelt gegen die eigene Weiblichkeit verbündet, »zur Strafe für die Mutter«, mit der man seine Geschlechtlichkeit identifiziert (vgl. Uranus/Mars).

Da sie ihr eigenes Frausein also nur über den Umweg der Niederlage durch einen »gottähnlichen« Sieger annehmen kann, was in der

Realität aber schwer gelingt, bleibt ihr zur Erfüllung ihrer inneren
Sehnsüchte nur die Wunscherfüllung in der eigenen Phantasie (Ona-
nie), wo sie statt des »dunklen anderen« bloß die eigene Vorstellung
zur Tür hereinzulassen braucht.

Weitere Symptome
- Bedrohungsängste, Dauererregungszustände, Hirnerkrankungen
  (Mißtrauen, Reizbarkeit, Wutausbrüche)
- Atemstörungen, Nervenleiden (siehe auch Pluto/Merkur: Zwangs-
  neurosen)
- Schilddrüsenüberfunktion (Basedow)
- Überfunktion der Hypophyse
- spastische Krampferscheinungen
- Schwangerschaftsprobleme
- Geschlechtskrankheiten

HOMÖOPATHISCHE MITTEL

Alkaloid	Strychninum (Stickstoffverbindung vom Samen des Brech- nußbaumes)	– Bedrohungsängste, Dauererregungszustän- de (Wutausbrüche) – spastische Krampf- erscheinungen – Atemnot – Orgasmussucht (über- steigertes Onanieverlangen)
Pflanzen	Agaricus muscarius (Fliegenpilz)	– zerebrale Erregungs- zustände – Schilddrüsenüberfunk- tion – heftige Anfälle von ag- gressiver Aktivität (ab- wechselnd mit Zustän- den äußerster Gleich- gültigkeit) – schwerste geistige Ver- wirrungen
	Hyoscyamus niger (Bilsenkraut)	– sado-masochistisches Sexualverlangen

		– Hypererregung (gleich- zeitig mit Impotenz) – Exhibitionismus – Nervenstörungen, epi- leptische Anfälle, Be- wußtseinstrübungen – Geschlechtskrank- heiten
Tier	Latrodectus mactans (Schwarze Witwe)	– schwerste Atemstörun- gen (typischer für Pluto/Merkur) – Besessenheitsvorstel- lungen – Irresein, Wahnsinn
Therapie	– LSD, Meskalin	Reise weg von sich selber (nur unter kundiger An- leitung!)
	– Schock – Hormontherapie	Begegnung mit seinem andersgeschlechtlichen Teil

♂ ☽

Transite

Allgemein

Bei akuten Auslösungen (meist in Verbindung mit persönlichen Planeten) kommt es zur existentiellen Krise, zur Infragestellung und
Hinterfragung der eigenen Lebensziele, weil die Tarnungen und
Verdrängungsmechanismen, mit denen man sich bisher vor der Wahrheit schützte, langsam sichtbar werden.

Beispiele □ 8/11

Während des Plutotransites über die Geburtsvenus (Venus in Opposition zu Uranus und im Quadrat zu Pluto in Haus 2) genügten einem
Unternehmer die harmlosen Spielereien nicht mehr, in deren Verlauf er
sich von gedungenen Mädchen »reiten, aufhängen und ausstellen« ließ
(s. unter Uranus/Venus). Er wußte, daß ein Strangulierter kurz vor
seinem Ende einen »Abgang« hat und wollte am eigenen Leib jetzt
ausprobieren, wie sich dieser Lustgewinn bei ihm auswirkte.

Er heuerte zwei Prostituierte an, die ihm durch simuliertes Erhängen zur Ejakulation verhelfen sollten. Diese verstanden aber ihr Handwerk nicht richtig und zogen die Schlinge zu fest zu, so daß er während des Aktes erdrosselt wurde. Die beiden »Helferinnen« wurden der fahrlässigen Tötung angeklagt und zu Gefängnisstrafen mit Bewährung verurteilt.

☉ Haus 8

Die frühe Nestaussetzung durch die Mutter (welche die ursprüngliche Abtreibungsabsicht seelisch nicht durchführen konnte) schien für den Geborenen, der wegen mehrfacher Nötigung vor den Schranken des Gerichts stand, zum Alptraum seiner Kindheit geworden zu sein. Die späte Begegnung mit der Mutter, die ihn zur Adoption freigegeben hatte, war der Beginn einer Beziehung, in der alle verdrängten Konflikte wieder hochgespült wurden und in welcher Zärtlichkeit und Haß einander abwechselten.

Diese Gefühle, die er später auf die Frauen übertrug einschließlich des Verhaltens, die fehlende Zuneigung der Mutter mit Gewalt erzwingen zu wollen, lassen den Ansatzpunkt erkennen, wie sich Unrecht und Fehlverhalten immer weiter in der Psyche fortpflanzen – ein Mechanismus, der im Volksmund als »das Böse« umschrieben wird. Da er genau die Frauen anzog, die ihn in ihrem Verhalten an seine Mutter erinnerten, könnte man vermuten, daß er die Voraussetzungen zu seiner Zeugung (die Mutter wurde vergewaltigt) nachspielen wollte, um die Ablehnung der Mutter im nachhinein rechtfertigen zu können und sich lieber zur Schuld des Vaters zu bekennen, als in der Kindrolle zu verbleiben.

Mit der Vergewaltigung des Weiblichen bekam er seine verdrängte Männlichkeit zurück, weil er sich damit zwar in die Schuld des Vaters band, die Unschuld (Impotenz) seiner Kindheit aber loswerden konnte!

♂ ♊ / ♐

Bei einem ehemaligen KZ-Schergen (Jahrgang 1903) kamen die psychologischen Hintergründe dieses Aspektes in der gezielten Auseinandersetzung mit seiner Vergangenheit vorbildlich zum Vorschein. Er war mittlerweile abgeklärt genug, um das (unbewußte) Vergnügen, andere Menschen in seiner Gewalt zu haben, nicht mehr verdrängen zu müssen. Sein ganzes Kindheitstrauma, das Herumgeschobenwerden in den Heimen, der ständige Wechsel der Bezugspersonen, all das, was ihm eine Identifizierung mit seiner Individualität erschwerte, schien mit einem Male überwunden zu sein. Es war ihm ein ausgesprochenes

Vergnügen, andere Menschen von sich abhängig zu wissen, nachdem er in der ganzen Kindheit der Willkür seiner Umwelt ausgeliefert war. So konnte er seine verdrängte Angst betäuben, indem er sich der Möglichkeit erfreute, Menschen sogar zerstören zu können.

Zusammenfassung
Man wird sich plötzlich bewußt, wie die Realität aus den eigenen Bildern entwichen ist, daß diese nur noch leere Hüllen sind, geboren aus dem Mitleid der Götter, den Ursprüngen seines psychischen Verhaltens nicht ins Auge schauen zu müssen, um dem Schrecken der Wahrheit über seine eigenen Beweggründe zu entgehen.

ARCHETYPEN & SYMBOLE

Thema	Identifikation mit dem Teufel (Schatten)
Ziel	Selbstüberwindung, Zerstörung der Form
Sinn	Erkenntnis seines wahren Selbst (seines innersten, unzerstörbaren Kerns)
Berufung	Magier
Symbol	Totenkopf
Mythen	Sündenfall; Sodom und Gomorrha
Sabbat	Samhain
Dämonen	Furien, Lemuren
Archetyp	Satanas (Antichrist)
Zeichen	Hakenkreuz
Mysterien	Thule, Agarthi
Kultstätte	Auschwitz
Duft	Yage (Ayahuasca, Caapipflanze)
Pflanzen	Giftpilze, Bilsenkraut, Wolfsmilch
Baum	verdorrte Weltesche
Tier	Schlange

Landschaft	Kriegsschauplätze
Ort	Verbrennungsöfen
Edelstein	schwarzer Nephrit, Malachit
Farbe	giftgrün, anthrazit
Form	bohrend, verdeckt, hintergründig
Bauform	Höhlenburgen (Burg Stein an der Traun)
Tanz	Striptease
Ritual	Schwarze Messen
Klang	die 7 Posaunen von Jericho
Musik	»Gesang der Jünglinge im Feuerofen« von Karl-heinz Stockhausen
Kantate	»Ein Überlebender aus Warschau« von Arnold Schönberg
Malerei	»Guernica« von Pablo Picasso; »Die Tragödie des Menschen« von Oskar Kokoschka
Alte Schrift	6. und 7. Buch Mose
Literatur	»Sodom und Gomorrha« von Marquis de Sade
Moderne	»Naked Lunch« von William Burroughs
Zitat	»Alle Straßen münden in schwarze Verwesung.« (Georg Trakl)

NEPTUN

Wenn Uranus die Relativität ist, die sich an den Beschreibungsversuch des Unsagbaren heranwagt, dann ist Neptun der unbeschreibliche Inhalt des so Beschriebenen. Denn die Absicht, sich als unbeschreiblich darzustellen, entspringt dem menschlichen Bestreben nach dem Inventarisieren selbst des Unsagbaren. So bleibt ihm jenes paradoxe Bild des Gottes vorbehalten, der sich aus dem Funken zweier Steine selber schlägt. Denn er gebärt aus seinem Innern Ebenen, die außerhalb von Raum und Zeit liegen oder zumindest außerhalb der beschränkten Sichtweisen, die wir mit Raum und Zeit umschreiben. Er stellt die große Sehnsucht dar, in der sich unsere kleine Sehnsucht spiegelt, und deren Schatten Pluto ist.

Neptun symbolisiert die Drehscheibe im göttlichen Schöpfungsplan, weil er einerseits das Nichts an der Nahtstelle zum Werden verkörpert und damit zum Mutterschoß des Lebens avanciert, andererseits aber gerade durch sein Werden etwas wird, was sich an die Nahtstelle des zu Vergehenden zurücksehnt. Neptun entspricht dem schöpferischen Willen, der keine Absicht hat und ohne Pluto weder kommt noch geht, weil er in sich absichtslos ist und ohne die Strukturen des göttlichen Planes einfach die Potenz des sich selbst aus sich heraus gebärenden Urnichts darstellt.

Neptun symbolisiert das Nichts oder die Vorstellung des Nichts (weil die Vorstellung ja Inhalte benötigt und in Ermangelung derer einfach das Nichts zum Inhalt macht). Damit haben wir im Inventar unserer Bilder etwas, was sich im Grunde gegen das Inventarisieren sträubt und damit in Konfrontation mit dem Verstand gerät. Denn Neptun repräsentiert den Drang, sich selbst in jedem Rahmen zu verlieren oder sich jeder Einschränkung zu entziehen. Er zeigt ein Sehnen nach Verschmelzung mit der Seele an und die Auflösung aller Einschränkungen. Seine Aspekte visieren das Ewige an oder wenigstens unsere Vorstellung davon, was wiederum auf das Problem hinweist, Neptun, der unsere Persönlichkeit aufweicht, gerade durch das beschränkende Ego erfahren zu müssen.

Denn es liegt nicht in der Natur unserer Vorstellungen, das Göttliche zu erreichen, weil es unserem Inventar an Bildern nicht vergönnt ist, etwas zu erfahren, was nicht in ihm enthalten ist. Und das

Unbegriffene ist im Begreifbaren nicht enthalten. Die Vorstellung vom Ewigen aber ist erreichbar, weil sie den Widerspruch damit ausgleicht, indem sie gerade auf das »Nicht-zu-Erreichende« hinzielt. Zusammengefaßt läßt sich die Operation so erklären, daß wir das »Nicht-zu-Erkennende« zum »Nicht-zu-Erreichenden« proklamieren, was bestens funktioniert, denn solange wir es nicht erreichen, sind wir der Prüfung enthoben, festzustellen, ob das Erfaßte auch das Göttliche sei.

Da Neptun für das Heimweh steht, um sich mit seiner inneren Sehnsucht wieder zu verbinden, fällt die individuelle Liebe weg. Wäre es ein Gott, auf den wir diese Liebe übertragen, gäbe es wohl kaum Probleme. Da es aber stets ein Mensch ist, auf den sich unsere Sehnsucht überträgt, muß es früher oder später zu Problemen kommen, weil kein Individuum den Entgrenzungen neptunischer Projektionen genügt.

Also sehnt sich der Mensch zwar nach Liebe, doch gewänne er sie, genügte sie ihm nicht. Gerade weil er ahnt, daß wahre Liebe nicht erreichbar ist, genügt ihm Liebe einfach nicht, die er haben kann. Nichts kann seine Sehnsucht nach den Sternen stillen, denn selbst die Liebe wird zu eng für ihn. Daher sucht er die Erfüllung in der Ferne und wendet seine Zuneigung dem Ewigen zu. Sein wahres Streben, durchwebt von den Mustern der Planeten, mit denen er sich in frommer Übereinstimmung wähnt, führt ihn zu den Pforten mystischer Wahrnehmung, zu den Gipfeln göttlicher Erkenntnis, wo die Visionen die Wirklichkeit auf ihrer Seite haben und die Realität zur reinen Fiktion zerschmilzt.

Wenn man das bis jetzt Gesagte nicht mehr hinterfragt, müßte man zur Ansicht kommen, daß Neptun für die Auflösung der Realität die Verantwortung trägt. Das ist aus der Sichtweise des Denkens sicher richtig, aus der man die Realität für real erklärt, und die Voraussetzungen zu deren Auftreten als wahr. Wenn man aber die Realität in Frage stellt, um festzustellen, was oder wer es ist, der die Realität für wahr erklärt, dann relativiert sich unsere Realität auf jene Wellenlänge, auf die unsere inneren Bilder ansprechen.

Die erste Einsicht in den Mechanismus unseres Erkennens ist, daß die Welt, die wir erkennen, nicht wirklich die ist, wofür wir sie halten. Wir halten sie für eine Welt der Materie, der Gegensätze. Dabei gibt es gar keine Materie an sich. Alle Materie fußt auf einer unbekannten Kraft, welche Atomteilchen in Schwingung bringt. Daher besteht sie nur aus Energie, aus Schwingung. Und da Energien keine Gegensätze kennen, weil sie die Gegensätze selber sind, wir aber aus der Wirkung dieser Energien Gegensätze machen und damit unsere vorstellbare

222

Welt erschaffen, läßt sich leicht feststellen, wo diese Bilder ihre Wiege haben: in unserem Bewußtsein »Mensch«!

Wenn wir die Realität nun als Extrakt unserer eigenen Bilder erkennen, so könnten wir den, der uns von dieser Realität befreit, als Erlöser begrüßen: als Erlöser von der Welt unserer eigenen Vorstellung. Leider ist dies nicht so einfach. Denn durch das Vorhandensein in einer materiellen Umwelt sind wir darauf angewiesen, dieses Spiel mitzuspielen, gerade weil wir wissen, daß es nur einer von vielen möglichen Perspektiven entspricht. Erst wenn wir erkennen, was die Realität ist, dann können wir auch die Voraussetzungen erschauen, warum wir uns gerade diese Sichtweise zum Mittelpunkt gemacht haben. Weil nicht wir diese Sichtweise zum Mittelpunkt gemacht, sondern umgekehrt unsere Sichtweise uns in den Mittelpunkt unserer Weltanschauung gebracht hat: Die Realität ist das Bild, wie sich die Welt unserer Vorstellung durch die Kapazität der Sinnesorgane darstellt!

Das Problem liegt jetzt darin, daß wir die Voraussetzungen für unsere Realität verdrängen und über die unbewußten Kanäle bisweilen nach den Schattenseiten Neptuns (Pluto!) schielen, um uns von unseren selber angelegten Fesseln wieder zu erlösen. Da wir uns von den gesellschaftlichen Zwängen oft mit Gewalt befreien wollen, werden Drogen oder alkoholische Getränke zuhilfe genommen, um die Öffnung zu unbewußten Erfahrungen künstlich zu erzwingen, ohne sich der Schwierigkeiten der Integration dieser Einsichten in den Alltag aber bewußt zu sein. Neptuns Sehnsucht nach dem Unendlichen ist gerade das verdrängte Gegengewicht zu unserer materiell-polaren Perspektive, die, einmal aus den Angeln gehoben, sich immer mehr in sich verliert: als Lust des Kompensierens unseres Denkens, um sich im Grenzenlosen zu ertränken!

Ψ ☉
Neptun – Sonne

Wirkungsstufe I   a)   Konjunktion
                   b)   Quadrat
                   c)   Opposition

        II   a)   Neptun in Haus 5
                   b)   Sonne in Haus 12
                   c)   Sonne in Fische
                   d)   Quincunx

      III   a)   Hausspitze 5 in Fische
                   b)   Hausspitze 12 in Löwe
                   c)   Herrscher von Haus 5 in Haus 12
                   d)   Herrscher von Haus 12 in Haus 5
                   e)   Trigon

       IV   a)   Herrscher von Haus 5 in Fische
                   b)   Herrscher von Haus 12 in Löwe
                   c)   Sextil

Neptun zeigt ein Gefühl der Auflösung aller irdischen Bindungen und der Verschmelzung mit dem uferlos Göttlichen an. Wenn man aber versucht, dieses Uferlose zu erfahren, die Auflösung der Anpassung an die Umwelt bewußt nachzuvollziehen, sieht man sich plötzlich einer Welt gegenüber, die mit unseren Denkwerkzeugen gar nicht mehr zu erfassen ist. Aber gerade, weil sie von unserem Bewußtsein nicht mehr auszumessen ist, läßt sich auch nie erfahren, ob sie die spirituelle Wahrheit verkörpert oder einfach den inneren Wunsch vertritt, sich den Lebenslügen der eigenen Verdrängung hinzugeben und die Träume als Visionen »von oben« zurückzunehmen, an die man selbstbetrügerisch zu glauben vermag!

Die Neptun-Sonne-Verbindung symbolisiert einen Aspekt des Lebens, bei dem man den Schwingungsfeldern zwischen den Dingen die eigenen unbewußten Sehnsüchte überträgt. Die Betreffenden scheinen der realen Welt entrückt durch Sphärenklänge, die nur sie fühlen. Sie haben sich zu den unsichtbaren Quellen zurückgezogen, die nur sie spüren und die ihnen Ursprung zu Verwirrungen und Täuschung sind, oder aber göttliche Einsichten bescheren. Diese Menschen halten sich bisweilen gar vom Göttlichen durchdrungen, derweil sie Opfer ihrer eigenen Bilder sind. Wenn sie zu mystischer Versenkung neigen, glauben sie sich als Werkzeug eines Meisters oder Gottes auserkoren, was in Wirklichkeit nur der verzerrten Wahrnehmung ihrer Wirklichkeit entspricht.

Neptun/Sonne-Aspekte können aber auch darauf hinweisen, daß der Mensch aufgrund seiner inneren Sensibilität in der Lage ist, sich der Wirklichkeit zwischen Idealität und Realität von verschiedenen Perspektiven zu nähern. Diese hüten in ihrem tiefen Inneren die Einsicht, daß das, was wir die Wirklichkeit nennen, nur ein Bild unserer eigenen Vorstellung ist, da jeder Mensch über eine eigene, persönliche Vorstellung verfügt, es also so viele Wirklichkeiten wie Menschen gibt.

Die Sonne benutzt Neptun sozusagen als Spiegel, um sich selber besser verstehen zu lernen. Dadurch lernt sie die materielle Welt als Spiel erkennen, wo zwischen einer Sichtweise und ihrem Gegenteil nur das Kriterium unserer Beurteilung liegt. Gleichzeitig fühlt sich Neptun durch die Sonne herausgefordert, dieses Spiel mitzumachen und die Spielregeln einzuhalten. Da er aber durch seine innere Natur gleichzeitig die Spielregeln auflöst, finden wir unter Neptun/Sonne nun den Widerspruch, daß eine Lebensperspektive durch Auflösung schärfere Konturen zu gewinnen und durch das Erkennen einer höheren Wirklichkeit die inneren Möglichkeiten zu nähren vermag, um jene Dimensionen zu erreichen, aus deren Universalität sich eine andre Wirklichkeit erzeugt.

Die Angst vor der Realität des Alltags wird in dem Augenblick abgestreift, wo das Vertrauen in die Spiritualität dieser höheren Erkenntnis Einzug hält. Das Wissen aus dieser transzendent vergeistigten Dimension ist sich der Relativität seines eigenen Denkens bewußt, weil es weiß, daß die Täuschung unserer Sinne dem Spiel entspricht, das wir uns selber ausgedacht haben und welches wir nur über die geistige Einsicht in korrekter Beachtung der Regeln überwinden können.

In den weniger hochfliegenden Sphären des täglichen Lebens wird sich der Mensch mit Neptun/Sonne mehr zu einer Weltanschauung hingezogen fühlen, die er zwar selber in sich spürt, die er aber nicht riskiert, persönlich darzustellen. Diese nicht selber dargestellte Persönlichkeit führt über den Umweg der fremdinterpretierten Erfahrungen zum

Wissen, welches man aber darzustellen sich wiederum nicht selbst entschließt.

So sichert man sich nach innen mit fremden Bildern der Erkenntnis ab, um die Blockierung des eigenen Ahnens einerseits durch die Angst zu lösen und andererseits die Konsequenz des eigenen Erkennens auf die Vorstellung übernommener Bilder zu verteilen.

Daraus entsteht eine Ziellosigkeit der inneren Sehnsüchte. Es ist dies ein sich Hinwegheben in den Himmel fixierten Vorstellungen, die der Realität unerreichbar sind. Dort fühlt man sich vor Menschen sicher und ist gleichzeitig den Göttern näher.

♆ ☉
Psychologische Struktur

Ursache/Wirkung
Da Neptun die innere Sehnsucht verkörpert, die materiellen Fesseln abzustreifen und sich mit dem Göttlichen zu verbinden, wird er jede Ich-Verwirklichung (Sonne) nicht nur unterbinden, sondern die ganze Realitätsverkörperung verhindern, indem er spirituelle Einsichten in die materiellen Gegebenheiten einfließen läßt.

Hemmung
Daraus kristallisiert sich das Bestreben, seine materiellen Bedürfnisse nicht mehr zu leben, weil man mit der Ablehnung seines Egos gleichzeitig jede Ausrichtung nach realen und gesellschaftlichen Zielen ablehnt.

Kompensation
Irgendwann entwickelt sich die illusionäre Einbildung, die materiellen Gesetze schon überwunden zu haben. Damit versucht der Betroffene, die Verhinderung seiner materiellen Selbstverwirklichung hinter einem kosmischen Mäntelchen zu verstecken, was ein Widerspruch in sich ist, nämlich das »Bild der Überwindung« durch das Ego darzustellen.

Auf diesem Weg hat er sich meistens in den Fängen eines Dogmas verstrickt, das ihm hilft, die eigenen gesellschaftlichen Ängste hinter kosmischen Zielen zu verbergen.

Krise
Wenn nun diese Grundlagen zusammenbrechen, auf denen man sein verdrängtes Ego aufgebaut hat – sei es, daß man seinen Guru verliert,

sei es, daß man dessen Dogma aus irgendwelchen Gründen nicht mehr akzeptiert –, dann wird das Unvermögen, sein eigenes Ego darzustellen und seine innere Individualität zu leben, in die Krise führen, weil man nie gelernt hat, sich in seiner ursprünglichen Personalität zu erfahren, sondern seine Persönlichkeit nur immer auf das projizierte, was einem die Außenwelt reflektierte und von dem man sich angesprochen fühlte.

Lösung

Die einzige Lösung wäre, diesen Verdrängungsmechanismus aufzuheben, weil man darin die Verhinderung erkennt, seine persönliche Eigenart auszuleben, die nur so lange sinnvoll ist, wie man sie nicht sieht!

Gerade durch das Erkennen macht man sich frei, den Sinn der Verhinderung anzunehmen, die einen zwar hindert, bloße Selbstverwirklichung anzustreben, deren Sinn aber andererseits nicht sein kann, den Vorstellungen der anderen nachzuleben. Sondern deren Aufgabe sich allein in der Einsicht erfüllt, sich dem Göttlichen wie dem Irdischen hinzugeben und seine eigene Brücke zu werden, auf der man zwischen den Welten hin- und herschwebt!

♅ ☉

Karmisches Modell

Vorgeburt

Es war, als ob die uns bekannte Erscheinungswelt plötzlich wie ein bloßes Gemälde auf dünnem Seidenpapier geworden wäre, durch das die Wirklichkeit hindurchschimmerte und durch das wir plötzlich, das Geräusch des Zerreißens in den Ohren, wie durch einen nebulösen Vorhang hindurchgeschleudert wurden.

Wir fühlten uns durch Dingliches hindurchgezogen und stürzten durch unsere Weltvorstellung hindurch. Der Sturz war die Auflösung des Ichs, von dem wir uns verlierend durch Selbstbetrachtung wieder zurückgewinnen konnten. Aus dem Zustand der Auflösung heraus konnten wir jede Form annehmen. Wir stürzten durch die Vernetzungen von DNS und RNS hindurch, aus deren tanzenden Verstrickungen sich immer neues Leben bildet, und fanden uns vor einer offenen Türe wieder.

Es war eine schillernde Welt, die sich da vor uns auftat. Lichtwesen huschten auf uns zu und führten uns in einen weiten Raum, in welchem sich sonnengroße Lichteier an den Kristallwänden reflektierten. Kosmische Reiter schwebten durch die Galaxis und die Lichteier verwandelten sich in galaktische Sternenmeere, welche die ganze Umgebung in einen multidimensionalen Lichtschein tauchten.

Plötzlich schoß aus einer Ecke eine hohe Flammenwand hervor und als wir uns umdrehten, pfiff uns aus einer anderen ein heftiger Orkan entgegen, aus der dritten wälzte sich eine riesige Brandungswelle heran und als wir schon davonrannten, versperrte uns aus der vierten eine brodelnde Lavamasse den Weg. Wir waren völlig eingekreist von diesen infernalen Elementen und wurden in einem alchemistischen Prozeß in die »Unio mystica« eingeschmolzen, als Feuer und Wasser, Luft und Erde zischend ineinander übergingen.

Schließlich fanden wir uns zu einem geistigen Gebräu versotten, in das die Götter Jung zutaten, auch Marx und Mao nicht vergaßen, das Ganze an der Planck'schen Quantentheorie abschreckten, über die Relativitätsbetrachtung stürzten, mit Hesse umrührten, eine Prise Meister Eckehart zugaben, mit einer Messerspitze Zen und Yoga würzten und schließlich einen »geriebenen« Schamanen drüberstreuten.

Kind

Aus diesem Eintopf wurde das Kind geboren mit der Aufgabe, solange in der Welt herumzuirren, bis es sein inneres Durcheinander als die Erkenntnis erführe, daß es seinen Vorstellungen nur so lange trauen könne, als es nicht frage, was jenseits dieser Vorstellungen ist.

Wenn das Bewußtsein aber merkt, daß es nur über sich nachdenkt und sich gleichzeitig bemüht, sich so zu betrachten, wie es über sich nachdenkt, dann sieht es sich durch die offene Tür in eine Welt eintreten, die sich zwar der Welt entzieht, die aber immer wieder zu neuen offenen Türen führt.

Mann/Frau

Wir sehen in diesem Verhalten also die Angst, das Bewußtsein zu hinterfragen und hinter allen Vorstellungen nur das Nichts zu erfahren, welches uns wie ein Ungeheuer umzingelt. Diese Angst versuchen wir dadurch loszuwerden, indem wir uns an Personen klammern, denen wir die Abwehr dieses Ungeheuers (das Dagegenstemmen gegen diese Wahrheit) übertragen.

Da die eigene Selbstverwirklichung gehemmt ist, macht man sich von Vorbildern abhängig, aber nur so lange, wie deren Dogmen das innere Durcheinander ansprechen (den geistigen Eintopf, wo Jesus neben Castaneda figuriert!). Das entspricht dem Paradoxon, sich selber finden zu wollen, ohne persönliche Eigenart zu zeigen.

Ziel/Sinn
Wir Menschen träumen gleichzeitig den gleichen Traum. Wir sind die Autoren, Regisseure und Akteure in einem Schauspiel, das von unseren Bewußtseinsvorstellungen getragen und von unserem urmenschlichsten Schöpfungsimpuls inszeniert wird, das aber auch nur ein Stück im Stück ist, das wiederum innerhalb eines weiteren Stückes nur ein weiteres Stück im großen Schöpfungsvorgang ist. Es gibt niemals ein Ende dieses Stückes. Der Träumer träumt, und der Träumer im Traum träumt sein Geträumtes, denn der Träumer ist sowohl Beobachter wie auch Akteur, denn es gibt nichts, was außerhalb seines Traumes liegt.

Geborene unter diesem Zeichen sind besser in der Lage, diese Wahrheiten zu ertragen, weil sie sich selbst als Mysterium erfahren, wenn sie sich einmal aus den Fesseln ihrer Vorstellung befreit haben. Ihnen fällt es leichter, der Auflösung zu begegnen, da sie ihr Ego nicht ausleben, sondern ihre Identität mehr den Vorstellungen der anderen nachempfinden, in der Darstellung der »fremdbestimmten« Rolle dann allerdings den Verlust der eigenen Identität beklagen.

Doch wenn es ihnen gelingt, ihre Aufmerksamkeit von den äußeren Wirkungen abzuziehen und sich den inneren Ursachen zuzuwenden, können sie alle Ursachen des Lebens in sich selber finden, weil ihnen durch die kosmische Berührung der Sonne Einsichten zufließen, die normalen Sterblichen nicht zugänglich sind.

♆ ⊙
Krankheitsdispositionen

Allegorisch
Der Neptun/Sonne-Archetypus segelt in einem Meer aus inneren Bildern und Empfindungen, die der Grenzüberschreitung und Selbstauflösung huldigen. Die Umwelt zeigt sich ihm wie durch das Fenster eines Traumes, in dem Realität und Einbildung miteinander verwoben sind.

Der Betreffende besitzt einen ausgeprägten Imaginationssinn und verfügt über ein gutes Gespür für verborgene Zusammenhänge. Über seinem Reich versucht er einen spinnetzfeinen Schleier zu spannen, in welchem alle Grobheiten des materiellen Imperativs hängenbleiben und nur der Geist des Konjunktivs transparent genug ist, die Maschen des Netzes zu passieren und in seine Vorstellungswelt vorzudringen.

Psychische Müdigkeit (Drogen; Lebensunlust)
Der Geborene fühlt sich durch die Spielregeln der Gesellschaft überfordert, weil er wahrscheinlich deren Wurzeln gar nicht akzeptiert. Er ist von einer Müdigkeit gegenüber den Auswirkungen der Realität gezeichnet, die ihn mit ihrer Geschäftigkeit nervt. So muß er seine Sinne betäuben, damit er die Welt nicht so wahrzunehmen braucht, wie sie sich ihm darstellt.

Nebennierenrinden-Überfunktion
Diese Verfälschung der Wahrnehmung, die ihm alles Grobstoffliche ausmustert und ihn, statt die Realität zu leben, eine andere Wirklichkeit träumen läßt, inszeniert seine Seele durch die Überfunktion der Nebennierenrinde, welche die normalen Raum- und Zeitbegriffe der Gesellschaft mit körpereigenen Drogen überspielt.

Damit er sich also in dieser Welt nicht zu behaupten braucht, entzieht er sich der Welt, indem er blind und taub wird und sich aus jeder Übereinkunft ausschließt.

Weitere Symptome
– Eiweißabbau der Muskulatur (führt zu Herzmuskel- und Kreislaufschwäche)
– Vergiftungen (Drogen- und Alkoholmißbrauch)

HOMÖOPATHISCHE MITTEL

Mineral	Sulfur (Schwefel)	– psychische Müdigkeit – Illusionen, Launenhaftigkeit, verminderte Zurechnung – Drogen- und Alkoholmißbrauch
Alkaloide	Anhalonium (Meskalin aus dem Peyotl-Kaktus)	– Halluzinationen – Denkmüdigkeit – Herz- und Kreislaufschwäche

Opium (Milchsaft des Schlaf- mohns)	– Teilnahmslosigkeit, Apathie, Erschlaffung (Überfunktion der Ne- bennierenrinde) – Stomnolenz, Sopor, Koma (Formen der Bewußt- seinstrübung)
Therapie	– Hypnose – rituelle Trance

♆ ☉
Transite

Allgemein
Wenn sich die Sonne in Neptun zu spiegeln lernt und dadurch auch andere Dimensionen im eignen Glanz erstrahlen sieht, dann lernt sie die illusionäre Welt als konträre, aber ebenso reale Wirklichkeit erkennen, die umgekehrt wie ein Negativ alle unausgelebten Visionen auf sich zieht.

Beispiel ⩕ 6/11
Während des Sonnentransits über Neptun, der gleichzeitig die Mond-stellung seiner Freundin betraf (Queraspekt Partnerschaftsvergleich), hatte ein 32jähriger Werbefachmann einen visionären Traum.

Er war mit seiner Freundin in einer morastigen, unwirtlichen Gegend unterwegs, als sie plötzlich neben ihm in ein Sumpfloch trat und bis zum Hals versank. Ihre Arme konnte sie gerade noch hochreißen, so daß es ihm gelang, sie an der Hand zu fassen. Aber als er sie schon fest im Griff glaubte, riß sie sich los und versank mit einem Gesichtsausdruck, den der Träumende in der Erinnerung als eine Mischung zwischen Freude und Entsetzen, Erleichterung und Ohn-macht schilderte.

Während er in der Dunkelheit umherirrte, von einer entsetzlichen Leere geplagt, an die er sich als das schrecklichste Gefühl erinnerte, das er je verspürte, ging plötzlich die Sonne auf, und er fühlte sich aus der schwärzesten Nacht in das flammendste Elysium hinübergetragen. Entzückt breitete er die Arme aus, als er sich auf einmal wie ein Vogel hoch emporgehoben sah. Er fühlte den Wind unter seinen Achseln ihn anheben, und er schien zu schweben im Odem des Lichts. Es war ein unbeschreiblich erhabenes Gefühl, als er so entrückt durch den Äther schwebte, direkt auf die Sonne zu.

Dann sah er einen schwarzen Schatten aus der Sonne auf sich zukommen und erkannte darin seine Liebste, die im Moor ertrunken war: »Irgendwie mußte sie unter der Sonne hindurchgefallen sein« kam ihm der Gedanke, dann spürte er einen harten Schlag am Kopf und hatte das Gefühl, ins Bodenlose abzustürzen. Er fühlte sich aus sich herausgeschleudert und in Myriaden kleinster Stücke gerissen, die alle er selber war, eine Bruderschaft verschiedenster Gedanken, die zueinander gehörten und unaufhaltsam zusammenströmten, um sein mehrdimensionales Bewußtsein zu bilden, in dem er sich gleichzeitig auf mehreren Ebenen wahrnehmen konnte.

So sah er einerseits den Schatten auf sich zukommen und hielt andererseits plötzlich seine Freundin an der Hand. Mit einem kräftigen Ruck zog er sie aus dem Sumpf und benutzte gleichzeitig den Schwung, um sich in die Luft zu katapultieren. Und mit lockeren Schwimmbewegungen flog er mit ihr gemeinsam in die Sonne (wie ein Taucher, der vom Meeresgrund wieder hochzukommen versucht), Hand in Hand, während ihn ein überschäumendes Glücksgefühl erfaßte und er sich beim Erwachen wunderte, daß seine Liebste neben ihm im Bett davon nichts mitbekommen hatte.

Vier Jahre später lief sie ihm mit einem Alkoholiker davon, was bei ihm genau jene Leere auslöste, die er damals im Traum verspürt hatte – und das zu einem Zeitpunkt, als ihr Mond vom transitären Neptun (Konjunktion) berührt wurde (vgl. Schilderung unter Saturn/ Neptun).

Zusammenfassung

Ein weiteres Beispiel dafür, wie Erlebnisse in den Träumen vorbereitet werden, die sich zuerst im Halbbewußten ankündigen, bevor sie sich zu erlebbarer Wirklichkeit gestalten. Man muß allerdings bereit sein, diesen inneren Strömen nachzuspüren, um sie als Urquell allen Handelns zu erkennen, als Pläne sozusagen, deren Verwirklichung dann das ist, was wir die erlebte Realität nennen.

♆ ☉

ARCHETYPEN & SYMBOLE

Thema	Selbstbetäubung
Ziel	Auflösung (ins Licht!)
Sinn	Transparenz
Berufung	Träumer, Visionär
Symbol	Schale, Kelch
Mythos	Gralsmythos
Fest	Ostern
Götter	Bran, Dewi, Oberon, Kühleborn (Poseidon), Morpheus
Archetyp	Parzival
Zeichen	die 0
Kultstätten	Neuschwanstein; Mathildenhöhe Darmstadt; »Palais idéal« von Ferdinand Cheval (gen. der Briefträger), in Hauterives (Drôme)
Duft	Betäubungsgifte
Pflanze	Schlafmohn
Tier	Schwan
Landschaft	»Bermuda-Dreieck«
Ort	Opiumhöhle
Edelstein	Chrisolyth
Farbe	strahlendes Weiß, tiefes Grün
Form	märchenhaft versponnen
Baustil	Historismus; Jugendstil/Neubarock
Tanz	Tänze in Trance
Ritual	Kommunion, Erleuchtung
Instrument	Streicher (Quartett)

Musik	»La mer« oder »La Cathédrale engloutie« von Claude Debussy
Malerei	»Kathedrale von Rouen« von Claude Monet (auch andere Impressionisten wie Manet, Pisarro, Sisley oder Degas)
Dichtung	»Les Illuminations« von Arthur Rimbaud
Zitat	»Wenn du begreifst, sind die Dinge wie sie sind; wenn du nicht begreifst, sind die Dinge wie sie sind.«

(Zen-Meister Gensha)

♆ ☽
Neptun – Mond

Wirkungsstufe I	a) Konjunktion
	b) Quadrat
	c) Opposition

II	a) Neptun in Haus 4
	b) Mond in Haus 2
	c) Mond in Fische
	d) Quincunx

III	a) Hausspitze 4 in Fische
	b) Hausspitze 12 in Krebs
	c) Herrscher von Haus 4 in Haus 12
	d) Herrscher von Haus 12 in Haus 4
	e) Trigon

IV	a) Herrscher von Haus 4 in Fische
	b) Herrscher von Haus 12 in Krebs
	c) Sextil

Horoskopeigner mit diesem Aspekt sind in höchstem Maße beeindruckbar und zeigen die Tendenz, die Situation immer so zu betrachten, wie sie ihren unmittelbaren Wünschen entspricht. Sie sehen die Wirklichkeit nicht und nehmen nur das wahr, was ihnen gerade in den Kram paßt. Verwirrung und die Neigung, sich von ihren Einbildungen überrollen zu lassen, sind ebenfalls angezeigt. In der Folge sind die Betroffenen nicht mehr in der Lage, die Realität zu kontrollieren.

Was die Sache aber gefährlich macht, sind die Umstände, daß ihnen ihre eigenen Ziele und Bestrebungen in vielen Teilen unverständlich sind und sie die eigenen Motivationen gar nicht sehen. Mit dieser Stellung neigen die Betroffenen dazu, ihre eigene emotionale Verwirrung auf andere zu projizieren und die ganze Welt für schuldig zu erklären. Traum und Wirklichkeit verweben sich so miteinander, daß sich zum Schluß die eigne nebulöse Welterfahrung zur Wirklichkeit emporschwingt und das bewußte Ich im Morast des Unbewußten ertrinkt.

Da die Neptun/Mond-Konstellation sehr intuitiv und empfänglich ist, verkörpert sie tagträumerische und nachtwandlerische Neigungen. Menschen unter ihrem Signum fühlen sich zu allem Mystischen stark hingezogen. Weil diese Konstellation nach Auflösung des Irdischen und Transzendierung ins Licht tendiert, bringt sie auf gesellschaftlicher Ebene einen Zustand vollständiger Sinnlosigkeit hervor, der in dunkelste Depressionen zwingt.

Somit entsteht eine Sucht nach Liebe und Geborgenheit, die kaum je zu erfüllen ist. Wenn man dieses innere Bild aber nicht ins Ideal umsetzt, unbegrenztes spirituelles Wachstum zu erreichen, kann man schwer am Unvermögen der Menschen leiden, der eignen Vorstellung zu entsprechen.

Da man als Urgefühl in sich spürt, daß man sich schuldig machen würde, wenn man seine Sexualität lebte, verlegt man seine Triebe weg von sich: in die Reiche der Feen, die an den Wassern schlummern, die Welt nur träumen, den Menschen unsichtbar die Schicksalsfäden spinnen und ihr Wissen hüten.

Voraussetzung zu dieser Entwicklung war die Unterwerfung der Geborenen unter den geschlechtsgleichen Elternteil. Das Mädchen hielt sich hormonell getarnt, aus Angst, sich selber zu empfinden. Das Kind hat sich der Mutter unterworfen, um der Bedrohung durch die Mutter zu entgehen. Damit hat es sich aus der Geschlechtskonkurrenz entfernt: Die Psyche wurde in die Vorstellung des Unberührbaren versenkt.

Damit taucht das Bild der Seele auf, die vertrieben von den Gestaden des Alltags in den Gewässern des Unbewußten träumt. Die schlummernde Psyche ist vom eigenen Geschehen abgeschnitten: Auf Ausformungen des Lebens erfolgen keine persönlichen Reaktionen mehr. Daraus resultiert das Gefühl, der Realität gegenüber ausgeliefert zu sein, weil der geistige Wunsch nach Transzendenz das Gefühl der eigenen sexuellen Schwäche nährt.

Damit der geistige Weg nicht an ein persönliches Ziel gebunden werden kann, darf keine sexuelle Eigenart entwickelt werden. Umgekehrt folgert sich daraus, daß, solange sich Sexualität nicht entwickelt, auch keine Seelenangst entstehen kann. Nur dann, wenn man sich fühlen, finden oder geschlechtlich wahrnehmen will, taucht Angst auf und mit ihr das Bild der Psyche, die vertrieben von dem Sinn am Leben in den Wassern der Unberührten existieren muß.

♆ ☽
Psychologische Struktur

Ursache
Da Neptun und Mond die intuitive und empfängliche Seite des
Menschen darstellen, die sich zu Mystifizierungen hingezogen fühlt,
schwingen die Voraussetzungen zu ihrer Verkörperung schon im
kindlichen Verhalten, sich nicht empfinden und darstellen zu wollen,
um sich nicht fixieren und erklären zu müssen und so wie die anderen
zu sein.

Wirkung
Der Mensch ist nicht bereit, den Alltag anzunehmen, schon weil er
nicht bereit sein kann, seine Träume, die von den anderen nur belächelt
werden, als weltfremd oder exotisch zu bezeichnen. Er spürt in ihnen
die zeitlose Wahrheit, die aus den verborgensten Schichten des Unbewußten steigt.

Hemmung
Da die inneren Kanäle den spirituellen Einsichten nicht zuletzt
geöffnet sind, um die körperlichen Gefühle zu betäuben, wird die
eigene Vitalität gelähmt, die Sexualität verdrängt und in den Himmel
abgeschoben, wo sie mit den Engeln psalmodierend von der betäubten
Psyche abgeschnitten ist.

Kompensation
Umgekehrt kann sich aber auch das innere Verlangen bilden, den
Garten Eden im Uterus zu finden. Dann wird der Wunsch aufkeimen,
die verdrängte Sexualität in den Kammern der Unterwerfung auszuleben, wo man sich hingeben muß, ohne persönliche Eigenart zu zeigen
und ohne somit schuldig zu werden.
  Im Leben wird man die eigene Richtung durch spirituelle Mode-
trends ersetzen und den »Jenseitigen« nacheifern, die einem aus dem
Mund medial Veranlagter entgegenlächeln.

Krise
Man wird reif, aus jenem äußeren Traum zu erwachen, der nicht der
kosmischen Welt entspricht, sondern nur die verdrängte Realität
darstellt, deren Anforderungen man nicht gewachsen ist. Dieses
Erwachen führt zum Auftauchen in einer Zwischenwelt, die sich aus
der Vorstellung, wie die Welt sein könnte, wenn sie nicht so wäre, wie

sie ist, zusammensetzt. Im Dämmern der Seele wacht Angst auf und mit ihr die Verdrängung der Verdrängung, die Sehnsucht nach dem verlorenen Paradies und damit die Sehnsucht nach dem Tod.

Lösung
Die Sehnsucht nach dem Garten Eden ist die lyrische Sehnsucht nach dem Tod, die nur dann bewältigt werden kann, wenn die Themen der Auseinandersetzung den visionären Einsichten angemessen sind. Denn Neptun/Mond entspricht dem inneren Anteil von Gott, der von der Psyche verarbeitet werden muß. Eine gute Beziehung zu diesen inneren Werten schafft die Verbindung mit dem Zeitlosen und Unvergänglichen, eine schlechte provoziert die Suche nach Fluchtwegen.

♆ ☾

Karmisches Modell

Mythos
Auch wenn wir uns unter dieser Konstellation gerne mit Schneewittchen identifizieren, der von der bösen Stiefmutter im Haus der Zwerge genau das angeboten wurde, was schon Eva durch die Schlange zum Verhängnis gereichte (einen Apfel), dürfen wir nicht übersehen, daß die Stiefmutter ein innerer Bestandteil von Schneewittchen selber ist – eine Tatsache, die verdunkelt bleiben muß, damit Schneewittchen den Apfel annehmen und damit über den Umweg des Todes zu sich selber finden kann. Denn der Apfel ist ein Symbol des Lebens und damit auch der Wiedergeburt (vgl. Pluto/Mond).

Schneewittchen nimmt nicht irgendeinen Apfel, sondern es nimmt den Apfel von der Stiefmutter, die sich wiederum als alte Bäuerin verkleidet hat, damit sie nicht erkannt wird (Saturn/Mond). Denn würde Schneewittchen sie erkennen, würde es den Apfel nicht annehmen, und würde es den Apfel nicht annehmen, könnte es nicht sterben und die Stiefmutter als Voraussetzung seiner eigenen Schuld nicht loswerden. Erlösung kann nur durch das bewußte Loslassen des lebensvernichtenden Egotrips geschehen, den die böse Stiefmutter als Verkörperung des eigenen Schattens immer wieder heraufbeschwört.

Haben wir einen anderen vergiftet, dann haben wir uns selbst vergiftet und das Gift schwebt noch immer in der Welt, bereit, uns mit Leib und Seele zu vernichten. Darum haben wir auch Angst, uns selber zu empfinden und zu öffnen, was das Verhalten unter dieser Konstellation erklärt. Eine bessere Lösung aber, statt vor sich davonzulaufen, wäre das verabreichte Gift bewußt zurück- und Evas Apfel anzunehmen (Schlangengift!), was einer Einnahme in homöopathischen Dosen entspricht. (vgl. »Homöopathische Mittel«.)

Kind

Neptun zeigt den Drang nach Auflösung und Verschmelzung an, und da der Mond andererseits die Beziehung zum »inneren Kind« repräsentiert, das kaum vom Intellekt berührt wird und nur auf Bilder und Symbole reagiert, finden wir unter dieser Konstellation eine Sehnsucht nach der inneren Göttin vor, welche das Kind freundlich an der Hand nimmt und zu den Müttern führt.

Das Kind, das sich aus Angst vor der Stiefmutter gar nicht in seine eigene Identität hineintraut, sucht seine Aufgabe darin zu finden, daß es sich zwischen die Welten stellt, um dort die »Botschaften der Unsichtbaren« zu empfangen. Statt sich in der Umwelt darzustellen, versucht es seine Träume mit der Realität zu verweben und dadurch in jene geistigen Bereiche zu entschweben, wo alles Körperliche aufgehoben ist.

Mann

Im Mannesalter ist es kaum noch möglich, seine Träumereien in die äußere Welt zu übertragen und dieser unvoreingenommen zu begegnen. Frauen können die abgehobenen Idealisierungen weder erfüllen noch ertragen, und so zieht sich der Mann von der Sexualität zurück und gibt sich lieber seinen Träumen hin. Er kapselt sich völlig ab und ruht sich an den seelischen Gestaden seiner Traumgewässer aus, wo er sich mit Wassergeistern verlustiert. Oder er wartet auf die »böse Stiefmutter«, welcher er sich opfern darf.

Frau

Da der Mond neben den Gefühlen besonders die lebensspendende Weiblichkeit darstellt, ist die Verwirrung hier noch größer. Die Fruchtbarkeit wird durch Neptun zwar irritiert, aber nicht geschmälert. Daher kann sich in der Frau das »Mutter-Gottes-Syndrom« bilden mit der Illusion, einen »Christus« zu gebären. Denn die durch Neptun injizierte Angst, sich selber zu empfinden, kann nur durch die personale Überhöhung ertragen werden, sich dem Ewigen hinzugeben und sozusagen ein »Kanal Gottes« zu werden.

Im profanen Alltag sieht das dann so aus, daß man sich aus dem Leben in eine unpersönliche Warteposition zurückzieht, um ja nicht ins Schicksal vorzugreifen. Man ist also nicht bereit, individuelle Eigenart zu zeigen, um Endgültiges im Leben zu vermeiden und sich die Hoffnung zu erhalten, in Übereinstimmung mit dem Kosmischen zu bleiben.

Sinn

Es trifft zu, daß diese Konstellation geeignet ist, auf negative Art das auszudrücken, was wir mit Weltflucht, Pseudospiritualität und Selbstbetrug umschreiben. Andererseits sind selbst diese negativen Auswirkungen ein Anzeichen dafür, daß der Mensch beginnt, sich vom materiellen Verhalten abzukehren und auf seine inneren Regungen zu hören, die er aber nur teilweise richtig interpretiert.

♆ ☽
Krankheitsdispositionen

Unterfunktion der Hormondrüsen (Nebennierenmark)

Wenn der Geborene unter Neptun/Sonne seine eigene Welt kreiert, in der er die Maßstäbe setzt und der Realität den Eintritt verwehrt, dann will sich der Neptun/Mond-Stigmatisierte einfach auflösen und hofft, ein »Radio des Göttlichen« zu werden, wenn er sich den Signalen des Unbewußten nicht widersetzt. (Auf einer anderen Ebene wiederholt sich dieses Ritual Nacht für Nacht, wenn wir in den Arenen des Unbewußten unseren eigenen Gespenstern begegnen, die uns auf den Traumebenen die unbewußten Zusammenhänge reflektieren, denen wir im Leben nachjagen.)

Neptun und Mond symbolisieren somit das Bestreben, sich diesen Zusammenhängen schon »während des Tages« bewußtzuwerden und sie erreichen das durch Drosselung der Hormondrüsen. Durch die Unterfunktion des Nebennierenmarks werden die Umweltreize nicht wahrgenommen und durch das innere Verlangen ersetzt, sich dem Ewigen zu nähern und in den Mutterschoß zurückzukehren, um die Wahrheit zu erfahren und die Sehnsucht nach dem Unbewußten zu stillen (vgl. »Undine«-Verhalten: Neptun/Venus).

Neptun/Mond steht also für den Drang nach Auflösung des Egos zugunsten dessen, was man die »mystische Vision« nennen könnte, wenn diese nicht einfach dem Realitätsmangel entspräche, hinter dem sich die Lähmung des Egos versteckte. Einerseits wird diese Konstellation nach innen übertragen und als göttliche Vision erfahren, die den Geborenen in seine eigenen Verdrängungen verstrickt, gleichzeitig wird sie aber auch nach außen projiziert und als äußeres Ereignis zurückgenommen, auf das man seine inneren Visionen übertragen hat.

Der Wunsch nach Übereinstimmung mit dem Kosmos ist also nichts anderes als die innere Handlungsschwäche, Entscheidungen zu treffen und führt zum Verlangen, von außen auf eine Weise übergriffen zu werden, die mit der inneren Erwartung übereinstimmt.

Weitere Symptome
– Wassereinlagerung in den Geweben (Gewebsaufschwellung)
– Eierstock- und Brusterkrankungen (Milchdrüsen)
– Lympathische Konstitution (Magenschleimhautentzündung siehe unter Uranus/Mond)
– Sucht, (Blut-)Vergiftung

HOMÖOPATHISCHE MITTEL

»Paradies-schlangen«	Lachesis (Buschmeister)	– Vergiftungen (symbolisch: Evas Apfel!) – Handlungslähmungen, Realitätsauflösungen, Bewußtseinstrübungen
	Crotalus horridus (Klapperschlange)	betont zusätzlich die Uranus-Komponente: – religiöse Wahnzustände – irrationale Ängste – Verlangen nach Stimulanzien
	Naja tripudians (Kobra)	betont zusätzlich die Pluto-Komponente: – Einengungsgefühle (Herzsymptome) – Geschwülste, Wucherungen (Krebs) – Depressionen
Andere	Kalium carbonicum (Kaliumkarbonat)	– Wassereinlagerungen, Gewebsaufschwellung – Magenschleimhautentzündungen (Angstzustände werden über den Magen ausgetragen) – Schwäche, Niedergeschlagenheit

Lac caninum (Hundemilch)	– Eierstock- und Brust-erkrankungen (Störungen der Milchdrüsen) – Aufhebung des Egos (unbewußte Schuldgefühle) – Auflösungserscheinungen (sieht überall Schlangen)	
Mater perlarum (Perlmutt)	– Drang nach Auflösung (Heimweh nach den Müttern)	
Therapie	– Schlangenvisualisierungen	Freies Bilderleben (oder Beobachtungen im Zoo)
	– entspanntes Zulassen von Wahnvorstellungen	Katathymes Bilderleben
	aber auch: – Blutreinigung – Hydrotherapie	

♆ ☽

Transite

Allgemein

Der Drang, aus dem Gefängnis unserer gesellschaftlichen Bedingungen auszubrechen, scheint einem tiefsitzenden spirituellen Bedürfnis zu entsprechen. Weil die Neptun/Mond-Schwingungen für die menschlichen Bedürfnisse aber viel zu undurchsichtig sind, dürfen wir von ihnen das kosmische Erahnen nur um einen Preis erwarten, der sich für unsere Realität meist als verhängnisvoll herausstellt.

Beispiele ♂ 2

Während der Auslösung durch den rückläufigen Mars in Haus 8 kamen die ganzen Schuldgefühle, die eine 28jährige Lehrerin gegenüber ihrer Mutter empfand, wieder zum Vorschein.

Grund dafür war der Umstand, daß der Freund ihrer Freundin, mit der sie die Wohnung teilte, mit ihr ein Verhältnis begann. Dabei entwickelte sie gegenüber ihrer Freundin Schuldgefühle, weil ihr deren Freund gefiel. Und weil sie ihn nicht vor den Kopf stoßen, die Freundin aber auch nicht verletzen wollte, begann sie zu trinken und große Mengen Psychopharmaka in sich hineinzustopfen, um gewissermaßen unbewußt zu signalisieren, daß von ihr nichts zu befürchten sei.

Der Hintergrund dieses merkwürdigen Verhaltens findet sich im frühpubertären Umstand, vom eigenen Stiefvater mißbraucht worden zu sein. Obwohl zur Hingabe gezwungen, fühlte sie sich der Mutter gegenüber schuldig (»... und um den giftigen Apfel nicht essen zu müssen, hatte Schneewittchen geschworen, niemals schöner als die Stiefmutter zu sein!«).

Warum aber konnte sie dieses Dreiecksspiel nicht einfach abbrechen? Zum einen, weil ihr dieses versteckte »Um-die-Ecken-Verhältnis« die einzige Möglichkeit gab, sich zu empfinden (Mond), ohne sich gleichzeitig enttarnen zu müssen (»Ich will ja nicht, aber der Kerl läßt mich nicht in Ruhe!«), und zum anderen, weil sie durch die Unterwerfung Schuld und durch die damit verbundene Selbsterniedrigung gleichzeitig wieder Lust empfand.

□ 1/4

Ein 42jähriger Tänzer und Choreograph wurde während des Neptun-Transites über seinen Geburtsmond wieder zum Bettnässer – ein Verhalten, an dem er schon während seiner Kindheit litt.

Die Aufarbeitung der Vergangenheit ergab, daß er sich als Kind schon sexuell erregte, indem er sich einen Bleistift oder eine dünne Kerze in den Hintern schob. Dabei stellte er sich vor, eine große, dicke Frau zu sein (Uranus/Pluto-Komponente), die gefoltert und vergewaltigt wurde. Er besaß eine komplizierte homosexuelle Neigung, indem er sich zwar als passiver Teil empfand, der aber nur auf Frauen ansprach (lesbische Homosexualität). So ließ er sich nur mit Prostituierten ein, die ihn »per anum« mit einem Plastikglied befriedigten und ihm anschließend über den Bauch pinkelten.

Später heiratete er eine Frau, deren Anlage ihn zwang, seine Triebe zu verdrängen. Da sie beide keine Lust füreinander empfanden, ergaben sich auch keinerlei Schwierigkeiten, und sie fanden es ganz normal, daß jeder seine Geschlechtsbedürfnisse für sich selber regulierte. ... bis der transitierende Neptun die Wahrheit aufdeckte und die perverse Lust erweckte, sich wenigstens selber zu »beduschen«, wenn sich schon niemand anders dafür fand.

Zusammenfassung

Der Mond ist nicht nur das dunkle Gestirn, unter dessen abnehmendem Schein Hexen und Giftmischer ihre todbringenden Kräuter sammeln, die in der Welt Verworrenheit und Schwäche, Perversion und Täuschung, Schwindel und Verwirrungen hervorbringen, sondern er ist auch der Weg, der zu den Geistern der Wasser, zu den Quellen der Träume und zu den Schwellen des Unbewußten hinabführt. Der Gang durchs Wasser bewirkt die Verfeinerung der Seele und fördert somnambule Eigenschaften wie Hellsichtigkeit oder Psychometrie.

ARCHETYPEN & SYMBOLE

Thema	Rückkehr zu den Quellen
Ziel	Verschmelzung mit den »Müttern«
Sinn	Aufgehen im Nichts
Berufung	Sibylle, Märtyrerin, himmlische Mutter
Symbol	Evas Apfel; Eherne Schlange (Gegengift!)
Mythen	Schneewittchen; Ophelia (Tochter des Polonius, in Shakespeares Tragödie von Hamlet geliebt)
Sabbat	Lichtmeß
Göttinnen	Moiren, Parzen, Nornen
Archetyp	Jungfrau Maria
Zeichen	Rosenkranz; Spinnrad (Schicksalsfäden)
Mysterienorte	Lourdes; »Notre Dame de Parlatges« – Vierge primitive dans la chapelle de Parlatges (mysteriöser keltischer Kraftort am Fuße des »Plateau du Larzac« bei Lodève, Dép. Hérault)

Duft	Lilie
Pflanze	Sumpfschwertlilie
Tier	Einhorn
Landschaft	Quellen
Ort	Brunnen, Thermalbad
Edelstein	Jade
Farbe	milchiges Grün, schleierndes Grau
Form	ausgehöhlt, ausgewaschen
Baustil	der Naturstil von Baumeister Erde: z. B. die 22 km lange Aggteleker Tropfsteinhöhle in Ungarn
Tanz	Somnambulismus
Ritual	Taufe
Instrument	Lyra, Leier
Musik	»Verklärte Nacht« von Arnold Schönberg
Musikdrama	»Gesang der Nornen« (Vorspiel »Götterdämmerung«) von Richard Wagner
Malerei	»Badende Frau« von Rembrandt; »Ophelia« von John Everett Millais; »Mahana no atua« (Tag des Gottes) von Gauguin
Dichtung	»Hymnen an die Nacht« von Novalis
Zitat	»Mein Schlaf ist Träumen, mein Träumen Sinnen, mein Sinnen Walten des Wissens. Doch, wenn ich schlafe, wachen Nornen: sie weben das Seil, und spinnen fromm, was ich weiß...« (Erda im 3. Akt »Siegfried« von Wagner)

♆ ☿
Neptun – Merkur

Wirkungsstufe I	a)	Konjunktion
	b)	Quadrat
	c)	Opposition
II	a)	Neptun in Haus 3 oder 6
	b)	Merkur in Haus 12
	c)	Merkur in Fische
	d)	Quincunx
III	a)	Hausspitze 3 oder 6 in Fische
	b)	Hausspitze 12 in Zwilling oder Jungfrau
	c)	Herrscher von Haus 3 oder 6 in Haus 12
	d)	Herrscher von Haus 12 in Haus 3 oder 6
	e)	Trigon
IV	a)	Herrscher von Haus 3 oder 6 in Fische
	b)	Herrscher von Haus 12 in Zwilling oder Jungfrau
	c)	Sextil

Mit Neptun-Merkur kommt das Rationale und Begriffliche mit den Ausflügen in die Welt der Träume und des Unbewußten zusammen und führt über die berühmte Frage nach dem letzten Sinn tief in den Brennpunkt des spirituellen oder religionsphilosophischen Denkens. Dieser ist aber außerhalb seiner selbst nicht erfahrbar, sondern höchstens in einer Vielzahl von Hinterfragungen konstruier- und in einer Reihe von Annäherungen mystifizierbar.

Man muß an diesen Kosmos entweder glauben oder sich seinen Schwingungen mit Hingabe ausliefern. Denn die Neptunerfahrungen entziehen sich immer dem zupackenden Verstand des unterscheidenden Merkurs. Andererseits kann sich Merkur unter dem Einfluß Neptuns der Relativität seines eigenen Denkens bewußt werden und damit die Voraussetzung erschaffen, volles Vertrauen in das Beständige des Vergänglichen jeden Gedankens zu entwickeln.

Beziehungen zwischen diesen beiden Kräften bewirken immer eine sensibilisierte Denkfähigkeit. Der Mensch ist dadurch in der Lage, Archetypen in ihrer schwer faßlichen Symbolik auf eine intuitive Weise zu verstehen, die nicht in Worte zu fassen ist. Denn Neptun zwingt den auskundschaftenden Verstand auf seiner Reise ins Unfaßbare durch Kanäle, die man mit den Werkzeugen des Denkens nicht mehr nachvollziehen kann. Der Gedankenaustausch gestaltet sich recht schwierig, da die Geborenen ihre visionären Einsichten in mystischen oder abstrakten Ideen zusammenfassen, die sich dem Verständnis anderer entziehen.

Gleichzeitig ist Merkur auch ein Täuscher und Neptun der Meister aller Schrullen, was zu einer verstiegenen »Eulenspiegelei« führen kann. Es kommt zu einem inneren Zwang, sich vor seinen eigenen Erkenntnissen zu tarnen, die man als relativ abtut, und sich in »unpolarisierten Gleichgewichtszuständen« zu halten, in denen persönlichen Meinungen und Entscheidungen ausgewichen werden kann. Das führt den Horoskopeigner dazu, sich den Anforderungen der Umwelt zu entziehen und entspricht der Projizierung von Entscheidungszwängen auf die Außenwelt sowie einer Entscheidungsunfähigkeit, um sich der Vielzahl seiner Möglichkeiten zu versichern und keine persönliche Eigenart zu entwickeln.

Bei Menschen unter diesem Einfluß weiß man nie, was sie als nächstes tun und lassen werden. Sie scheinen unfähig, das, was wir unsere Welt nennen, in den richtigen Proportionen zu sehen und neigen in einem gefährlichen Maß zu Launenhaftigkeit und Unbeständigkeit. Ihr Denken geht leicht in einen somnambulen Zustand über, und endlose Abfolgen von medialen Bildern erscheinen ihnen. Aber damit stimmen sie sich auf die unbewußten Ebenen anderer Menschen ein. Genau das aber gibt ihnen wiederum die Kraft, den Fragen andrer auszuweichen, weil sie deren Motivation erahnen. Sie können sozusagen einen Menschen dadurch ergründen, daß sie ihn dauernd ins Leere laufen lassen und sein Verhalten hinter den Reaktionen analysieren, ohne ihm die eigene Absicht je zu zeigen.

Andererseits kann die Neptun-Komponente dieses Aspektes aber auch verdrängt und auf andere projiziert werden, so daß man bei anderen gerade das aufspürt, was man bei sich selber nicht wahrhaben will: Spiritualität und Mystizismus. Man schwingt sich dann zum

Verteidiger des überlieferten Weltbilds auf, weil man sich durch die eigene Angst genötigt sieht, die Angreifer in seiner eignen Seele zu bekämpfen und sich mit jener Seite zu verbünden, welche einem Realität und Wahrheit suggeriert.

Je nachdem kann ein Mensch mit neptunischem Denken einen auf höchste Ziele und größte Ideale ausgerichteten Verstand haben, oder er muß mit viel Phantasie die verschwommene Realität ersetzen, die sich vor seinen Augen aufzulösen beginnt.

♆ ☿
Psychologische Struktur

Ursache
Diese Konstellation manifestiert sich schon im Bewußtsein des Kindes, sich in allen Spektren der Wahrnehmung zu verlieren, statt seinen Verstand zu disziplinieren.

Wirkung/Kompensation
Die daraus resultierende Angewohnheit, allem Klaren und Eindeutigen auszuweichen und dabei jenes geistreiche, ja hinterhältige Spiel zu betreiben, entweder alles Rationale in Frage zu stellen oder umgekehrt das Irrationale des Visionären rational wegzudiskutieren (Saturn/Neptun/Merkur-Komponente), bringt oft jene Mitmenschen in Rage, die gewohnt sind, ihre Gedanken klar und eindeutig zu formulieren.

Hemmung
Es kommt aber auch vor, daß der Geborene durch konservative Bildungs- und Erziehungsmuster darin bestärkt wird, gegen seine eigene Veranlagung ins Feld zu ziehen, weil er sich schämt, seinen verstiegenen Neigungen nachzugehen und die visionären geistigen Qualitäten seiner Träume und Visionen auszuleben.

In diesem Fall wird er den Geist der intuitiven Wahrnehmung, den er leichter in Symbolen und Metaphern als in logisch konstruierten Sätzen nachvollziehen kann, nach außen projizieren und ihn dort gleichzeitig als jemand zerstören, der weiß, was es heißt, seine eigenen Träume nicht annehmen zu können.

Krise
Versorgungsängste und Verfolgungswahn führen entweder zum Rückzug aus der Welt oder zum Bedürfnis, sich seiner selber proklamierten

Ratio durch Betäubung wenigstens für kurze Augenblicke zu entziehen.

Lösung

Aber statt das Opfer seiner eigenen Verdrängungen zu werden, was auch der Täuschung durch andere entspricht, könnte er unter dieser Konstellation zu einem viel besseren Ergebnis kommen, besonders dann, wenn er sich darüber klarwerden kann, daß die Polaritäten nur zwei Seiten einer Medaille sind.

Dichtung und Wahrheit verschmelzen in Poseidons Gewässern zu jener Einsicht, nur Perspektive irgendeines Rahmens zu sein, der selber wieder Perspektive eines Rahmens ist, deren Hintergrund sich zwar Gott nennt, in Wirklichkeit aber nur der Stoff ist, aus dem unsere kollektiven Bilder sind.

♆ ☿
Karmisches Modell

Vorgeburt

In vergangenen Inkarnationen könnte sich unter dieser Konstellation ein visionärer Denker verborgen haben, der sich mit der Darstellung des Unfaßbaren oder Unwirklichen befaßte und dem ungeheuren Dilemma nur dadurch entging, daß er es in Bildern und Symbolen darstellte. Diese Kunst der Übertragung ist so alt wie Platons Dialoge, indem mittels Metapher und Symbole das wiedergegeben wird, was durch den bezugsetzenden Geist der Vernunft nicht zerstört werden kann, auch wenn es sich den Zugriffen des Verstandes entzieht. Die Darstellung in Symbolen gestattet es dem Unsagbaren nämlich, aus dem Unbewußten hervorzutreten und in übertragenem Sinn das auszudrücken, was durch unsere Logik gar nicht erfaßt werden kann – daß alles, nämlich was wir in der äußeren Welt vorfinden, auf der Ebene unserer Vorstellung begann.

Kollektiver Glaube und kollektive Bilder schaffen jenen Teil der Wirklichkeit, den wir Realität nennen, gestalten astrale Energien zu sichtbaren Formen, die wir als gegenständlich empfinden und formen schließlich uns, die wir die Welt formen, damit die Welt, in der wir leben, immer genau unserer Wirklichkeit entspricht.

Kind

Dieses unbewußte Wissen ist ein schweres Erbe, und so ist es auch verständlich, wenn sich das Kind schon früh der Welt entzieht, entflieht, im Denken gar nicht erst auftaucht, weil es die Vorstellungs-inhalte seiner Umwelt durch die vorgeburtlichen Prägungen ablehnt. Da es sich dieser Voraussetzungen aber nicht bewußt ist, zieht es sich aus der Welt zurück, indem es seine intellektuellen Reaktionen schon in der Schule unterbricht, um sich von den menschlichen Verhaltens-bildern gar nicht erst einnehmen zu lassen, auch wenn dies ihm von der Umwelt Fehleinschätzungen wie Dummheit oder intellektuelles Unvermögen einbringt.

Mann/Frau

Diese Menschen sind also keineswegs in chaotische Gedankenmuster verstrickt, wie es von außen bisweilen den Anschein hat, sondern sie können ganz im Gegenteil die Beziehung zu sich selber finden, indem sie ihre eigenen Visionen leben und ihrer eigenen Vergangenheit darin begegnen. Die eigene Vergangenheit versperrt ihnen den Weg, bis sie erkennen, daß nur die Abkehr von den intellektuellen Verstrickungen materieller Zielrichtungen ihnen die Voraussetzungen erfüllen, ihr eigenes Schicksal anzunehmen und zu einem Sprachrohr des Unsagba-ren zu werden.

Dies kann eine Eignung für die Fiktionen mathematisch-mystischer oder okkult-utopischer Richtung anzeigen, in denen weniger das Detail, sondern mehr der Sinn fürs Ganze herausgehoben werden will. Denn durch Neptun kann man den Mitmenschen den Weg zu einem Mythos zeigen, der wahr und doch nicht wahr ist, da sein Inhalt, da symbolisch, für alle Zeiten unerschöpflich ist. Denn faßt man ihn symbolisch auf, ist er der Anfang und das Ende, untersucht man ihn aber konkret, dann stellt er sich als das Nichts heraus, aus dem alles Göttliche hervorgegangen ist.

Sinn

Menschen unter diesem Signum befinden sich alle auf einer Reise in die innersten Bezirke des Mysteriums. Dabei bedürfen sie des Schutzes der inneren Zurückhaltung gegenüber den rationalen Gepflogenheiten der Gesellschaft, um die Selbsteingrenzungen der kollektiven Bilder auflösen zu können.

♆ ☿
Krankheitsdispositionen

Auflösung der Wahrnehmung

Merkur: »Wenn ich mir meine Weltanschauung aufgrund der kollektiven Bilder schaffe, die man mir anerzogen hat, ist dann mein Realitätsbild nicht sinnlos, weil es immer nur die Voraussetzung meiner eignen Vorstellung bestätigt?«

Neptun: »Richtig! Selbst wenn Du die Wirklichkeit so sehen könntest, wie sie ist, könntest Du Dir mit Deinen Sinnen gar kein Bild von ihr machen, weil die Wirklichkeit gar keinen Platz in dem Rahmen hat, den der Mensch mit seinen Sinnesorganen austastet ...«

Merkur: »Dann kann ich die Wirklichkeit ja nur durch jene Bilder erfahren, welche ich mir selbst geschaffen habe?«

Neptun: »Gewiß! Das entspricht dann jener Vorstellung von Wirklichkeit, die zwar sehr sinnvoll ist, auch wenn sie gar nicht stimmt. Nur wenn Du sie zu hinterfragen suchst, das Bild als Bild entlarven willst, dann wird Dein ganzes Denken sinnlos, denn damit läufst Du ja Deiner eignen Wahrnehmung davon!«

Merkur: »Aber wo liegt das Ziel, wohin ich laufen könnte, wenn ich das Bild als Bild erfahren wollte? Gibt es irgend etwas, wohin ich fliehen könnte?«

Neptun: »Wenn Du die Illusion als Illusion erfahren willst, dann gerätst Du von der Illusion sinnvoller Ziele zum Bild sinnloser Wahrheit!«

Merkur: »Dann lande ich wieder bei mir selber?«

Neptun: »Bei einem Bild Deiner Projektion! Du projizierst das Inventar Deiner Bilder auf alles, was Dir von außen entgegentritt und reagierst dann auf Dein Bild anstatt auf das Geschehen. Du kannst Deinem Denken aber nicht entfliehen, denn es färbt ja die Inhalte von allem, was Du siehst: Du lebst also nicht in dem, was geschieht, sondern in dem von Dir durch Deine Vorstellung selber geschaffenen Raum-Zeit-Kontinuum!«

Merkur: »Dann wäre ja jede Erkenntnis sinnlos?«

Neptun: »Sie ist sinnlos, wenn Du durch sie die Wahrheit zu erfahren trachtest, sie ist aber sehr segensreich und sinnvoll, wenn Du erkennst, daß Du gerade durch Erkenntnisse die Welt, in der Du lebst, verändern kannst. Und da die Welt, in der Du lebst, exakt dem Spiegelbild Deiner Vorstellung entspricht, kannst Du durch innere Erkenntnisse Deine Lebensqualität verbessern und frei werden, indem Du Dein Gebundensein an die Qualität Deiner inneren Vorstellungen freudig akzeptierst.«

Merkur: »Ist das der Sinn?«

Neptun: »Der Sinn ist, Dich in Deine Illusionen einzubeziehen und Dir ihrer voll bewußt zu werden, ohne aber irgend etwas ändern zu wollen. Denn Du änderst Dich in jedem Augenblick, wenn Du Dich dem freien Fließen Deines Geistes überläßt, weil Du dann frei wirst von Deinen persönlichen Zielen und Vorstellungen, die doch auch nur wieder ein Produkt übertragener Verhaltensmuster sind, die die Welt als kollektive Schöpfung menschlichen Bewußtseins ja nicht im hellsten Glanz erstrahlen lassen...«

Weitere Symptome
- Antriebs- und Willenslähmung
- Reaktionsschwäche
- Denkmüdigkeit, Konzentrationsschwäche
- irritierende Gewichtung äußerer Eindrücke (vgl. auch Sinnlosigkeit: Uranus/Jupiter; oder schizothyme Symptome: Uranus/Neptun)
- Seh- oder Hörstörungen (Augenflimmern, Hornhautverkrümmung, Ohrensausen, Ohrenknacken)
- Audiovisuelle Störungen, Legasthenie .

HOMÖOPATHISCHE MITTEL

Säure	Carbolicum acidum (Karbolsäure)	- Stupor - Denkmüdigkeit (Abneigung gegen das Denken) - Atemnot, Lähmung, völlige Apathie
Gas	Chloroformum (Trichlormethan)	- Wahrnehmungsauflösung - Reaktionsschwäche
Pflanzen	Aethusa cynapium (Hundspetersilie)	- Hirnmüdigkeit, Denkunfähigkeit, Konzentrationsschwäche - Antriebs- und Willenslähmung
	Cocculus (Indische Kockelskörner)	- Schwindel, Übelkeit, geistige Betäubung - Gefühl von Auflösung und Leere

	– Seh- und Hör- störungen
Cannabis sativa (Hanf)	– Gedanken- und Sprachverwirrung – irritierende Gewich- tung äußerer Eindrücke – Augenflimmern, audiovisuelle Stö- rungen – Drogenmißbrauch (Delirium)

Therapie   Auseinandersetzung mit transzendentaler Philo-
sophie und kritischer Metaphysik.
»Das Erhabene liegt in der menschlichen Vorstellung vom Unendlichen! Jede menschliche
Erkenntnis beginnt bei der sinnlichen Erfahrung,
ohne ihr zu entspringen; die a priori vorgegebenen
›Anschauungsformen‹ Raum und Zeit sowie die
Denkformen der aus den Urteilsformen abgeleite-
ten Kategorien transzendentaler Geltung machen
Erkenntnis, Erfahrung und die Einordnung erfahrener Gegenstände erst möglich; trotzdem trifft die
Erkenntnis nicht das ›Ding an sich‹, sondern nur
dessen Erscheinung!«

(Immanuel Kant)

Transite

Allgemein
Was sich aus der einen Sicht mit »Auflösung der Wahrnehmung« und
»Verwirrung im Bereich des Denkens« umschreiben ließ, zeigt sich auf
der anderen als das innere Vermögen, intuitive Zusammenhänge in eine
»höhere« Begrifflichkeit zu übertragen.

Beispiel △ 5/9
Durch den Saturn-Transit über den Radix-Neptun in Haus 9 und die
damit verbundene Auslösung eines Neptun/Merkur-Trigones haben

wir hier ein besonders hübsches Beispiel dafür vorliegen, wie die horoskopmäßig vorhandene Neptun/Merkur-Anlage den Geborenen zu einer »übersinnlichen« Begegnung einlädt, welche durch die ebenfalls mitschwingende Saturn-Komponente aber zerlegt und in Vergleiche übertragen wird, durch die das »magische« Potential »rational« einverleibt werden kann.

Während der Einführung in die magischen Gesänge der Medizinmänner durch einen peruanischen Curandero (Heiler) konnte ein Anthropologe durch seine geschichtlich vergleichende Perspektive (Saturn/Merkur) die Verbindung zu den Psalmen christlicher Tradition und zu den endlosen Wiederholungen hinduistischer Sutren finden, welche alle dem physiologisch-spirituellen Prinzip huldigen – nämlich durch das stundenlange Singen die Konzentration von Kohlendioxyden im Blut und in der Lunge zu verdichten und damit den zerebralen »Wächter« zu überwinden (Reduzierung der Leistungsfähigkeit des Gehirns), der alle Botschaften aus dem Unbewußten als unwichtig, weil irreal, verhindert.

Zusammenfassung

Alle religiösen und magischen Rituale sind als die der Ratio entgegengesetzten Bemühungen zu verstehen, zurück zum Geist als Ganzem zu gelangen.

$$\Psi \quad \heartsuit$$

ARCHETYPEN & SYMBOLE

Thema	Auflösung der Wahrnehmung
Ziel/Sinn	Rückzug aus der Welt
Berufung	Seher, Medium, Drogensüchtiger
Symbol	Tarnkappe; Dreifuß
Mythos	»Mene, Mene, Tekel, Upharsin« (geisterhafte Schrift während Belsazars Fest: Buch Mose)
Zeit	neblige Novembernächte
Plaggeister	sehnsüchtige, schwärmende Gedanken
Archetyp	Pythia (Apollo-Priesterin in Delphi)
Zeichen	betäubende Dämpfe aus der Erdspalte

254

Kultstätte	Delphisches Orakel (Ruinen im Heiligtum der Athena Pronaia)
Duft	Haschisch
Pflanzen	San-Pedro-Kaktus (Peru), Hanf
Tier	fliegendes Pferd, Nachtfalter
Landschaft	Fata Morgana; nahtloser Wasser-Horizont-Übergang
Ort	Nabel der Erde (Omphalos: hl. Stein in halbovaler Form in Delphi)
Edelstein	Titania-Nachtstein (Rutilquarz)
Farbe	Tarnfarben (in allen Farben schimmernd)
Form	übereinanderlappend, ineinanderfließend
Bauten	Luftschlösser
Tanz	Tanz der Medizinmänner (sich so lange um die eigene Achse drehend, bis die ganze Welt verschwunden ist)
Ritual	Weissagung, Drogen, Vision
Instrument	Triangel, Maultrommel
Musik	»The Unanswered Question« von Charles Ives
Malerei	»Das fliegende Pferd« von Marc Chagall (Orphismus: auch Robert Delaunay); »Malach« (Grüner Cherub) von Ernst Fuchs
Dichtung	»Finnegans Wake« von James Joyce
Report	»Pforten der Wahrnehmung« von Aldous Huxley (Erfahrungen mit Meskalin)
Zitat	»Als ich mich plötzlich einem Liegestuhl gegenübersah, der aussah wie das ›Jüngste Gericht‹ – oder, genauer gesagt, einem ›Jüngsten Gericht‹ gegenüber, das ich nach langer Zeit und mit beträchtlicher Schwierigkeit als einen Liegestuhl erkannte –, ertappte ich mich plötzlich auf der Schwelle von Panik.« (Aldous Huxley in »Pforten der Wahrnehmung«)

♆ ♀
Neptun – Venus

Wirkungsstufe I	a)	Konjunktion
	b)	Quadrat
	c)	Opposition
II	a)	Neptun in Haus 2 oder 7
	b)	Venus in Haus 12
	c)	Venus in Fische
	d)	Quincunx
III	a)	Hausspitze 2 oder 7 in Fische
	b)	Hausspitze 12 in Stier oder Waage
	c)	Herrscher von Haus 2 oder 7 in Haus 12
	d)	Herrscher von Haus 12 in Haus 2 oder 7
	e)	Trigon
IV	a)	Herrscher von Haus 2 oder 7 in Fische
	b)	Herrscher von Haus 12 in Stier oder Waage
	c)	Sextil

Wenn Venus »die sichtbare Liebe des Menschen« verkörpert, dann ist Neptun »die unsichtbare Liebe zu Gott«. Neptun symbolisiert einerseits jenen grenzenlos größeren Teil unseres Ichs, der für uns völlig unerkannt die Sehnsucht nach dem Ewigen regiert, andererseits steht er aber auch für jenen Trug und Spuk, der nicht mehr himmlisches Verlangen ist, sondern nur noch die Fratzenhaftigkeit verhinderter Spiritualität. Zusammen verbinden sie sich zu einer Freiheit, die uns vom Irdischen wegführen und uns den Weg zum Himmel bahnen will, der aber oftmals in die Hölle führt.

Auf die Ebene des gewöhnlichen Alltags übertragen, umschreiben diese beiden Kräfte das Sehnen nach einer Liebe, die nicht mehr vom unbewußten Menschen kommt, sondern die aus den Strahlenquellen jener Gottesmenschen strömen, die in ihren innersten Erfahrungen mit dem Ewigen schon tief verbunden sind.

Unter dem irrlichternden Bann von Neptun-Venus scheint es für die Betroffenen gerade so, daß der Akt der Liebe so stark sensibilisiert und mit einer göttlichen Sehnsucht aufgeladen ist, daß es für sie unmöglich wird, diese Gefühle in der Beziehung zu einem normalen Menschen zu befriedigen. Es ist, als ob der Betreffende von der Vorstellung seiner Göttlichkeit ausgefüllt und von der idealen Gott-Liebe besessen der Verschmelzung mit dem Universum nachsinnt.

Um dieses Karma aber in das Leben hochzuheben, brauchte es eine gewisse Angst vor der Geburt. Die Vergangenheit einer bedrohten Existenz spiegelte sich beim erneuten Eintritt in das Leben und wurde bei der Geburt neu ausgelöst, so daß sich die Erinnerung an eine Minderwertigkeit mit dem Geborenwerden assoziiert.

Die Angst vor dem Leben kann aufgefangen werden durch ein Verhalten, welches die eigne Ich-Darstellung lähmt, um die Bedrohung gegen die eigene »Person« zu verhindern. Ein Teil der eigenen Persönlichkeit wird aus sich selbst heraus gewissermaßen antriebslos, die Erlebnisfähigkeit wird aufgelöst. Es kommt zum inneren Wunsch, sich seelisch in einer »unpersönlichen Abgehobenheit« zu tarnen. Man wird empfindlich gegen jede Art Berührung: fremde Gefühle und Empfindungen werden nicht mehr mit der eigenen Person zur Deckung gebracht. Man fühlt sich psychisch »draußen«, außerhalb der Menschen, und wird gerade dadurch verteidigungsunfähig, weil es ja nichts mehr gibt, was es zu verteidigen gilt.

Während der Auslösung durch Transite wird im Inneren der Psyche der Begegnungswunsch nach seinem andersgeschlechtlichen Teil angesprochen. Und da diese »Andersgeschlechtlichkeit« durch sich selber nicht dargestellt werden kann, wird sie einem in einer Begegnung entgegentreten, welche die Lösung des eigenen Unerlösten scheinbar in sich trägt. Die Sehnsucht nach dem Partner wird als Wahrheit auf dem Weg zur Lösung dieser eignen Sehnsucht erfahren, was sich in jenem Maß erübrigt, als man sich das Streben nach All-Liebe, welche sich in der Partnerprojektion nur reflektiert, zu eigen macht.

Man muß also bereit sein, die Projizierung zurückzunehmen und die eigene Sehnsucht zu erkennen – d. h., in der Faszination, die einem aus dem Verhalten des Partners entgegenschwingt, muß man die eigene Sehnsucht nach Gott begreifen. Hierdurch wird man frei vom inneren Zwang, seine eigene Sehnsucht nur im Partner zu erkennen.

♆ ♀
Psychologische Struktur

Ursache
Venus verkörpert die »liebliche Verführerin«, die aus den Wassern gestiegen ist, um die Psyche daran zu erinnern, daß ihre wahre Heimat die Katakomben unter der Wasseroberfläche (Neptun) sind, in denen sie jederzeit wieder willkommen ist.

Das symbolisiert die Verstrickungen mit den unerlösten Sehnsüchten, die für das Bewußtsein nicht zu lösen sind, weil sich der Betreffende ihnen aus dem Blickwinkel der Ratio nicht nähern, sich ihren unbewußten Auswirkungen aber andererseits auch nicht entziehen kann.

Wirkung
Deshalb kommt die Angst, sich selber zu verlieren. Weil die Menschen mit dieser Angst auf die Dauer nicht leben können, lösen sie die sie bedrohende Umgebung in der Vorstellung von sich selber auf, indem sie sich betäuben (körperliche Betäubung durch Drüsendysfunktionen). Indem sie sich also permanent in diesem Zustand aufhalten, lösen sie sich in allem auf und damit haben sie die Angst, sich zu verlieren, gebannt, weil sie die Angst »im Ozean der Gleichgültigkeit« aufgelöst haben.

Indem sie ihr Leben träumen und ihre Sehnsucht leben, glauben sie, ihrem Schicksal entrinnen und sich ungelebt ihren inneren Sehnsüchten überantworten zu können.

Hemmung
Das führt dazu, sogar das Gefühl der Liebe aufzulösen, um ihre spirituellen Ziele nicht mit ihren instinktiven Trieben zu verbinden. Mit anderen Worten, um die Liebe venusischen Elysiums in den neptunischen Gewässern nicht zu verletzen, verzichten sie auf die Erfüllung ihrer Triebe.

Krise
Da die Geborenen ihre leibliche Mutter nicht empfinden konnten, weil ihnen ihre »innere Verführerin« das Mutterbild auflöste und zu einem Teil ihrer eigenen Traumwelt machte, konnten sie weder ihre Liebe empfangen noch ihren Leib wahrnehmen.

Auf ihrer Suche nach Liebe haben die Betroffenen also nur die Vergleichsmöglichkeit ihrer unbewußten Sehnsucht. Es ist daher leicht verständlich, daß alle konkreten Bemühungen um intime menschliche Beziehungen immer in der Sackgasse ihrer irrealen Wünsche landen und im Leben nicht zu verwirklichen sind.

Lösung

Weil sie den Kontakt zur eigenen Mutter also nicht annehmen konnten, zieht es die Betroffenen zur »Großen Mutter« zurück. Da diese aber als liebliche Verführerin verkleidet ist, die ja gerade für ihr Dilemma verantwortlich zeichnet, sind sie verloren, wenn sie ihr erliegen; denn die Verführung ist gleichbedeutend mit dem Verschlungenwerden. Der Verführung zu unterliegen, bedeutet das Versinken in dem, was sich als ein Faß ohne Boden umschreiben ließe.

♆ ♀

Karmisches Modell

Mythos

Unter dieser verführerischen Konstellation bildet sich vor unserem geistigen Auge eine bezaubernde, betörende Frau in einem seltsam irisierenden und opalisierenden Licht heraus. Sie ist aus den Tiefen der Wasserfluten hochgestiegen, um das Feuer einer Sehnsucht in die Welt zu tragen, in dem wir unsere Sehnsucht nach dem Mutterschoß erfahren. Es ist der Archetyp der inneren Sehnsucht, der da ins Licht des Bewußtseins dringt und uns mit unserem inneren Bild der Weiblichkeit verbindet, das mit der Mutter und dem Bild des Ewigweiblichen beginnt.

Kind

Diese Sehnsucht, die aus dem Verlangen des Säuglings herrührt, mit der Mutter eins zu werden, wird unter diesem Signum so sehr mit dem Vorgang der Verschmelzung verbunden, daß sich das Kind immer mehr mit seiner Mutter identifiziert, bis die Mutter nicht mehr als eigenständige Person, sondern nur noch als Außenteil des Kindes (wenigstens in den kindlichen Gefühlen) existiert. Das entspricht einer verantwortungslosen Sehnsucht nach grenzenloser Wonne, wie sie das Neugeborene in den Armen der Mutter empfing.

Frau

Da die Venus durch den Kontakt mit Neptun zur Wassernixe wird, die Umarmung einer Nixe aber weniger für freundschaftliche Berührung, sondern mehr für das trügerische Ringen mit infantilen Traumvorstellungen steht, die einen in die Fluten unbewußter Sehnsüchte hinunterziehen, sehen wir hier die sirenenhaften Verführungskünste, mit welchen die Neptun/Venus-Geborenen ihre Opfer hinabzuziehen versuchen, um vor ihrem inneren Vaterbild (dem unergründlichen Neptun) Anerkennung zu finden.

Mann

Was er gewinnen kann, wenn er zu den »Quellen« zurückfindet, ist der «Segen der Mütter« (womit Goethe den vielgestaltigen Archetypus des Ewigweiblichen umschrieb), doch nur, wenn er genügend abgenabelt ist, um in den Urgründen baden zu können, ohne von seinen aufsteigenden Sehnsüchten (wieder in den Mutterbauch zurückzuwollen) verschlungen zu werden. Denn durch die übermäßige Mutterimago wird er das menschlich Weibliche mit dem Ewigweiblichen verwechseln und das Alltagsweibliche so sehr mit der Vorstellung überirdischer Liebe belasten, daß ihn nur schlechte Erfahrungen mit Frauen erwarten und er schließlich enttäuscht in die Umarmungen der Wassernixen flüchtet, die ihn zu den Gründen ewiger Träume hinunterziehen. Die Gefahr unter dieser Konstellation ist groß, normale Liebe nicht mehr erwidern zu können.

♆ ♀
Krankheitsdispositionen

Gestörte Empfindungs- und Erlebnisfähigkeit

Das Unvermögen, sich selber zu empfinden, bewirkt mangelnde Hingabefähigkeit. Die Abwehr der Materie wurzelt in den Überresten karmischer Urängste, von der gewaltigen Mutter (Mutter des Lebens, Mutter der Erde) wieder verschlungen zu werden. Initiatives Handeln birgt Schuld in sich und damit die Möglichkeit von Strafe, aber gerade das will man verhindern – selbst um den Preis des Lebens. Man zieht sich von der äußeren Hektik in die Träume des Unbewußten zurück, wo man sich ungeboren fühlen und andere in dieses Ungeborensein hineinziehen kann (vgl. auch Drüsenschwäche unter Neptun/Mond).

Damit hat man sich symbolisch ins Reich der Wassernixen zurückgezogen, ist vom Alltag äußerlichen Wirkens in die Reihen der Irrlichter zurückgekehrt, die draußen über den Sümpfen schweben und ihre Netze nach den Menschen auswerfen. Aus vielen Märchen und Sagen kennen wir das Geschlecht der Undinen, die Männer in die

Tiefe locken oder, wenn es Männer (Undinos) sind, ihr irritiertes, unberechenbares Frauenbild in den Armen irisierender, unwirklicher Seejungfrauen finden.

Sie locken zu den unbewußten Sehnsüchten wonniger Unverantwortlichkeit, was ein Einbinden des Partners in die eigene Urangst bedeutet – nämlich vom Leben verschlungen zu werden. Diese Angst werden sie dadurch los, indem sie ihre Partner verschlingen: Denn die Träume, die sie ihnen vorgaukeln, sind die Stillung deren Sehnsüchte nach Unverantwortlichkeit und Liebeserfüllung.

Weitere Symptome
– Antriebslosigkeit
– Melancholie, Schlafsucht
– Nierenschwäche
– lesbische Liebe, passive Homosexualität (siehe auch Kopulationsverweigerung: Uranus/Venus)
– Menstruationsbeschwerden (Uranus/Mond)
– testikuläre Feminisierung (beim Mann)
– atrophierte Eierstöcke (primäre Keimdrüsen-Unterfunktion)
– Unterfunktion der Schilddrüsen (Myxödem, Ostipation)
– Zeugungsunfähigkeit

HOMÖOPATHISCHE MITTEL

Mineralische Verbindung	Calcium carbonicum (Kalk aus Austernschalen)	– Hypophysen- und Schilddrüsen-Dysfunktion (Myxödem, Ostipation) – testikuläre Feminisierung – Sterilität – primäre Keimdrüsen-Unterfunktion
Pflanzen	Aletris farinosa (Sternwurzel)	– Abneigung gegen Nahrung (Körperabwehr, Lebensverneinung) – Unterleibserkrankungen – Verwirrung, Schwäche

	Helleborus niger (Christrose)	– Abkehr von der äußeren Welt psychisch: Lebensüberdruß physisch: Muskelschwäche – Störungen (Hormonstörungen) – Nierenschwäche
	Nuphar luteum (Seerose)	– Störungen in der Sexualsphäre – Antriebslosigkeit, Impotenz
	Pulsatilla (Küchenschelle)	– gestörte Empfindungs- und Erlebnisfähigkeit – Drüsenstörungen – Melancholie, Schlafsucht
Flüssigkeit	Lac bovinum (Kuhmilch)	– physische Abneigung gegen Berührung – Geschlechtsabwehr
Therapie	– Lehmwickel, Fangoschlamm – Berührung mit Exkrementen (Überwindung der Berührungsängste durch schockartiges Vorstellungserleben)	Der Patient wird mit einer neutralen Salbe eingerieben (oder Lauge übergossen), die ihm im nachhinein als ein Präparat aus menschlichen oder tierischen Exkrementen geschildert wird!

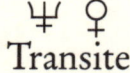

Transite

Allgemein

Neptuns Drang nach absoluter Freiheit (die man nur noch mit Auflösung und Abstreifung alles Irdischen umschreiben kann) verbindet sich mit Venus zu einer Passivität, die sich bis zur Aufgabe des persönlichen Egos auswachsen kann. Das führt natürlich zu Verwirrungen, weil Neptun die sinnliche Venus auf die Unendlichkeit der inneren Welt abstimmt, was im Alltag zu überzogenen Erwartungshaltungen, irrealen Liebesverstrickungen, pseudospirituellen Egospielereien und ich-zersetzenden Neurosen führt.

Beispiel △ 8/12

Unter dieser geheimnisvollen Konstellation (Trigon in den Wasserhäusern!) verschwand ein Unternehmensberater spurlos. Er war mit seiner Frau und einem befreundeten Ehepaar in seiner Segeljolle unterwegs. Sie kreuzten in den Gewässern vor Teneriffa, als er (während die Sonne im Trigon zu Neptun die Venus überlief) eines Morgens plötzlich verschwunden war.

Niemand konnte sich sein Verschwinden erklären, gab es doch keinen Wind und keinen Sturm. Die See war vollkommen ruhig. Ein Verbrechen wurde nach Einvernahme aller Beteiligten ausgeschlossen, und der Fall wurde als ungeklärt zu den Akten gelegt.

Zusammenfassung

Es kann aber durchaus gelingen, die Auswirkungen dieses Transits schöpferisch zu verarbeiten und als Phasen in das Leben einzubringen, in denen man seinen unbewußten Sehnsüchten kreativ begegnen kann.

ARCHETYPEN & SYMBOLE

Thema	Das Ewigweibliche...
Ziel	...zieht uns hinab!
Sinn	Versinken in der Tiefe
Trauma	Eingesperrtsein in den Träumen
Berufung	Verführerin, Mimose, Fee
Symbol	Irrlicht
Mythos	Sirenen (verführerische Totenseelen, werden in Klippen verwandelt)
Sabbat	Ostara (Frühlingstagundnachtgleiche)
Geister	Wassernixen, Quellnymphen, Nereiden

Göttin	Astrae
Archetyp	Undine
Zeichen	Tränen, Morgentau; sehnsüchtiger Gesang
Kultstätte	Loreley
Duft	Huele de Noche (Mexiko)
Pflanzen	Seerose, Mimose, Herbstzeitlose
Tiere	Seestern, Seepferd, Zierfische
Landschaft	Unterwasserlandschaft
Ort	Aquarium (Poseidons Kristallpalast)
Edelstein	Aquamarin
Farbe	luzid, meerschaumweiß, algengrün
Form	vegetabilisch
Bauform	Wassergrotten (Linderhof); Wintergärten (Schlingpflanzen-Architektur)
Tanz	Wasserballett
Ritual	Hellsehen (Luzidität)
Instrument	Harfe
Musik	»Rheingold«-Ouvertüre von Richard Wagner
Opern	»Undine«-Mythos (Rheintöchter in »Rheingold«; Opern von Lortzing, E. T. A. Hoffmann und Dvořák); »Daphne« von Richard Strauß
Malerei	»Die Insel der Aphrodite« von Ernst Fuchs; »Seerosen«von Claude Monet
Dichtung	»Fleurs du mal« von Charles Baudelaire; »Jadis et naguère« von Paul Verlaine
Märchen-erzählungen	»Undine« von F. de la Motte-Fouqué; »Königin Mab« von P. B. Shelley
Zitat	»Das Meer erglänzte weit hinaus im letzten Abendscheine; wir saßen am einsamen Fischerhaus, wir saßen stumm und alleine.

Der Nebel stieg, das Wasser schwoll,
die Möwe flog hin und wieder;
aus deinen Augen, liebevoll,
fielen die Tränen nieder.
Ich sah sie fallen auf deine Hand
und bin aufs Knie gesunken;
ich hab von deiner weißen Hand
die Tränen fortgetrunken.
Seit jener Stunde verzehrt sich mein Leib,
die Seele stirbt vor Sehnen;
mich hat das unglückselge Weib
vergiftet mit ihren Tränen.«

(Heinrich Heine, »Am Meer«)

♆ ♂
Neptun – Mars

Wirkungsstufe I   a)   Konjunktion
                        b)   Quadrat
                        c)   Opposition

               II   a)   Neptun in Haus 1
                        b)   Mars in Haus 12
                        c)   Aszendent Fische
                        d)   Mars in Fische
                        e)   Geburtsherrscher in Haus 12
                        f)   Quincunx

             III   a)   Geburtsherrscher in Fische
                        b)   Hausspitze 12 in Widder
                        c)   Herrscher von Haus 12 in Haus 1
                        d)   Trigon

             IV   a)   Herrscher von Haus 12 in Widder
                        b)   Sextil

In seiner positiven Erscheinungsmöglichkeit kann dieser Aspekt anzeigen, nach Dingen zu streben, die jenseits der Grenzen des Erfaßbaren liegen. In ihrem negativen Ausdruck kann sich diese Kombination aber auch als Selbsttäuschung darüber manifestieren, was man real erreichen will oder als Bestreben, jede Auseinandersetzung zu umgehen, welche einen aus den Traumreisen auf den Boden der Realität zwingt.

Die Wirkung Neptuns reicht von den finstersten seelischen Abgründen bis zu höchster geistiger Klarheit. Die Motivation bleibt stets dieselbe. Es ist das Sehnen nach Unendlichkeit, die Verschmelzung mit Gott. Der Alkoholiker und Drogensüchtige, der Meditierende und Yoga-Übende, der Mystiker und auch der Wissende sind alles Kinder eines Vaters, der ihnen das unbewußte Streben nach den letzten Dingen mitgegeben hat. Nicht der Stammbaum ist es, der sie voneinander unterscheidet, sondern die persönliche Kraft im Umgang mit diesem höchsten aller Ziele. Es ist auch nicht das Inventar der

Weltanschauung, das einen Heiligen von einem Schwindler unterscheidet, es ist der Umgang mit der Psyche, der den Unterschied zwischen einem Mystiker und einem Trinker ausmacht.

Es kommt ganz darauf an, wie stark die Verwurzelung im Weltlichen ist, um einen wohltätigen Idealisten und hilfreichen Visionär von einem launischen Tagträumer zu unterscheiden, der das Blaue vom Himmel herunterverspricht. Die Umsetzung von Neptun-Mars auf reale Ziele erfordert eine solide weltliche Grundlage. Erst dann wird es möglich sein, die persönlichen Eingebungen in die Wirklichkeit zu integrieren, Inhalte aus dem Unbewußten ans Tageslicht zu heben oder sich in die verdrängten emotionalen Probleme anderer Menschen einzufühlen.

Auf seine schillernd-unbegreifliche Art ist Neptun die Achillesferse jedes Horoskops. Und zwar aus dem Grund, weil alle von Neptun verkörperten Bereiche jenen Gebieten zuzurechnen sind, die nicht mehr von der Vernunft regiert werden. Wo Bezirke angesprochen sind, die Schranken von Raum und Zeit jetzt niederzureißen und auf die Barrikaden zu steigen, um die unbewußte Todessehnsucht wieder zu erreichen.

Gleichzeitig trägt Mars die neptunische Vision im Nacken, daß alles, was er als Realität akzeptiert, relativer Natur sein soll und stellt diesem die unzubeantwortende Frage, warum etwas überhaupt erst wird, wenn es schon am Anfang seines Keimens die Folgerichtigkeit des Endes in sich spürt?

Daraufhin wird Mars von Neptun eingeladen, sein nach außen gerichtetes Denken nach innen zu verlagern und in dem Bild der milden Dämmerung die strahlende Abendröte zu erfahren, welche nach des Tages Kampf und Sieg sich nach dem schlummernden Erlöschen sehnt. Damit lernt er erkennen, daß im ewigen Wechsel der Gezeiten, in der Aufeinanderfolge von Tod und Auferstehung Gott jetzt wohnt. Wie könnte er sonst wissen, daß Gott selbst in ihm thront, wenn er nicht weiß, daß die Unversöhnlichkeit von Tod und Leben das Wesen aller Schöpfung ist?

Die weise Seele ahnt, daß das Leben ein Traum ist, aber sie vermengt die Realität dieses Wissens nicht mit der Realität des täglichen Geschehns, damit aus dem Traum kein Alptraum wird. Leider ist das aber nicht so einfach, denn wir befinden uns (mit unserem Geist) in der Materie, aus der wir uns nur befreien können, wenn wir die Bedingungen ihres Wirkens zwar kennenlernen, ohne aber ihre Gesetzmäßigkeiten in Frage zu stellen, denn damit vernichten wir uns selbst.

Auch wenn wir die Materie als Illusion erkennen, die sich aus Energie und Kraft zusammensetzt, müssen wir doch lernen, die Wirkungen dieser Illusionen zu erfassen und ihren Ausdruck zu beherrschen. Denn wie könnten wir uns Neptun öffnen, wenn wir nicht vordem unser Ego (Mars) mittels strukturierter Grenzen (Saturn) gegen das Grenzenlose hin abgesichert hätten?

♆ ♂
Psychologische Struktur

Ursache/Wirkung
Die durch die inneren Versagensängste potenzierte Aggressions- und Willenslähmung (Neptun löst Durchsetzung auf) wirkt sich so aus, daß es dem Geborenen nie gelingt, sich auf konkrete Bilder einzustimmen und materielle Ziele zu konkretisieren. Das führt dazu, allen persönlichen Entscheidungen und persönlicher Durchsetzung auszuweichen.

Hemmung
Das kann bis zu Reaktionen führen, die Realität nicht nur passiv zu erleben, sondern die Hemmung auszuleben und allen Verantwortungen zu entschweben (z. B. durch Alkohol oder Drogen). Da Sexualität als Befreiung von Begrenzungen erlebt wird, erhält der Orgasmus unter diesem Aspekt enorme Bedeutung.

Krise
Der Orgasmus ist der entfernteste Zustand, den wir mit unseren Sinnen nachvollziehen können – sozusagen ein Riß zwischen den Welten, an dem sich Mars und Neptun begegnen. Es ist natürlich schwierig, über diese andere Seite etwas auszusagen, weil sie von Mensch zu Mensch verschieden erlebt wird. Sicher wird der Geborene unter diesem Aspekt in den sich überschneidenden Welten seiner erweiterten Perspektive zuerst einmal von den »Müttern« empfangen, die ihm nicht eben freundlich entgegentreten, beinhalten sie doch die eigenen Versagensängste, welche ihm aus dem Schatten seiner verdrängten Libido entgegenschimmern.

Kompensation
Da der Betreffende aber nicht auf die inneren Bilder (»Mütter«) trifft, sondern nur auf alltägliche Frauen, die ihn akzeptieren oder nicht, gibt

er sich nur Frauen hin, die er vollständig beherrscht (aus Angst, das innere Bild an ein äußeres zu verlieren, das ihm irgendwann entwischt).

Lösung

In ihrem positiven Ausdruck kann diese Konstellation anzeigen, daß man seinen Aggressionen bewußt entgegentritt und sie dadurch besiegt, daß man sie als das erkennt, was sie jetzt sind: die eigenen Versagensängste (Neptun löst Mars auf).

In ihrer negativen Auswirkung kann sich diese Kombination als ein Verhalten ausdrücken, vor den eigenen Verdrängungen so zu erschrecken, daß man den »Ausgang« nicht mehr findet und sozusagen »zwischen den Welten« vor seinen eignen Ängsten davonrennt.

♆ ♂
Karmisches Modell

Mythos

Hinter diesem Aspekt hält sich ein potentieller Drachentöter versteckt, der den Kampf mit dem Ungeheuer zwar wagen will, diesem selber aber noch nicht begegnet ist. Da der Drache den verschlingenden Aspekt der Frau darstellt (vgl. Saturn/Mond, Uranus/Mond, Neptun/Venus und Pluto/Mond), symbolisiert er die schreckliche Gefahr, die für den Ritter unter Neptun/Mars von der Mutterimago ausgeht.

Das Problem dabei besteht, daß der Mann durch die lähmende Angst, die vom Mutterbild ausgeht, bei der Begegnung hypnotisiert wird und vergißt, den Drachen zu durchbohren und den von ihm gehüteten Schatz (mythisch: Jungfrau oder Gold) zurückzuholen.

Mann

Als Mann muß der Geborene den negativen Attributen seines Mutterbildes entgegentreten und sich die Libido zurückerobern, damit er nicht seine negativen Bilder (Kastrationsängste) auf die Frauen projiziert und in der Machorolle seine eigenen Wurzeln zerstört. Er muß den Drachen überwinden, der ein Teil seiner eigenen Psyche ist, und nicht in supermännlichem Verhalten schwelgen, das die wirklichen Probleme nur verdeckt. Er muß den Helden in sich selber finden, seinen Ängsten gegenübertreten und sie überwinden, wenn er nicht selbst verstümmelt bleiben will.

Frau

Frauen sollten versuchen, sich bewußt zu werden, daß sie sich auf der Beziehungsebene nur von Männern angesprochen fühlen, die aufgrund ihrer inneren Anlagen ihre Männlichkeit unbewußt ablehnen und dadurch glauben, sich gegenüber Frauen besonders behaupten zu müssen. Sie genießen deren Angst nicht nur, sondern lassen sie geradezu stellvertretend für sich ausleben, indem sie die Männer in ihrer Schwäche provozieren und in ein kompensierendes Verhalten hineintreiben, das jede Möglichkeit einer wirklichen Beziehung ausschließt.

Sinn

In allen Sagen speit der Drache Feuer. Das entspricht der männlichen Kraft, die vom Mutterbild wieder zurückerobert werden will. Erst wenn es dem Helden gelingt, den Körper des Ungeheuers zu durchbohren, fließen ihm die feurigen Kräfte wieder zu, und indem er sich im Blut des Drachens wälzt, wird er in seiner umfaßenderen Männlichkeit, die das Weibliche nicht bekämpft, sondern miteinbezieht, wiedergeboren. Das ist zwar pure Sexualität, aber Sexualität von einer unschuldigen Kraft. Der Ruf seiner Instinkte erreicht den Mann dann nicht mehr über die Verbindung zu seinen frauenfeindlichen Tendenzen, die von der Ohnmacht gegenüber dem übermächtigen Mutterbild herrühren, sondern in der kraftvollen und natürlichen Unterstützung seiner Männlichkeit. Es ist die Kraft gelassener Stärke und das Urbild dessen, was Männer sein könnten, müßten sie nicht ihre eigene Weiblichkeit in der Außenwelt bekämpfen. Oder wären sie von den patriarchalischen Leistungs- und Gefühlszwängen befreit. (vgl. Pluto/Mars)

Auf der inneren Ebene versinnbildlicht das Durchbohren mit dem Schwert einen (versteckten phallischen) Prozeß, der auf einen psychischen Inzest hinausläuft, da er das Eindringen in das Mutterbild darstellt. Darum muß der Akt verschleiert werden, auch wenn er konstruktiv genutzt zur Wiedergeburt und Erlösung führt. Wenn sich der Geborene dem Inzest mit der Mutter widersetzt und sich der symbolischen Geschlechtsberührung schämt, muß er sich jeder Sexualität enthalten, um einer Auseinandersetzung mit dem Drachen zu entgehen. Da die Stärke der Frau über den Mann der Stärke seines Verlangens nach ihr entspricht (immer droht im Hintergrund das janusköpfige Muttergesicht), kann er versuchen, den Drachen auszuhungern, indem er Enthaltung übt und die Libido, die sonst immer zum unbewältigten Mutterbild hinströmt, zurückhält.

♆ ♂
Krankheitsdispositionen

Infektionskrankheiten (Reduzierte Infektionsabwehr durch Unterfunktion der Nebennierenrinde)
Wenn Mars die Aggressionen symbolisiert und Neptun die Auflösung, dann löst Neptun das Ausleben der Aggressionen auf, was bedeutet, daß man seine Aggressionen nicht zielgerichtet loswerden kann. Weil die Aggressionen damit aber nicht verschwunden sind, sondern nur nicht herauskommen können, wenden sie sich gegen einen selbst, indem man sich psychisch mit den »Aggressionen der anderen« identifiziert.

Auf der körperlichen Ebene bedeutet das, daß man sich den »feindlichen Aggressionen« (Erreger) öffnen muß, will man ihnen draußen nicht begegnen. Denn nur durch die Auseinandersetzung kann man wachsen, und da man unter Neptun/Mars die Auseinandersetzung »draußen« scheut, zieht man sie in sich hinein, um der Auseinandersetzung als Infektion (»drinnen«) zu begegnen.

Weitere Symptome
– Adrenalin-Mangel (Nebennierenmark-Unterfunktion: siehe unter Neptun/Mond)
– atrophierte Hoden: Impotenz, Sterilität (primäre Keimdrüsen-Unterfunktion)
– Muskelschwund, Muskelschwäche, Anämie
– Alkohol, Antriebsschwäche, Apathie
– Virilismus, Hirsutismus (Körperbehaarung bei Frauen)
– Hypoglykämie (Unterzuckerung)

Durch zusätzlich induzierte Pluto-Störungen total ausgeschaltete Infektionsabwehr:
– Leukämie

HOMÖOPATHISCHE MITTEL

Metall	Ferrum metallicum (Eisen)	– Adrenalin-Mangel (Durchsetzungsschwäche) – reduzierte Infektionsabwehr

271

		– Illusionen, Reizbarkeit, reduzierte Zurechnung
Chemisches Element	Selenium (Selen)	– totale Schwäche – Impotenz und Sterilität (trotz sexueller Phantasie: beim Koitusversuch Erschlaffung)
Nosoden	Psorinum (Krätzebläschen)	– Aggressionen von außen (Infektionskrankheiten) – Gleichgültigkeit, Antriebsschwäche, Apathie (Verzweiflung, Hoffnungslosigkeit, Lebensüberdruß)
	Pyrogenium (Faules Fleisch)	– Infektionen, Fieber, Vergiftungen – Illusionen, Einbildungen, Horrorvisionen
Pflanzen	Agnus castus (Mönchspfeffer)	– Verlust der Libido (Männer) – Ekel vor dem Geschlechtsverkehr (Frauen) – niedergeschlagen, unansprechbar, mutlos
	Capsicum (Paprika)	– Muskelschwund, Muskelschwäche – atrophierte Hoden (Erektionsstörungen durch unterentwickelte Genitalorgane) – erschöpfte Vitalität – Verfallserscheinungen
Flüssigkeit	Lac humanum (Muttermilch)	– Abneigung gegen körperliche Nähe (frühkindliche Störungen in der Mutterbeziehung)

		– Angst vor Frauen (Ka-strationsängste der »Söhne«)
		– Körperbehaarung bei Frauen
Therapie	– Grölen und Krakeelen (oder Teller an die Wand schmeißen)	Aggressionen heraus-lassen!
	– Motorradfahren	»Ritt auf dem Drachen«
	– Moto-Cross	»Zähmung der Mütter« (Beherrschen der In-stinkte)

♆ ♂

Transite

Allgemein

Mars' direkte Absicht, die Objekte seiner Begierde möglichst rasch und ohne Umweg anzusteuern, wird durch Neptuns Brechungen und Vernebelung völlig irritiert. Der rote Kriegsplanet wird durch das Eintauchen in Neptuns Spiegelmeere seiner direkten Aggressivität beraubt, um über die unbewußten Kanäle mit jener kollektiven Zielgerichtetheit zu verschmelzen, die sich in karmischer Verstrickung zum persönlichen Schicksalsweg herauskristallisiert.

Beispiele ♂ 1

Zur Zeit des transitierenden Neptuns (Haus 4) in Quadratur zur Radix-Stellung wurde der Geborene, ein 42jähriger Designer, plötz-lich impotent. Die Größe seines Gliedes nahm merklich ab, und gleichzeitig nahm er weibliche Konturen an.

♂ 11

Während des Mars-Transites über die Neptun/Mars-Konjunktion wurde der Betreffende betrunken von seinen ebenfalls angeheiterten Gildenbrüdern nach einem Karnevalsausflug vor der falschen Haustür abgesetzt, vor einem großen Mietshaus nämlich, aus dem er vor einigen Wochen ausgezogen war.

Schwer angesäuselt, versuchte er in seine alte Räumlichkeiten einzudringen, was ihm aber nicht gelang. Als er nach langem Lamen-tieren endlich das Feld räumte, fiel er über eine Blumenrabatte und schlief am Boden seinen Rausch aus. Das hätte zu schweren Erfrierungen führen können, wäre er nicht nach kurzer Zeit von einem Schichtarbeiter entdeckt worden.

☌ 4/10

Unter der Einwirkung des transitierenden Saturns (über dem Schnittpunkt der Oppositionsachse: Quadratauslösungen zu beiden Exponenten) fingen bei einer 48jährigen Künstlerin (und heimlichen Trinkerin) schwere Depressionen an, die während des Überganges des laufenden Marses zu einem Selbstmordversuch führten.

Die darauf erfolgte Klinikeinweisung ließ die Selbstmordwünsche schlagartig verstummen, weil die Klientin jetzt ein neues Ziel vor Augen hatte – nämlich möglichst rasch wieder aus dem Krankenhaus entlassen zu werden.

Da Neptun im Radix die Durchsetzung (Mars) auflöst, finden wir hier Neigung zum Alkoholismus (gelähmte Aggression). Da durch den Saturn-Transit dieser Verdrängungsmechanismus aber vorübergehend blockiert wurde, verwandelte er sich in eine Depression, die durch den transitierenden Mars als aggressive Depression gegen sich selber durchgesetzt wurde.

Zusammenfassung

Neptuns auflösende Einwirkungen zwingen den direkten Mars, seine aggressiven Ziele loszulassen und sich dem freien Spiel der Wellen (Leben) hinzugeben, die ihn zu anderen Sichtweisen tragen, auf deren Perspektiven er gar nicht vorbereitet ist.

♆ ♂

ARCHETYPEN & SYMBOLE

Thema	Lösung von den »Müttern«
Ziel	»Überwindung des Drachens«
Sinn	Selbstbefreiung
Berufung	Besiegter (Kompensierender oder Selbstkastrat)
Symbol	zerbrochenes Schwert; Skelett
Mythos	Siegfrieds Tod
Sabbat	Allerseelen

Dämon	Zerberus (Höllenhund)
Archetyp	der geschorene und geblendete Simson (Samson)
Zeichen	Kerker, Fäulnis und Verwesung
Kultstätten	Mäuseturm (Rheininsel bei Bingen); Fingalshöhle (Hebriden)
Duft	Weingeist
Pflanzen	Wasserpfeffer, Wasserhanf
Tiere	Basilisk; Piranhas
Landschaft	Rhein (Nibelungenstadt Worms)
Ort	Weinkneipe (Drosselgasse in Rüdesheim)
Edelstein	Rheinkiesel (Bergkristall mit flüssiger Kohlensäure)
Farbe	Interferenzfarben
Form	zersetzt, vermodert, verwest
Bauten	versunkene Dörfer (Stausee)
Tanz	»Heimweg nach durchzechter Nacht«
Ritual	Trinkbrüderschaft
Instrument	»Trinkhorn«
Musik	3. Sinfonie (»Rheinische«) von Schumann; »Hebriden« von Mendelssohn
Dramen	Melodramen von Friedrich Nietzsche
Malerei	»Nachtmahr« von Heinrich Füssli; niederländische Manieristen (Höllenbreughel)
Literatur	»Geschichten des Grauens« von E. A. Poe
Zitat	»O Mensch! Gib acht! Was spricht die tiefe Mitternacht? Ich schlief, ich schlief – aus tiefem Traum bin ich erwacht: Die Welt ist tief, und tiefer als der Tag gedacht. Tief ist ihr Weh – Lust – tiefer noch als Herzeleid: Weh spricht: Vergeh!

Doch alle Lust will Ewigkeit –
will tiefe, tiefe Ewigkeit!
(Friedrich Nietzsche, »Das trunkne Lied«)

♆ ♃
Neptun – Jupiter

Wirkungsstufe I a) Konjunktion
         b) Quadrat
         c) Opposition

     II a) Neptun in Haus 9
         b) Jupiter in Haus 12
         c) Quincunx

     III a) Hausspitze 9 in Fische
         b) Hausspitze 12 in Schütze
         c) Jupiter in Fische
         d) Herrscher von Haus 9 in Haus 12
         e) Herrscher von Haus 12 in Haus 9
         f) Trigon

     IV a) Herrscher von Haus 9 in Fische
         b) Herrscher von Haus 12 in Schütze
         c) Sextil

Jupiter symbolisiert das innere Bild jenes von uns in die Außenwelt übertragenen Gottes (Wotan, Zeus, Gottvater), der die Notwendigkeit aufzeigt, jenes Unfaßbare in uns dadurch zu erfassen, daß wir es in menschliche Formen gießen und nachher anbeten. Neptun hingegen steht für das Unsagbare selber, das Jupiter zwar darstellen möchte, das im Grunde unserem menschlichen Bewußtsein in seiner unvorstellbaren Größe aber unerfahren bleibt.

»Gott ist Nichts. Nicht daß er ohne Sein wäre. Er ist ein weiseloses Sein, eine seiende Nichtheit.« (Meister Eckehart) – Für unser Ego tönen solche Weisheiten außerhalb der Polaritäten der strukturierenden und formgebenden Gegensätze schrecklich. Darum hat Jupiter aus diesem unvorstellbaren Gott eine gütige und barmherzige Vaterfigur gemacht, die mit schöpferischer Energie zwar wenig, mit rührigen Autoritätsbildern aber viel gemeinsam hat. Fast könnte man vermuten, daß es sich bei dieser Gottesvorstellung um die Kristallisierung eines sichtbaren Lebenszieles handelt, um unserem Erdendasein einen Sinn zu geben.

Neptun-Jupiter verleiht eine grenzenlose Phantasie, die in allen Bereichen der Kunst und Kreativität ihren Niederschlag findet. Menschen unter ihrem Einfluß reagieren in ihrem Gefühlsleben sehr sensibel und neigen zu einer schwärmerischen Ekstase mystischer Versenkung. Dabei sind ihre Glaubensvorstellungen seltsam verzerrt. Ihre religiöse Sentimentalität läßt sie an Zeremonien und Mysterien großen Anteil nehmen: sie lieben das Empfinden kindlichen Versinkens in einer Woge kollektiven Gefühls, das nicht selten zu einem Wahn ausartet, wenn es sich zur kultischen Anbetung eines spirituellen Meisters ausweitet. Dabei kann es sich um die Projektionen eigener Verdrängung handeln. Die Geborenen fühlen sich selbst als Auserkorene, die zu den höheren Weihen zugelassen sind.

Das jupiterhafte Verlangen, Verkörperungen aus dem Unfaßbaren zu machen, kommt aus den Urtiefen des menschlichen Bestrebens, Gott nach seinem Bilde zu erschaffen. Das ist der Trick, mit dem sich unsere Vorstellung selber überlisten mußte, um das materielle Weltbild nicht zu gefährden. Nicht Gott schuf den Menschen nach seinem Bilde. Sondern die Bilder schufen den idealen Menschen und nannten ihn Gott. So haben wir das Ewige als Götzenbild zum Bestandteil unserer Weltvorstellung gemacht!

Das Wirken Neptuns aber geht noch tiefer. Das Meer, in dem sich alle Formen vereinigen und wieder auflösen, wo alle Farben zerfließen und alles uneindeutig und verschwommen ist, symbolisiert die Tiefen des Verlangens und der Sehnsucht, die für das Heimweh nach dem Tode stehen. Neptun bedeutet, sich im Kollektiven zu verlieren oder sich im Streben nach einem unbestimmten Ganzen aufzugeben, um sich durch Auflösung zu heiligen. Wenn Neptun einen Menschen packt, dann geschieht dies durch die Visionen ungestillter Wünsche und Begierden, welche sich erst zaghaft in den Träumen melden und sich dann langsam ins Bewußtsein bewegen und damit den Weg zurück zu den Quellen direkt ins Erleben bringen.

Jupiter und Neptun zusammen verkörpern die äußerste Spitze des Empfindens, wo sich das Sagbare mit dem Unsagbaren kreuzt. Das ist exakt der Schnittpunkt beider Welten, wo Unfaßliches faßbar wird. Es ist aber gleichzeitig auch der Ort, der das Bewußtsein von uns Menschen zu sich in die Tiefe lockt, wo der tägliche Kampf um die Materie nicht mehr aufgefochten werden muß. Denn in den Tiefen vereinigen wir uns wieder mit den unbewußten Quellen. Umgekehrt aber gibt es auch keine bewußten Höhen, die man unter Neptun-Jupiter nicht erreichen kann. In der Religionsphilosophie spricht man vom »Einswerden mit Gott«.

Im Zentrum der Überschneidung dieser beiden Kreise ist der erstrebenswerte Platz. Dort ergibt sich ein transzendentes Erahnen jenes Empfindens, das sich nur im Mitschwingen des sphärischen Atems in Gott verwirklichen kann. Dort findet sich jenseits aller Vorstellung auch der Geist, der dieses Leben erfüllt.

♆ ♃
Psychologische Struktur

Ursache
Da diese Konstellation auf hohen geistigen Frequenzen schwingt, kann sie sich besonders gut auf Kinder auswirken, die ihre Antennen nach dem Mystischen und Geheimnisvollen ausgerichtet haben. Diese können parallel zum Alltag im Bewußtsein eine eigene Welt schaffen, die besser für ihre sensiblen inneren Sehnsüchte paßt.

Wirkung
Die Wahrnehmung öffnet sich dabei nach oben, nimmt Eingebungen aus höheren Kanälen auf, wobei zwischen oben und unten, Einsichten und Einbildungen nicht mehr unterschieden wird.
  Unter Jupiter versucht man gleichsam durch die »neptunischen Lücken« in die Räume jenseits unserer begrifflichen Realität einzudringen und dort jene Wirklichkeit zu finden, die den inneren Träumen angemessen ist.

Hemmung
Neptun/Jupiters spirituelles Streben, jedem rationellen Weltbild entgegenzutreten, das sich dem materiellen Fortschritt ausgeliefert hat, kann den Nativen so verwirren, daß er die Realität bekämpft und die Anforderungen der Wirklichkeit verdrängt.

Kompensation
Andere werden versuchen, der Welt ihr Scheitern aufzuzeigen, indem sie sich zum Spiegel proklamieren und auf die Umweltprobleme (Überbevölkerung, Naturzerstörung, Seuchen, Hochrüstung, Sozialgefälle usw.) hinweisen. Sie werden dafür plädieren, zu den Wurzeln

zurückzukehren und dabei kein Ziel vor Augen zu haben, sondern sich den Weg selber zum Ziel zu nehmen!

Krise
Es ist nie die Enttäuschung durch sich selber, die wie ein schleichendes Gift an der Seele nagt, sondern immer die Enttäuschung durch die anderen, weil der Geborene nicht sein Rollenspiel durchschaut, eine Welt zu leben, die idealer sein will als die Realität.

Die Gefahr dieses Aspekts liegt in den hohen Idealen seiner Ansprüche, die sich kaum verwirklichen lassen. Das kann zu schweren Enttäuschungen führen, besonders, wenn man sich in seiner Hilfsbereitschaft von der Umwelt unverstanden fühlt.

Lösung
Die Lösung besteht darin, daß man die eigene Enttäuschung erkennt. Denn die Enttäuschung ist auch nur eine Wahrnehmung und läßt deshalb nur einen Teil der Wahrheit durchschimmern.

Nur mit der Behauptung »Es muß einen Sinn im Leben geben, damit nicht alles sinnlos ist!« hat man noch lange keine Wahrheit, denn dieser Satz steht nicht für Wahrheit, sondern nur für Hoffnung, die der eigenen Wunschvorstellung entspringt: »Wenn Gott Nichts ist« (Meister Eckehart), dann ist nichts das Ziel.

♆ ♃
Karmisches Modell

Hintergrund
Wenn sich unter Neptun/Venus die betörende Seite des Mutterbildes verbirgt (das es unter Neptun/Mars zu überwinden gilt), dann tritt uns unter Neptun/Jupiter der allgütige Vater entgegen, dessen Schatten dem allmächtigen Über-Ich (Pluto/Sonne) im Streben nach Recht und Ordnung (Saturn/Sonne) entspricht. Damit wird der in der Vergangenheit regierende Schatten wieder heraufbeschworen, dem Vater zu gehorchen und der »Schlange« (Uranus/Pluto) abzuschwören, um dereinst wieder ins Paradies zurückkehren zu können.

Diese Auseinandersetzung zwischen Gott und Adam (um Evas Apfel!) symbolisiert den Krieg zwischen Vätern und Söhnen um den Besitz der Mutter, weil diese als Hüterin des Lebens das Ewige darstellt. Denn der Vater ist aus der Mutter geboren immer auch Sohn, der Sohn mit der Mutter zeugend immer auch Vater. Das Weibliche ist der Seinsgrund, das Männliche das Hervorgebrachte. Sie ist die Göttin und Gebärerin, er ist ihr Opfer an den Tod. Er ist der Wanderer, der sich die Welt nach seinem Bild gestaltet, sie aber ist der Weg, der ihn zu den unterschiedlichen Orten führt. Während er wandert und seine Wandlungen in den Windungen des Weges durchläuft, bleibt er der Mutterkraft verbunden. Sein Bild bezieht er aus der Perspektive des Wegs. Dieser ist sowohl äußere wie auch innere Kraft. Wenn der Wanderer den Weg in sich aufnehmen kann, wird er wieder ein Teil von »ihr« und kann zu einem inneren Wissen finden, das nicht nur Kopie seiner eigenen Schöpfung ist.

Die zentrale Bedeutung dieses Aspektes liegt in der Möglichkeit, die eigene Weltanschauung zu durchschauen und zu erkennen, daß sie nur dem eigenen kulturellen Erbe entspricht. Durch die Relativierung dieses Gebildes und die Einbeziehung von Räumen, die sich der euklidischen Geometrie weder einfügen noch sich in ihren Ursachen aus der Logik eines Aristoteles erklären lassen, kann der Wanderer seine Perspektiven nicht nur sehen, sondern auch sehen, wie er sie sieht! Dadurch kann er zu philosophischen Einsichten vordringen, die sich aus der Relativität seines Sehens und der Einbeziehung dieser Relativierungen nähren.

Auswirkung

Die Gefahr dieser Konstellation liegt darin, daß ihre inneren Ziele so hoch in den Wolken schweben, daß sie nur schwer zu verwirklichen sind. Die Geborenen zeichnen sich durch besonders abgehobene Vorstellungen von sich und der Welt aus. Ihr innerstes Streben entspricht einem Prozeß der Suche, in dem sie aber nicht nur suchen, was sie verloren zu haben glauben, sondern auch das, was es nirgends zu finden gibt.

Der Enthusiasmus, der sie erfüllt, katapultiert sie in Gefilde, in denen ihre Psyche nicht stabil genug ist, zwischen Realität und Irrealität zu unterscheiden. Aber gerade in religiösen und mystischen Bereichen, in denen das Ego zugunsten transzendenter Auflösungen zurückgelassen wird, könnten sie jene schimmernde Insel erreichen, die aus den Wassern des Unbewußten aufscheint.

Mann

Der Mann kann über die Schwelle, die das Licht vom Dunkel trennt, hinter die Illusionen seiner Dualität gelangen, in welcher er seine gesellschaftlich-kulturelle Rolle neu erfährt. Patriarchat heißt zwar »Herrschaft der Väter«, doch war es auch in vergangenen Tagen den meisten »Vätern« verwehrt, eine bedeutende Rolle innerhalb der Gesellschaft zu spielen. Da durch die Herausarbeitung eines hierarchischen Prinzips die meisten Männer in den unteren Bereichen der väterlichen Macht agierten, war es ihnen höchstens vergönnt, ihrer Position im engeren familiären Rahmen nachzukommen, wo sie dann ihren Frust in der Arbeitswelt kompensativ an den noch schwächeren Familienmitgliedern loswurden.

Männer unter diesem Zeichen aber besitzen eine noble Art, solches Tun zu hinterschauen und sich den Auswirkungen eines solchen Verhaltens zu entziehen. Sie besitzen eine feine Antenne für Sexualität ohne Gewalt, Spiritualität ohne Enthaltsamkeit und für das freundliche Zusammenbinden des in Körper und Geist gespaltenen Selbst.

Frau

Frauen versuchen sich mit jener männlichen Urkraft zu verbinden, die frei von ödipalen Konflikten ist und in deren Wirken sie den inneren Antrieb jenes Wesens finden, das auf den Dienst am Leben ausgerichtet ist. Denn Gott unter Neptun/Jupiter ist ein Gott der Liebe. Frauen können ihre Schwächen annehmen und mit ihren Stärken verbinden, das innere Kind im Partner genauso akzeptieren wie selber ausagieren, ohne sich in ihrer weiblichen Würde angegriffen zu fühlen, und so können sie sich auch mit ihrem »männlichen Selbst« arrangieren.

♆ ♃
Krankheitsdispositionen

Fettsucht, Überfütterung (Stoffwechselstörungen)

Unter Jupiter (Ausdehnung) und Neptun (Auflösung) haben wir uns die Ausdehnung bis zur Auflösung vorzustellen, eine immerdauernde Suche nach dem Licht!

Auf der psychologischen Ebene können wir uns darunter die Suche nach den Wahrheiten vor Augen führen, das Streben nach einem Lebenssinn, den man »auszufüllen« oder »sich einzuverleiben« sucht, um der drohenden Sinnlosigkeit zu entkommen. Der innere Sinn dieser Konstellation aber ist die Erkenntnis, niemals finden zu können, weil jedes Finden die Suche nur erschweren würde. Denn jeder Mensch ist auf dem Heimweg und sollte nie aufhören zu suchen, da es im Prinzip sowieso nichts zu finden gibt. Man muß das Leben als Pfad zu seinen inneren Wurzeln sehen und die äußeren Dinge als die vorüberziehenden Perspektiven, die immer wieder in der Ferne verschwinden, um neuen Sichtweisen Platz zu machen.

Nun kann es leicht geschehen, daß man die Suche (wenn man ihre Inhalte geistig nicht umzusetzen weiß) auf die körperliche Ebene überträgt und, statt sein Bewußtsein zu erweitern, seine Leiblichkeit ausdehnt. Damit versucht man, dem Ausdehnungsprinzip dieses Gestirns wenigstens körperlich nachzukommen, um die Erweiterung der Perspektiven als Erweiterung des Körperumfangs zu simulieren.

Weitere Symptome
– Exsudative Diathese (Krankheitsbereitschaft zu katarrhalischen Zuständen)
– Leberhypertrophie
  (Hepatitis siehe unter Saturn/Jupiter)
– Wucherungen des Bindegewebes
– Weltschmerz, Schwermut, Traurigkeit
  (vgl. auch Sinnsuche: Neptun/Pluto;
  oder »Heimweh nach Gott«: Pluto/Jupiter)

HOMÖOPATHISCHE MITTEL

Säuren	Ammonium muriaticum (Salmiak)	– übermäßige Fettablagerungen (Kummerspeck) – exsudative Diathese (Katarrhe, Schleimabsonderungen) – Leberbeschwerden – Bekümmertheit, Melancholie
	Kalium bichromicum (Kaliumdichromat)	– Ausschwitzungen, Katarrhe – Übergewicht – fettige Leberinfiltration – Wucherungen des Bindegewebes – Einsamkeit, Schwäche, Weltschmerz
Pflanzen	Cannabis indica (Haschisch)	– visionärer Größenwahn (vergrößerte Dimensionen!)

		– überschwengliche Erregungen
		– Weltumarmungs-Euphorien
	China (Chinabaumrinde)	– akute Körperschwäche (Flüssigkeitsverlust bei Durchfällen)
		– Auftreibung, Blähungen (großes Nahrungsverlangen)
		– Niedergeschlagenheit trotz Gedankenfülle
		– Weltschmerz, Schwermut
		– Leberhypertrophie
	Ipecacuanha (Brechwurzel)	– Überfütterung
		– Völlerei
		– Fettsucht
Tier	Sepia (Tintenfisch)	– Sinnsuche, endogene Depressionen (Sein oder Nichtsein?)
		– hormonelle Umstellungen (Klimakterium)
		– Stoffwechselstörungen
		– chronische Leberschäden
		– Blähsucht, Aufgetriebenheit
		– Schweißausbrüche
		– Wallungen, Übelkeit
		– Neigung zu Erbrechen

Therapie Dazu eignen sich alle Therapien, die helfen, sich dem Ewigen hinzugeben oder das Unendliche auf sich einwirken zu lassen:
– Sphärenklänge
– Space-Visualisierungen

– Meditationen	...unter nächtlichem Sternenhimmel!
– Samadhi-Tank	Dunkler, mit Wasser gefüllter Isolierbehälter, in

	dem der Therapierte allen äußeren Sinneseindrük- ken entrückt wird.
aber auch: – Körper- entschlackungen	Fasten, Blutreinigung

♆ ♃
Transite

Allgemein

Dieses Gestirn verleiht die Gabe, die Welt in ihrem äußersten So-Sein zu erfahren, wie es die Begrenzung menschlicher Wahrnehmung gerade noch erlaubt. Neptun/Jupiter zeigt dabei ein Fluidum seraphischen Elysiums an, das aber schnell zur Hölle werden kann, wenn man geistig abhebt oder seinen Rahmen materiell zu sehr ausdehnt.

Geistig gilt es, aus einer Sache und ihrem Gegenteil keinen Unterschied zu machen, weil das einzig Objektive die Subjektivität der persönlichen Wahrnehmung ist.

Beispiel ⚹ 7/9

Während der Auslösung dieses Sextils (Neptun 29 Grad Jungfrau in Haus 9) durch die Konjunktion von Jupiter und Saturn (2 bzw. 3 Grad Waage im Juli 1981) lernte ein 38jähriger Arzt auf einer Asienreise einen Zen-Meister kennen. Diese Begegnung wurde für ihn zu einem wichtigen Ereignis und war für seine weitere Entwicklung von entscheidender Bedeutung.

Dieser habe ihn (Originalton) auf seinem ruhelosen Suchen nach Sinn und Lebensfreude mit dem geistigen Inhalt konfrontiert, nicht die »fernen, hohen Gipfel« anzustreben, sondern das Alltägliche ... wenn auch aus einer anderen Position: Es sei nicht das Alltägliche, das nerve, sondern die eigene Vorstellung vom Alltäglichen, was aber nicht mit dem Äußeren, sondern mit dem Inneren zu tun habe. Und solange er nicht seine inneren Vorstellungen aus den Polaritäten erlöst habe, würden auch die »fernen blauen Berge« schnell wieder zu einem »grauen Inventar seiner inneren Bewertung« werden, sobald sich das »exotische Flair« des Ungewohnten verflüchtigt habe ...

Zusammenfassung

Alle Wege sind gleich und müssen gerade deshalb makellos begangen werden, weil sie nirgendwohin führen. Denn nur wer in seinem eigenen Leben den langen Wegen bewußt gefolgt ist, kann ermessen, daß es kein Ziel gibt, zu dem sie hinführen.

♆ ♃

ARCHETYPEN & SYMBOLE

Thema	Abschied vom Leben (Hinterfragung des Vaters)
Ziel	»Verschmelzung mit dem Dharmaleib des Buddha«
Sinn	Selbsterlösung (Einswerden mit Gott)
Berufung	Bodhisattwa; Wanderer (auf den Wegen des Ewigen)
Symbol	Straße (nach nirgendwo); trügerische Erscheinungswelt (Maja)
Mythos	der Mythos selbst (die Voraussetzung zu seiner Entstehung: sein innerer Sinn)
Sabbat	Dreikönig (Magier aus dem Morgenland)
Götter	Indra, Vishnu, Brahma
Göttin	Maja (jungfräuliche Mutter Buddhas)
Archetyp	Buddha
Zeichen	Sehen des Sehens (das dem erschöpften Wanderer bisweilen als Straßenstaub ins Auge fliegt!)
Kultstätten	Benares, Freitreppen zum Ganges; vergoldete Shwe-Dagon-Pagode in Rangun (Birma); »Hagia Sophia« in Konstantinopel; Venedig
Duft	Sandelöl
Pflanze	Lotus
Tiere	Elefant, Walfisch, Delphin
Landschaft	»Golden Triangle«, Himalaya

Ort	All-Ein (Buddhistische Klöster, Opiumhöhlen)
Edelstein	Smaragd
Farbe	silbern (golden), smaragdgrün, blasses Lila
Form	prunkvoll, verfließend, kuppelartig
Baustil	byzantinisch; maurisch; indische Moscheen, Mausoleen, Tempelkathedralen (Strandtempel in Mahabanipuram)
Tanz	indische Ausdruckstänze (vbd. mit liturgischen Opfergesängen)
Ritual	Meditation, innere Versenkung, Paternoster (Vaterunser)
Instrumente	Sitar, Stabzither, Zimbeln, Tambura, Trommeln, Streichinstrumente (zweisaitige Geige)
Musik	Ragas (best. Melodietypen zu best. Anlässen in der indischen Musik); späte Streichquartette von Beethoven (Lento assai aus dem Quartett Nr. 16, Op. 135)
Oper	»Zauberflöte« von Mozart
Darstellung	Darstellung der indischen Götterfiguren in Kitschfarben
Malerei	»Jupiter und Semele« von Gustave Moreau; »Beata Beatrix« von Dante Gabriel Rossetti (The Pre-Raphaelite Brotherhood)
Alte Schrift	Weda (eine Slg. von heiligen Zaubersprüchen in Sanskrit) und Upanischaden (philos.-theol. Abhandlungen am Ende der einzelnen Weden)
Alte Dichtkunst	Papageienbuch (die 70 Erzählungen des Papageien: volkstümliches indisches Erzählwerk)
Gedicht/Gesang	»Erlkönig« und »Gesang der Geister über den Wassern« von Goethe, vertont von Schubert
Drama	»König Lear« von Shakespeare
Literatur	»Das Glasperlenspiel« von Hermann Hesse

Schüler: »Was ist der Dharma-Leib des Buddha?«
Meister: »Die Hecke am Ende des Gartens.«
Schüler: »Und der Mensch, der diese Wahrheit
begreift, ist wer?«
Meister: »Ein goldhaariger Löwe!«

(Zen-Philosoph Suzuki)

Anekdote

Ein europäischer Psychologe fragte einen indischen
Weisen: »Wenn ich mich recht entsinne, glaubt Ihr
Volk, daß das Universum von einem großen wei-
ßen Elefanten getragen wird?«
»So ist es!« antwortete der Weise ungerührt. »Nun
gut«, fuhr der Europäer fort, »aber was ist denn
unter dem Elefanten?«
»Wenn ich mich recht erinnere«, antwortete der
Weise schelmisch, »ist es ein großer, weißer Ele-
fant.«
»Ja... aber auf was steht denn dieser?« wurde der
Psychologe ungeduldig.
»Jedenfalls auf einem weiteren großen weißen Elefanten«, antwortete der Weise sanft und lächelte,
»aber bevor Sie weiterfragen, kann ich es Ihnen ja
verraten: Es sind lauter große weiße Elefanten, bis
ganz zuunterst!«
(frei zitiert nach Sheldon Kopps, »Kopfunter hängend
sehe ich die Welt ganz anders«)

♆ ♇
Neptun – Pluto

Wirkungsstufe I	a)	Neptun in Haus 8
	b)	Pluto in Haus 12
II	a)	Hausspitze 8 in Fische
	b)	Hausspitze 12 in Skorpion
	c)	Herrscher von Haus 8 in Haus 12
	d)	Herrscher von Haus 12 in Haus 8
III	a)	Herrscher von Haus 8 in Fische
	b)	Herrscher von Haus 12 in Skorpion
	c)	Jahrgänge 1956–1970 (Neptun in Skorpion)
IV		Alle Geborenen ab 1943 (Sextil)

Zu einer Zeit, die wir als anfangslosen Anfang symbolisieren wollen, als das Universum noch nicht in Erscheinung getreten war, müssen wir uns Gut und Böse, Kraft und Widerstand in einer vollständigen Harmonie vorstellen. Damit gab es weder Polaritäten noch Bewegung, sondern nur eine totale Übereinstimmung von allem mit jedem.

Durch die Schöpfung wurden diese sich ergänzenden Pole aber auseinandergerissen und stehen sich seither als Yin und Yang, Gott und Luzifer oder Neptun und Pluto gegenüber, die sich gerade wegen ihrer Gegensätzlichkeit anziehen und zueinander die Spannungsfelder aufbauen, welche die Möglichkeit in sich tragen, diese Gegensätze zu vereinen und die Spannung auszugleichen.

Wir Menschen sind sozusagen in die Welt gesetzt, um zu lernen, mit diesen Spannungen umzugehen. Außerhalb dieser Spannungen ist unser Menschsein gar nicht denkbar, weil sie ja grade das verkörpern, was unser Menschsein ausmacht. Wenn wir jetzt voraussetzen, daß alles, was wir in der Welt gestalten, zuerst als Spannung in uns selber ruht, ergibt sich im Wunsch nach Weltgestaltung gleichzeitig der Wunsch nach Selbsterlösung. Wir müssen unser Verhalten hinterfragen, wenn wir uns selbst erlösen wollen, und damit unser Menschsein in Frage stellen, weil das Ende der Spannungen mit dem Ende des Menschseins zusammenfällt.

Die Wirkungen von Neptun-Pluto sind die entferntesten von allen, weil sie für Dimensionen stehen, die für das Bewußtsein selbst mit Symbolen kaum mehr zu erklären sind. Die Konstellation unterstützt die Erneuerung der geistigen Ziele, die sich der Mensch für sein Weltbild geschaffen hat, und besonders die Umformung des Ewigen in konkrete Materie, was sich mit Liebe zu allem Seienden und der Hingabe an die Struktur aller Dinge umschreiben läßt. Um aber dieser Liebe Ausdruck zu verleihen, muß man seine eigenen Bedürfnisse zurücknehmen und sein Wirken unter die Gewalt des Kollektiven stellen.

Jedes Wesen trägt als ein Teil vom Ganzen die Erinnerung an dieses Ganze unbewußt in sich und versucht nun wieder, mit dem Ganzen zu verschmelzen. Das bezeichnen wir als Gottessehnsucht. Der ewige Schöpfungsplan aber, der die Abläufe in der Natur steuert und für die Vergeistigung der Materie ebenso wie für die Erhaltung der Art und die Weitergabe des Lebens die Verantwortung trägt, verbindet diesen geistigen und materiellen Drang nach Einswerdung in der Sexualität. Die Sexualität steht also gleichzeitig für den geistigen (Neptun) wie fleischlichen (Pluto) Drang nach Einheit.

Man muß sich der ungeheuren Tragweite dieses Aspektes, welcher durch Neptun-Pluto dargestellt wird, überhaupt erst einmal bewußt werden! In dieser Verbindung wird die Spannung der Schöpfung spürbar, welche auf den Menschen übertragen diesen gleichzeitig zur Erlösung wie zur Weitergabe seines Unerlösten zwingt. Die Spannung unserer eigenen unerlösten Aspekte zwingt uns, uns mit jemandem zu paaren, um für einen kurzen Augenblick Befreiung und Erlösung zu erfahren. Man könnte vermuten, daß es die Erinnerung an jenen ausgeglichenen Urzustand ist, den wir durch die körperlich-geschlechtliche Vereinigung nachzuahmen versuchen, was aber nicht gelingt, weil die körperliche Verbindung immer wieder auseinander-fällt und zusätzlich auch immer neue Generationen in diese unerlöste Spannung zwingt.

Wer aber könnte uns aus dem Kreislauf von Geburt und Tod erlösen, wenn nicht wir selber? Die einzige Macht, die unsere Triebe erlösen könnte, sind die Triebe selber! So ist die Sexualität, durch die wir gezeugt werden, einerseits der Weg, um selber zu zeugen, andererseits aber auch der Weg, um den Mechanismus zu erkennen, über die

Lösung unserer sexuellen Spannung die Spannung der Schöpfung zu artikulieren und damit die Welt zu bewegen.

Nicht nur der Grashalm in der Sonne oder die Bienen an den Pollen, auch die Elektroden im Computer oder der Atomkraftreaktor sind ein Teil unserer Schöpfung, und jeder Teil unserer Schöpfung ist ein Teil von Gott und dadurch heilig.

♆ ♅

Parapsychologische Struktur

Da die Bewegungen dieser beiden äußersten Planeten zur Zeit fast synchron verlaufen, haben wir seit 1943 ein mehr oder weniger genaues Sextil vorliegen, das noch knapp bis zur Jahrtausendschwelle dauert und somit die meisten derzeit lebenden Menschen betrifft.

Ursache
Die gegenwärtige Zeit läßt uns die Wirkungen im Raum bewußt erfahren, da wir an die Grenzen unseres Wachstums stoßen. Daß die kollektive Psyche bisweilen ihre Rockschöße hebt, damit wir neue Erkenntnisse in unser Leben einfließen lassen, ist nicht neu. Neu ist aber, daß wir gleichzeitig mit den neuen Erfahrungen die Relativität dieser Erfahrungen schon mitgeliefert bekommen, die Einsicht nämlich, daß hinter jedem Horizont ein neuer Tag beginnt. Anders ausgedrückt, daß die Erkenntnisse von heute nicht nur relativ, sondern immer auch die Fehler von morgen sein werden, die wir aber erst mit den Erkenntnissen von morgen als die Fehler von gestern erkennen.

Wirkung
Wir sind deshalb aufgerufen, mit aller Macht unsere Vollständigkeit zu leben und nicht nur das Licht, sondern auch unseren Schatten anzunehmen.

Erst wenn wir dort angelangt sind, wo der Unterschied von Gut und Böse zusammenfällt, können wir unsere Masken vom Gesicht nehmen und das Rollenspiel beenden, das wir auf der Grundlage der Identifizierung mit den gesellschaftlichen Vorbildern spielen.

Hemmung
Wir sollten versuchen, in einer Zeit, in der wir mit unseren eignen Früchten konfrontiert werden, die uns, wenn nicht zerstören, so doch hart an den Rand der Vernichtung führen können, keinen Sündenbock

mehr zu postulieren, der uns den Schatten abnimmt. Wir müssen die kollektive Schuld bewußt annehmen, um sie überhaupt loswerden zu können... um aus diesem Alptraum zu erwachen, den wir selber inszeniert haben!

Die Welt ist das, was wir sind! Sie ist die exakte Verkörperung dessen, was wir hervorgebracht haben, und gerade darum müssen wir sie lieben. Wir müssen lernen, unsere Welt zu lieben, gerade weil sie eine Wüste ist, denn nur dann, wenn wir die Wüste als die Auswirkung unseres eigenen Tuns akzeptieren, können wir auch Liebe als die Auswirkung unseres eigenen Tuns annehmen, ohne sie allzusehr zu strapazieren.

Kompensation

Diese Liebe zu leben ist jedoch auch nur ein unzureichender Versuch, das Unfaßbare für sich einzunehmen und mit der Vorstellung von Ewigkeit in Übereinstimmung zu bringen, weil man sich, ohne »mit den Göttern zu schwingen«, schutzlos fühlt.

Was also für Neptun Ausdruck höchster Lebensfreude ist, ist für Pluto nur ein neuer Versuch, sich am Ego festzuklammern, das sich hinter der Metapher von Liebe versteckt.

Krise

Wir werden noch viele Widerstände und Wachstumsanreize zu überwinden haben, bis wir für den inneren Sinn dieses Aspekts ganz reif sind. Denn sein Bekenntnis, uns die kosmischen Zusammenhänge an unseren eigenen Früchten zu zeigen bzw. erleiden zu lassen, widersetzt sich unserem esoterischen Bestreben, auf dem Pfad des Wissens munter fortzuschreiten, bis wir am Tor zur Ewigkeit angelangt sind.

Denn sich mit den kosmischen Auswirkungen auseinanderzusetzen, hieße, den Weg loszulassen, auf dem wir schreiten (oder den »Löffel«, mit dem wir uns die Erkenntnisse einverleiben aus dem »Honigtopf unserer eigenen Illusion«).

Lösung

Es ist natürlich schwer, mit einer kausal operierenden Sprache einem kausal denkenden Verstand aufzuzeigen, wer oder was jetzt losgelassen werden sollte.

Der Löffel entspricht dem Strohhalm, an den wir uns klammern, damit das Leben trotz aller Krisen wenigstens einen Sinn behält. Doch gibt uns der Löffel kein Verständnis für Erkenntnis, nicht einmal ein begrenztes, denn er hält durch die Vorstellung der Begrenzung (löffelweises Erkennen eines Glaubensmodelles) die Erkenntnis gerade ab. Denn die Glaubensvorstellungen, mit deren Inhalten wir die drohende Sinnlosigkeit bekämpfen, sind gerade die verzweifelten Bemühungen, uns vor der Wahrheit zu schützen und die Wirklichkeit zu verdrängen. Was wir da einlöffeln, ist nur die Blindheit für unser eigenes Symptom, Erkenntnis gerade nicht zu wollen. Der Topf entspricht dabei der eigenen Illusion, das Naschen dem Erkenntnis- oder Esoteriker-Syndrom (vgl. Krankheitsbilder).

♆ ♅

Karmisches Modell (Kollektiv-Psyche)

Weltbild

Hinter dieser Tür finden wir die Innenwelt der Außenwelt der Innenwelt symbolisiert, hinter der sich das Bewußtsein in immer neuen Räumen verliert.

Da war zuerst einmal Saturn, der hinter dem Chaos der Wirklichkeit eine Ordnung inszenierte (Newtonsche Axiome), bis Uranus diese Ordnung umstieß (Plancksche Quantentheorie), in jüngerer Zeit aber Widerspruch erhielt z. B. durch das »Holographische Weltbild« von David Bohm. Bohm spricht von einer »ausgefalteten« Ordnung, die unser dreidimensionales Weltbild ausmacht. Hinter ihr liegt eine »eingefaltete« Ordnung, die Raum und Zeit nicht kennt und in der alle Dinge eins, eben ineinandergefaltet sind. Widerspruch auf der gleichen Ebene erhielt die alte Ordnung aber auch durch Physiker wie Bell, Sarfatti, Capra oder Biologen wie Sheldrake (»Morphogenetische Felder«), welche die Saturn'sche Kausalität durch Synchronizität (Korrelation, Phasenverriegelung) ersetzten, ein Vorgang, der in der Psychologie durch C. G. Jung schon vor Jahrzehnten stattfand. (Bell'sches Theorem: »Synchrone Bewegungsübereinstimmung von Dingen ohne direkten Berührungskontakt«, d. h. wenn ich in den Bewegungsablauf irgendeiner dieser synchron zusammenhängenden Teile eingreife, ändern sich auch die anderen ohne direkte Berührung mit.)

Damit erweitern sich die unter Uranus/Neptun symbolisierten Erfahrungen, »alle Formen als unsere eigene Schöpfung zu erkennen«, um die gegenteilige Einsicht, nämlich »unsere Schöpfung gleichzeitig auch als Reflektierung der universalen Energiemuster zu betrachten«. Somit wird das »unendliche Mysterium« zur vierdimensionalen Landkarte, die selbst unsere zukunftsmäßige Entwicklung (also das, was wir heute noch gar nicht wissen) in die Vorstellung unseres Weltbildes mit einbezieht.

Denn so, wie die vollständige Pflanze »bauplanmäßig« schon im Samenkorn vorhanden ist, sind die Ziele, die wir morgen erreichen, nur die Auswirkungen der Schritte, die wir schon gestern eingeschlagen haben und die deshalb, wenn auch noch unsichtbar, so doch schon jetzt vorhanden sind. Das ist für unser Bewußtsein natürlich nur sehr schwer vorstellbar, weil es zu stark auf die persönliche Perspektive fixiert ist, um die kollektiven Veränderungen, die der Gesamtheit unserer kleinen, persönlichen und unmerkbaren Veränderungen entsprechen, wahrzunehmen. Man könnte das auch so erklären, daß diese allmählichen, kleinen Veränderungen im persönlichen Bestreben sich gesamthaft zu den epochemachenden Umstrukturierungen in der Welt auswachsen, die sich uns aber erst aus der Vogelperspektive (im kulturpsychologischen Blick über die Jahrzehnte und Jahrhunderte) bewußt machen.

Mit dieser auch durch die moderne Wissenschaft unterstützten Weltauffassung nähern wir uns Platos altem Weltbild wieder, der die Welt, so wie sie sich unseren Sinnen anbietet, lediglich als das Spiegelbild einer unsichtbaren, transzendentalen Ebene archetypischer Muster ansah. Wenn es uns aber gelingt, aus diesen Polaritäten herauszuspringen, dann haben wir die verlorene »Rippe« (Uranus/Pluto) wiedergefunden, die uns unvollständig werden ließ. Aber nicht, indem wir sie unseren Kindern stehlen (die wir dafür gezeugt haben und denen sie dann selber fehlt: vgl. Pluto/Mond), sondern indem wir sie bei uns selber finden. Dann haben wir die Rippe wieder, die uns aus dem Leib gerissen wurde, und kehren heim ins Paradies.

Wenn wir erst einmal erkennen, daß alles, was wir in der Welt gestalten, zuerst als Spannung in uns selber ist, und alles, was als Spannung in uns selber ist, das Spiegelbild transzendenter, archetypischer Muster, dann können wir auch erkennen, daß es nicht nur unser Scheitern, sondern ebenso unser Gelingen wäre, wenn wir diesen Planeten zerstörten. Denn jeder Aufbau setzt wiederum Zerstörung voraus, jedes Scheitern Gelingen. Und jede Geburt den Tod.

Frieden kann nur als abstraktes, nie zu erreichendes Ziel verstanden werden, weil die Spannungen sich immer irgendwie artikulieren müssen und ohne Spannungen die Welt zum Stillstand käme. Dem irrsinnigen Glauben, es könne jemals Licht ohne Schatten geben, muß endlich einmal widersprochen werden. Anders ausgedrückt: »Indem wir die Finsternis verdrängen, zerstören wir in Wirklichkeit das Licht!«

Auswirkung

In der Welt gibt es nichts, was sich nicht rührt, nichts, das sich nicht ändert oder wandelt. Jedes Ding tritt in Erscheinung, entwickelt sich und verschwindet wieder aus dem Dasein. Von einer anderen Perspektive aus betrachtet, tritt aber weder etwas in Erscheinung noch verschwindet etwas aus dem Dasein: Es ist alles schon immer da, unabänderlich, ewig.

Wenn wir diesen Widerspruch betrachten und das Gesetz erfassen, nach dem sich ein Ding nur in etwas verwandeln kann, was schon in seiner Natur angelegt ist, so können wir erkennen, daß es sich trotz seiner Verwandlung gar nicht verwandelt, denn das Ewige in ihm bleibt unberührt.

So verhält es sich auch mit uns Menschen. Auch wenn wir uns im Glauben wiegen, unser eigenes Leben zu kontrollieren, weil uns die Verplanung der materiellen Realität dies suggeriert, werden wir in Wirklichkeit von den Wirkungen unserer eigenen Handlungen umhergeworfen, in welchen die unsichtbaren Keime künftiger Entwicklungen schon eingegossen sind. Erst wenn wir diesen Ablauf akzeptieren, können wir uns auf den Flügeln unseres Karmas in die Höhe schwingen und uns dort wiederfinden, wo wir erkennen.

Damit ist der Punkt gekommen, an dem alle Straßen enden. Denn erst, wer erkennt, daß Sehen und Auge dasselbe sind, kann der Sonne ins Antlitz sehen, ohne daß sein Auge verbrennt. Dann erst kann man sagen: Ich habe mich gefunden, weil ich mich nicht gesucht habe. Denn so lange man etwas sucht, hat die Straße kein Ende, weil Suchen und Finden nicht dasselbe sind. Im Suchen findet sich nur das Suchen, wie im Denken das Denken, und erst wenn man das Suchen als das Finden erkennt, das sich allein aus dem Suchen findet, ist die Suche zu Ende und das Ego befreit: in der Auflösung von Anfang und Ende!

Ψ ω
Krankheitsdispositionen

Eigenblindheit (Sinnsuche, Gurusuche/Esoterikerkrankheit)

Was macht uns die Tasse nützlich, wenn wir am Morgen noch schnell einen Kaffee trinken wollen, bevor uns die U-Bahn vor der Nase wegfährt? Ihre Leere oder poetischer mit Lao-Tse ausgedrückt:

»... der leere Raum in ihrem Innern, der sie uns nützlich macht.«

Wenn aber noch der abgestandene Tee vom letzten Abend in der Tasse ist – sollen wir dann auf den Kaffee verzichten? – Gemach,

Freunde, natürlich nicht; wir schütten die Brühe einfach weg (oder trinken sie aus). Damit hat sich die Sache erledigt!

Ersetzen wir aber einmal den Tee mit unseren Bildern und die Tasse mit der Möglichkeit, die Bilder zusammenzuhalten, dann entspricht der Inhalt in der Tasse unserer persönlichen Weltanschauung. Wenn wir nun aber Lust auf Kaffee bekommen, dann müssen wir das alte Weltbild (Tee) beseitigen, und da wir jeden Tag Lust auf etwas anderes haben, müssen wir uns alle Inhalte einverleiben, um Platz für neue Inhalte zu schaffen. Aber da wir die vielen Inhalte gar nicht alle bewältigen können, kommt es entweder zum Überdruß, wenn wir sie verdrängen (wenn wir den Tee wegschütten), oder aber zur Überfütterung (wenn wir den Tee austrinken).

Die Voraussetzung zu dieser Neurose liegt in der Tatsache, daß wir ohne Glauben nicht leben können. Denn es liegt in der Natur unseres Egos, daß es sich zu wichtig nimmt, um sich einfach mit der gelassenen Übereinstimmung im Strom des Lebens zufriedenzugeben. Also faßt es seine Interessen in Vorstellungen zusammen, mit denen es sich identifiziert, damit es alle Belange verteidigen kann, die diese Vorstellungen betreffen. Da diese Vorstellungsbilder dadurch zur ideellen Weltanschauung werden, die darüber bestimmt, welche Ziele verbindlich sind und welche nicht, sehen wir hier, wie sich das Ego in seine eigenen Vorstellungen hinüberstiehlt bzw. wie jede Weltanschauung immer zu einem Teil des persönlichen Egos wird.

Da sich das Ego also dieser »Tasse voller Bilder« ausliefert, liefert es sich seinen eigenen Erkenntnissen oder den Erkenntnissen seiner Glaubensgruppe aus, die es zu den eigenen gemacht hat, wobei es weniger darauf ankommt, *was* im Topf ist, sondern *daß* etwas im Topf ist! Das aber ist gerade das Virus dieser Krankheit: Weil das Ego glaubt, erkannt zu haben, liefert es sich diesem Glauben aus!

Dieses Vorgehen tarnt seine Blindheit hinter der Vorstellung von Sehen, um so von seiner Blindheit abzulenken. Was wir aber sehen, ist die Vorstellung von Blinden, die nicht sehen können, daß sie nichts sehen, wie es im »Höhlengleichnis« von Plato so anschaulich umschrieben ist. Sollten wir aber die Relativität unserer Glaubensmodelle durchschauen, dann erweitern wir einfach unsere Ansprüche und liefern uns statt der »Tasse« jetzt der »Kaffeekanne« (oder dem »Honigtopf«) aus.

Dies entspricht der Glaubenskrise unserer Gesellschaft, die den »Tasseninhalt« (Heiland) ihrer Eltern verschüttet hat und nun sehnsüchtig auf die Kanne wartet, die ihr die Tasse mit esoterischen Weisheiten wieder auffüllt. Alles wird verschlungen, was man nur irgendwie glauben kann, bis man sich den Magen verdorben hat und alles negieren muß, was man glauben kann, was aber auch nur wieder eine andere Form von Glauben ist, nämlich der Nicht-Glaube, mit dem man sich die Tasse füllt. Denn das ist immer noch leichter, als das Übel an der Wurzel zu erfassen und die Tasse zu zerschlagen (oder den Löffel loszulassen: vgl. »Psychologische Struktur«).

AIDS-Phobie (Ansteckungsangst)

In dieser Angst, loslassen zu müssen, spiegelt sich auf der körperlichen Ebene z. B. auch die Angst vor AIDS-Ansteckung wider – nämlich in seiner Abwehr unterlaufen zu werden und den bösen Viren schutzlos ausgeliefert zu sein. Da bei AIDS das Abwehrsystem vernichtet wird, läßt sich bei diesem Phänomen die Angst des Egos vor dem Sich-Öffnen-Müssen erkennen, die Angst des Menschen »vor dem freien Fall«. Denn die Tasse ist unser einziger Schutz. Wenn wir sie zerbrechen, sind wir schutzlos, wehrlos, den Feinden ausgeliefert, weil wir dann auf uns selbst zurückgeworfen sind. Gerade deshalb müssen wir sie zerstören, weil die Absicherung durch die Tasse uns von uns selber entfremdet hat.

Demzufolge könnte AIDS als Reaktion des kollektiven Unbewußten verstanden werden, uns die Tasse von außen aufzulösen, an die wir uns gekettet und in der wir uns eingeschlossen haben aus Angst, sie zu verlieren. Denn solange wir das Gefängnis in unseren Köpfen tragen, werden wir keine Freiheit haben, und der gewaltsame Versuch, ein Übel aus der Welt zu schaffen, bereitet nur den Boden, auf dem zehn andere nachwachsen.

Denn die Freiheit, die wir durch diese Tasse zu schützen versuchen, stellt in Wahrheit das umgekehrte Prinzip dar, uns in unseren eigenen Ängsten gefangenzusetzen (das entspricht dem unbewußten Verhalten, sich durch Probleme gerade noch weiter in dem zu verstricken, was gerade zu den Problemen führt!). Wir müssen nicht die Freiheit verteidigen, sondern das Gefäß loslassen, welches uns die Freiheit verwehrt.

Therapie	Nichts tun!
	Bewußt nichts tun führt über das innere Schweigen zur Durchbrechung der Wahrnehmungsbarriere, weil wir damit das Gedanken-Kino, mit dem wir »die Welt am Laufen halten«, anhalten und somit die Aufmerksamkeit von unseren Sinneseindrücken abziehen, um sie auf die Wirklichkeit selber richten zu können.

♆ ♆

ARCHETYPEN & SYMBOLE

Thema	Bewußtsein
Ziel	Erkennen der Zusammenhänge
Sinn	Findung des Schöpfungssinnes
Berufung	Erkenntnissuche
Symbol	Atomkern
Mythos	Zeit und Ewigkeit
Sabbat	Jom Kippur (Versöhnungstag)
Archetyp	Geist (der kollektive Geist des Menschen)
Zeichen	Kreis
Mysterienort	in mir!
Pflanzensymbol	Weizenkeim
Tiersymbol	Uroboros
Räume	Morphogenetische Felder
Ort	Mensch (das kollektive Unbewußte)
Edelstein	Elektron
Farbe	Lichtspektrum
Form	Wellen
Materie	kollektive Schöpfungsmuster
Tanz	zwischen der Atomhülle (Elektronenwolken)
Ritual	Nichts-Tun
Schwingungen	Hirnwellen
Musik	Ultraschall
Geistlicher Ausdruck	»Hallelujah«, »Kol nidre«
Malerei	Licht (Spektralfarben)
Schrifttum	Kosmologie, neue Physik

Poesie	Wind in Baumkronen, Rauschen im Weltall
Prosa	Schweigen
Zitat	Frage: »Wo ist Buddha im Augenblick der Erleuchtung?«

Antwort: »Woher stammt deine Frage? Woher entsteht dein Bewußtsein? Wenn die Rede schweigt, alle Bewegung zum Stillstand kommt, jede Sicht, jeder Ton vergeht, dann schreitet Buddhas Werk der Befreiung wahrhaft voran. Wo willst du Buddha suchen? Du kannst nicht einen Kopf auf deinen stellen oder Lippen auf deine tun. Du solltest besser jede dualistische Unterscheidung zurückhalten. Hügel sind Hügel, Wasser ist Wasser, Mönche sind Mönche, Laien sind Laien. Aber diese Berge, diese Flüsse, die ganze Welt mit Sonne, Mond und Sternen – sie alle existieren nicht außerhalb deines Geistes. Der ganze tausendfältige Kosmos existiert nur in dir. Wo sonst ließen sich die verschiedenen Kategorien von Erscheinungen finden? Außerhalb des Geistes ist nichts. Die grünen Hügel, die überall deinem Blick begegnen, und dieser leere Himmel, den du über der Erde glitzern siehst – keine Haaresbreite von diesem existiert außerhalb der Vorstellungen, die du für dich selbst gebildet hast. Jeder einzelne Anblick, jeder einzelne Ton ist nichts als Weisheit. Erscheinungen entstehen nicht aus sich selbst, sondern hängen von ihrer Umgebung ab. Du magst den ganzen Tag lang reden, aber was ist damit gewonnen? Du magst von morgens bis zur Abenddämmerung zuhören – was hast du damit gehört? So wurde, wenn auch Gautama Buddha 49 Jahre lang predigte, in Wahrheit doch kein Wort gesprochen.« (zitiert nach »Den Mond kann man nicht stehlen – Zen-Geschichten aus tausend Jahren«).

300

PLUTO

Mit Pluto greifen wir nicht irgendeine Dimension des Lebens auf, sondern fassen sozusagen mitten in den Schöpfungskern hinein, welcher das Funktionieren aller Naturkräfte symbolisiert, nämlich deren innere Struktur oder die Summe der Sinne aller Funktion. Die Berührung der geheimnisvollen Aura, die Pluto umgibt, führt immer zur Begegnung mit der Frage nach dem letzten Sinn. Pluto symbolisiert auf die mythologische oder religionsphilosophische Ebene übertragen den Lebenskreislauf, wo das Ende bereits im Anfang jedes Werdens keimt.

In diesem Sinn sind unsere Wirklichkeitsmodelle völlig sinnlos, weil sich Himmel und Hölle nicht bekämpfen, sondern sich komplementär ergänzen: Sie stellen zwei Ansichten von ein und derselben Wirklichkeit dar und ergeben in dieser Verbindung ein näher an der Wahrheit liegendes Bild der Wirklichkeit. Das Böse ist nicht der Widerspruch zum Guten, das durch das Gute vermieden werden kann, sondern die eine Seite des Guten selber, die wir vom Guten abgetrennt haben, damit die andere Seite als Gutes weiter existieren darf.

Die Unterscheidungen passieren folglich im Gehirn, in unserem Denken. Die plutonischen Kräfte aber strömen jetzt aus Quellen, wo wir die Gegensätze nicht mehr so ohne weiteres verdrängen können, weil uns der als positiv erkannte Pol tief im Innern unangenehm berührt. Pluto verkörpert eine Macht, vor der wir unbewußt zurückschrecken, weil wir instinktiv erahnen, daß sie uns zu überwinden droht. Diese Macht werden wir nie beherrschen können, weil sie, einmal entfesselt, alles überrollt.

Wenn Uranus die Relativität der Dinge und Neptun die Verschmelzung der Gegensätze anzeigt, dann verkörpert Pluto die Folgerichtigkeit. Denn wie wir es auch immer drehen, immer ist es folgerichtig, was geschieht, wenn wir den Voraussetzungen unserer Handlungen ins Auge sehen. Unter Saturn lassen sich die Voraussetzungen der Handlungen noch ändern, wenn man deren Wirkungen nicht akzeptiert, weil Saturn individuell gerade noch erreichbar ist. Saturn symbolisiert die letzte Chance, sein Schicksal persönlich in die Hand zu nehmen. Pluto hingegen steht für die Unerbittlichkeit des Ewigen, welches den Rhythmus des Sterbens und Geborenwerdens verkörpert und das schraubenförmige Eindringen des Lebens in Raum und Zeit als Folgerichtigkeit des Schöpfungsplans anzeigt. Er symbolisiert die Verknüpfung von Anfang und Ende zu einem Band, das Folgerichtigkeit in uns anpeilt, ganz gleich, wie sich dieses Ziel unserer menschlichen Beurteilung anbietet. Das Verdikt Plutos heißt: Unabänderlichkeit.

Was bedeutet dieses Verdikt aber in unseren Rahmen übertragen? Neptun als Himmelsvater sagt, daß wir die Gegensätze hätten ausgleichen müssen, wollten wir Vollständigkeit erreichen, weil in einer polaren Welt doch jedes Plus mit einem Minus ausgeglichen werden muß. In diesem Sinn ist unser Denken Sünde, denn Denken setzt Dualitäten in die Welt und hemmt die Einswerdung, welche das unentschiedene Nebeneinander der Unterschiede mitteilt.

Für Pluto hingegen stellt sich die Wirklichkeit so dar, wie sie ist, weil die erzielte Ernte immer der Folgerichtigkeit der Saat (und den Auswirkungen der Einwirkungen der Außenwelt) entspricht. Man könnte es auch so versinnbildlichen, daß Neptun das Göttliche verkörpert, welches alle Unterschiede aufhebt und in sich vereinigt, aber für uns Menschen unerreichbar ist, während Pluto den Teufel symbolisiert, welcher den Menschen mit seinen Taten und nicht mit seinen Höhenflügen konfrontiert. Zusammen genommen stellen beide das Unfaßbare dar, wobei Neptun mehr die Wünsche, Pluto die Ergebnisse repräsentiert.

Wenn Neptun am Scheitern hoher Ziele leidet, so setzt Pluto dem ein Ende, weil er die Wirklichkeit zum Maßstab aller Dinge nimmt. Weil jedes Ergebnis immer der Folgerichtigkeit des inneren Zieles entspricht, welches wiederum auf die menschliche Natur zurückweist, die nun ist, wie sie ist, und nur in unserer idealistischen Vorstellung auf Paradieszustände hinzeigt. Für Pluto ist Sünde kein Thema. Das Problem für Pluto ist unsere Wertung von Sünde, weil wir Irrtum oder Unrecht als einen vermeidbaren Fehler ansehen und immer nach Recht und Wahrheit streben, aber dabei nicht merken, daß Unrecht so lange unvermeidlich ist, solange wir wollen, daß Recht geschieht.

Der Teufel ist immer ein bißchen der Verbündete der Seele, der das korrigieren muß, was man vorne versäumt – der also die Fehler ausbügeln hilft, die man im Bewußtsein macht. Da unsere Lagebeurteilung aber aus der Sendezentrale des Bewußten kommt, ist sie meist kurzsichtig und falsch, weil das Bewußtsein sein eigenes Fehlverhalten gar nicht sehen und einbeziehen kann, da es ja keinen Kontakt zum Ganzen hat. Es fühlt sich dann durch den Teufel persönlich bedroht, ohne die Einsicht, daß dieser genau der Abweichung des Fehlverhaltens entspricht und durch sein schicksalhaftes Walten gerade das Manko ausgleicht.

Denn der Mensch wäre nicht der Mensch, trüge er nicht im Herzen jene Bereitschaft zur gnadenlosen Zerstörung verborgen, wenn er sich davon einen persönlichen Vorteil verspräche: die Bereitschaft zur erbarmungslosen Ausbeutung, welche alles ihren Zielen unterordnet und die ständige Verschiebung der physischen und psychischen Grenzen voraussetzt, hinter denen sich Entwicklung wie Risiko gleichermaßen vollstrecken. Will der Mensch die Begegnung mit dem Teufel jetzt vermeiden, muß er seine Sichtweise erweitern, weil das übliche Verhalten immer vom Teufel begleitet wird, der doch nichts anderes ist als die Schattenseite unseres materiellen, egoistischen Verhaltens.

Das entspricht dem Modus unserer Anlagen, ob wir das wollen oder nicht, und der innere Lebenszyklus verlangt nach Phasen von Geburt und Tod, Blüte und Zerfall. Ein Charakteristikum unserer Zeit besteht darin, daß wir uns dieser unbarmherzigen Kraft, die aber gerade unser Leben ist, nicht in die Augen zu schauen getrauen. Die einseitig negativen Schilderungen der plutonischen Kräfte spiegeln nichts anderes als die Angst der Menschen vor ihren unbewußten, eigenen Dämonen. Die Welt ist wie ein Spiegel, in dem wir unser eigenes Unbewußtes erkennen können, für das wir in uns selbst blind sind. Daher machen wir gerne den Umweg über plutonische Projektionen, um uns mit unseren unerlösten Tiefendimensionen wieder zu versöhnen.

Wir müssen begreifen lernen, daß die plutonischen Kräfte nicht böse sind, sondern einfach Gegenkräfte zu unseren Handlungen darstellen. Daß Strahlungsenergie zwar lebensfeindlich ist, aber folgerichtig. Daß die Krebsgeschwulst, die wir mit Strahlen therapieren, gegen die Strahlen vielleicht die gleichen Einwände hat wie wir gegen die Strahlungsenergie? Denn ist eine Wirtschaft, die sich auf stetiges Wachstum gründet, in ihrer inneren Struktur nicht auch krebsartig? Und das menschliche Verhalten, seinem Expansionszwang alles unterzuordnen, nicht zutiefst lebensfeindlich?

Sicher ist, daß sich der Mensch nicht einfach ändern kann, weil er seinen inneren Modus zu leben hat. Sicher ist auch, daß das Sehnen nach einer höheren Entwicklung (Neptun-Komponente) zwar verständlich ist, daß uns aber sechstausend Jahre menschliche Geschichte doch etwas andres lehren.

Ob das Ende uns bevorsteht oder nicht, kann niemand wissen. Eines aber ist gewiß: Die plutonische Folgerichtigkeit wird sich erfüllen! Wollen wir sie nicht von außen erleiden, müssen wir sie selber werden.

Wir müssen lernen, uns mit unserem Handeln zu identifizieren und die Verantwortung in allen Bereichen dafür zu übernehmen. Denn damit machen wir die Gegenmaßnahmen zu unseren eigenen Verbündeten und können die starre, egobezogene Form unseres Wesens vom Kern her langsam ablösen, wenn die neue Saat von innen aufgeht. Die alte, überholte Form können wir dann als Humus nehmen, in welchem die neue Saat gedeiht.

Ob uns das aber aus uns selbst gelingt oder ob wir dafür die äußeren Einwirkungen in Anspruch nehmen müssen, eines bleibt sich gleich: Es ist immer gut, was auch geschieht! Sogar wenn es das Ende wäre. Das ist es, was uns Pluto lehrt. Denn alles ist stets folgerichtig!

♇ – ☉
Pluto – Sonne

Wirkungsstufe I   a) Konjunktion
                 b) Quadrat
                 c) Opposition

        II   a) Pluto in Haus 5
               b) Sonne in Haus 8
               c) Sonne in Skorpion
               d) Quincunx

      III   a) Hausspitze 5 in Skorpion
               b) Hausspitze 8 in Löwe
               c) Herrscher von Haus 5 in Haus 8
               d) Herrscher von Haus 8 in Haus 5
               e) Trigon

      IV   a) Herrscher von Haus 5 in Skorpion
               b) Herrscher von Haus 8 in Löwe
               c) Sextil

Von Pluto kann man sagen, daß er den Mechanismus der Instinkte und der Schöpfung symbolisiert, der so komplex ist und sich aus so tiefen Urquellen speist, daß er die Abgründigkeit des Unerfaßlichen in einem Mantel des Mysteriums um sich trägt. Der Geist des Menschen zielt nach der faustischen Erleuchtung, in der Hoffnung, in die Bedeutung des eigenen Wirkens und den Sinn der eigenen Existenz eingeführt zu werden.

Im Zusammenspiel mit der Sonne überfallen den Horoskopeigner diese reichen Gaben aber erst einmal als Ichbezogenheit und Selbstdurchsetzung, welche sich ohne Einsicht in die Gegebenheiten und Erkenntnis einfach in einer Bewegung aus sich selbst heraus zu Bewußtsein bringen: Entweder auf den Gipfel der Erleuchtung oder in die Unerlöstheit der Selbstvernichtung!

Da Pluto und Sonne über die geistigen Kräfte verfügen, bis zu den Quellen der Erkenntnis vorzudringen, können sie sich Zugang zu den höheren Bewußtseinsebenen erzwingen, ohne ihre Absicht mit dem göttlichen Willen in Übereinstimmung zu bringen. Darum symbolisiert die dunkle Seite dieser Konstellation auch das Luzifer-Syndrom: »Weil sich Satan mit dem Göttlichen nicht in Übereinstimmung befand, konnte er auch das Wohl des Ganzen nicht erkennen. Da er seinen eigenen Mittelpunkt im Göttlichen nicht erkannte, erkannte er das Göttliche als Mittelpunkt in sich selbst und identifizierte sich mit seiner eigenen Gottesvorstellung. Damit machte er das Göttliche zum Teil seines Persönlichen und sah sich dabei in der Schöpferrolle, die Umwelt mit seinem eignen Willen zu durchdringen und sie in seine persönlichen Ziele einzubinden. Der Betreffende reißt die Inhalte seiner Mitmenschen an sich und läßt sie dadurch wie Planeten um die Sonne seines eignen Willens kreisen, bis diese psychisch-diktatorischen Tendenzen eines Tages (unter Mithilfe seines Unbewußten) zusammenbrechen und den Unglücklichen in den Strudel seiner eignen Selbstvernichtung reißen...«

Pluto-Sonne kann sich aber auch von jener Seite zeigen, daß alte Lebensformen, welche die höheren Lebensziele nicht erreichen, total transformiert werden. Da unter diesem Aspekt ungeheure Energien zur Verfügung stehen und eine ausgeprägte Willenskraft, kann sich der Geborene auch als Leitbild eignen. Er kann das ganze Universum in den Kreis seiner Vorstellung einbeziehen und dann beides auflösen im »Vater« selber – sich also nicht mit dem Unpersönlichen zu personifizieren, sondern umgekehrt ins Unpersönliche hinausfließend sich in dem zu erkennen, was »Er« ist.

Wenn wir das verstehen, werden wir auch verstehen, warum unter Eingeweihten die Verstrickung mit der Macht, aber auch die Loslösung aus der Verstrickung dem Skorpion (Pluto) zugeordnet wird. Der Skorpion tötet sich selber, und so verwandelt sich die Identifizierung mit der Macht in die Macht, sich in der Identifizierung zu erkennen und damit diese Identifizierung in jene geistigeren Kanäle umzuleiten, um sich dieser Macht bewußt zu werden! Damit ist sie aber keine persönliche Macht mehr, sondern das Persönliche hat sich der Macht ausgeliefert, sich in die Einheit mit dem Göttlichen integriert.

Pluto symbolisiert den Plan der Schöpfung, und alles, was existiert, ist ein Teil des Planes, der sich durch die Schöpfung artikuliert. Pluto (die Folgerichtigkeit) schuf den Menschen nach seinem eignen Bilde. Also ist der wahre Kern, der innerste Quell des Menschen, der Plan selbst. Aber der Mensch in seiner eigenen Verblendung nimmt den Plan nicht wahr. Er nimmt die Selbstvernichtungs-Mechanismen

(Umweltzerstörung, Seuche, Tod), welche die Korrekturmaßnahmen des inneren Planes sind, nicht zur Kenntnis, weil er die Verantwortung immer auf die anderen projiziert und sie in sich selber gar nicht sieht.

Menschen unter dieser Konstellation stehen mit zwanghafter Faszination und zugleich großer Angt vor dem Verlust ihrer eigenen Identität – angesichts des Problems, daß man seine Persönlichkeit selbst opfern muß, um das ganze Selbst seiner Schöpferkraft zu erlangen.

☽ ☉

Psychologische Struktur

Ursache
Unter der gewaltigen Krafteinwirkung von Pluto-Sonne zeichnet sich schon das Kind durch ein starkes Bedürfnis nach Macht aus. Dieses Bedürfnis, das so stark ist, daß es nur über Umwege ausgelebt werden kann, wird zuerst einmal auf den Vater übertragen. Auch wenn dieser der Ich-Entfaltung des Kindes grundsätzlich im Wege steht, geschieht dies durch das unbewußte kindliche Einverständnis, weil sich das Kind nicht nur mit dem Vater gegen sich identifiziert, sondern auch seine eigene Kindrolle auf andere Kinder projiziert, die es dann stellvertretend (es spielt jetzt den Vater!) schikaniert.

Wirkung
Damit wäre der Mensch seine Autoritätsvorstellung fürs erste losgeworden, wenn er später nicht vergißt, dieses Bild wieder zurückzunehmen und die Welt mit eigener Kraft, nicht durch das Bild des Vaters (welches ein Inventar seiner eigenen Psyche ist), zu dirigieren und damit die Verantwortung für seine Taten nicht nur äußerlich, sondern auch innerlich zu übernehmen.

Hemmung
Gelingt dies nicht, wird der Geborene zeit seines Lebens Schwierigkeiten mit Autoritäten haben, die sich ihm in den Weg stellen, weil er sie unbewußt dazu benutzt, ihn zu hemmen, um das Vaterbild, das er anders nicht loswerden kann, gegen sich selber zu richten.

Denn diese teuflischen Kräfte wird man nicht ohne weiteres los, wenn man sie nicht anwendet, sondern man muß sie erst einmal selbst erleiden, um sich von ihnen befreien zu können.

Kompensation

Oder man kann diese inneren Dämonen noch zusätzlich energetisieren und für sich und andere damit zur Gefahr werden, weil ein unbewußter Drang hochsteigt, die Unerbittlichkeit seines Charakters zu demonstrieren und sich damit zum Hüter des gesamten Schöpfungsplanes aufzuspielen.

Krise

Das kann sich zu Machtkämpfen von solcher Tragweite ausweiten, daß die ganze Identität in Frage gestellt wird, weil der Geborene jedes Techtelmechtel zu einer »Sein oder Nichtsein«-Frage hochstilisiert.

Tief im Unbewußten verborgene Verhaltensmuster übernehmen das Steuer, wobei der Fahrplan und die innere Landkarte nicht nach der Gegenwart, sondern nach uralten Verhaltenszwängen ausgerichtet sind.

Lösung

Man sollte sich unter diesen Voraussetzungen darüber bewußt werden, daß alle Krisen, die im Leben periodisch immer wieder auftreten, nur die »innere Hölle« sind, welche man nach außen projiziert. Um sich aus diesen karmischen Verstrickungen zu befreien, muß man lernen, seine überzogenen Ansprüche loszulassen und sich nicht mit der Unerbittlichkeit der Götter zu identifizieren, damit das Menschliche unter dieser Maske nicht erstickt und zur Menschenfeindlichkeit mutiert.

☽ ☉

Karmisches Modell

Mythos

Plutos geheimnisvolle, suggestive Triebkräfte verkörpern die archaisch-unbewußten Urmuster, die durch die Sonne aus der Tiefe von Zeit und Raum ins Licht gehoben werden können, wenn die Zeit dazu gekommen ist. Die Berührung mit der Sonne zeigt dabei an, daß der Mensch in dieser Inkarnation bereit ist, in dunkle Schächte hinabzusteigen und das Medusenhaupt ins Licht zu heben.

Auf einer andren Ebene symbolisiert dieser Prozeß die Goldumwandlung der Alchemisten. Gold als edelstes aller Metalle gilt als das Hauptziel alchemistischer Umwandlung, was durch die psychologische Brille der Transformation des Geistes entspricht. Denn die Umwandlung kann nur geschehen, wenn sich gleichzeitig zur äußeren

Verwandlung auch eine innere Umwandlung vollzieht. Im ersten Arbeitsgang muß man dabei der eignen Angst begegnen, die man als Summe aller ungelebten Kräfte aus der Ahnenreihe erfährt. Dann müssen diese Ängste zerlegt und in die Ursubstanz (Urangst) zurückgeführt werden. Darauf wird diese Ursubstanz einige Jahre erhitzt, bis alle Angst verdunstet ist und nur noch die innere Freude übriggeblieben ist. Dieses Ursein, von allen Schlacken befreit, wird nun mit Hilfe eines geeigneten Auslösers (Schock oder Erkenntnis, Erleuchtung oder Tod) auf die Bewußtseinsebene übertragen, wo es den Geborenen in die Lage versetzt, Zugang zu Welten zu finden, die ihm gewöhnlich durch Raum und Zeit verborgen sind. Das entspricht der Läuterung durch einen unbewußten Prozeß, welchen der Alchemist als das »Große Werk« bezeichnet.

Mit der Einstimmung auf diesen inneren Prozeß wird in der Psyche eine gleichzeitige Veränderung stattfinden, die dem Geborenen die Aufarbeitung tiefster archaischer Schichten ermöglicht und in Assimilierung des plutonischen Bereichs die Überwindung der Angst und die Integrierung der Lebens- und Sterbezyklen gewährleistet. Denn die plutonischen Energien lassen die unteilbare Ganzheit des Seins in seiner ewigen Folgerichtigkeit aufleuchten, im ständigen Wechsel von Sterben und Wiedergeburt. Sie eliminieren überholte Wertvorstellungen, befreien aus veralteten Moralkodexen und reißen mittels Leid- und Loslösungsprozessen aus Fehlfixierungen und Verstrickungen.

Pluto und Sonne konfrontieren die Betroffenen mit ihren inneren Dämonen, aber im Gegensatz zu Pluto und Saturn, welche die Menschen zwingen und ihnen jede Ausweichmöglichkeit nehmen, machen Pluto und Sonne nur nachdrücklich geneigt. Der Zwang wird dem Nachfolgegestirn (vgl. Saturn/Pluto) überlassen, das im Horoskop von Seelen auftaucht, welche diese letzte Möglichkeit einer freien Entscheidung zur Annahme ihres Schicksals verpaßt haben. Dort können die Leidtragenden dann nur noch versuchen, sich mit ihrer saturnischen Form zu identifizieren und diese gleichzeitig zu vernichten, um in der Asche den Geist ihrer Freiheit wiederzufinden.

Unter dieser Konstellation ist der Geborene aber noch in der Lage, sich mit seinem Dasein bewußt auseinanderzusetzen, wenn auch (wie weiland Faust) als der ewig unbefriedigte, die Grenzen des Menschlichen überschreiten wollende Titan. Auch wenn dem Betreffenden ein dauerhaftes Glück mißgönnt ist und alle Schätze der Welt ihm im Grunde nichts zu geben vermögen, so hofft er wenigstens, über die Magie (heute Psychologie) in das Geheimnis der Welt einzudringen und den Sinn des Lebens zu ergründen. Er berauscht sich beim Erfühlen des Ewigen, das das All durchdringt und wendet sich angewidert von den Menschen ab, die ihn in ihrem Streben nach lächerlichen Werten nur unangenehm berühren.

Von maßlosem, unstillbarem Wissensdurst getrieben, möchte er sich von seinen inneren Selbstzweifeln befreien, seine Zerrissenheit heilen, den Wunsch nach letzter Klarheit stillen und alle Fesseln der Materie durchdringen; er möchte alle Geheimnisse verstehen, das Unbegreifliche erkennen, Wahrheit erzwingen und sich auf diesem Wege gleichsam überwinden, indem er den Tod schließlich heiter und versöhnt als seine höchste Lust anfleht:

»Im Vorgefühl von solchem hohen Glück, genieß ich jetzt... den höchsten Augenblick!«
(Fausts Ende, 2. Teil, Akt 5)

Kind

Das Kind braucht einen äußeren Widerstand, um die inneren Spannungen in die Außenwelt zu übertragen und damit innerlich loszuwerden. Was liegt daher näher, als sich von Autoritäten dominieren zu lassen, denn dadurch verwandelt sich die unsichtbare innere Spannung in eine äußere, kampfbezogene Dualität, mit welcher es sich arrangieren oder die es wenigstens bekämpfen kann.

Für das Kind wäre es von Vorteil, wenn der Vater die Anlagen mitbrächte, diese Rolle übernehmen zu können; denn da der Vater einen Teil der Erbanlage des Kindes trägt, sind alle Projektionen auf ihn gleichsam Übertragungen des kindlichen unausgelebten Teils, welcher später vom Vater (durch dessen natürliche Vergreisung) relativ kreativ wieder abgezogen werden kann. Wenn der Vater aber dazu nicht taugt, sucht sich das Kind andere Autoritäten, weil es ja darauf angewiesen ist, mit Situationen konfrontiert zu werden, gegen die es sich nicht wehren kann, um seine Ohnmacht innerlich loszuwerden, in die Außenwelt zu übertragen und dadurch zu erfahren.

Hintergrund/Weltbild

Erst durch Situationen, denen der Mensch hilflos ausgeliefert ist, kann er sich auf seine innere Gewalttätigkeit einstimmen, die ein Teil seiner Psyche und die in die Außenwelt zu übertragen seine Aufgabe ist. Wir müssen uns hier von unseren moralischen Vorurteilen befreien, indem wir Gewalttätigkeiten nicht zulassen, weil sie nicht in unser Weltbild passen. Denn Aggression ist ein Bestandteil der menschlichen Natur, die sich in der Konfrontation mit anderen selber reguliert. Das, wovor wir Angst haben, ist unsere eigene Unterdrückung, die wir auf die anderen übertragen. Wenn wir die Gewaltvorstellung nicht in uns selber trügen, wovor sollten wir dann Angst haben? Was gäbe es denn

Böses in der Welt, vor dem wir uns verstecken müßten, wenn wir die Gewalt nicht in uns selber spürten?

Deshalb dürfen wir auch nicht behaupten, daß unsere momentane gesellschaftliche Entwicklung (Umweltbedrohungen, Seuchen, Kriege) falsch wäre, weil wir damit die psychischen Zwänge übersehen, denen wir Menschen ausgeliefert sind. Denn in Wirklichkeit ist dieses sogenannte Fehlverhalten genauso ein Teil des göttlichen Plans, der gar nie falsch sein kann, wenn wir nur einsehen würden, daß er sich in unseren menschlichen Verfehlungen ebenso erfüllt!

Mann

Die Machtansprüche machen es dem Mann schwer, sich wirklich zu empfinden, weil er sich Identität nur aus seiner persönlichen Vorstellung von Größe (Vaterbild, Gottesbild, Über-Ich) erringen kann, was aber die Verdrängung seiner eigenen Gefühle voraussetzt. Die Verlockung ist groß, Bedeutung auf Kosten persönlicher Gefühle zu erreichen, indem er an seinen eigenen Bedürfnissen vorbeizielt und sozusagen ein Opfer leitbildhafter Machtzwänge wird, was mit der Zeit zu einem Gefühl von Sinnlosigkeit und Unverstandensein führt.

Frau

Der Drang, sich aus sich heraus neu zu bilden und sich über Skrupellosigkeit und Machtansprüche gegen andere zu finden, ist bei Frauen gleichermaßen ausgeprägt. Der Zwang, die eigene Kraft zu transformieren, wird über das harte Vaterbild auf den brutalen, rücksichtslosen Killertyp projiziert, der ihr hilft, alles, was sie an der Umwelt stört, unbarmherzig zu eliminieren (typisch: »Bonnie and Clyde«).

Eltern

Männern und Frauen gemeinsam ist, daß sie ihre Mitmenschen nicht in Ruhe lassen können, weil sie vom inneren Drang besessen sind, die anderen zu transformieren. Gerade in der Erziehung wirkt sich das verheerend aus. Eltern wollen ihre Kinder nach ihrer eigenen Vorstellung kreieren, was bedeutet, daß sie das Kind erst dann akzeptieren, wenn es mit ihrer Vorstellung völlig übereinstimmt.

☽ ☉
Krankheitsdispositionen

Krebs (Entartung des Zellwachstums)
Um Mißverständnissen vorzubeugen, ist zu sagen, daß es hier weniger
darum geht, zu behaupten, daß Menschen unter Pluto/Sonne mehr zu
Krebs-Dispositionen neigen als vielmehr darum, die innere Beziehung
einer Krankheit mit den Auswirkungen der ihr zugeordneten Konstellation zu vergleichen und eine mögliche innere Verwandtschaft aufzuzeigen.

Krebs ist eine Krankheit, die nicht von außen kommt, sondern im
Inneren entsteht, indem einige Zellen ihre Funktionen verändern und
durch unkontrollierte Teilung der Ewigkeit nacheifern, bis die Begrenzung des Leibes dem ein Ende setzt. Dabei ist eine gewisse Nähe zum
Expansionsbestreben unserer Wirtschaft nicht zu übersehen.

Es ist nicht die Aufgabe dieses Buches, die Fragen nach dem *Warum*
und *Wieso* dieser Krankheit zu erörtern, doch es bietet sich an, ein
bißchen über die gesellschaftlichen Hintergründe zu spekulieren. Da
die Sonne den Vater symbolisiert und Pluto die »Stirb und Werde«-
Rhythmen, haben wir uns hier mit dem Patriarchat und dem männlich
orientierten Wirtschaftswachstum auseinanderzusetzen (vgl. Mond/
Pluto: Matriarchat/Erbkrankheiten) und das Auftreten des Krebses im
Spiegel dieser Auswirkungen zu betrachten.

Zuerst einmal müssen wir aber festhalten, daß es uns gar nicht
schlecht gelungen ist, uns über viele Unbillen der bisweilen doch als
recht hart empfundenen Natur hinwegzusetzen, sind wir doch die
einzige Spezies, die ihre Lebenserwartung in den letzten Jahrhunder-
ten zu steigern wußte. Auch die Lebensqualität konnte zumindest im
materiellen Sinn verbessert werden. Wir konnten unser Wissen über
viele Generationen so weit verdichten, daß es uns erlaubt ist, über
unseren eigenen Lebensraum hinauszugreifen und in Dimensionen
vorzudringen, durch die wir uns sogar vernichten können.

Es war also durchaus nicht falsch, der Natur unser eigenes Modell
entgegenzusetzen, nur dürfen wir jetzt vor den Konsequenzen unseres
Tuns nicht die Augen verschließen, wenn die Schattenseiten dieses
Verhaltens sichtbar werden. Denn solche werden immer zum Vor-
schein kommen, wo der menschliche Geist am Wirken ist. Zum
Beispiel die räuberische Verwirklichung eigener Vorteile, wenn wir
Rohstoffe oder Nahrungsmittel vernichten, um das Preiskartell im
Sinn von Angebot und Nachfrage zu beeinflussen, oder wenn wir die
Genstrukturen manipulieren, um bessere Voraussetzungen zu erzie-

len, oder wenn wir uns zum Erreichen materieller Ziele ökologisch den Ast absägen, auf dem wir sitzen. Das sind Perspektiven, denen wir nicht gerne begegnen, weil sie die andere Seite unseres Fortschritts repräsentieren, obwohl wir uns ihrer gar nicht zu schämen brauchten, weil die Kehrseite im Wesen der Dualität liegt. Das ist es, was wir unter dieser Konstellation zu kapieren haben!

Es gibt eben keine Entwicklung ohne Risiko, und das Risiko, das die Möglichkeit des Scheiterns immer in sich trägt, birgt gerade die Kraft, die uns zum Wachstum führt. Die menschliche Entwicklung ist ohne Risiko und Zerstörung gar nicht denkbar, ob wir dies wahrhaben wollen oder nicht. Wir haben alles vernichtet, was sich unserem Wachstum entgegenstellte. Warum jetzt also plötzlich kalte Füße, nur weil wir endlich sehen, daß die Natur sichtbar reagiert und in vielen Bereichen langsam stirbt?

Spiegelt sich in unserem Verhalten nicht gerade das Verhalten der Krebszellen wider, die aus der Organisation ihres Verbandes ausgestiegen sind (»Vertreibung aus dem Paradies«) und durch die rücksichtslose Verwirklichung ihrer Interessen eine unbegrenzte Freiheit anstrebten, um eines Tages ernüchtert festzustellen, daß ihnen dieses Verhalten gerade den Boden zur eigenen Verwirklichung entzieht. Genauso wie wir erkennen müssen, daß das Sterben unseres Planeten unser eigenes Ende miteinschließt.

Weitere Symptome
– Größenwahn/Depression
   (Omnipotenz der Gefühle: siehe Pluto/Mond)
– Herzbeschwerden (siehe unter Saturn/Sonne)

HOMÖOPATHISCHE MITTEL

Metall	Aurum metallicum (Gold)	– Selbstvernichtung, Weltverdammung – Furcht vor Menschen, Lebensüberdruß – Herzbeschwerden
Alkaloid	Cocainum (aus den Blättern des Koka-Strauches)	– »Über-Ich«-Identifikation – Drang nach Heldentaten, Wunsch nach Größe (»Napoleon-Syndrom«)

Pflanzen	Hydrocotyle asiatica (Wassernabel)	– Zellwucherungen – Krebsschmerzen, Krebsbehandlung
	Taraxacum (Löwenzahn)	– wie oben
Tier	Naja tripudians (Kobra)	– Einengungsgefühle (Herzsymptome) – Größenwahn, abwechselnd mit Depressionen (Neigung zum Exodus)
	Mygale lasiodora (Kubanische Spinne)	– Höllentrauma (»Heulen und Zähneknirschen«) – Herzklopfen und Gliederzittern (Todesängste) – Hang zu Zerstörungstaten gegen sich und andere
Therapie	– Aufsuchen von Kraftorten	Orte mit erhöhter Strahlung: Kreuzungspunkte von Kraftlinien
	– Pyramidenenergietherapie	
	– Licht- und Strahlungstherapie	bei Krebs: Strahlentherapie!

ʊ ☉

Transite

Allgemein

Wir müssen Pluto als eine unpersönliche Kraft begreifen, die sich im Spiegel unserer Sonne zwar reflektiert, sich aber nicht erklärt. Würde sie dies tun, so müßten wir den inneren Beweggründen unserer Handlungen ins Auge schauen und würden dabei zu Tode erschrekken, wenn wir unserem Schatten begegneten, vor dem wir instinktiv zurückweichen.

Beispiele ♂ 10

Ein Betriebswirt mit einer Pluto/Sonne-Konjunktion (und einer Neptun/Mond-Opposition) wurde während des Pluto-Transits (in Quadratur zu seinem Geburtsplatz) zum Direktor eines internationalen Unternehmens ernannt – eine Position, die durch die Neptun/Mond-Anlage (12/6) aber von Beginn weg hinterfragt war.

Durch den Widerspruch dieser Anlagen, die einerseits vom Gipfel träumen und sich andererseits nach den tiefen Wassern sehnen, begegnen wir hier einem ins Extrem getriebenen Machtanspruch. Dieses Verhalten wurde von den leitenden Angestellten mit einer Petition an die Konzernleitung beantwortet, ihn wegen unkooperativen, groben Führungsstiles zu entmachten.

Dem wurde seitens der Zentrale zwar nicht stattgegeben, aber 2 Jahre später wurde der Betreffende durch ein Magen-Karzinom (der laufende Neptun war in der Halbsumme der Radix-Opposition angekommen) »aus dem Verkehr gezogen«.

□ 5/8

Pluto im Schnittpunkt der Sonne/Mars-Achse und in Haus 8 stimulierte eine erhöhte innere Bereitschaft zu unkontrolliertem Zellwachstum. Zudem zeigte eine Quincunx zum Mond am Aszendenten einen schwachen Lebenswillen an.

Der starke Raucher starb beim Übergang von Pluto über den Radix-Mars (Haus 11) an Lungenkrebs, als der laufende Saturn gleichzeitig Aszendent und Mond berührte.

Zusammenfassung

Wir möchten uns wie »Faust« an die erstrebten Augenblicke klammern, doch jede Entwicklung erfordert den Verfall. Wir müssen uns verändern und die überholten Formen zerbrechen, ob wir dies wollen oder nicht, sonst werden wir zerbrochen; denn die Schöpfung neuer Werte erfordert den Tod der alten.

☽ ☉

ARCHETYPEN & SYMBOLE

Thema	Verkörperung von Macht (Patriarchat)
Ziel	Sieg über den Tod
Sinn	Ewigkeit, Transformation

Berufung	Pharao, Sonnengott (»Napoleon-Syndrom«)
Symbol	Sonne, Feuer
Mythen	Faust; König von Uruk (dessen vergebliche Mühen, das ewige Leben zu erringen, von Gilgamesch besungen wird)
Sabbat	Lugnasad (1. August)
Götter	Aton, Re, Horos
Göttinnen	Amaterasu, Ilat, Sekhmet, Theia
Archetyp	Luzifer (Lichtbringer); ägyptischer Seth
Zeichen	Gold
Kultstätten	Cheops- und Chephrenpyramide bei Gise; Tempel des Amun in Karnak und Luxor (ehemals Theben-West und -Ost)
Duft	Kyfi (Weihrauch der alten Ägypter), Unguentum Sabbati, Onycha
Pflanzen	Sonnenblume, Königskerze
Baum	Affenbrotbaum
Tiere	Adler, Löwe oder Falke, der mit seinen Flügeln den Himmel überspannt (Horos)
Landschaft	»Tal der Könige« (Biban Al Muluk) mit 64 Ruhestätten der Pharaonen
Ort	Totentempel Sethos' I (Theben)
Edelstein	Diamant
Farben	gold; leuchtendes, funkelndes Strahlen
Form	zentriert
Baustil	Pyramiden (Altes Reich, 4. Dynastie), Tempelbauten (Neues Reich, 18.–20. Dynastie)
Skulptur	Obelisk (Mittleres Reich, 11.–12. Dynastie)
Schatz	Goldsarg des Königs Tutenchamun
Tanz	die magischen Tänze der Priesterinnen
Ritual	kultische Menschenopfer

Instrument	Gong
Sinfonien	9te von Beethoven (»Freude, schöner Götter-funken«); 8te von Mahler (»Sinfonie der Tausend«); »Faust«-Sinfonie von Franz Liszt
Opern/Chor-werke	»Faust«-Mythos (Opern von Gounod und Busoni; Chorwerke von Schumann und Berlioz)
Radierung	»Faust« vom Rembrandt
Malerei	»Die Stadt« von Max Ernst; »Göttersturz der Verdammten« von P. P. Rubens
Alte Schrift	Gilgamesch-Epos (gewaltigstes Werk der babylon. Lit.: die Erkenntnis von der Vergänglichkeit alles Irdischen)
Dichtung	»Faust II« von Goethe
Literatur	»Doktor Faustus« (Das Leben des deutschen Ton-setzers Adrian Leverkühn, erzählt von einem Freunde) von Thomas Mann
Zitat	»Ein ganzes Leben lang war ich auf der Suche nach Gott, und als ich ihn am Ende meiner Tage fand und ihm in die Augen blickte, entdeckte ich, daß er es war, der mich suchte.« (Bajezid Bastami)

Pluto – Mond

Wirkungsstufe I	a)	Konjunktion
	b)	Quadrat
	c)	Opposition
II	a)	Pluto in Haus 4
	b)	Mond in Haus 8
	c)	Mond in Skorpion
	d)	Quincunx
III	a)	Hausspitze 4 in Skorpion
	b)	Hausspitze 8 in Krebs
	c)	Herrscher von Haus 4 in Haus 8
	d)	Herrscher von Haus 8 in Haus 4
	e)	Trigon
IV	a)	Herrscher von Haus 4 in Skorpion
	b)	Herrscher von Haus 8 in Krebs
	c)	Sextil

Wie der Mond, so steht auch Pluto für das Gefühlsnaturell. Allerdings verkörpert er eine andere Dimension dieser Gefühlsnatur. Während der Mond sich auf das Selbstbildnis beschränkt, auf eine Gefühlsübereinstimmung mit der Umwelt, fördert Pluto die Tendenz, die alten Bilder zu zerstören, und erzwingt somit durch seine Destruktivität Wachstum. Die Notwendigkeit, alte Lebensstrukturen zu eliminieren, um sich dadurch neu zu formen, und der Drang, Tabus zu durchbrechen und über sich selbst hinauszuwachsen, um das Mysterium des Lebens zu ergründen, kann bis zum Selbstvernichtungswahnsinn führen. Dieses Verhalten ist der Instinktnatur nicht fremd, wo sich die Starken behaupten und die Schwachen einfach aufgefressen werden. Die Naturgesetze, welche diese Abläufe steuern, werden durch Pluto symbolisiert.

Durch unsere persönlichen Gefühle (Mond) manövrieren wir uns gerne in die Lage, die Folgerichtigkeit des Ewigen (Pluto) zu bekämpfen, dem wir aber gleichzeitig auch wieder unterliegen. So bekämpfen wir das Schädliche und das Böse, verdrängen Krisen und den Tod, um unbewußt über unser Schicksal diesen Kräften im Kleid von Krankheit, Unfall, Umweltzerstörung oder Krieg doch wieder zu begegnen. Pluto-Mond verkörpert das Verhaltensmuster, eigene Bilder auf die anderen zu projizieren, sich mit der Umwelt zu identifizieren und die eigenen Bilder in der Verkörperung von anderen Personen dann wieder zurückzubekommen.

Vieles spricht dafür, daß Plutos »Folgerichtigkeit« den Mythos der Unsterblichkeit verkörpert, der sich durch die Aufeinanderreihung von Toden und Anfängen zu einem geistigen Wachstum strukturiert, dessen Ende die Auflösung von Zeit und Raum sein wird. Das einzelne Individuum muß sich entwickeln, ob ihm dies paßt oder nicht, und die einzelnen Entwicklungsphasen fordern ihren Tribut in Form von Höhepunkt und Krise, Blüte und Zerfall.

Leider haben wir die Beziehung zu diesem Naturkreislauf verloren und leben nach den Bildern, durch die wir uns die Welt vorstellen und die irgendwie mit »Wohlstand ohne Elend« oder »Sommer ohne Ende« zu tun haben. Veränderungen sind nur dann akzeptabel, wenn sie einen Vorteil bringen, und wir schrecken instinktiv vor der Unerbittlichkeit des plutonischen Prinzips zurück, weil wir unbewußt die Anpassung des Ewigen an unsere Welt der Vorstellung verlangen. Darin sind wir mit Faust zu vergleichen, der von Mephisto fordert, bestimmte Augenblicke bis in alle Ewigkeit dauern zu lassen. Umgekehrt kann sich Schicksal aber nur konkretisieren, weil sich die Inhalte stets verändern. Dies hat den Drang zur Veränderung in der Psyche des Menschen zur Voraussetzung.

Unter dieser schwierigen Konstellation fühlt man sich in der Lage, völlig neue Fundamente für seine Gefühle zu erschaffen. Bis die alten Hüllen der sinnentleerten Emotionen aber abgerissen und beseitigt sind, geht die Seele durchs Feuer. U. a. macht der Betreffende seiner Umwelt das Leben zur Hölle, bis sie sich gegen ihn auflehnt und ihn in die Krise stürzt. Er fordert vom Partner, daß er bedingungslos zu ihm hält, und gerade dieses Zwanghafte ist meistens der Grund, warum sich der Partner von ihm abwendet, weil er sich diesem hohen Erwartungsdruck nicht gewachsen fühlt, und das Unglück, welches er mit allen Mitteln verhindern wollte, tritt gerade deshalb ein.

Gleichzeitig spürt er aus seinem Innersten aber eine gewaltige archaische Kraft aufsteigen, die dieses persönliche Leid absorbiert, und er fühlt sich plötzlich in der Lage, durch die Trümmer einer zerstörten Verbindung ein tieferes emotionales Fundament zu legen, um darauf eine seelische Beziehung zu erstellen, welche die Aufforderung zur Regeneration und Wandlung schon in sich trägt.

Damit hilft der Fürst der Unterwelt dem Menschen, sich seiner Gefühle (Mond) immer bewußter zu werden. Erst wenn wir die Wünsche unseres Egos, welche in den Polaritäten von Gut und Böse schmachten, überwinden, kommen wir in den Besitz der Urkraft, welche durch die Vorstellung im Menschen die Dualität überhaupt erst ausmacht. Wenn wir das Göttlich-Schöpferische außerhalb von uns als einen Teil von uns selber erkennen, als einen Teil des Schicksals, dann erst können wir uns als der erleben, der wir sind.

Nur wenn wir alle Kontrollbedürfnisse und Übergriffe zurücklassen, können wir Raum und Zeit überspringen und das Wunder in uns selbst vollbringen, die Gegensätze in uns selber zu verbinden.

☽ ♇

Psychologische Struktur

Ursache
Diese Konstellation wird durch die matriarchalische Göttin regiert – ein mächtiges Mutterbild, welches das Kind mit der Rechten nährt und mit der Linken verschlingt.

Wirkung
Dadurch erlebt das Kind die Beziehung zu seiner Mutter als Einschließungs- und Erstickungstrauma und es muß später dieses Mutterbild zerstören, um innerlich wieder frei zu werden.

Hemmung
Da dieses schreckliche Muttergesicht aber der Konstellation im Kind selber entspricht, können wir erkennen, daß die starke Aggression gegen die Mutter nur der Umweg zu seinen wahren inneren Gefühlen ist.

Schon die starke, bestimmende Mutter war nichts anderes als ein Erfüllungsgehilfe seines unbewußten Karmas, um ihm zu helfen, sich neu zu strukturieren und seine alten Gefühlsstrukturen zu zerstören, denn unter Pluto/Mond besteht der Zwang, sich aus den veralteten, sinnlosen Gefühlswindungen herauszuschälen, weil man sich in ihnen nicht mehr weiterentwickeln kann.

Kompensation

Oder man sucht sich Menschen, denen man – stellvertretend für das eigene Unvermögen, sich selber zu befreien – hilft, aus ihren seelischen Verstrickungen herauszufinden, indem man sie nach den Bedingungen seiner eigenen Erlösungsmuster formt.

Hier finden wir dann die »Supermütter« und »Erziehungsgeneräle«, die im völligen Unwissen um die wirklichen Zusammenhänge die anderen zwingen, sich nach Methoden auszurichten, die nicht einmal für sie selber stimmen.

Krise

Diese zieht sich wie ein roter Faden durch das Leben der Geborenen, weil durch das starke Gefühlsengagement und die intensiven Beziehungen zu anderen Menschen immer genügend Außenreize in den »Hexenkessel« (Schmelztiegel) einfließen, um das Loslassen der Gefühle und die Selbstfindung in Bewegung zu halten.

Lösung

Lösungen sind da zu erwarten, wo man im besitzergreifenden Verlangen, Mitmenschen zu »Filialen« eigener Strukturen auszubauen, seine eigene Unsicherheit erkennt.

Karmisches Modell

Mythos

Wenn Pluto/Sonne eine innere Verwandtschaft zu Pluto/Saturn hat, die sich mit »Transformation und Transmutation des geistigen Prinzips« beschäftigt, dann haben wir uns unter Pluto/Mond mehr mit dem Symbol der weiblichen »Urschuld« auseinanderzusetzen, was uns in die Nähe von Neptun/Mond und Pluto/Uranus führt.

Da wir der astrologischen Verbindung Neptun/Mond »Schneewittchen« zuordnen, können wir das gleiche mit der Grimmschen Märchengestalt der »Gretel« tun. Schneewittchen wie Hänsel und Gretel sind leicht mit dem kindlichen Selbst (Mond) zu identifizieren, das aufgrund seines verdrängten Schattens von der Stiefmutter (Saturn) entweder vergiftet oder von der Hexe (Pluto) gar aufgefressen werden will.

Es ist in beiden Fällen die böse Mutter, die sich gegen die kindliche Gefühlswelt stemmt. In dem einen Fall ist es die Stiefmutter, die das

Kind vergiften will, weil es angeblich schöner ist als sie, im anderen ist es die Mutter, welche die Kinder in den Wald hinausschickt, weil sie nicht genug zu essen haben. Das läßt die Frage offen, was man denn unter dieser Konstellation im Herzen gegen Kinder hat.

Diese Frage zielt metaphorisch gesehen auf den Schöpfungsvorgang zurück, wo Gott von Adam eine Rippe nahm, um Eva damit zu erschaffen. Heute wissen wir es besser: Natürlich war es Eva, von welcher Gott die Rippe nahm, um Adam damit zu gestalten. Die Schlange entsprach dabei dem sexuellen Prinzip, welches Eva mit der Botschaft lockte, sich das durch Gott Entzogene durch einen eigenen Schöpfungsakt weider zurückzuholen und damit wie Gott zu werden, nämlich durch den Besitz der Rippe eines Sohnes. Der Griff nach dem Apfel entsprach dem Zeugungsakt, der Apfel selber der Leibesfrucht. Warum aber gerade eines Sohnes?

In Märchen und Sagen begegnen wir oft dieser Tragödie, in welcher Mütter mit der Geburt von Töchtern bestraft werden, die ihnen die »verlorene Rippe« nicht zurückgeben können, weil sie sie selbst nicht haben. Damit läßt die Mutter die Maske fallen und verwandelt sich in die Stiefmutter zurück, um das Kind, das ihr nichts nützt, zu vernichten, weil sie genau weiß, daß sie sonst später von der Tochter erkannt und geopfert wird (Elektra-Komplex).

Denn es entspricht der Wahrheit, daß die Mutter die Kinder nicht um derentwillen, sondern der eigenen Vollständigkeit wegen geboren hat. Sie will ihre innere Leere durch die Schwangerschaft mit Söhnen wieder ausfüllen, denen sie gleichzeitig das Abnabeln verwehrt (schwache Söhne: Neptun/Mars).

Kehren wir aber zu »Hänsel und Gretel« zurück. Es ist die Mutter, welche die Aussetzung der Kinder gegen den Willen des Vaters durchsetzt (schwacher Vater: Uranus/Mars), deren Pläne Gretel durchkreuzen muß, will sie ihrem vorzeitigen Ende entgehen. Es ist auch die Mutter in der Gestalt der bösen Hexe, welche die Tochter vernichten, den Sohn aber kastrieren und absorbieren (mit Süßigkeiten mästen und auffressen) will.

Und es ist die Mutter, die sich von der Tochter überlisten lassen muß, damit der »Stirb und Werde«-Prozeß fortgesetzt werden kann. Denn auf die Aufforderung, sich in den Backofen zu bücken und nachzuschauen, ob er schon heiß genug sei, antwortet Gretel, daß sie es ihr zuerst vormachen solle, damit sie genau sehen könne, was sie zu tun habe.

Da der Backofen aber das Ur-Weibliche symbolisiert, erkennen wir die Lösung, indem Gretel mit der Hexe genau das tut, was diese selber mit ihr vorhatte: sie in den Ofen stößt und damit den Urmüttern überantwortet. Weil sie die »Schuld der Mütter« dadurch bewußt annimmt, indem sie die Hexe als die Verkörperung ihres eigenen Schattens (Pluto/Mond) verbrennt, kann sie nicht nur ihren Bruder befreien, sondern auch ihrem Vater die von der »Mutter-Hexe« absorbierte Männlichkeit wieder zurückgeben. Denn die Mutter ist in der Zwischenzeit gestorben.

Frau

Auf der inneren Ebene drückt Pluto/Mond das Symbol der verschlingenden Mutter aus, welche nicht nur von ihren Besitzzwängen völlig beherrscht, sondern im Ausleben ihrer Triebe gleichzeitig von unbändiger Geschlechtslust überwältigt wird. Ihr ist zwar klar, daß sich alles im Kreise dreht, doch gefühlsmäßig kann sie sich diesem Kreislauf nicht unterwerfen, weil sie ihre Besitztümer nicht aufgeben will. Sie wehrt sich gegen den Ablauf der Natur, weil sie die Objekte ihrer Gefühle und Begierden nicht loslassen kann, um ihre Identität nicht zu verlieren.

Da sie aber ihr eigenes Selbstbild zerstören und transformieren muß, können wir hier den ewigen Willen ersehen, der sich ins persönliche Wollen einbringt: Indem sie den Besitz ihrer Objekte dadurch verlängert, indem sie sich mit den Objekten identifiziert und damit ihre eigene Persönlichkeit in den Brennpunkt bringt, kann sie mit dem Verlust der Objekte gleichzeitig ihre Identität verlieren, weil die Objekte die Eigenschaft haben, beim Verlust die auf sie übertragenen Persönlichkeitsmerkmale vom Absender abzuziehen.

Mann

Männer versuchen durch die Verschmelzung mit dem Weiblichen die nötige Verwundung zu erreichen, um der eigenen Unvollständigkeit bewußt und für die Leiden der anderen offen zu werden.

Pluto/Mond symbolisiert den durch das Weib kastrierten Mann, der durch den Verlust seiner Männlichkeit und die schmerzende Wunde am eigenen Leib die spirituelle Seite seiner Persönlichkeit entwickeln und den Weg der Priesterschaft beschreiten kann, der ihm einen besseren Zugang zu seinen unterentwickelten Persönlichkeitsanteilen bietet. Nämlich die Akzeptanz seiner weiblichen Seite, die er in vorgeburtlichen Zeiten so sehr verdrängte, daß er ihr heute unter umgekehrten Vorzeichen ausgeliefert werden mußte, um seine innere Vollständigkeit durch die Vernichtung seines Egos zu erreichen. Denn der wahre Heiler ist für die Wunden der anderen erst dann empfänglich, wenn er selber leidet. Nur wem jeder persönliche Standpunkt entzogen wurde, ist für überpersönliches Verständnis bereit.

Krankheitsdispositionen

Übergriffe (Omnipotenz der Gefühle)
Die innere Angst, die uns überfällt, wenn wir den Unabänderlichkeiten der Lebensrhythmen ins Auge blicken, den ewigen Zyklen der Folgerichtigkeit, mag diametral zu unseren Einsichten jenen Abwehrmechanismus in Gang setzen, der diese Einsichten verdrängt. Der starke Wille versucht nun, sich entweder gegen diese Zyklen zu stemmen oder, da dies natürlich nicht gelingt, sich die Zyklen wenigstens zu eigenen Zielen zu machen, um seine Abhängigkeit von ihnen nicht zu empfinden.

Da wir die Außenwelt nicht so sehen, wie sie ist, finden wir unter Pluto/Mond das »Allmachts-Syndrom der Gefühle«, indem wir unseren eigenen Willen zur Folgerichtigkeit des Ewigen erklären. Das heißt, wir sind der festen Überzeugung, daß sich die Welt in unserem persönlichen Wollen spiegelt und unser eigener Wille dem Göttlichen entspricht.

Da alles Persönliche somit dem überpersönlich Göttlichen entspricht, verbinden wir alle unsere Gefühlsengagements mit erheblichen Forderungen an die Umwelt. Gleichzeitig sind unsere sexuellen Bedürfnisse erheblich (vgl. Pluto/Venus) und zudem mit der Angst verbunden, unsere Beziehungen wieder zu verlieren. Dem versuchen wir dadurch zu entgehen, daß wir unsere Beziehungspartner kontrollieren, weil wir der irrigen Meinung sind, sie besser halten zu können, wenn wir sie total absorbieren. (Geborene unter dieser Konstellation sind der verschlingenden Mutterkraft tief verbunden, was im Licht der Karma-Gesetze und Wiedergeburten aber noch eine andere Dimension aufwirft.)

Erbkrankheiten (Erbschäden)
Wenn wir davon ausgehen, daß jeder Mensch schon mehrere Leben in verschiedenen Körpern gelebt hat (oder medizinischer: das Los seiner Ahnenreihe in sich trägt), dann erscheint die Annahme sinnvoll, daß der Mensch nicht nur die Erinnerung an alle Erlebnisse unbewußt in sich trägt, sondern daß auch die körperlichen Auswirkungen dieser Taten in seinem genetischen Material vorhanden sind.

Und so kann man Pluto/Mond auch mit jener Kraft in Verbindung bringen, welche die karmischen Rückstände aufrührt und an die Oberfläche bringt, so daß wir diesen Rückständen begegnen und sie durch innere Akzeptanz auch leben können, indem wir in ihnen die

Bilanz unserer ganzen Ahnenreihe sehen und das Ergebnis am Ende dieser Kette annehmen.

Weitere Symptome
– Chromosomen-Defekte
  (falsche Gen-Information führt zu Dysfunktionen der Enzyme: z. B. Bluterkrankheit, Stoffwechselstörungen)
– Mutationen
  (neu auftretende Veränderungen des Erbmaterials)

HOMÖOPATHISCHE MITTEL

Metall	Platinum (Platin)	– geistige Störungen (Größenwahn, Hysterie, Überdruß) – abnorme Libido, sexuelle Überreizung (unüberbrückbare seelische Spannungen) – Erbschäden z. B. Störungen im Zellaufbau (Dysfunktionen der Enzyme)
Alkaloid	Atropinum (Alkaloid der Nachtschattengewächse)	– Aktivierung unbewußter Verhaltensmuster (zur Unterstützung der Aufarbeitung karmischer Rückstände, die ins Leben hochgespült werden)
Pflanze	Viscum album (Mistel)	– zwanghafte Übergriffe – Mißtrauen gegen andere – Neurosen, Defekte (karmische Belastungen)
Tier	Anacardium (Elefantenlaus)	– Fixierungen, Wahnvorstellungen, Besessenheit (neidisch, zänkisch, rachedurstig)

		– akustische Halluzinationen (Stimmen von Verstorbenen)
		– alle Hemmungen fallen (Verhaltensmuster brechen zusammen)
Bufo (Krötengift)		– emotionale Begierden, sexuelle Wahnzustände
		– epileptische Anfälle in Verbundenheit mit sexuellen Spannungen (karmische Auslösung verdrängter, unbewußter Verhaltensmuster)
Tele aranearum (Spinnennetz)		– Klaustrophobie, Erstickungsängste
		– Mangel an Vertrauen zu sich selber
Therapie	– Blutreinigung, Aderlaß, Abführmittel, Darmspülungen	Vergangenheit loslassen
	– Fasten, Sauna (finn.)	Gegenwart erspüren
	– für die Frau	Bauchtanz
	– für den Mann	Kindrolle akzeptieren: Annahme der Priesterschaft

Transite

Zusammenfassung
Die alten karmischen Verhaltensmuster, die tief in den Schächten des Unbewußten überwintert haben, können plötzlich erwachen und ins Bewußtsein eindringen, so daß die Geborenen ihren alten Erinnerungen in neuen Maskierungen wieder begegnen müssen.

Beispiel ♂ 8
Ein Top-Modell (Siegerin in einem internationalen Schönheitswettbe-

werb), die in ihrer Geburtskonstellation zur Pluto/Mond-Verbindung auch die Pluto/Uranus-Berührung ihres Jahrgangs (1965) mitbrachte und Pluto/Uranus/Mars/Mond (Jungfrau) in Quadratur zu Jupiter/Merkur/Mondknoten/Sonne (Zwillinge) hatte und zusätzlich in Opposition zu Saturn in Fische, beklagte beim Transit des laufenden Uranus im Schützen (Auslösungspunkt der ganzen Figuration) schwerste innere Angstzustände wie Selbstzerstörungswünsche, die aus dem Dunkeln ihrer Psyche aufstiegen.

Diese Angstzustände schlugen sich in heftigen Schwindelanfällen und Kopfschmerzen und zeitweise in Suizid-Absichten nieder, die eine Hypnosetherapie angebracht erscheinen ließen. Dabei zeigte es sich bald, daß ein abgespaltener Teil der unterbewußten Persönlichkeit ein reales Interesse an diesen Störungen hatte, um so seine durch das Bewußte unberücksichtigten Forderungen durchsetzen zu können. Nennen wir hier diesen Teil den »Widersacher«. Der Widersacher gab nun, als er einmal angezapft war, unumwunden zu, daß er die bewußte Personalität, also das was die Geborene als ihr Ich betrachtete, vernichten wollte, um die Mutter für die Rache, die sie auf die Tochter übertragen hatte, zu bestrafen.

Dieser Widersacher (eine Wahnidee aus dem Unbewußten, die sich dem Wesen der Betroffenen nicht mehr einverleiben wollte), der sich als eigenständiges Subjekt betrachtete und von der Klientin in der dritten Person sprach, wörtlich: »Ich werde nicht eher ruhen, Patriska zu bearbeiten, bis ihre Mutter das Unrecht, das sie ihr zufügte, eingesehen und zurückgenommen hat. Sie wurde nämlich von Patriskas Vater kurz vor der Hochzeit sitzengelassen, was sie nie verwand und weshalb sie die Erziehung ihrer Tochter mit dem Wunsch verband, daß sich diese an den Männern dafür rächen möge. So lebt die Tochter, ohne es zu wissen, die übertragene Rache ihrer Mutter, indem sie die Männer äußerlich zwar anzieht, gefühlsmäßig aber völlig ablehnt und die, welche sich nicht rechtzeitig von ihr zu lösen vermögen, im Auftrag der Mutter zerstört. Ich aber werde das nicht zulassen, denn ich bin Patriskas innerster Wesenskern, der sie aus diesen Übertragungen befreit, koste es, was es wolle...«

Nach der Hypnose sprach die Betroffene auf das Innewerden dieser Kräfte mit noch heftigeren Angstzuständen an, gab aber zu, die Männer allesamt zu hassen, ohne aber einen Grund dafür nennen zu können. Auch vermochte sie sich zu erinnern, daß leichte innere Angstzustände schon immer dann auftraten, wenn ihr ein neuer Verehrer den Hof machte und sie auf sein Werben dem Anschein nach einging (respektive eingehen mußte: unbewußte Übertragung der Mutter!).

ω 𝕊

ARCHETYPEN & SYMBOLE

Thema	Matriarchat (Auslösung von altem Karma)
Ziel	Begegnung mit den eigenen, verdrängten Zwängen
Sinn	Aufarbeitung karmischer Rückstände
Berufung	Mutter (»Urmutter-Syndrom«)
Symbol	Erde, Fruchtbarkeit
Mythos	Gretel und die Hexe (aus »Hänsel und Gretel«)
Sabbat	Beltane (Maifest)
Göttinnen	Demeter, Kore, Kali, Chtonia
Dämonen	Erinyen/Eumeniden
Archetypen	Hydra; Medea; Arachne (wird in eine Spinne verwandelt)
Zeichen	Schwangerschaft
Kultstätten	Osterinsel (Mohai); Unteruhldingen/Bodensee (Pfahlbausiedlung)
Duft	Haut (menschliche Ausdünstung)
Pflanze	Mistel
Tier	Spinne
Landschaft	Vulkan- und Kraterlandschaft; heiße Quellen
Ort	Liparische Inseln (Stromboli, Vulcano)
Edelstein	Milchopal, Obsidian (Lava)
Farbe	fleischfarben
Form	ringförmig, stämmig, satt
Bauform	Pfahlbauten
Skulpturen	Venus von Willendorf (»fette Venus«, Jungpaläolithikum); Nana-Brunnen (»Urmutterbrunnen«) von Niki de Saint-Phalle
Tanz	Vollmondtänze

Ritual	Begattung
Klang	Glocken
Musik	»Bolero« von Maurice Ravel; »Hexentänze« von Niccolò Paganini
Malerei	»Saturn verschlingt seine Kinder« von de Goya; »Medea« von Eugène Delacroix (beide äußerlich); »Frauenkopf« von Joan Miró (innerer Ausdruck)
Dichtung	»The marriage of heaven and hell« von William Blake
Roman	»Venus im Pelz« von Leopold von Sacher-Masoch
Zitat	»Schreie. Gurgeln. Entsetzliche Qualen. Zerrissen fluteten, stauten, wuchsen, brachen Schreie. Gurgeln. Er hielt die Frau am Handgelenk und schüttelte sie. Er raufte sich das Haar, schlug die Faust gegen die Wand, stampfte, keuchte, warf sich über den Tisch, fiel zu Boden, schlug um sich und blieb dann mit einem langen Seufzer regungslos liegen. Über seinen Körper gingen noch schwache ruckweise Erschütterungen.

Sophie stand vornübergebeugt. Mit saugenden Blicken. Sie wuchs. Sie erfüllte das Gemach. Sie wölbte sich zu einem Gebet. Sie wurde ein Kelch. Die Ränder züngelten. Höher. Leuchtender.«

(aus Franz Jung, »Sophie«)

☿ ♀ Pluto – Merkur

Wirkungsstufe I   a)   Konjunktion
                       b)   Quadrat
                       c)   Opposition

           II   a)   Pluto in Haus 3 oder 6
                       b)   Merkur in Haus 8
                       c)   Merkur in Skorpion
                       d)   Quincunx

           III   a)   Hausspitze 3 oder 6 in Skorpion
                       b)   Hausspitze 8 in Zwilling oder Jungfrau
                       c)   Herrscher von Haus 3 oder 6 in Haus 8
                       d)   Herrscher von Haus 8 in Haus 3 oder 6
                       e)   Trigon

           IV   a)   Herrscher von Haus 3 oder 6 in Skorpion
                       b)   Herrscher von Haus 8 in Zwilling oder Jungfrau
                       c)   Sextil

Merkur ist der Verfechter eines Weltbilds, das uns suggeriert, die Welt sei so, wie wir sie wahrnehmen. Pluto hingegen bringt die Erkenntnis mit sich, daß die Welt nur darum dem entspricht, was wir uns vorstellen, weil gerade unsere Vorstellung die Welt zu dem macht, was sie zu sein scheint – daß sie dies aber nur so lange ist, solange wir sie durch unser Denken in unserer Vorstellung bestätigen.

   Die unheimliche Präsenz der unbewußten Kräfte zwingt Merkur, das Spektrum seiner Wahrnehmung so weit zu öffnen, daß nicht nur die äußeren Merkmale, sondern auch die inneren Strukturen aller

Dinge darin Beachtung finden. Unter Merkur können wir den realen Teil der Dinge wahrnehmen. Im Verbund mit Pluto aber können wir uns hinterfragen, warum wir den realen Teil so wahrnehmen, wie wir ihn wahrnehmen, und ob die Brille unserer Wahrnehmung in Wahrheit nicht eine recht bescheidene Wirklichkeit darstellt.

Setzen wir einmal voraus, wir sehen ein Haus. Sehen wir dieses Haus aber nicht nur, weil unsere Sinne es so wahrnehmen und sie dies auch nur tun, weil die Inventare unserer anerzogenen Denkvorstellungen sie zwingen, die Sache so zu sehen, damit sie auch der Welt unserer Vorstellung entspricht? Der Vorstellung, eben ein Haus zu sehen?

Was aber sähen wir außerhalb dieser Vorstellung? Was sähen wir außerhalb des Wissens, daß ein Haus eben ein Haus ist, welches dem Menschen als Behausung und Ummantelung dient? Wir sähen ein undefiniertes, in unsere Welt hereinragendes Etwas, das sich von dem Hintergrund unserer ineinanderfließenden und unkommentierten Wahrnehmungen gar nicht abhöbe und dem wir folglich auch keinerlei Beachtung schenkten.

Menschen unter Pluto-Merkur können sich dieser Relativität im Erkennen aller Dinge aber sehr bewußt werden. Daher sind sie auch in der Lage, die dynamischen Kräfte in unserer Vorstellung zu begreifen. Damit lernen sie unsere Welt als ein Wechselspiel von Bildern und Ideen zu verstehen, die durch den Zeitgeist für eine Weile meinungsbildend werden können. Sie vermögen ihr Auge dabei auf die Gesetzmäßigkeiten zu richten, welche für unsere Maskeraden und Verhaltensweisen verantwortlich sind, und dabei auch die Strukturen der den äußeren Erscheinungen zugrundeliegenden Ursachen zu erkennen, welche unsere Welt erst ausmachen.

Auf einer hohen Stufe können wir Pluto/Merkur-Aspekte als einen denkerischen Seinszustand erleben, der in unserem Bewußtsein als höchste Selbsterkenntnis, als äußerstes Ichbewußtsein aufdämmert. Da gibt es weder Zwielicht noch Halbbewußtheit, weil ich alles erkenne, und dieses Erkennen nicht an die Wahrheit, sondern an mein Ich gebunden ist: »Ich bin nichts, weil ich alles bin! Denn gerade dadurch, weil ich alles bin, brauche ich nichts mehr zu sein, denn ich bin jetzt das alles umfassende, alles durchdringende und alles überstrahlende ›Ich selbst‹!«

Auf seiner unerlösten Seite hingegen läßt Pluto-Merkur die Denkkanäle sprengen, so daß die Betreffenden unter der Spannung, sich selbst zu präsentieren, indem sie ihr Wissen formulieren und das Unsagbare artikulieren, die Umwelt mit einem Schwall von Worten überfluten, welche außer Rand und Band geraten, ohne Zusammenhang und Logik sind.

☽ ☿
Psychologische Struktur

Ursache
Ursprung dieser Fähigkeit, eine Sache gleichzeitig von außen und von innen zu betrachten, dürfte die Behinderung der Aufnahmefähigkeit gewesen sein, so daß sich das kindliche Denkvermögen über die Aneignung der inneren Zusammenhänge entwickelte, um sich so innerhalb der Behinderung durch die Erziehenden gleichwohl zu behaupten.

Wirkung
Damit wurde aber gleichzeitig das Verlangen wach, sich mit der dunkleren Seite zu identifizieren. Dieser Weg führt ebenfalls zur Erkenntnis, weil man sein Auge dann auf die inneren Gesetzmäßigkeiten aller Dinge lenken kann. Aber nur, wenn man sich selber in seine Erkenntnisse miteinbezieht und seinen Hang, Pluto durch die Ausgrenzung (Merkurisierung) der Schatten- und Tabu-Bereiche loszuwerden, nicht ausschließt.

Hemmung
Da man aber gerade im Tal der Schatten auch die eigene Psychose erkennt, sich hinter den Dingen zu verstecken, um nicht als der gesehen zu werden, der man ist, verschanzt man sich hinter dem Mythos des Unnahbaren, vergräbt sich in seine Studien und verhält sich mäuschenstill.

Kompensation
Oder man wird sich der Welt umgekehrt von jener Seite zeigen, welche Vollständigkeit verspricht, oder wenigstens ein Verhalten vorweisen, das mit dem Bild übereinstimmt, von dem man glaubt, die Umwelt damit besser beeindrucken zu können. Also spielt man eine Rolle, in der man durch Ausdruck und Auftreten die Umgebung beeinflussen und dadurch Macht und Kontrolle über die Mitmenschen gewinnen kann.

Krise

Andererseits weiß der Mensch, daß die anderen auch bloß Rollen spielen. Da er aber nun zu wissen glaubt, wie es sich verhält, durchschaut er gleichzeitig, daß die Rollen, die die anderen spielen, nicht ihrem wahren Kern entsprechen. Also spielt er zwar die eigene Rolle, durchschaut aber gleichzeitig die Rollen der anderen.

Deshalb erkennt er zwar die Rollen anderer, aber weil er dazu neigt, nur das für objektiv zu halten, was er selber erkennt, verdrängt er sein eigenes (Rollen-)Verhalten. Wenn ihm einer dies vorhält, ist das natürlich subjektiv. Objektiv ist nur das eigene Erkennen. Damit hat er sich gefangen im Netz der eignen Subjektivität.

Lösung

Erkenntnis und damit Erleichterung sind da zu finden, wo man sich selbst miteinbezieht (»Heisenbergsche Unschärferelation«), d. h., wo man das Erkennen des Erkennens als die Gesetzmäßigkeit seines eigenen Erkennens erkennt, sich an die Erscheinungen hinter den Dingen heranzutasten.

ꙍ ☿
Karmisches Modell

Hintergrund

Pluto/Merkur ist bei jenen Menschen angezeigt, die in vergangenen Inkarnationen noch immer nicht begriffen haben, daß sie selbst die Schöpfer ihrer eigenen Realität waren. Sie schufen sich kraft ihres Geistes zwar den Weg, auf dem sie sich abstrampelten, merkten aber nicht, daß sie selber die Voraussetzungen dazu lieferten.

Es ist also nicht nur wichtig, daß sich das äußere Ich in der materiellen Welt behauptet, sondern es ist noch viel wichtiger, daß es die Voraussetzungen dazu in seiner inneren Welt erkennt. Denn die äußere Welt ist nur das Abbild unserer Gedankenmuster. Deshalb können wir jetzt lernen, Verantwortung zu übernehmen für alles, was in der Welt geschieht, weil alles ein Teil von uns und wir ein Teil von allem sind.

Kind

Seelen, die noch immer nicht erkannt haben, daß sie sich die Ursachen der Auswirkungen ihres Schicksals selber zuzuschreiben haben, erteilen sich selber die Aufgabe und kehren immer wieder zurück, bis sie gelernt haben, sich an den Wirkungen der Veränderungen zu erkennen, die sie in der Welt bewerkstelligen.

Kinder unter dieser Konstellation sind demzufolge natürlich besonders motiviert, die Welt im Auge zu behalten und das beinhaltet nicht nur Charaktereigenschaften wie Redseligkeit und Neugierde, sondern auch das Bedürfnis, die Umwelt in die eigenen Beobachtungen und Erfahrungen miteinzubeziehen. Als Folge hiervon werden sie aber von den Erwachsenen in ihrem überschäumenden Rede-und Mitteilungsfluß immer wieder unterbrochen.

Mann/Frau

Diese Unterbrechungen wirken sich im späteren Leben dann insofern aus, daß der Mensch auf die verborgeneren Dinge ausweicht und sich um die Aspekte des Lebens kümmert, die anderen entgehen. Dies verbindet sich nicht nur mit einem Interesse an allem Mysteriösen und Geheimnisvollen, sondern auch mit der Freude am Aufspüren verborgener Zusammenhänge.

Sinn/Ziel

Sobald aber der Mensch die äußeren Erscheinungsbilder zu relativieren beginnt, indem er sich für die inneren Gesetzmäßigkeiten interessiert, verändert er die Welt.

Sobald er die Welt nicht mehr so ansieht, wie er sie anzusehen pflegt, verändert sie sich, weil er nicht die Welt sieht, sondern nur seine Gewohnheit, sie anzusehen.

Denn jetzt kann er in einem Akt unmittelbaren Erkennens die der kollektiven Vorstellung zugrunde liegende Idee »seiner Welt« erfassen, die viel mehr ist als bloßes Verstehen, weil er jetzt selber zur »Idee der Welt« geworden ist und nicht einfach in die Welt hinein-, sondern aus seiner »Vorstellung der Welt« herausblickt ... und sich damit beim Erschaffen seiner eigenen Realität selbst zusieht!

☽ ☿
Krankheitsdispositionen

Zwangsneurosen

Durch das psychische Verlangen, die Welt im Auge zu behalten und gleichzeitig in die zwielichtigeren Bereiche des Lebens auszuweichen, kann es passieren, daß der Betreffende, statt sich mit den Zusammenhängen hinter den Dingen auseinanderzusetzen, bei der äußeren Hülle steckenbleibt.

Bei der Zwangsneurose handelt es sich um eine verdrängte Tiefenangst (Versagenserwartung), die sich als zwanghaftes Verhalten niederschlägt, sich mit der äußeren Hülle ununterbrochen beschäftigen zu müssen. Der Zählzwang zwingt zum Zählen der Mosaikplättchen in der Küche oder im Bad, nur weil Merkur den plutonischen Tiefenzwang, die Gesetzmäßigkeiten hinter den Dingen zu ergründen, auf der Verstandesebene lösen will. Beim Grübelzwang muß sich der Geborene mit gewissen Fragen, die ihn belästigen, unablässig auseinandersetzen, weil er an der äußeren Form der Fragen hängenbleibt und nicht bis zum Kernpunkt seiner inneren Angst durchdringt, auf die speziellen Anforderungen der Fragen keine Lösungen zu haben, sich mit normalen Antworten aber auch nicht zufriedenzugeben.

Weitere Symptome
- Kontrollzwang (ob Gas oder elektrische Geräte ausgeschaltet, die Türen verschlossen, alle Utensilien im Reisegepäck sind, usw.)
- Perfektionszwang
- Waschzwang
- Atemnot, Erstickungserscheinungen (siehe Saturn/Merkur)
- Furcht in geschlossenen Räumen
- Verrücktheit, Gedankenüberreizung (siehe auch Irresein: Uranus/ Pluto)
- Hyperästhesie des Hirns

HOMÖOPATHISCHE MITTEL

Säure	Hydrocyanicum acidum (Blausäure)	– heftige Angstzustände – schwere Zwangsvorstellungen – Atemnot, Erstickungserscheinungen – Furcht in geschlossenen Räumen
Pflanzen	Cimicifuga (Wanzenkraut)	– Hyperallergie, agitierte Zustände – Redemanie (unaufhörliches Rede- und Mitteilungsbedürfnis)

	Stramonium (Stechapfel)	– Zwangsneurosen – Besessenheitsvorstel- lungen – geschwätzig und über- dreht, depressiv – Delirien, sexuelle Spasmen – Überreizung, Hyperäs- thesie des Hirns
Tiere	Latrodectus mactans (Schwarze Witwe)	siehe unter Uranus/Pluto
	Theridion (Orangenspinne)	– nervöse Überempfind- lichkeit – Verrücktheit, Gedan- kenüberreizung (kopf- lastiges Durchdrehen)
Therapie	Psychoanalyse	

☿ ☿

Transite

Zusammenfassung
Die Welt ist, was wir sind. Und unsere persönlichen Beschwerden sind die Reflektionen dessen, was aus unseren gelebten Spannungen an Unerlöstheit auf uns zurückfällt!

Beispiele ♂ I
Hier haben wir eine Schülerin mit einer Pluto/Uranus/Merkur-Kon-junktion am Aszendenten, die während der Auslösung durch den laufenden Saturn mit 14 Jahren aus einem fahrenden Zug sprang.

Die Eltern berichteten, daß sich schon seit längerer Zeit eine zunehmende Veränderung bei ihrer Tochter herauskristallisiert hatte, gepaart mit Angstzuständen, die zu Verfolgungswahn und Hysterie (überspanntes Lachen, unbegründetes Weinen) führten und eigentlich schon länger auf eine nervenärztliche Behandlung hinwiesen.

Die Tochter gab auf Befragen ein Gefühl inneren Eingesperrtseins zu, das sie zwinge, durch unkonventionelles Verhalten sozusagen aus dem Gefängnis der äußeren Erwartungen »herauszuspringen«. Der Sprung aus dem Zug sei ihr wie ein Sprung aus dem starren Käfig menschlicher Normen in die Freiheit vorgekommen, wie die Flucht eines Vogels aus dem Käfig, wobei sie ein ausgesprochen gutes Verhältnis zum Tod habe. Dieser erschiene ihr wie ein Erlöser.

□ **3/6**
Während des Uranus-Transites über den Radix-Merkur in Haus 6 (in Quadratur zu Pluto in Haus 3; Radix-Uranus in 2) brachen bei einem 24jährigen Buchhändler und Bibelforscher (Zeuge Jehovas) so schwere Zwangsneurosen aus, daß es ihm zum Beispiel unmöglich wurde, länger als eine halbe Stunde am Steuer seines Wagens zu sitzen, ohne sich nicht die Hände waschen zu müssen. Er hatte die zwanghafte Vorstellung, daß seine inneren Spannungen sonst auf das Auto über-griffen und ihn in einen Verkehrsunfall verwickelten. Zudem mußte er, bevor er ins Auto einsteigen konnte, jedesmal zuerst ein Kreuzzeichen auf die Motorhaube und den Kofferraumdeckel machen, um sicher zu gehen, keinen Unfall zu verursachen.
Durch eine schwache Mondstellung am Aszendenten sowieso nicht mit einem überstarken Durchsetzungsvermögen gesegnet und von der gesamten Anlage her auch nicht unbedingt als Salonlöwe zu bezeich-nen, konnte sich die Neurose nur entwickeln, weil der Horoskopneh-mer unter dem Diktat von Pluto/Merkur insgeheim ganz froh war, die Sicherheit seiner unbewußten Autorität – wenn auch auf Kosten psychotischer Zwänge – leben zu können, anstatt aus sich heraustreten und sein geschwächtes Empfinden öffentlich durchsetzen zu müssen.

ARCHETYPEN & SYMBOLE

Thema	Schicksalsauslösung, Karmaerkenntnis
Ziel	innerer Schöpfungsplan
Sinn	schicksalseinsichtiges Erkennen
Berufung	Advocatus diaboli
Symbol	Caduceus, geflügelter Helm
Mythos	Sphinx
Sabbat	Todestag (die alljährlich wiederkehrenden Gedenk-tage an die Verstorbenen)

Gott	Anubis (ägyptischer Totengott)
Geister	Erinnerungen
Archetyp	Hermes Psychopompos
Zeichen	Ibiskopf
Kultstätte	Sphinx von Gise
Duft	Moder
Pflanze	Wachsblumen
Tier	Schakal, Fledermaus
Landschaft	Tartarus
Ort	Pyramideninneres; unterirdische Labyrinthe
Edelstein	Fluorit; Tektik (Quarzglas aus Meteoriteneinschlag)
Farben	gelb/schwarz, rauchgrau
Form	verästelt, bohrend, systemartig
Bauten	Kanalisationsschächte
Tanz	wirbelnde Gedanken
Ritual	Bestattung, Gedenkfeier, Totenmahl
Klang	Echo
Sinfonien	9te von Mahler; »Dante«-Sinfonie von Franz Liszt
Orchestermusik	»Variationen für Orchester« von Anton von Webern
Malerei	Kubisten (Versuch, die Welt von innen und außen gleichzeitig darzustellen: Picasso, Braque, Gris); »Der Turm der blauen Pferde« von Franz Marc (»Blauer Reiter«: Kandinsky, Klee, Kubin, Marc)
Dichtung	»Divina Commedia« von Dante Alighieri
Zitat	»Per me si va nella città dolente« (Inschrift des Danteschen Höllenportals: »Durch mich gelangt man in die Stadt der Schmerzen«)

♇ ♀ Pluto – Venus

Wirkungsstufe I   a) Konjunktion
                            b) Quadrat
                            c) Opposition

             II   a) Pluto in Haus 2 oder 7
                            b) Venus in Haus 8
                            c) Venus in Skorpion
                            d) Quincunx

           III   a) Hausspitze 2 oder 7 in Skorpion
                            b) Hausspitze 8 in Stier oder Waage
                            c) Herrscher von Haus 2 oder 7 in Haus 8
                            d) Herrscher von Haus 8 in Haus 2 oder 7
                            e) Trigon

           IV   a) Herrscher von Haus 2 oder 7 in Skorpion
                            b) Herrscher von Haus 8 in Stier oder Waage
                            c) Sextil

Pluto-Venus verkörpert das Verhalten, Sexualität als Unterwerfung zu betrachten, um vom anderen Besitz zu nehmen. Diese sexuelle Hypothek hat sich einerseits totgelaufen, und man strebt nach höheren Werten, andererseits ist es nicht möglich, diese psychischen Übergriffe auf andere Menschen einfach aufzugeben, weil sie allzusehr mit der inneren Struktur verbunden sind. Die Verlagerung in spirituelle, aus sich selber schöpfende Erkenntnisse muß erst erarbeitet werden. Dann allerdings stehen einem alle Türen offen.

Dieser Aspekt symbolisiert das Auffressen des anderen, die Einverleibung des Teils, der außerhalb von einem liegt, um sich der Liebe zu versichern. Das Problem liegt darin, daß das Zwangsverhalten von

Pluto Begleitumstände heraufbeschwört, die mit den Bedürfnissen der Venus nicht in Übereinstimmung zu bringen sind. Das Ergebnis besteht dann meist in einem Trauma und der Erkenntnis, daß Beziehungen nicht zu erzwingen sind.

In den Geburtsbildern von reifen Menschen kann dieser Aspekt die Notwendigkeit aufzeigen, im Kreislauf des Lebens vor allem mit dem Ende konfrontiert zu werden und über die sexuellen Triebe die tötende, regenerierende und wieder auferstehende Liebe zu erfahren, die auf den geistigen Ursprung allen Lebens zurückweist und den göttlichen Schöpfungsplan darstellt. Der Mensch unter dieser Konstellation muß meist alle seine Beziehungen und Verbindungen zur Umwelt verlieren, um zu erfahren, daß er mit dem Verlorenen nicht identisch ist. Daß im Gegenteil nur das unter Schmerzen Verlorene ihm die Chance gibt, sich im Verlieren zu erkennen. Er muß alle Beziehungen zerstören, welche seine Transformation behindern, und da die Beziehungsmuster in ihm selber liegen, muß er seine Verhaltensmuster liquidieren. Dann kann er wie Phönix aus der Asche steigen, weil er erst durch Loslassen die Freiheit erworben hat, sich mit jener Liebe zu identifizieren, die frei von emotionellen Zwängen und Übergriffen eine regenerierende und erlösende Wirkung ausstrahlt.

In ihren niedrigen Schwingungen wird man Pluto-Venus als sexuelle Leidenschaft wahrnehmen, die weder zu beherrschen noch zu lenken ist. Der Schlüssel zum Verständnis dieser spirituell verirrten Liebe ist, daß einen eine schier unersättliche Gier nach emotionellem Manna überkommt. Es ist der Versuch, ohne Rücksicht auf Schmerzen bis an die Schwelle vorzustoßen und die Grenze zu erkennen, die die Liebe von den Trieben trennt.

Da diese transzendente Suche aber leider oft in Form von Besessenheit oder Sexualzwang ausartet, fühlt sich der Betroffene meist ungeliebt und einsam, erschöpft und in seinen eignen Zielen unverstanden. Aber genau zu diesem Zeitpunkt, an dem ihn das Unbewußte sozusagen in den Feuerkreis der Krise stößt, kann der Mensch beginnen, sich mit den Quellen seiner inneren Ströme wieder zu verbinden, um die Übereinstimmung zwischen den triebhaften Bedürfnissen und der wahren Liebe zu erfahren: Die Liebe der Schöpfernatur zu sich selber, welche durch unsere Triebe atmet und welche erst durch unsere triebhafte Offenbarung in die Welt übertragen werden kann.

In dem Moment tiefster Niedergeschlagenheit herrscht gleichzeitig das Gefühl höchster Selbstaufgabe, wo sich das Ich aus Verzweiflung seiner Verantwortung entkleidet hat. Aus dem Mut aber, seine persönliche Begrenzung aufzugeben, damit Höheres entstehen kann, entwickelt sich die Gabe plutonischer Freiheit, die zwar schon immer in uns war, aber erst durch den Akt, das Ego hinter uns zurückzulassen, wie Feuer aus der Seele strömt.

♏ ♀
Psychologische Struktur

Ursache
Die Voraussetzung dieses emotionellen Verlangens, alles Äußere zu absorbieren, formulierte sich schon im kindlichen Verhalten, die Umgebung in seine Gefühle miteinzubeziehen, sie zu vereinnahmen.

Wirkung
Da es natürlich nicht Sinn und Absicht ist, sich in einer Symbiose zu verwirklichen, sondern es im Gegenteil um die innere Aufgabe geht, diese Empfindungen zu überwinden und sich auf seine eigenen Quellen zu besinnen, dürfen die Betroffenen nicht erwarten, daß sich diese Erwartungen erfüllen.

Hemmung
Man kann die Erfüllung seiner Wünsche entweder auf unbestimmte Zeit verschieben, in der Hoffnung, von einem starken Du irgendwann in Richtung Vollständigkeit ergänzt zu werden, ohne dabei zu merken, daß man nur unbewußt versucht, seinen tieferen Gefühlen auszuweichen ...

Kompensation
... oder man versucht, direkt in die Höhle des Löwen einzudringen, indem man den Teufel bei den Hörnern packt und den geliebten Menschen unter dem Vorwand, ohne ihn zu sterben, unter die eigene Knute zwingt.

Krise
Da wir hier aber die karmische Prägung finden, seine innere Entwicklung gerade über die äußeren Enttäuschungen zu leben, kommt es naturgemäß immer wieder zu traumatischen Erlebnissen, weil man sich an Partner bindet, die einen zwingen, die Ursachen seiner Enttäuschungen in sich selber zu finden.

Lösung

Denn das Credo dieser Erlebnisse gipfelt in der Einsicht, daß es keinen Tag ohne Nacht, keine Liebe ohne Enttäuschung gibt, weil das, was wir Liebe nennen, nur die Kaschierung unseres Unausgelebten durch den Partner ist, der uns vielleicht Rückendeckung und Sicherheit gibt, uns aber nicht der Verantwortung enthebt, den Quell der Liebe in uns selber zu entdecken.

☽ ♀

Karmisches Modell

Mythos

Der emotionelle Zwang, alle Mysterien der Liebe zu durchdringen und sich ohne Rücksicht auf die Wunden in der Unterwelt der Triebe aufzugeben, finden in der Antike ihr Pendant im Mythos »Die Büchse der Pandora«.

Pandora, das auf Zeus' Befehl geschaffene Weib, das von ihm auf die Erde gesandt wurde, um die Männer für den Raub des Feuers durch Prometheus zu strafen, symbolisiert den Hunger nach emotioneller Nahrung, den Drang, zu den Mysterien des Weiblichen vorzudringen und damit die den Göttern gestohlenen prometheischen (uranischen) Qualitäten wieder zurückzugeben. Das damit verbundene Gefühl, emotionale Erfüllung als wichtigstes Kriterium im Leben zu empfinden, weist sie als Verkörperung der Triebe aus. Da Pandora den Männern aber suggerierte, daß sie sie nicht lieben könne, weil ihre Liebe zu den Menschen von eifersüchtigen Göttern in der »Büchse« eingesperrt worden sei, halfen ihr diese, die Büchse zu öffnen (was in einem übertragenen Sinn der ersten Vergewaltigung gleichkam).

So öffnete Venus das »Tor der Triebe« (in der Mythologie öffnete Pandora die Büchse, in der alle Übel und Qualen eingeschlossen waren, die daraufhin die Welt überfielen und seitdem die Menschen plagen). Was da aber im Kleid der Liebe zum Vorschein kam und in die Welt drängte, waren jetzt genau die Werte, die wir zerstören und vollständig eliminieren müssen, wenn wir zum inneren Kern der Liebe vordringen wollen.

Menschen unter dieser Konstellation fühlen sich oft einsam, unverstanden und allein. Denn der Weg, über dem Pluto/Venus glüht, ist nicht nur mit unersättlicher Gier gepflastert, sondern auch von der Unfähigkeit umsäumt, Liebe zu empfinden, weil man keine Liebe geben kann.

Kind

Aus dem plutonischen Gefühl der Unvollkommenheit, der Unvollständigkeit und der inneren Angst heraus, aus seiner emotionalen Mitte verjagt zu werden (was sich in der Verbindung mit Venus auf Eigenschaften wie Charisma oder körperliche Anziehung beschränkt), versucht das Kind durch Einbeziehung seines Umfeldes Vollständigkeit zu erreichen. Es versucht, die Unvollständigkeit, die es in sich spürt, dadurch auszugleichen, daß es alles aufsaugt, was ihm aus der Welt entgegentritt.

Mann

Da dieses unwillkürliche Verhalten (sich alles einzuverleiben, was einem von außen entgegenblickt und was man bei sich selbst nicht sieht) auf ein urweibliches Verschlingen zielt, haben wir in den Gefühlsstrukturen ein typisch weibliches Empfinden vorliegen, welches im Horoskop von Männern leicht zu sexuellen Schwierigkeiten führt.

Bisexualität ist üblich, Homosexualität oft angesagt und selbst bei denen, die ihre Triebe normal ausleben, spüren wir ein extremes und widersprüchliches Verhalten, weil die Ästhetik und das Schönheitsempfinden der Venus mit den Übergriffen und Verschlingungen des Herrn der Unterwelt (»die Schöne und das Biest«) nur schwer zusammengeht und eine sexuelle Richtung symbolisiert, die bis zum völligen Aussaugen des Opfers reicht und auch vor bizarren Ritualen nicht zurückweicht.

Frau

Frauen versuchen, ihre charismatischen Instinkte einzusetzen, um Einfluß über Männer zu bekommen, weil ihnen nur die Macht über jenen Teil der Schöpfung, der außerhalb von ihnen liegt, Vollständigkeit suggeriert.

Da sie aus ihrer eigenen Unvollständigkeit heraus nicht spüren, daß ihre Leere gerade der Abweichung von ihrem innersten Wesenskern entspricht, können sie natürlich auch nicht spüren, daß alle Bemühungen in dieser Hinsicht sie nur immer weiter von ihrem eigentlichen Ziel wegführen. Bildlich gesprochen, nützt es nichts, ein Faß mit Liebe zu füllen, solange das (psychische) Leck nicht gestopft ist.

Sinn

Wenn wir erkennen, daß unsere Vorstellung vom idealen Partner oder vom großen Glück gerade dem Spiegelbild unserer eigenen Liebesunfähigkeit entspricht, erkennen wir gleichzeitig, daß unsere Erfahrun-

gen und Enttäuschungen nichts anderes als die Reaktionen auf diese
Mängel sind, denen wir uns unbewußt ausliefern.

☿ ♀
Krankheitsdispositionen

Übersteigertes Hingabeempfinden (weiblich/passiv)
Da Sexualität die gängigste Methode ist, um aus seiner eigenen
Unvollständigkeit herauszukommen und die Grenzen der eigenen
Personalität wenigstens für einen kurzen Moment zu erweitern,
versucht der Pluto/Venus-Mensch verzweifelt, durch die Verschmelzung mit dem anderen seiner inneren Leere zu entkommen. Er
versucht sich mit jemandem zu verbinden, der ihm Vollständigkeit
verspricht und dabei seinem äußeren Schönheitsbild entspricht. Dann
vereinigt er sich körperlich mit dieser »Wahl seiner Vorstellung« und
erlebt dabei vielleicht den Inbegriff seiner Vorstellung von Glück, der
sich aber nicht halten läßt.

Weil er diesen Moment nicht loslassen will, da er ihm die Leere füllt
und ihn für kurze Augenblicke vollständig macht, liefert er sich diesem
Glücksgefühl (sprich: Orgasmushäufigkeit) aus. Das Problem liegt
jedoch nicht beim Orgasmus, denn bei einem Orgasmus stirbt das Ich
verbunden mit seinen Zwängen und Übergriffen, nein, das Problem
liegt bei der zwanghaften Sucht nach dem Orgasmus, um der eigenen
inneren Leere zu entkommen.

Denn es handelt sich hier nicht um das spirituelle Streben, sein Ego
in der Verschmelzung (der alchemistischen Verbindung) mit einem
anderen Menschen aufzugeben, sondern im Gegenteil um den über-
greifenden Versuch, einen anderen zu einem festen Bestandteil von
sich selber zu machen, um dieses »Aufgehen in der Sonne« (Verschmelzen mit dem Kosmos) nach eigenem Gutdünken zu handhaben.

Weitere Symptome
– Nymphomanie (Orgasmussucht)
– übertriebene Einbeziehung des Sexualpartners
  (Übergriffe: siehe Pluto/Mond)
– Verlustängste (siehe Saturn/Mond)
– emotionelle Einschnürungsgefühle
– krankhafte Eifersucht
– innere Leere
– Hysterie

- übersteigerte Drüsentätigkeit
- Nierenentzündungen
- Ekzeme

HOMÖOPATHISCHE MITTEL

Metall	Cuprum metallicum (Kupfer)	– Sinnlosigkeitsgefühle, innere Leere – Abgrenzungsschwierigkeiten zum Partner (Festklammern am anderen)
Pflanzen	Belladonna (Tollkirsche)	– Eintauchen in die Unterwelt – Delirium (den inneren Dämonen ausgeliefert sein) – Hysterie, Perversion (Fressen und Gefressenwerden)
	Solanum nigrum (Schwarzer Nachtschatten)	– Besessenheitsvorstellungen, Verschmelzungseinbildungen (glaubt Teil von jemand anderem zu sein) – Erregungszustände, sexuelle Hysterie
Tier	Apis mellifica (Biene)	– emotionale Einschnürungsgefühle – Verlustängste, Erstickungserscheinungen beim Loslassenmüssen (Partnerverlust etc.) – Eifersucht, sexuelle Übersteigerungen – Nierenentzündungen, Ekzem
	Tarantula hispanica (Spanische Tarantel)	Probleme ähnlich wie bei Apis, die Symptome laufen aber stärker ab:

	– Nymphomanie	
	– Hysterie	
	– Einsaugen des anderen	
	– Sexualitätsbedürfnisse bis zum Wahnsinn	

Therapie	– Striptease	
	– Sexualmagie	
	– türkische Bäder	Tausendundeine Nacht

☽ ♀

Transite

Allgemein Unter dieser Konstellation werden die gefühlsmäßigen Loslösungsprozesse angesprochen. Denn hier verbinden sich Teile unseres Unbewußten mit Teilen des Bewußten zu Manifestationen schicksalhafter Ausbrüche, deren Konsequenzen überfällig sind.

Beispiele □ 4/7

Die Geborene (die neben der Pluto/Venus-Spannung auch eine Neptun/Mond-Konjunktion in Haus 9 hatte) übernahm nach dem frühen Tod der Mutter in der Familie die dominante Rolle. In dieser Position verzichtete sie auf eine Ausbildung und blieb über Gebühr am Vater hängen, um ihm in der Haushaltsführung und der Erziehung der jüngeren Geschwister beizustehen.

Während des Uranus-Transits über Neptun/Mond – sie war inzwischen 23 Jahre alt – heiratete ihr Vater eine Frau, die nur 6 Jahre älter als sie selber war und die sie auf den Tod nicht ausstehen konnte: Schneewittchens Angst (Neptun/Mond) vor der bösen Stiefmutter (Pluto in Haus 7) wurde durch den Uranus-Übergang geschürt, während der rückläufige Mars im Wassermann (im Spannungsaspekt zu Pluto/Venus) gleichzeitig die Durchsetzung ankurbelte, was in diesem Zusammenhang zum »Durchmarsch durch die Angst«, zum Versuch der Selbstvernichtung, führte.

Sie sah sich als Vertraute ihres Vaters hintergangen und spürte, daß sie ausgedient hatte. Trotzdem wollte es ihr unter dem Transiteinfluß des rückläufigen Mars nicht gelingen, diese Tatsache innerlich zu akzeptieren. Also erkrankte sie an einer »Grippe« mit Kopfschmerzen, Schwindel und gleichzeitigen Bewegungseinschränkungen mit Lähmungserscheinungen. Die Diagnose lautete »Hysterie«, und ein mehrwöchiger Aufenthalt in einem Sanatorium brachte durch Schock-behandlungen und Therapie eine vorübergehende Besserung. Als sich der Allgemeinzustand aber so weit besserte, daß sie nach Hause entlassen werden sollte (zur Stiefmutter!), brach eine akute Nierenent-zündung aus.

Die Ursachen dieser Komplikationen dürften in der Psyche der Betroffenen gelegen haben, die sich durch die Heirat ihres Vaters verschmäht und ausgestoßen fühlte, was durch die integrierende Pluto/Venus-Komponente einem inneren Verlust des Lebenssinns gleichkam, den sie unbewußt mit Totstellen (vgl. Neptun/Mond: »Annahme des vergifteten Apfels durch die Stiefmutter«) beantwor-tete.

♂ 5/11

Während der Auslösung der Geburtsstellung durch den im Quadrat laufenden Pluto (Radix-Pluto in Haus 5) wurde eine resolute 40jährige Unternehmerin, die mehrere Betriebe in der Vergnügungsbranche unterhielt, von ihrem zwölf Jahre jüngeren Mann nach siebenjähriger Ehe sitzengelassen und das ausgerechnet zu einem Zeitpunkt, als sie begann, sich mehr um ihn zu kümmern, um ihm den Wunsch nach einem geborgenen Zuhause zu erfüllen.

Ihr Mann, ein homosexueller Typ, der seine verdrängte Weiblichkeit in der passiven Hingabe an die bemutternde, verschlingende Frau zwar loswurde, sich ihr seelisch aber immer wieder entzog, um damit stellvertretend seine übergreifende Mutter (Pluto/Mond) zu bestrafen, fungierte in dieser Ehe zwar als Frau, aber nur so lange, wie die Klientin ihr Hingabeverlangen vergewaltigte und den »Brutalo« her-auskehrte, der sich die Umwelt unterwarf.

Mit anderen Worten: Der homophile Mann führte eine Ehe mit seinen eigenen Verdrängungen (im Kleid des Weiblichen), die nur so lange funktionierte, wie die Frau nicht wirklich weiblich wurde.

Zusammenfassung

Wenn wir die aus unserer Minderwertigkeit geborene Faszination erkennen, dann reizen uns diese Begegnungen bald nicht mehr, weil wir die »Löcher«, welche uns die Berührung überhaupt erst sinnvoll machen, durch eigene Erfahrung ausfüllen.

ARCHETYPEN & SYMBOLE

Thema	Sexualität
Ziel	absorbieren (einverleiben)
Sinn	körperliche und gefühlsmäßige Übereinstimmung
Berufung	femme fatale
Symbol	Schamhügel (Venusberg)
Mythen	Pandora; Danae (Danaiden-Faß)
Sabbat	Walpurgis
Götter	Pan, Baal, Beelzebub, Asmodaios, Astaroth
Archetypen	Omphale; Phyllis; Circe (verwandelt Männer in Schweine)
Zeichen	Ketten, Fesseln, Handschellen
Kultstätten	Ruinen von Ninive (Palast Assurbanipals); Alabastersphinx (Memphis)
Duft	Patschuli; Leder
Pflanzen	Tollkirsche, Venusfliegenfalle
Tier	Tarantel
Landschaft	mediterrane Hügellandschaft
Ort	Berghöhlen (Venusberg bei Spoleto/Umbrien)
Edelstein	Hyalit (wasserheller, glänzender Opal); Vesuvian (Idokras)
Farbe	glänzendes, durchdringendes Strahlen in allen Farbmustern
Form	komplexe, wabenähnliche Struktur
Baustil	eklektizistisch-historischer Monumentalismus (riesenhafte futuristische Wohnanlagen aus Sichtbeton)
Tanz	rituelle Balz
Ritual	Sexualmagie (Lustfolter)

Instrument	lockende Panflöte
Klang	sinnliche, betörende Farbgebungen; üppige, berauschende Klangkultur
Musik	»Le poème de l'exstase« von Alexander Skrjabin
Musikdrama	»Tristan und Isolde« von Richard Wagner
Malerei	»Die Brautwaschung« von Max Ernst; »Phalleluja« von H. R. Giger
Holzschnitt	»Aristoteles und Phyllis« von Hans Baldung Grien (Phyllis versprach dem Philosophen ihre Gunst, wenn er sie zuerst auf ihm reiten ließe!)
Literatur	»Im Bordell der Bella Cohen« – Bizarr-erotischer Dialog aus »Ulysses« von James Joyce; französische erotische Literatur (»Emanuelle«, »Solange«, »Histoire d'O« etc.)
Zitat	»Höre ich nur diese Weise, die so wundervoll und leise, Wonne klagend, alles sagend, mild versöhnend aus ihm tönend, in mich dringet, auf sich schwinget, hold erhallend um mich klinget? Heller schallend, mich umwallend, sind es Wellen sanfter Lüfte? Sind es Wogen wonniger Düfte? Wie sie schwellen, mich umrauschen, soll ich atmen, soll ich lauschen? Soll ich schlürfen, untertauchen? Süß in Düften mich verhauchen? In dem wogenden Schwall, in dem tönenden Schall, in des Welt-Atems wehendem All ertrinken, versinken unbewußt höchste Lust!«

(Isoldes Liebestod in »Tristan und Isolde«
von Richard Wagner)

☋ ♂
Pluto – Mars

Wirkungsstufe I   a)   Konjunktion
                   b)   Quadrat
                   c)   Opposition

             II   a)   Pluto in Haus 1
                   b)   Mars in Haus 8
                   c)   Aszendent Skorpion
                   d)   Mars in Skorpion
                   e)   Geburtsherrscher in Haus 8
                   f)   Quincunx

           III   a)   Geburtsherrscher in Skorpion
                   b)   Hausspitze 8 in Widder
                   c)   Herrscher von Haus 8 in Haus 1
                   d)   Trigon

           IV   a)   Herrscher von Haus 8 in Widder
                   b)   Sextil

Da Mars die bewußte Kraft darstellt, die zur Durchsetzung persönlicher Ziele zur Verfügung steht, und Pluto den dunklen Urgrund symbolisiert, aus dem sich alle bewußten Handlungen speisen, kann man zur Verbindung dieser beiden Kräfte sagen, daß durch den Raster der Vergangenheit eine Vision der Zukunft in die Gegenwart übertragen wird.

Pluto bringt laufend die veralteten Verhaltensstrukturen zum Vorschein, die von Mars eliminiert werden müssen, wenn man für das Neue aufnahmebereit sein will. Dieser Vorgang läßt sich im Frühjahr beim Sprießen der Saat besonders gut beobachten, weil das Saatkorn gerade durch seine eigenen Kräfte zerstört wird, wenn der innere Wachstumsprozeß in Erscheinung tritt.

Ähnlich muß man sich Liebe und Tod im Lauf der menschlichen Entwicklung vorstellen. Die sexuelle Kraft zeichnet sich dadurch aus, daß sie als Vermittlerin zwischen Geist und Materie der menschlichen

Seele ermöglicht, in den körperlichen Leib geboren zu werden. Gleichzeitig zwingt sie den Menschen, seine innere Spannung im Geschlechtsverkehr zu lösen und durch Zeugung und Vermehrung die nie zu befriedigende Spannung immer weiter in Raum und Zeit hinauszutragen, bis sein Bewußtsein zum göttlichen Allbewußtsein zurückkehrt.

Pluto-Mars steht für die vielen kleinen Tode, die uns immer wieder zwingen, Abschied zu nehmen und Vertrautes hinter uns zurückzulassen, das unserem Schicksal im Wege steht. Da wir Menschen uns aber gerne mit unseren Gewohnheiten identifizieren und die vertrauten Verhaltensmuster nur ungern aufgeben, legen wir uns oft quer – mit dem Ergebnis, daß wir alles Dunkle auf die bösen Feinde projizieren, die von außen auf uns zukommen, damit wir die notwendigen Veränderungen über äußere Einwirkungen und Schicksalsschläge »ohne jede Schuld« erleiden können. Mars ahnt auf seiner niederen Bewußtseinsstufe nicht, daß diese Schatten Verkörperungen aus seinem eignen Unbewußten sind – also Teile von ihm selbst.

Mars versinnbildlicht das Ich eines Menschen oder wenigstens jenen kleinen, persönlichen Teil seines Ichs, der ihm schon bewußt geworden ist. Pluto und Mars sind neben Uranus die Planeten, durch die wir am meisten mit einschneidenden Eingriffen und äußeren Veränderungen konfrontiert werden. Während die Aktionen von Mars aber auf bewußten Motivationen ruhen, beruhen die von Pluto und Uranus verkörperten Tatsachen auf der Folgerichtigkeit kosmischer Ursprünge. Das Gefährliche von Pluto-Mars liegt in der Möglichkeit, die instinktiven Kräfte für eigenmächtige Zwecke einzusetzen, welche außerhalb der persönlichen Kontrolle skrupellose und diabolische Züge annehmen können, die nur noch als Besessenheit und Wahnsinn zu charakterisieren sind.

Der Betroffene ist von dem Zwang besessen, seine instinktiven Triebkräfte einzusetzen. Gleichzeitig aber wird er, wenn er einer bestimmten Idee ergeben ist, diese Besessenheit als eine karmische Mission erkennen. Oft werden solche Menschen unmittelbar in Kämpfe verwickelt oder von Krisen, Umwälzungen und Revolutionen angezogen, welche das Erlösungsmoment von Gewalt und Tod schon in sich tragen. Oder sie können die größenwahnsinnige Tendenz haben, alles Unvollkommene und Schwache zu zerstören. Wenn Pluto-Mars aktiviert wird, kann der zwanghafte Wunsch entstehen, sich gegen alle Schwierigkeiten zu behaupten, der Gefahr ohne Zögern ins Auge zu schauen und den Teufel geradezu herauszufordern. Hier verbindet sich der Zwang zur Selbstdurchsetzung mit anderen Motiven: Man hängt an heroischen Vorstellungen, welche einen zwingen, über sich hinauszuwachsen. Diese Inhalte, die archetypische Muster in sich tragen, verlangen, daß wir das unbewußte Wirken der Instinkte zu höheren Zielen transformieren, damit kreative und geistige Ventile geschaffen werden, ohne sich selbstzerstörerisch zu manifestieren.

Nur ein hochentwickelter Geist ist in der Lage, dieses Stirb-und-Werde-Prinzip Plutos zu erfahren, weil er erkannt hat, daß Wille und Weg eins geworden sind. Was wir Freiheit des Geistes nennen (Mars), ist der Zwang zu unserem eigenen Wachstum (Pluto). Real kann daher nur sein, sich an die eigene Natur anzupassen, was im eigentlichen Sinn aber nicht mehr Anpassung, sondern schon Entwicklung ist.

Vergegenwärtigen wir uns dieses Prinzip an der altgermanischen Siegfriedsage: Siegfried ersticht den Drachen mit dem Schwert des Bewußtseins (Mars) und badet sich anschließend im Drachenblut. Damit taucht er ins Unbewußte, verschmilzt mit der eigenen Spiritualität, wodurch er die Sprache der Tiere versteht. Man könnte das so deuten, daß der Drache die menschliche Form verkörpert, welche mit dem Schwert des Willens überwunden werden kann, wenn die innere Entwicklung dazu reif geworden ist. Denn so wie sich das Saatkorn durch seine eigene Kraft zerstört, wird die menschliche Form zerstört, wenn der geistige Wachstumszyklus (Pluto) in Erscheinung tritt und das äußere Weltbild zerbricht. Erst dann kann die Seele – von den Vorstellungsfesseln der Alltagswelt befreit – aus den Trümmern ihres Kerkers kriechen und wie ein Adler in die Sonne fliegen. Um dort im Feuer zu verglühen.

☽ ♂
Psychologische Struktur

Ursache
Die Ellbogenmentalität, alles aus dem Weg zu boxen, was sich dem Betreffenden entgegenstellt, mag im Umfeld eines brutalen Vaters wurzeln, der alles aus dem Weg räumte, was ihm zum Erreichen seiner Ziele hinderlich erschien.

Wirkung
So wird man den Spieß später umdrehen und gegen die Umwelt so agieren, wie man von ihr selber behandelt wurde. Das ist kein

unnatürlicher Prozeß, seinen angestauten Aggressionen zu begegnen; unangenehm ist nur dieser ewige Actio-Reactio-Mechanismus, nämlich genau das in die Umwelt abzustrahlen, was einem einstmals selbst widerfahren ist.

Hemmung

Es kann natürlich auch vorkommen, daß der Mensch, der auf totale Durchsetzung ausgerichtet ist, durch Niederlagen so sehr verunsichert wurde, daß er das verlorene Potential über Personen zurückzubekommen versucht, die das verkörpern, was er selber darzustellen sich nicht traut: äußere Gewalt. (Der Ohrfeige ist es egal, ob man sie austeilt oder erhält!)

Kompensation

Umgekehrt kann man sich von den Hindernissen aber auch herausfordern lassen und sich einen persönlichen Sport daraus machen, alle Widerstände aus dem Weg zu fegen, da man die Selbsteinschätzung vom Erreichen seiner Ziele abhängig macht. Mars ist in mancher Hinsicht wie ein kleiner Bub, der sich im Mittelpunkt des Universums wähnt und darauf besteht, daß sich die Dinge um ihn drehen.

Krise

Da aber Pluto die Bedingungen, unter denen Mars agieren kann, anzeigt und gleichzeitig auf Transformation hinweist, können wir hier sehen, wie selbst Mord und Totschlag zum göttlichen Baustein in der unerbittlichen Folgerichtigkeit des Schöpfungsplanes werden und auf die karmischen Urmuster zurückweisen, die sich einmal in die Welt gesetzt, in immer neuen Verästelungen zu immer komplizierteren Verflechtungen auswirken, deren Ausdruck unser karmisches Verhalten ist.

Lösung

Weil unser individuelles Verhalten zwar nie richtig, aber genausowenig falsch, sondern nur immer folgerichtig ist, kann die Lösung nur heißen, daß es keiner Lösung bedarf, weil es auch keine Probleme gibt.

Man könnte natürlich auch optimistischer argumentieren und dem Betreffenden empfehlen, durch geistige Reife eine weitere Perspektive zu gewinnen, die groß genug ist, um seinen ungebändigten Egoismus in den Griff zu bekommen (aber nicht so groß, um einzusehen, daß es nicht das Wirken dieses Aspekts sein kann, sich in seinen eigenen Auswirkungen zu torpedieren).

Innerhalb des Zusammenspieles aller Gestirne steht Mars für das

spontane Durchsetzen kurzfristiger Ziele, die ebenso ein Teil vom
Ganzen sind wie die durchrationalisierten, ausbalancierten Strategien.
Durch die Beteiligung von Pluto geht es aber weniger um die Frage,
diese Durchsetzungszwänge in den Griff zu bekommen, als um die
Tatsache, eine Ebene zu finden, wo sie sich weniger kriegerisch auf
unser gesellschaftliches Leben auswirken.

☽ ♂
Karmisches Modell

Mythos
Wenn sich hinter Neptun/Mars ein potentieller Drachentöter versteckt, der sich dem verschlingenden Aspekt der Frau zwar stellen
wollte, vor dem schrecklichen Ungeheuer aber geflüchtet ist, dann
werden wir unter Pluto/Mars den Helden vorfinden, der das Mutterbild besiegt, den Drachen mit dem Schwert getötet hat und dessen
letzte Aufgabe darin besteht, sich mit sich selber zu versöhnen und die
verletzte Weiblichkeit in sich zurückzunehmen. Er muß sich im Blut
des Drachens wälzen, um sich mit seiner verdrängten Weiblichkeit
wieder zu verbinden und damit vollständig zu werden.

In Richard Wagners »Nibelungenring« sehen wir, wie Siegfried an
seinem weiblich Unbewußten scheitert, als er den Drachen besiegt und
sich damit indirekt Brunhild zur Braut erkürt. (Durch das Drachenblut wurde er unverletzlich und konnte als einziger den Feuerring
durchdringen, der Brunhild vor den Menschen schützte, denn als der
unentwickelte weibliche Teil in seiner Psyche – seine Mutter starb bei
der Geburt – war sie ja nur für ihn bestimmt.)

Zwar verbindet er sich mit ihr, erkennt sie aber nicht, weil er vom
Weiblichen kein Bild hat. Im Bühnenstück wird das durch einen
Zaubertrank symbolisiert, so daß er Brunhild aus dem Gedächtnis
verliert und sie für König Gunther freien geht, wofür er dessen
Schwester Kriemhild zur Frau erhält. Damit setzt er sich aber Brun-
hilds Rache aus, die sich mit Hagen verschwört und diesem zeigt, wo
er Siegfried töten kann, weil er durch das Blut des Drachens unver-
wundbar geworden war bis auf die Stelle, wo ihm ein Blatt beim Baden
auf die Schulter fiel.

Indem er Brunhild den Feinden überließ (seine verdrängte Weiblichkeit den Trieben überantwortete), die ihn dafür an seinen eigenen
Schatten (Hagen) verriet, damit ihn dieser mit dem Speer dort töten
konnte, mußte er seine Erlösung Brunhild überlassen (seiner symbo-

lisch durch den Zaubertrank verdrängten Weiblichkeit), die ihm dann lebendigen Leibes ins Feuer folgte, welches sie für seine Leiche aufhäufen ließ (vgl. »Frau«).

Oder machen wir einen Sprung in die Antike: Herakles, dem kein günstiges Mutterbild zur Seite stand, weil sich Zeus seiner Mutter Alkmene in der Gestalt ihres Gatten Amphitryon näherte und Herakles deshalb nicht nur eine unschuldig betrogene Mutter hatte, sondern in der Gattin des Zeus auch noch eine eifersüchtige Stiefmutter vorfand.

Diesem dunklen Mutteraspekt stellte der Held dann seinen Männlichkeitswahn entgegen, der ihn zwar sämtliche Ungeheuer besiegen ließ, ihn mit seiner inneren Weiblichkeit aber nicht aussöhnte. Denn als ihn sein Vater Zeus dazu verurteilte, drei Jahre lang bei der lydischen Königin Omphale (Pluto/Venus) zu dienen, war er nicht in der Lage, den negativen Attributen seines Mutterbildes entgegenzutreten und sich die Libido zurückzunehmen. Es war für ihn leichter, sich alle Schätze dieser Welt (Pluto/Mars) zu erobern, als sich die Libido vom Mutterbild zurückzuholen (Neptun/Mars). Statt also den »Drachen« zu überwinden, der ein Teil seiner eigenen Psyche war, wurde er zum Lustsklaven, der am Spinnrad saß, während Omphale ihn, mit Löwenfell und Keule parodierend, vor aller Augen bloßstellte.

Doch eines Tages begegnete er seinem Schicksal in der Gestalt des Kentauren Nessos, den er tötete, weil sich dieser an Deianeria, seiner Frau, vergreifen wollte. Da Herakles aber nicht daran dachte, sich in Nessos Blut zu wälzen, gab dieser Deianeria sterbend den Rat, sein Blut als Aphrodisiakum zu benutzen, falls sich Herakles' Liebe zu ihr einmal erschöpfe. Es dauerte auch gar nicht lange, bis sie (aus Eifersucht) das Gewand ihres Gatten im Blut des Kentauren tränkte. Herakles zog es nichtsahnend an und wurde sofort von rasenden Schmerzen gepeinigt. Er versuchte sich das Gewand sofort vom Körper zu reißen, doch er war von seiner dämonischen Weiblichkeit schon überwunden, die ihn ins Nessoshemd einflocht, denn gleichzeitig mit dem Stoff löste sich auch sein Fleisch vom Leib. Damit war seine schwerste Aufgabe, sich mit den dunklen Müttern wieder zu verbinden, mit dem letzten Atemzug erfüllt. (Sterbend läßt er sich einen Scheiterhaufen errichten, aus dessen Flammen er zu den Vätern emporsteigt.)

Mann

Auf der inneren Ebene bedeutet das, daß der Held getrieben wird, seine eigene menschliche Form zu zerstören, so wie das Saatkorn seine eigene Form zerbricht, wenn der plutonische Wachstumszyklus in

Erscheinung tritt. Hier verbindet sich der Zwang nach Selbstdurchsetzung mit anderen Motiven: Man hängt an heroischen Vorstellungen, welche einen zwingen, über die eigene Form hinauszuwachsen und diese dadurch zu zerstören.

Das Sonderbare an diesem Verhalten aber ist, daß sich der Mensch absolut nicht im klaren darüber ist, was ihn im Innersten bewegt. Da Mars die Energie symbolisiert, die wir für die Durchsetzung unserer persönlichen Ziele in der Welt zur Verfügung haben, Pluto aber die Urmuster betrifft, welche diese Energien dirigieren und die inneren Bedingungen für die äußeren Ziele anzeigen, können wir vermuten, daß die zwanghaften Kräfte, die unter dieser Konstellation zum Ausbruch kommen, irgendwie der Transformation der eigenen Personalität dienen.

Frau

Die Frau wird versuchen – falls sie keine Amazone ist –, die zwanghaften männlichen Energieströme, die zu groben Verletzungen moralischer und sozialer Werte führen können, dadurch loszuwerden, daß sie ihre eigenen Aggressionen auf die Männer überträgt und deren asoziales oder gar kriminelles Verhalten zur eigenen Spannungslösung bekämpft. Sie wird den Kampf gegen die Brutalität als ihre ureigenste Aufgabe empfinden und sich mit einer fanatischen Hingabe dem Pfad der Gerechtigkeit zuwenden, was der Bekämpfung ihres eigenen »Sündenbocks« in der Gestalt der anderen entspricht.

So versucht sie sich im anderen zu erlösen, indem sie ihn zum Ausleben seiner Aggressionen bringt (und dadurch zur Annahme von Schuldgefühlen), ihn aber gleichzeitig zu retten sucht, sobald er die Rolle ihres Schattens spielt und in ihr dadurch den Wunsch auslöst, ihn durch die Opferrolle in ihrer eigenen Inszenierung wieder zu erlösen. (Vgl. Mythos: Brunhild verrät Siegfried, weil sie sich verraten fühlt, sühnt aber ihren eigenen Irrtum, indem sie ihm ohne Zögern in den Tod folgt!)

♆ ♂
Krankheitsdispositionen

Geltungsstreben

Menschen kommen unter dieser Konstellation von ihrer Selbstdarstellung niemals los, und was nach außen hin heldenhaft erscheint, weil sich der Alltag als zu eng erweist und sie ihrem Schicksal auf bedeutungsträchtigere Weise begegnen, ist nur der kompensierende

Versuch, Identitätsschwäche und Mutlosigkeit hinter großen Gebär-
den zu verstecken, um wenigstens der Umwelt vorzuspielen, was sie
bei sich selbst nicht finden: Selbstvertrauen und Stärke.
So versuchen sie ihre innere Leere zu verbergen, weil sie das
Verlangen zu zerstören, irritiert. Erst wenn sie den inneren Sinn dieses
Aspekts erkennen, sich durch Zerstörung zu transformieren, können
sie auch den inneren Sinn ihres Verhaltens ergründen, sich nicht damit
zufriedengeben zu können, gewöhnliche Menschen zu sein. Dann erst
können sie im eigenen Zwiespalt zwischen übertriebenen Minderwer-
tigkeitskomplexen und gesteigertem Geltungsbedürfnis die Antwort
finden, warum sie einen Drachen erschlagen müssen und nicht einfach
wie normale Leute ihren Alltagspflichten nachkommen können.

Übersteigerter Geschlechtstrieb (männlich/aktiv)
Gleichzeitig steht dieser Aspekt aber auch für die widerstreitenden,
animalischen Triebe, die einerseits zwar voller Vitalität sind, andererseits aber nie zu einem harmonischen Zusammenspiel finden. Unter
dieser Konstellation Geborene werden von Eigenschaften wie Helden-
haftigkeit oder übertriebenem Mut berührt – Merkmale, die auch viele
Frauen mit dieser Konstellation haben. Wir finden bei ihnen allen ein
Verhalten, dessen Grundlagen nicht in der Gestaltung sexueller Wonne
wurzeln, sondern in den Aggressions- und Durchsetzungsinstinkten
des Körpers; denn für die Lebenskraft und Freude fehlt der spirituelle
Vater (Jupiter), der diesem Zeichen jovialere Konturen geben könnte.
Schon Kinder zeigen sich früh beeindruckt und unsicher und
verstecken sich gern hinter der Maske der Ichhaftigkeit. Später vermögen sie ihre Maske nicht mehr loszulassen und opfern ihre Unbe-
schwertheit dieser überbordenden Triebhaftigkeit. Menschen sind
permanent in Auseinandersetzungen mit der Umwelt verwickelt und
befinden sich auch ständig im Balzgehabe um ein lockendes Sexaben-
teuer. Während sie von ihrem Ehrgeiz dazu angestachelt werden, sich
immer und überall durchzusetzen, werden sie gleichzeitig um jeden
Lebenssinn betrogen, weil es nie zu sinnvollen Lösungen, sondern
immer nur zu Zielen mit größerer Hektik (und nervöseren Störungen)
kommt.

Weitere Symptome
– Gewalt
– Obsession
– Paranoia
– Fanatismus
– Workaholic

HOMÖOPATHISCHE MITTEL

Tiere

Cantharis (Spanische Fliege)	– übersteigerter Geschlechtstrieb (Sexualwahn, Hysterie)	
Hydrophobinum (Speichel eines tollwütigen Hundes)	– Durchsetzungszwänge (Amoklauf) – Geltungswahn – abnorme Libido	
Scorpio (Skorpion)	– Gewalt (alle Formen von Vorstellungsbesessenheit)	
Vespa crabro (Hornisse)	– Geltungsstreben – unerträgliche Erregungszustände – entzündliche Reaktionen	

Therapie

– Wettkämpfe (Kampfsportarten)	Kanalisieren der Energie!
– Aufpralltherapie (metaphorisch)	Die unter Neptun/Mars zerbrochenen Teller wieder zusammenflicken!

♅ ♂
Transite

Zusammenfassung
Pluto/Mars-Transite können uns mit den Ur-Aggressoren in Verbindung bringen, die uns nur dort in Ruhe lassen, wo wir andere zerstören!

Beispiele ♂ 12
Ein Jungverheirateter beklagte sich, daß seine Frau nur an Analkontakt Interesse hätte (besonders nach kleinen Scharmützeln, die sie aus diesem Grund anzettle) – eine Praktik, die ihm widerstrebe. Wenn er sich dem aber widersetze, verzichte sie auf jeden weiteren Geschlechtsverkehr.

Auf Befragen gab sie ohne Umschweife zu, daß es ihr nach Streitereien ungemeine Lust bereite, auf diese Weise befriedigt zu werden (dabei wisse sie gar nicht, wieso!). Durch die Anwendung von Hypnose konnten die Voraussetzungen zu diesem Zwangsverhalten in einem traumatischen Erlebnis während der Kindheit gefunden werden, als sie von rasenden Schmerzen in der Aftergegend befallen wurde. Der sofort hinzugezogene Doktor mußte ihr damals eine Nadel entfernen, die quer im Anus steckte und von der niemand wußte, wie sie hineingekommen war. Der Arzt diagnostizierte vorzeitige Pubertät, weil er annahm, daß sie sich die Nadel selber hineingestochen haben mußte.

Diese steckengebliebene Nadel war aber nur die kindliche Reaktion auf das vorangegangene Trauma, nämlich in der Schule zum Eingeständnis eines Vergehens gezwungen worden zu sein, das sie gar nicht begangen hatte. Dabei handelte es sich um die Verunreinigung der Toilettenanlage. Weil der Lehrer die Schuldige nicht ermitteln konnte, mußten alle Mädchen so lange nachsitzen, bis sich die Täterin bekannte. Dabei richtete sich der Verdacht der Klasse gegen die Geborene, und diese mußte schließlich die von ihr nicht verübte Tat zugeben und die Fäkalien unter dem Gelächter der Klasse aufputzen.

Da sie sich von der Masse (Pluto) gezwungen sah, die Aggression gegen sich selber zu richten, vervollständigte sie die an sie herangetragene Erwartung, indem sie zu Hause in selbstvernichtender Absicht (12tes Haus) Nadeln (Mars) verschluckte, von denen sich dann eine im Darmausgang verhakte.

♂ 2/8

Hier finden wir das kompensierende Verhalten eines Polizisten, nach jedem ungelösten Fall auf die Jagd zu gehen und ein Tier zu schießen; nach Auseinandersetzungen mit der Frau aber in den Stall zu gehen und ein Huhn zu schlachten!

♏ ♂

ARCHETYPEN & SYMBOLE

Thema	Krieg
Ziel	Durchsetzung
Sinn	Sieg über sich selbst
Berufung	Held (Amazone), Tyrann
Symbol	Phallus

Mythen	Herakles; Bellerophon; Theseus und der Minotaurus
Sabbat	Litha (Sommersonnenwende)
Götter	Ares, Nergal
Dämonen	Riesen, Zyklopen
Archetypen	Siegfried, Achill, der triumphierende Simson (Samson)
Gerät	Keule (Feuerwaffe)
Kultstätten	Knossos auf Kreta; Löwentor der Burg von Mykene
Duft	Schweiß
Pflanze	Teufelsdreck (Stinkassant)
Tiere	Skorpion, Krokodil, gereizter Stier
Landschaft	Dschungel, Dickicht, Schlachtfelder
Ort	Schlachthaus
Edelstein	Rubin
Farbe	rot
Form	klotzig
Baustil	kyklopische Mauern (Tiryns, Mykene)
Skulptur	Kykladenidol (3. Jahrtausend v. Chr.)
Tanz	Kraft- und Fruchtbarkeitstänze (Stierkult)
Ritual	Stierkampf, Faustkampf, Krieg
Instrument	Trompete, Urwaldtrommel
Bühnenszene	»Der Tanz ums goldene Kalb« von Arnold Schönberg (»Moses und Aron«, 2. Akt, 3. Szene)
Oratorium	»Dies irae« von Krzysztof Penderecki (mit Zitaten aus der Apokalypse und den Korintherbriefen)
Malerei	»Tanz ums goldene Kalb« von Emil Nolde; »Vorahnung des Bürgerkrieges« oder »Auferstehung des Fleisches« von Salvador Dali

Dichtung	»Penthesilea« von Heinrich von Kleist
Literatur	»Sexus«, »Plexus«, »Nexus« von Henry Miller
Zitat	»Hetzt alle Hund' auf ihn! Mit Feuerbränden

»Hetzt alle Hund' auf ihn! Mit Feuerbränden
die Elefanten auf ihn los!
Mit Sichelwagen schmettert auf ihn ein
und mähet seine üpp'gen Glieder nieder!
Mir diesen Busen zu zerschmettern, Prothoe!
Ist's nicht, als ob ich eine Leier zürnend
zertreten wollte, weil sie still für sich
im Zug des Nachtwinds meinen Namen flüstert?
Dem Bären kauert' ich zu Füßen mich
und streichelte das Panthertier, das mir
in solcher Regung nahte, wie ich ihm.
Verflucht mir diese schnöde Ungeduld!
Verflucht, im blutumschäumten Mordgetümmel,
mir der Gedanke an die Orgien!
Verflucht, im Busen keuscher Arestöchter,
Begierden, die wie losgelassene Hunde
mir der Drommete erzne Lunge bellend
und aller Feldherrn Rufen überschrein! –
Der Sieg, ist er erkämpft mir schon, daß mit
der Hölle Hohn schon der Triumph mir naht?
– Mir aus den Augen!«

(Heinrich von Kleist, »Penthesilea«)

»Penthesilea, die ›rätselhafte Sphinx‹, liebt Achill,
den Helden, liebt ihn ebenso leidenschaftlich, wie
sie ihn haßt, da sie ihn nicht besiegen kann. Sie
gesteht ihm ihre Liebe, liefert sich ihm aus, ist aber
gleichzeitig über den Verlust ihrer Kraft und ihrer
Selbstbeherrschung von Haß und Scham erfüllt.
Nachdem sie Achill in rasender Wut getötet hat,
löst sie sich von ihrem allzumenschlich triebhaften
Sein, das sie nicht bewältigen konnte; in einer
Todestrance träumt sie sich in die reine Welt der
Götter zurück. Die Frage nach dem Ausgleich
zwischen der inneren Liebe und dem inneren
Gefühl der Selbstbehauptung bleibt ungelöst. Ihr
Konflikt wird beendet durch Entäußerung ihrer
Liebe und durch Rückkehr zum klassischen
Olymp.«

(Heinrich von Kleist, Kommentar zu »Penthesilea«)

♇ ♃
Pluto – Jupiter

Die Planeten mit ihren Verbindungen symbolisieren ein bißchen die Perspektive oder das Fenster, aus dem wir in die Welt hinaussehen. Man kann also vereinfacht sagen, daß die Planetenstände am Himmel uns einladen, die Welt so zu sehen, wie sie aus ihrer Stellung heraus die Bereitschaft fördern, die Welt anzusehen. Sie symbolisieren gewissermaßen unsere Sichtweise. Denn wer seine persönliche Perspektive zu relativieren weiß, wird von diesen Einflüssen frei. Wie es so schön im Volksmund heißt: »Der Weise regiert die Sterne«.

Eine Verbindung zwischen Pluto und Jupiter zeigt die Möglichkeit an, seine Handlungen immer wieder in Frage zu stellen und durch diese beständige Hinterfragung seine Psyche zu erkennen und mit höheren Bewußtseinsebenen in Berührung zu bringen. Dabei besitzen unter diesem Stern Geborene ein gutes Gespür für alles Verborgene, für die

Strukturen, die unter dem Sichtbaren verborgen sind. Gleichzeitig entwickeln sie eine so starke psychische Kraft, daß sie ihre röntgenähnlichen Erfahrungen in die Realität übertragen können und diesem konkreten Rahmen inhaltlich auch Ausdruck zu verleihen vermögen. Damit neigen sie allerdings auch dazu, ihr eigener Maßstab zu werden und anderen ihre weltanschaulichen Erkenntnisse aufzudrängen.

Wir erkennen also in dem, was wir für die Welt halten, nicht die Welt, sondern nur unsere eigene Wahrnehmung, die sich als unsere Welt darstellt. Gleichzeitig ist unsere eigene Wahrnehmung, die sich als Welt darstellt, die Welt selber, weil sie der Schöpfer aller Dinge ist, die wir jetzt wahrnehmen, und außerhalb unserer Wahrnehmung die Dinge aufhören, das zu sein, was sie für uns sind. Die ganze Welt ist das Produkt unserer Wahrnehmung, und wir sind der Empfänger. Damit nehmen wir unsere eigene Wahrnehmung wahr, indem wir sie als »Welt« erkennen.

Somit wird jede Gottessuche überflüssig. Weil wir Gott als unbestimmte Sehnsucht in uns selbst erfahren, die wir seit Urzeiten in uns tragen. Solange wir das aber nicht erkennen, können wir Gott als hübsches Bild in unseren Glauben übertragen. Erst wenn wir uns der Wahrheit stellen, können wir das Gottesbild als jene Denkvorstellung erfahren, die unsere Wahrnehmung aus dem Nichts nach unserem Ebenbild »wahrnimmt«.

Pluto-Jupiter bedeutet in seiner höchsten Ausdrucksform einen tiefen und unerschütterlichen Glauben an die Schöpfung und an die Folgerichtigkeit ihrer Auswirkungen. So wie jeder von uns nur das sein kann, was er ist, so können wir in allem, was wir tun, auch immer nur uns selbst erfahren.

Die Möglichkeit zur geistigen Hinterfragung und individuellen Selbstinfragestellung, wie sie durch diesen Aspekt angezeigt wird, verleiht dem Betreffenden die Fähigkeit, einen tiefen und unerschütterlichen Glauben an die Weisheit und den Sinn des Lebens zu entwickeln, der ihn mit dem Höchsten in Verbindung bringt: »Ich und der Vater, wir sind eins.«

☽ ♃
Psychologische Struktur

Ursache
Hervorstechend unter dieser Konstellation ist das frühauftretende innere Empfinden, eine besondere Persönlichkeit zu sein und in einer Selbstbezogenheit zu schwingen, die der kindlichen Umgebung ungeheuer ist.

Wirkung
Das setzt sich darin fort, später den Menschen das beibringen zu wollen, was man als die »Beschreibung eigner Bilder« formulieren könnte.
Symbolisch ließe sich unter diesem Gestirn ein alter aztekischer Mysterienpriester vorstellen, der die Menschen »zur kosmischen Vereinigung« aufrief, um die Masse in seine eigene Ausdehnung miteinzubeziehen und über den Resonanzkörper der Gläubigen seine eigenen Gottesvorstellungen als Rückkopplung zu erfahren.

Hemmung/Kompensation
Wenn es durch Hindernisse wie starke Saturn-Blockaden (Eigenkritik, Selbsthinterfragung) aber nicht möglich ist, sich im eigenen Glanz zu sonnen, dann wird man seinen Frust, sich in der Erlöserrolle nicht darstellen zu können, auf die Umwelt übertragen, indem man alles in Frage stellt und kritisiert. Es mag aber auch vorkommen, daß man diese Abwehrhaltung zum Ziel erhebt und dadurch den Bock zum Gärtner erklärt bzw. den Teufel mit dem Beelzebub austreibt!

Krise
Der Wendepunkt steht erst ins Haus, wenn alle Widerstände beseitigt und aus dem Weg geräumt sind und das Ich auf seinem »Königspfad des Wissens« aus dem Dickicht der Niederungen Sichtkontakt zur Gipfelwand bekommt, um zu den letzten Dingen und bis zur Spitze vorzudringen.

Lösung
Denn erst wenn der Mensch keine äußeren Widerstände mehr vorfindet, kann er sich auf sich selbst besinnen, und erst wenn er sich auf sich selbst zurückgeworfen sieht, wird er erstaunt feststellen, daß ihm niemand gefolgt ist. Dann wird er merken, daß ihm nur die eigenen Bilder auf seinen einsamen Höhenflügen gefolgt sind, wenn er ganz

allein vor dem »Altar des Höchsten« steht. Er sieht seine Hoffnungen und Wünsche, welche vielleicht die karmischen Überreste seiner Maya-, Tolteken- oder Inka-Zeit ausweisen, die im Hier und Jetzt aber keine konkreten Verwirklichungsmöglichkeiten erkennen lassen. Es sei denn die Möglichkeit vom Leben nach dem Tod.

☽ ♃
Karmisches Modell

Parabel
Plötzlich ging die Türe auf. Eine Lichtgestalt trat auf mich zu. Sterne breiteten sich aus im Zimmer. Ich fragte sie:»Wer bist Du?«
Eine Stimme sprach:»Wer ist hier ›Du‹? Du bist aus Dir herausgegangen, weil Du Dich selber nicht in Dir gefunden hast... – ich aber bin in Dich hereingekommen, weil ich mich draußen nicht erkannt habe!«
Ich schrie:»Und wie bist Du hereingekommen?«
»Ich bin durch Dich hindurchgekommen!«
»Was heißt das: ›Ich bin durch Dich hindurchgekommen?‹«
»Das heißt: daß ich durch die Tür gekommen bin!«
»Wenn Du aber durch die Tür gekommen bist: Wie kannst Du dann durch mich selber kommen?«
»Indem Du die Türe selber bist!«
»Dann zeig mir diese Tür...!« – schrie ich empört. Mich nervte seine kalte Art.
»Die Frage aller Fragen gilt der Tür«, hörte ich ganz leise sagen und jemand blickte mich mit sanften Augen an, »die sich dem Blick entzieht, weil dieser Blick sie selber ist. Doch wer die Antwort selber wäre, könnte auch die Frage nicht erkennen, wie man sein eignes Auge ja ohne Spiegel auch nicht sieht. Erst wenn sich Deines hier in meinem findet, lernst Du erkennend Deinen Doppelblick zu trennen, wo Gott aus Menschen durch die Türe findet, durch die der Mensch in Gott einkehrt: Ich bin das Auge... – doch der Blick bist Du!«

Auswirkung
Unter dieser Konstellation richten wir uns nicht mehr nach äußeren Dingen, sondern nach unserer inneren Autorität. Erkenntnis wird als geistige Individualität empfunden; man strebt nach einem autonomen Denken, das sich selber Gesetz ist. Es ist der Ruf Jupiters, aufzubrechen und alle menschlichen Räume zu entdecken, denn diese Reise ist

gleichzeitig der Weg, sich lebendig zu fühlen und das Leben in Übereinstimmung mit dem Ewigen zu bringen.

Wir beschäftigen uns daher mit dem Erkennen von Zusammenhängen und Gesetzmäßigkeiten, also mit dem, was die Esoterik »die Erkenntnis der großen Weltgesetze« nennt. Um diese Erfahrungen aber in unsere Realität zu übertragen, müssen wir die inneren Ahnungen, die sich dem unmittelbaren Erfahren durch die Sinne entziehen, in verständliche Bilder übertragen, ohne zu vergessen, daß die Bilder, mit denen wir zu tun haben, nur die persönliche Übertragung überpersönlicher Wahrheiten sind.

Es ist also durchaus legitim, die »unvorstellbare Wahrheit« in Bilder zu fassen, solange wir uns bewußt sind, daß wir nie mehr als das Bild erfahren, das den faßbaren Teil dieser Wahrheit ausmacht. Damit können wir auch gleich erkennen, daß wir Menschen es kaum jemals mit Wahrheit, sondern immer nur mit dem faßbaren Teil der Wahrheit zu tun haben, der sich in der Symbolik unserer Bilder ausdrückt. Man könnte diese Konstellation als kennzeichnend für das menschliche Bestreben bezeichnen, Bilder zu schaffen und sie als Symbol des Ewigen zu betrachten.

Menschen unter diesem Einfluß sind vom Bedürfnis erfüllt, sich direkt auf die innerste Seinsebene zu begeben und sich mit den Urmustern alles Seienden auseinanderzusetzen. Wir sehen Bilder, die aber trotzdem Wahrheit in sich tragen können, wenn wir bereit sind zu akzeptieren, daß uns die Wahrheit nur so lange nützt, wie sie in unser Weltverständnis einzubringen ist. Denn was nützt uns zum Beispiel zu wissen, daß alles Energie ist? Um mit dieser Erkenntnis (Neptun/Pluto) etwas anzufangen, müssen wir sie zuerst in einen jupiterhaften Rahmen übertragen, wo wir dann feststellen, daß diese Energie nicht nur ist, sondern wahrscheinlich schon immer war und immer sein wird. Dadurch kann sie in ihrer energetisch-kosmischen Qualität unserem fiktiven Übervater- und Gottesbild zugeordnet werden.

Kehren wir die ganze Fragestellung um: Wenn alles Energie ist, dann wäre ohne Energie nichts. Also müssen wir uns darauf verlassen können, daß diese Energie ewig ist, und das wiederum nennen wir Gottvertrauen. Denn wenn es sie nicht mehr gäbe, würde alles in sich zusammenfallen. Und weil gerade das nicht sein darf, liefern wir uns diesem Gottvertrauen aus, nicht um der Wahrheit ins Auge zu schauen, sondern um die Winzigkeit unseres persönlichen Anteils am göttlichen Schöpfungsplan um eben dieses Gottvertrauen zu erweitern!

Krankheitsdispositionen

Heimweh nach Gott
(»Geistige Zirrhose«)
Unsere Leber ist das Organ, das neben der Entgiftung und Gallenaus-
scheidung auch als Energiespeicher und Regulationszentrale für den
Eiweißstoffwechsel fungiert. Sie wird über die Pfortader mit dem
pflanzlichen und tierischen Eiweiß aus der Nahrung beliefert (Aminosäuren), und es ist ihre Aufgabe, daraus menschliches Eiweiß zu
synthetisieren und es dem ganzen Organismus als artspezifisches
Baumaterial zur Verfügung zu stellen.

Die Bausteine (Aminosäuren) selber sind nicht individuell und für
jedes organische Leben völlig gleich. Darin mögen wir durch die
astrologische Brille das grundlegende Wirken der Kräfte erkennen, die
wir mit Pluto verbinden. Dieses immerwährende Fließen grundlegen-
der Lebenskräfte und die unerbittliche Folgerichtigkeit des Ewigen
läßt sich daran ablesen, wie auch die einzelnen Eiweiße nach dem für
sie spezifischen Urmuster aufgebaut werden. (Es ist die Reihenfolge in
den DNS-Molekülen des Zellkerns, die uns vom Affen und von den
Radieschen im Garten unterscheidet!) Darin können wir nicht nur
unsere Verbundenheit zu allen Lebewesen dieser Erde ersehen, sondern auch die Nähe zu jedem organischen Sein, weil die Grundlagen
die gleichen sind.

So wie Jupiter das Wirken des Ewigen zu einem persönlichen
Erleben gestaltet, können wir in einem übertragenen Sinne sagen, daß
die jupiterhafte Leber (die Leber wird in der Astrologie seit altersher
Jupiter zugeordnet) die plutonischen Grundbausteine (Aminosäuren)
dem Körper nach dem jeweils artspezifischen Muster zur Verfügung
stellt. Damit haben wir in der Pluto/Jupiter-Verbindung die Brücke,
welche das Tier- und Pflanzenreich mit dem Menschsein verbindet und
in einem symbolischen Sinn sogar ins Anorganische hineinreicht
(Pluto assoziiert den Tod).

Wenn wir bedenken, daß auch die Aminosäuren noch weiter zerlegt
werden können und Pluto in der letzten Verdichtung (Pluto/Neptun)
die atomare Urschwingung symbolisiert, dann können wir in der
Verbindung mit dem neptunverwandten Jupiter erkennen, in welche
bewußtseinsmäßigen Tiefen dieser Aspekt eindringt. (Hier nähern wir
uns den Abgründen der Vorstellung, weil diese Konstellation durch
Zeit und Ewigkeit hindurch in alle Strukturen hineinreicht, die sich aus
den Urbausteinen des Ewigen je zu Leben manifestierten.)

Seit Anbeginn fußen alle Manifestationen der Schöpfung immer auf den gleichen Grundbausteinen, weil sich seit dem Urknall kaum neue Atome entwickelt haben. Die Evolution des Lebens ist also eine ewige Verdichtung immer gleicher Schöpfungsgrundlagen, die sich in immer komplizierteren (feinmaschigeren) Vernetzungen arrangiert. Ob sie sich in den menschlichen Errungenschaften dabei krönt, läßt sich aus unserer Warte nicht beantworten. Tatsache aber ist, daß die Bausteine und die Regeln dieses »Spiels der Schöpfung mit sich selber« stets dieselben bleiben.

Wir müssen uns einmal bewußt werden, daß alle Atome, welche die Grundlagen unseres Lebens bilden, seit Anbeginn vorhanden sind und vor uns schon Mitbestandteil von Myriaden anderer Schöpfungsformen waren, dann erst können wir erfassen, wie alle materiellen Erscheinungen nur die Verdichtung von Schwingungen in Raum und Zeit sind. Jedes ist in jedem und alles ist in allem: Das ist die schwindelerregende Erkenntnis, die unter Pluto/Jupiter zu gewinnen ist.

Aber ebenso wie die Leber aufbauend wirkt, muß sie auch begrenzen können, was in ihrer Entgiftungsfunktion zum Ausdruck kommt. Sie muß gut unterscheiden können, was für den Körper verträglich ist und was nicht, denn die Evolution kennt kein Ziel: Sie will ewig weiterwachsen! Zielloses Wachstum aber führt zur Inflation und diese wiederum zur Depression, und was beim Körper (Neptun/Jupiter: Leberhypertrophie) und in der Wirtschaft (Uranus/Jupiter: Seuchen, Umweltbedrohungen) gang und gäbe ist, findet auch seine Parallele in Welterkenntnis oder Gottessuche.

Wenn es Jupiter nicht gelingt, diese schwindelerregenden Erkenntnisse zu transformieren und in die Begrifflichkeit zu integrieren, so daß sie vom Bewußtsein verarbeitet werden können, dann kommt es zur »geistigen Zirrhose«. Dann geht dem Geborenen jeder Lebenssinn verloren, und er möchte wieder »in die Urbausteine« zurück. Er möchte aus der Gebundenheit in Zeit und Raum entfliehen und sich wieder »atomisieren«. Es handelt sich aber nicht um innere Leere, die nach Erfüllung strebt, sondern eher um eine geistige Völle, die sich überdrüssig geworden ist und die sich nach dem Ende sehnt. Der Mensch will aus den Mustern heraustreten, weil sie ihm zu eng und schal geworden sind. Dies entspricht dem inneren Wunsch nach psychischer Verwandlung, der erst im Tod Erfüllung findet und erinnert ein wenig an Schopenhauers »Verneinung des Willens zum Leben«.

Auf einer anderen Ebene kann man diesen Aspekt aber auch als den Abschluß einer Entwicklung betrachten, die bei der Annahme der Herausforderung durch den Drachen begann (Neptun/Mars). So wie erst unter Pluto/Mars die endgültige Überwindung des Mutterbildes, wenn auch zu einem hohen Preis, realisiert wurde, so kann erst unter Pluto/Jupiter das Vaterbild angenommen werden, mit dem man unter Neptun/Jupiter erstmals konfrontiert wurde. Ging es dort noch um den Streit der Söhne mit den Vätern um den Besitz der Mutter, so geht es hier um den Streit der Väter um die Identifikation mit Gott.

Die Söhne sind zwar Väter geworden, aber sie sind immer noch Söhne, weil sie ihr inneres Vaterbild noch nicht gefunden haben und es nach außen projizieren auf Gott. Hier findet sich die »Summe menschlicher Erkenntnis«, die am Ende ihrer Weisheit angelangt ist und die sich jetzt ihr Vatersein erzwingen will durch Vernichtung, die sich mit Gott verschmelzen will im Tod.

Denn wie sagte doch der einäugige Vater zu seinem Sohn, als der ihm drohte, ihm das andere Auge auch noch auszuschlagen:
»Mit dem Auge, das als andres mir fehlt, erblickst Du selber das eine, das mir zum Sehen verblieb!«
(Wagner, »Siegfried«, 3. Aufzug)

Weitere Symptome
– gutartige Tumore
(Wucherungen, die nicht entarten: Fibrom, Lipom, Adenom, Myom)
– Warzen und Zysten
(vereinzelt auch bösartige Geschwulste: vgl. Pluto/Sonne)
Andere, aber verwandte Jupiter-Symptome
– mit Saturn   Leberzirrhose
– mit Uranus   Sinnlosigkeit
  oder Neptun/Pluto   Sinnsuche

HOMÖOPATHISCHE MITTEL

Pflanzen	Paris quadrifolia (Einbeere)	– Sehnsucht nach den Vätern (Vaterkomplex) – Rückbeziehung auf Gott – Auflösung der Grenzen zum Unbewußten (Visionen, Halluzina-

	tionen, Geistererschei-
	nungen)

– Lebensunlust

Thuja occidentalis	– Wucherungen, Tumore
(Lebensbaum)	– Warzen und Zysten

– Melancholie
(Einschließung in die
innere Welt)

Therapie Zen-Philosophie

»Mein Empfinden kann den Sinn des Lebens, kurz: Gott, nur dort finden, wo ich bin, aber mein Verstand kann mich dort nicht suchen, wo Gott ist, also finde ich mich in mir, indem ich Gott im eigenen Bild von mir suche... oder ich verliere mich in Gott, indem ich ihn im eigenen Bild von mir finde!«

(Akron)

ω ♃
Transite

Beispiel □ ♎/♏

Ein Ex-Drogenfreak (heute methadonabhängig) erinnert sich, wie er vor vielen Jahren auf einem seiner regelmäßigen Nachtspaziergänge eine Frau im Walde traf, die sich ebenfalls zu später Stunde im Gehölz aufhielt. Dabei fiel ihm auf, daß sie mit einer Thermosflasche unterwegs war. Als er sie darauf ansprach, berichtete sie ihm, daß es ihr höchste Freude und Erfüllung sei, nachts allein im Wald zu meditieren und sich mit ihren Freunden, den Bäumen, in ihrem Wesen zu verbinden und dabei eine Tasse heißen Tee zu trinken. Dann fühle sie sich innerlich entspannt und frei.

Er habe sie den ganzen Herbst und Winter über getroffen, und sie hätten viel miteinander gesprochen zwischen Mitternacht und Morgen. Nur über ihre Herkunft, ihre Ziele und ihre Tagesgeschäfte habe sie sich stets ausgeschwiegen: Sie sei eine Hexe und kehre immer wieder an die Stätten ihres Wirkens zurück. Und wen sie dabei treffe, der sei ihr verfallen. Auch er wäre ihr verfallen, denn sie hätte ihn in ihren Bann geschlagen, aber er bräuchte keine Angst zu haben, denn sie wären sich innerlich sehr nahe. Auf die Geburtszeit angesprochen, gab sie nur sehr zögernd Auskunft: Ihre derzeitige Reise habe 1946 in der Allerseelennacht begonnen. (Damit haben wir eine Jupiter/Sonne-Konjunktion im Skorpion in Quadratur zu Mond und Saturn/Pluto: ausgelöst durch den Uranus-Übergang im Winterhalbjahr 1976/77). Dann, in einer warmen Föhnnacht, der Schnee begann zu schmelzen, hätten sie sich geliebt. Im Morgengrauen, es war noch dunkel, aber der Vollmond schien, habe sie ihre Sachen zusammengepackt: Sie übertrage ihre Liebe jetzt den Bäumen, die ihm künftig überall Rat spenden und beistehen würden, wenn er ihr Rauschen zu deuten verstünde. Dann war sie zwischen den Bäumen verschwunden. In der nächsten Nacht sei sie nicht wiedergekommen. Er habe sie niemals wiedergesehen.

Zusammenfassung

Wenn wir erkennen, daß alles, was uns aus der Welt entgegentritt, nur besteht, weil wir es in die Welt hineingedacht haben, dann erkennen wir, daß uns in allem immer Gott entgegentritt, dem wir unsere Sehnsucht entgegenstellen, damit wir die verdrängte Sehnsucht nach Gott als Heimweh nach uns selbst erfahren. Denn wir sind nicht nur ein Teil, sondern auch das Ganze, das sich nach sich selber sehnt:

>»Oh, wie schön ist deine Welt,
>Vater, wenn sie golden strahlt!
>Wenn dein Glanz herniederfällt,
>und den Staub mit Schimmer malet,
>wenn das Rot, das in der Wolke blinkt,
>in mein stilles Fenster sinkt!
>Könnt ich klagen, könnt ich zagen?
>Irre sein an dir und mir?
>Nein, ich will im Busen tragen
>deinen Himmel schon allhier.
>Und dies Herz, eh es zusammenbricht,
>trinkt noch Glut und schlürft noch Licht.«
>(Franz Schubert: Im Abendrot D. 799,
>Schubert-Lieder, Text: Carl Lappe)

ARCHETYPEN & SYMBOLE

Thema	Weltschmerz (endogene Depressionen)
Ziel	Aufgehen im Kosmos (Einswerden mit dem Vater)
Sinn	Auseinandersetzung mit dem Weiterleben nach dem Tod
Berufung	Sonnenpriester, Weiser, Philosoph
Symbol	Licht, Tod
Mythos	Ragknaräk (altisl. Götterverfinsterung)
Fest	letzter Tag des Jahres; letzter Erdentag
Götter	alle Hauptgötter der verschiedenen Kulturen (Quétzalcoatl, altmexikanischer Hauptgott und Priesterkönig der Tolteken)
Archetyp	Gottvater, Tetragrammaton, JHWH
Zeichen	Wolken, Horizont
Kultstätten	Ruinen der Inkastadt Macchu Picchu in 3000 Metern Höhe; Uxmal, Ruinenstätte der Maya auf der Halbinsel Yucatán; Bonifacio, Felsentreppe des Königs von Aragón
Kraftort	Sonnenstein im Sonnentempel (Macchu Picchu)
Duft	Kopal
Pflanzen	Agave, Zingiberazee
Baum	Regenbaum, Himalayazeder
Baumsymbol	Weltesche Yggdrasil
Tiersymbol	Phönix, Midgardschlange
Landschaft	Tropischer Regenwald
Ort	»Zum Ort wird hier die Zeit« (Tod und Wiedergeburt)

Edelstein	Karfunkel (roter Turmalin)
Farbe	von Schwarz über Rot ins weiße Licht aufsteigend (aus der Finsternis des Stoffes ins Strahlenweiß der höchsten Liebe)
Form	himmelstrebend
Baustil	Gottesnähe (Bauwerke in großer Höhe: Macchu Picchu, Zen-Klöster im Himalaya); Spätgotik (Mailänder Dom)
Relief	Hethitische Felsreliefs von Yazilikaya (Götterprozession)
Tanz	der tanzende Schiwa (bewirkt Weltuntergang)
Ritual	Freitod (Opferung zu Ehren der Götter und zur Verschmelzung mit den Vätern)
Instrument	Posaune (lyrischer Posaunen-Dreiklang)
Musikdrama	»Götterdämmerung« (Der Ring des Nibelungen) von Richard Wagner
Chorwerk	»Requiem« von Hector Berlioz
Malerei	»Das jüngste Gericht« von Michelangelo (Sixtinische Kapelle)
Alte Lyrik	»Dialog eines Lebensmüden mit seiner Seele«, alte ägyptische Literatur (um 2200 v. Chr.)
Dichtung	»Also sprach Zarathustra« von Friedrich Nietzsche
Literatur	»Der Zauberberg« von Thomas Mann; »Der Engel vom westlichen Fenster« von Gustav Meyrink
Zitat	»Ich kann vor keinem Abgrund dich bewahren, hoch in die Wolken hängte Gott den Kranz. Nur eines nimm von dem, was ich erfahren, wer du auch seist, nur eines, sei es ganz!« (Mascha Kaléko)

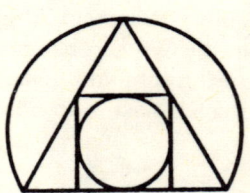

AKRON
Ruhberg 20
CH-9000 St.Gallen

Hubert Lampo/Pieter Paul Koster

ARTUS UND DER GRAL

Mit einer Einführung von Colin Wilson

160 Seiten, mit 164 vierfarbigen und 24 s/w-Abbildungen, Leinen

Zahlreiche Bestseller des Mittelalters speisten sich aus dem Mythos, der sich um Artus, seine Tafelrunde und den Gral gerankt hatte. Wolfram von Eschenbach, Chretien de Troyes, Robert de Boron und – mindestens ebenso erfolgreich wie ihre Vorgänger – Marion Zimmer Bradley haben den Artusstoff zum Ausgangspunkt ihrer Romanfiguren und zum Stimulans ihrer Imagination und wohl auch Inspiration werden lassen.
Artus und der Gral – ein Thema umrankt von Sagen, Legenden und Abenteuern. Die Autoren setzen sich mit dem historischen, dem romanhaft epischen und dem mystischen Artus auseinander. Ebenso wie der spannende Text tun die verzaubernden Fotos von den Orten des Geschehens ein übriges, um den Leser in Bann zu schlagen: ihn träumen zu lassen und zu entführen in die Welt der Druiden, Ritter, Mondgöttinnen und Magier.

Liz Greene

SCHICKSAL UND ASTROLOGIE

509 Seiten, mit 18 Abbildungen, Leinen

Jeder Astrologe muß sich mit der Frage nach dem Schicksal beschäftigen, ebenso wie der Psychotherapeut und der Psychiater, wobei jene wahrscheinlich nicht von »Schicksal«, sondern von »Lebensplan« oder »Erbanlagen« sprechen.
Liz Greene setzt sich primär auf astrologischer Ebene mit der Schicksalsproblematik auseinander. Hierfür analysiert sie die Horoskope und Lebensläufe von Menschen, deren Leben vom Schicksal stark beeinflußt geworden zu sein scheint. Die Autorin bedient sich der Sprache der Symbole – der Märchen, Mythen, Träume – ebenso wie der astrologischen und psychologischen Interpretation.

Karen M. Hamaker-Zondag

STUNDENASTROLOGIE

224 Seiten, mit 30 Abbildungen, Paperback

Stundenastrologie stellte früher die wohl gebräuchlichste Anwendung astrologischen Wissens überhaupt dar. Der Stundenastrologe setzt sich nicht nur mit den Geburtshoroskopen auseinander, sondern erstellt ein neues Horoskop auf den Moment der Fragestellung. Als Grundlage werden erörtert: Welche Fragen können wir wann stellen und welche Wirkungsdauer hat das Stundenhoroskop? Deutungsregeln bilden den Hauptbestandteil des Buches: Kritische Grade, Dekanate, Monknoten, Arabische Punkte, Rückläufige Planeten, Fixsterne und Fall, Sammlung des Lichts u. a. Das breite Spektrum der praktischen Anwendbarkeit wird deutlich durch die verschiedenen zur Sprache kommenden Lebenbereiche wie Verträge, Beziehungen, Beruf, Geschäfte, Reisen, besonders schwierige Situationen u. a. Die Deutungsregeln werden hier didaktisch klar und umfassend dargestellt. Das einzige derzeit erhältliche Buch zu diesem Thema.

Robert Hand

DAS BUCH DER TRANSITE

578 Seiten, mit Horoskopabbildungen, Leinen

Neben der Deutung des Grund-Horoskops nimmt die Prognose bei allen astrologischen Arbeiten breiten Raum ein. Transite spielen eine dominante Rolle. Im vorliegenden Werk finden sich ausführliche Interpretationen zu allen Transit-Aspekten der 10 Planeten, dem Aszendenten, dem MC und den transitierenden Planeten in den Häusern. Neben der Charakterisierung der Kräftekonstellationen erhält man Aufschluß über mögliche Ereignisse.